KLASSIKER
DES DEUTSCHEN
HUMORS

KLASSIKER DES DEUTSCHEN
HUMORS

Ein einzigartiger
Streifzug
durch die Welt
des Humors

Reader's Digest

Vorwort

„Humor ist der Knopf, der verhindert, dass uns der Kragen platzt", sagte einmal der Dichter Joachim Ringelnatz. Lachen entlastet, baut Stress ab, schafft Gemeinschaft und hilft uns, mit den Widrigkeiten des Lebens zurechtzukommen. Humor stellt uns selbst und unsere kleinen und großen Unzulänglichkeiten infrage – mal liebevoll und versöhnlich, mal sarkastisch. Humor hilft uns, auch die Schattenseiten der Welt ein wenig aufzuhellen.

Dabei ist der Humor eines Menschen so einmalig und individuell wie sein Fingerabdruck. Und nicht nur das: Im Laufe der Jahrhunderte veränderte sich das, was Menschen witzig finden. Und es ist kein Zufall, dass der Begriff „Witz" früher einmal „Scharfsinn, Klugheit, Schlagfertigkeit", ja sogar „Weisheit" meinte. So albern manche Witze erscheinen, in vielen ist ein tieferer Sinn, eine verborgene Weisheit versteckt. Und sei es auch nur die, die lächerlichen Seiten unseres Daseins, die alle Menschen miteinander verbinden, zu benennen und in befreiendem Gelächter aufzulösen. Lachen verbindet Menschen selbst über verschiedene Zeiten hinweg.

In diesem Band finden Sie heitere Geschichten, Lieder, Zeichnungen, Gedichte und Witze aus dem deutschen Sprachraum, chronologisch geordnet. Einzig die Geschichten von Ephraim Kishon, der die meisten seiner Texte in Hebräisch schrieb, fallen hier heraus – doch ist dieser Autor vor allem in Deutschland besonders bekannt und beliebt. Die ältesten Texte des Bandes, „Die Schildbürger" und „Till Eulenspiegel", entstanden im 15. und 16. Jh., die jüngsten entstammen der Feder zeitgenössischer Autoren wie Eckart von Hirschhausen und Amelie Fried.

Die heiteren Texte und Bilder wurden durch viele Kurzbiografien und Informationen ergänzt – und es zeigt sich, dass viele der Autoren ihren Humor einem eher harten Leben abgetrotzt haben. Und so finden Sie in diesem Buch eine breite Palette humorvoller Texte und Bilder, die von beißendem Witz und Sarkasmus bis hin zum augenzwinkernden Bonmot und harmlosen Kalauer reichen.

Wir wünschen Ihnen viele heitere Stunden mit diesem Buch.

Die Redaktion

Inhalt

Autoren und Zeichner

LIEDER

WITZE

Hermann Bote

1450–1520

Till Eulenspiegel (Auszug)

*Wie Till Eulenspiegel geboren und
dreimal an einem Tage getauft wurde*

Bei dem Wald, Elm genannt, im Dorf Kneitlingen im Sachsenland, wurde Eulenspiegel geboren. Sein Vater hieß Claus Eulenspiegel, seine Mutter Ann Wibcken. Als sie des Kindes genas, schickten sie es in das Dorf Ampleben zur Taufe und ließen es nennen Till Eulenspiegel. Till von Uetzen, der Burgherr von Ampleben, war sein Taufpate.

Als nun Eulenspiegel getauft war und sie das Kind wieder nach Kneidingen tragen wollten, da wollte die Taufpatin, die das Kind trug, eilig über einen Steg gehen, der zwischen Kneidingen und Ampleben über einen Bach führt. Und sie hatten nach der Kindtaufe zu viel Bier getrunken. Also fiel die Patin des Kindes von dem Steg in die Lache und besudelte sich und das Kind so jämmerlich, dass das Kind fast erstickt wäre. Da halfen die anderen Frauen der Badmuhme mit dem Kind wieder heraus, gingen heim in ihr Dorf, wuschen das Kind in einem Kessel und machten es wieder sauber und schön.

So wurde Eulenspiegel an einem Tage dreimal getauft: einmal in der Taufe, einmal in der schmutzigen Lache und einmal im Kessel mit warmem Wasser.

*Wie Claus Eulenspiegel von Kneitlingen
hinweg zog an den Fluss Saale, woher Tills
Mutter gebürtig war, dort starb, und wie sein
Sohn auf dem Seil gehen lernte*

Eulenspiegels Vater zog mit ihm und seiner Familie von dannen in das magdeburgische Land an den Fluss Saale. Von dorther stammte Eulenspiegels Mutter. Und bald darauf starb der alte Claus Eulenspiegel. Die Mutter blieb bei dem Sohn in ihrem Dorf, und sie verzehrten, was sie hatten. So wurde die Mutter arm. Eulenspiegel wollte kein Handwerk lernen und war doch schon etwa 16 Jahre alt. Aber er tummelte sich und lernte mancherlei Gauklerei.

Eulenspiegels Mutter wohnte in einem Haus, dessen Hof an die Saale ging. Und Eulenspiegel begann, auf dem Seile zu gehen. Das trieb er zuerst auf dem Dachboden des Hauses, weil er es vor der Mutter nicht tun wollte. Denn sie konnte seine Torheit nicht leiden, dass er sich so auf dem Seil tummelte, und drohte, ihn deshalb zu schlagen. Einmal erwischte sie ihn auf dem Seil, nahm einen großen Knüppel und wollte ihn herunterschlagen. Da entrann er ihr zu einem Fenster hinaus, lief oben auf das Dach und setzte sich dorthin, sodass sie ihn nicht erreichen konnte.

Das währte so lange mit ihm, bis er ein wenig älter wurde. Dann fing er wieder an, auf dem Seil zu gehen, und zog das Seil oben von seiner Mutter Hinterhaus über die Saale in ein Haus gegenüber. Viele junge und alte Leute bemerkten das Seil, darauf Eulenspiegel laufen wollte. Sie kamen herbei und wollten ihn darauf gehen sehen; und sie waren neugierig, was er doch für ein seltsames Spiel beginnen oder was er Wunderliches treiben wollte.

Als nun Eulenspiegel auf dem Seil im besten Tummeln war, bemerkte es seine Mutter; und sie konnte ihm nicht viel darum tun.

Doch schlich sie heimlich hinten in das Haus auf den Boden, wo das Seil angebunden war, und schnitt es entzwei. Da fiel ihr Sohn Eulenspiegel unter großem Spott ins Wasser und badete tüchtig in der Saale. Die Bauern lachten sehr, und die Jungen riefen ihm laut nach: „Hehe, bade nur wohl aus! Du hast lange nach dem Bade verlangt!"

Das verdross Eulenspiegel sehr. Das Bad machte ihm nichts aus, wohl aber das Spotten und Rufen der Buben. Er überlegte, wie er ihnen das wieder vergelten und heimzahlen wollte. Und also badete er aus, so gut es vermochte.

Hermann Bote und Till Eulenspiegel

„Till Eulenspiegel" gehört zu den sog. Volksbüchern, darunter versteht man volkstümliche, in Prosa verfasste Schriften, die vor allem im 15. und 16. Jh. entstanden sind. Sie heben sich ab von der früheren Literatur des Hochmittelalters, etwa dem Minnesang, obwohl diese älteren Schriften den Volksbüchern oft zugrunde liegen. Die ursprüngliche Reimform wurde dann von der Prosa abgelöst, was ein freieres Erzählen ermöglichte. Volksbücher umfassen Sagen und Legenden, historische Geschichten, Abenteuergeschichten und sehr häufig, wie es beim „Till Eulenspiegel" der Fall ist, Schwänke.

Möglich wurde diese neue Entwicklung in der Literatur durch die Erfindung des Buchdrucks, der um 1450 entstand, sich rasch etablierte und eine wachsende Alphabetisierung der Bevölkerung nach sich zog. Bücher und andere Schriften wurden für breitere Bevölkerungsschichten erschwinglich. Die Geschichten um den Schalk Till Eulenspiegel erschienen im Jahr 1510 anonym in niederdeutscher Sprache, unter dem Titel „Ein kurtzweilig lesen von Dil Ulenspiegel, geboren vß dem land zu Brunßwick, wie er sein leben volbracht hat". Der Band wurde ein früher Bestseller, der Nachdruck von 1510 wurde sogar weltberühmt und schon im 16. Jh. in viele Sprachen übersetzt, darunter Latein, Polnisch, Englisch und Französisch. Doch trieben sowohl die Literaturwissenschaft als auch viele Leser zwei Fragen um: Wer hat dieses berühmte Buch geschrieben? Und: Gab es Till Eulenspiegel wirklich?

Die erste Frage ist immer noch nicht abschließend geklärt. Der wahrscheinlichste Kandidat für die Autorschaft ist der Zollschreiber, Schriftsteller und Chronist Hermann Bote, der 1450 in Braunschweig geboren wurde und 1520 auch dort verstarb. Er war Sohn eines Schmiedemeisters, ein Beruf, den er aufgrund einer Behinderung nicht ergreifen konnte, und so wurde er als städtischer Beamter ausgebildet. Bote war ein durchaus mutiger Mann: Als 1488 in Braunschweig ein Bürgeraufstand stattfand, schrieb er trotz seiner Beamtenlaufbahn einige Spottlieder auf den Braunschweiger Ratsherrn und musste deswegen für mehrere Jahre die Stadt verlassen. Zwar kam er 1497 wieder in Amt und Würden, doch wurde er 1513 erneut entlassen und entkam diesmal nur glimpflich einem Todesurteil.

Es gibt etliche Werke, die von ihm erhalten sind und deren Autorschaft auch feststeht. 1491 schrieb er beispielsweise eine Ständelehre, in der er sich kritisch mit der Gesellschaft des Spätmittelalters auseinandersetzte. Er verfasste eine handschriftlich erhaltene Weltchronik sowie eine Chronik der mittelalterlichen Aufstände in Braunschweig, außerdem eine gereimte Spruchsammlung und weitere politische Lieder anlässlich der Hildesheimer Stiftsfehde im Jahr 1519. Die Geschichten um Till Eulenspiegel, einen widerständigen Schalk, passen durchaus in Botes sonstiges Œuvre. Dennoch sollte es bis zum Jahr 1971 dauern, bis der Züricher Jurist Peter Honegger glaubhaft darlegen konnte, dass Bote der Eulenspiegel-Autor ist.

Doch wer auch immer der Autor war: Mit großer Wahrscheinlichkeit griff er auf bereits vorhandene Schwänke um Till Eulenspiegel zurück. Denn es handelt sich bei diesem Mann wohl um eine, unter Umständen um zwei historische Figuren, um die sich die späteren Sagen rankten. Der Historiker Bernd Ulrich Hucker konnte anhand von Braunschweiger Urkunden belegen, dass ein „Tile von Kneitlingen", ein verarmter Landadeliger, im Jahr 1339 wegen Straßenraubs einsaß. Der Hof, in dem er zur Welt kam, wurde im Eulenspiegel-Buch als Heimat des Till Eulenspiegel bezeichnet. Auch weitere Indizien sprechen dafür, dass dieser Mann Pate stand für die Eulenspiegel-Schwänke. Doch auch eine weitere Person könnte bei der Entwicklung der Figur eine Rolle gespielt haben: ein „Tilo dictus Ulenspegel", der 1350 in Mölln starb. Die Eule und der Spiegel waren von Anfang an Till Eulenspiegels Insignien. Es gibt viele metaphorische Bedeutungen dieser beiden Attribute, doch die schönste und eindrücklichste ist der überlieferte Ausspruch Till Eulenspiegels: „Ick bin ulen spegel" – „Ich halte euch den Spiegel vor."

Wie Eulenspiegel den Jungen etwa zweihundert Paar Schuhe von den Füßen abschwatzte und machte, dass sich Alt und Jung darum in die Haare gerieten

Kurze Zeit danach wollte Eulenspiegel seinen Schaden und den Spott wegen des Bades rächen, zog das Seil aus einem anderen Haus über die Saale und zeigte den Leuten an, dass er abermals auf dem Seil gehen wolle. Das Volk sammelte sich bald dazu, Jung und Alt. Und Eulenspiegel sprach zu den Jungen: Jeder solle ihm seinen linken Schuh geben, er wolle ihnen mit den Schuhen ein hübsches Stück auf dem Seil zeigen. Die Jungen glaubten das, und alle meinten, es sei wahr, auch die Alten. Und die Jungen huben an, die Schuhe auszuziehen, und gaben sie Eulenspiegel. Es waren der Jungen beinahe zwei Schock, das sind zweimal sechzig. Die Hälfte der Schuhe wurde Eulenspiegel gegeben. Da zog er sie auf eine Schnur und stieg damit auf das Seil. Als er nun auf dem Seil war und hatte die Schuhe mit oben, sahen die Alten und die Jungen zu ihm hinauf und meinten, er wolle ein lustig Ding damit tun. Aber ein Teil der Jungen war betrübt, denn sie hätten ihre Schuhe gern wiedergehabt.

Als nun Eulenspiegel auf dem Seil saß und seine Kunststücke machte, rief er auf einmal: „Jeder gebe acht und suche seinen Schuh wieder!" Und damit schnitt er die Schnur entzwei und warf die Schuhe alle von dem Seil auf die Erde, sodass ein Schuh über den anderen purzelte. Da stürzten die Jungen und Alten herzu, einer erwischte hier einen Schuh, der andere dort. Der eine sprach: „Dieser Schuh ist mein!" Der andere sprach: „Du lügst, er ist mein!" Und sie gerieten sich in die Haare und begannen sich zu prügeln. Der eine lag unten, der andere oben; der eine schrie, der andere weinte, der Dritte lachte. Das währte so lange, bis auch die Alten Backenstreiche austeilten und sich an den Haaren zogen.

Derweil saß Eulenspiegel auf dem Seil, lachte und rief: „Hehe, sucht nun die Schuhe, wie ich kürzlich ausbaden musste!" Und er lief von dem Seil und ließ die Jungen und Alten sich um die Schuhe zanken.

Danach durfte er sich vier Wochen lang vor den Jungen oder Alten nicht sehen lassen. Er saß deshalb im Hause bei seiner Mutter und flickte Helmstedter Schuhe. Da freute sich seine Mutter sehr und meinte, es würde mit ihm noch alles gut werden. Aber sie kannte nicht die Geschichte mit den Schuhen und wusste nicht, dass er wegen dieses Streichs nicht wagte, vors Haus zu gehen.

Wie Eulenspiegel in einen Bienenkorb kroch, zwei Diebe in der Nacht kamen und den Korb stehlen wollten und wie er es machte, dass die beiden sich rauften und den Bienenkorb fallen ließen

Einmal begab es sich, dass Eulenspiegel mit seiner Mutter in ein Dorf zur Kirchweih ging. Und Eulenspiegel trank, bis er betrunken wurde. Da suchte er einen Ort, wo er friedlich schlafen könne und ihm niemand etwas täte. Hinten in einem Hof fand er einen Haufen Bienenkörbe, und dabei lagen viele Immenstöcke, die leer waren. Er kroch in einen leeren Korb, der am nächsten bei den Bienen lag, und gedachte, ein wenig zu schlafen. Und er schlief von Mittag bis gegen Mitternacht. Seine Mutter meinte, er sei wieder nach Hause gegangen, da sie ihn nirgends sehen konnte.

In derselben Nacht kamen zwei Diebe und wollten einen Bienenkorb stehlen. Und einer sprach zum anderen: „Ich habe immer gehört, der schwerste Immenkorb ist auch der beste." Also hoben sie die Körbe und Stöcke einen nach dem anderen auf, und als sie zu dem Korb kamen, in dem Eulenspiegel lag, war das der schwerste. Da sagten sie: „Das ist der beste Immenstock", nahmen ihn auf die Schultern und trugen ihn von dannen.

Indessen erwachte Eulenspiegel und hörte ihre Pläne. Es war ganz finster, sodass einer den anderen kaum sehen konnte. Da griff Eulenspiegel aus dem Korb dem Vorderen ins Haar und riss ihn kräftig daran. Der wurde zornig auf den Hinteren und meinte, dieser hätte ihn am Haar gezogen, und er begann, ihn zu beschimpfen. Der Hintermann aber sprach: „Träumst du, oder gehst du im Schlaf? Wie sollte ich dich an den Haaren rupfen? Ich kann doch kaum den Immenstock mit meinen Händen halten!" Eulenspiegel lachte und dachte: Das Spiel will gut werden! Er wartete, bis sie eine weitere Ackerlänge gegangen waren. Dann riss er den Hinteren auch kräftig am Haar, sodass dieser sein Gesicht schmerzlich verziehen musste. Der Hintermann wurde noch zorniger und sprach: „Ich gehe und trage, dass mir der Hals kracht, und du sagst, ich ziehe dich beim Haar! Du ziehst mich beim Haar, dass mir die Schwarte kracht!" Der Vordere sprach: „Du lügst dir selbst den Hals voll! Wie sollte ich dich beim Haar ziehen, ich kann doch kaum den Weg vor mir sehen! Auch weiß ich genau, dass du mich beim Haar gezogen hast!"

So gingen sie zankend mit dem Bienenkorb weiter und stritten miteinander. Nicht lange danach, als sie noch im größten Zanken waren, zog Eulenspiegel den Vorderen noch einmal am Haar, sodass sein Kopf gegen den Bienenkorb schlug. Da wurde der Mann so zornig, dass er den Immenstock fallen ließ und blindlings mit den Fäusten nach dem Kopf des Hintermannes schlug. Dieser ließ den Bienenkorb auch los und fiel dem Vorderen in die Haare. Sie taumelten übereinander, entfernten sich voneinander, und der eine wusste nicht, wo der andere blieb. Sie verloren sich zuletzt in der Finsternis und ließen den Immenstock liegen.

Nun lugte Eulenspiegel aus dem Korbe, und als er sah, dass es noch finster war, schlüpfte er wieder hinein und blieb darin liegen, bis es heller Tag war.

Wie Eulenspiegel sich bei dem Grafen von Anhalt als Turmbläser verdingte; und wenn Feinde kamen, so blies er sie nicht an, und wenn keine Feinde da waren, so blies er sie an

Eulenspiegel kam zum Grafen von Anhalt und verdingte sich bei ihm als Turmbläser. Der Graf hatte viele Feindschaften und hielt deshalb in dem Städtchen und auf dem Schloss zu dieser Zeit viele Reiter und Hofvolk, die man alle Tage speisen musste.

Darüber wurde Eulenspiegel auf dem Turm vergessen, sodass ihm keine Speise gesandt wurde. Und am selben Tage kam es dazu, dass des Grafen Feinde vor das Städtlein und das Schloss ritten, die Kühe nahmen und sie alle hinwegtrieben. Eulenspiegel lag auf dem Turme, sah durch das Fenster und machte keinen Lärm, weder mit Blasen noch mit Schreien. Als die Nachricht von den Feinden vor den Grafen kam, damit er ihnen mit den Seinen nacheilte, sahen einige, dass Eulenspiegel auf dem Turm im Fenster lag und lachte. Da rief ihm der Graf zu: „Warum liegst du im Fenster und bist still?" Eulenspiegel rief herab: „Vor dem Essen rufe oder tanze ich nicht gern." Der Graf rief ihm zu: „Willst du nicht die Feinde anblasen?" Eulenspiegel rief zurück: „Ich darf keine Feinde heranblasen, das Feld wird sonst voll von ihnen, und ein Teil ist schon mit den Kühen hinweg. Bliese ich noch mehr Feinde heran, sie schlügen Euch zu Tode." Für diesmal blieb es bei den Worten.

Der Graf eilte den Feinden nach und stritt mit ihnen. Und Eulenspiegel wurde erneut mit seiner Speise vergessen. Der Graf kehrte zufrieden zurück: Er hatte seinen Feinden einen Haufen Rindvieh wieder abgenommen. Das schlachteten und zerlegten sie, sotten und brieten. Eulenspiegel dachte auf dem Turm, wie er auch etwas von der Beute erhielte, und gab darauf acht, wann es Essenszeit sein würde. Da fing er an zu rufen und zu blasen: „Feindio, Feindio!" Der Graf lief mit den Seinen eilends von dem Tisch, auf dem schon das Essen stand. Sie legten ihre Harnische an, nahmen die Waffen in die Hände und eilten sogleich dem Tore zu, um im Felde nach den Feinden Ausschau zu halten. Dieweil lief Eulenspiegel behänd und schnell von dem Turm, kam über des Grafen Tisch und nahm sich von den Tafeln Gesottenes und Gebratenes und was ihm sonst gefiel; dann ging er schnell wieder auf den Turm. Als die Reiter und das Fußvolk hinauskamen, sahen sie keine Feinde und sprachen miteinander. „Der Türmer hat das aus Schalkheit getan", und zogen wieder heim, dem Tore zu.

Der Graf rief zu Eulenspiegel hinauf: „Bist du unsinnig und toll geworden?" Eulenspiegel sprach: „Ich bin ohne Arglist. Aber Hunger und Not erdenken manche List." Der Graf sagte: „Warum hast du ‚Feindio' geblasen, obwohl keiner da war?" Eulenspiegel antwortete: „Weil keine Feinde da waren, musste ich etliche heranblasen." Da sprach der Graf: „Wenn Feinde da sind, willst du sie nicht anblasen, und wenn keine Feinde da sind, so bläst du sie an. Das könnte wohl Verräterei werden!" Und er setzte ihn ab und dingte an seiner Statt einen anderen Turmbläser. Eulenspiegel musste nun als Fußknecht mit den anderen herauslaufen. Das verdross ihn sehr, und er wäre gern von dannen gegangen, konnte aber mit Anstand nicht ohne Weiteres davonkommen. Wenn sie gegen die Feinde auszogen, so blieb er stets zurück und war immer der Letzte zum Tore hinaus. Wenn sie den Streit beendet hatten und wieder heimkehrten, war er immer der Erste zum Tore hinein. Da fragte ihn der Graf, wie er das verstehen sollte: Wenn er mit ihm gegen die Feinde auszöge, so sei er stets der Letzte, und wenn man heimzöge, sei er der Erste. Eulenspiegel sprach: „Ihr solltet mir darüber nicht zürnen. Denn wenn Ihr und Euer Hofgesinde schon aßet, saß ich auf dem Turm und hungerte; davon bin ich kraftlos geworden. Soll ich nun der Erste an den Feinden sein, so müsste ich die Zeit wieder einholen und besonders eilen, dass ich auch der Erste an der Tafel und der Letzte beim Aufstehen sei, damit ich wieder stark werde. Dann will ich wohl der Erste und der Letzte an den Feinden sein."

„So höre ich wohl", sprach der Graf, „dass du es nur so lange bei mir aushalten wolltest, als du auf dem Turme saßest?" Da sagte Eulenspiegel: „Was jedermanns Recht ist, das nimmt man ihm gern." Und der Graf sprach: „Du sollst nicht länger mein Knecht sein", und gab ihm den Laufpass. Darüber war Eulenspiegel froh, denn er hatte nicht viel Lust, jeden Tag mit den Feinden zu fechten.

Wie Eulenspiegel im Lüneburger Land einem Bauern einen Teil seines Ackers abkaufte und darin in einem Sturzkarren saß

Kurz danach kam Eulenspiegel wieder, ging bei Celle in ein Dorf und wartete darauf, dass der Herzog nach Celle ritte. Da ging ein Bauer auf seinen Acker. Eulenspiegel hatte ein anderes Pferd erworben und einen Sturzkarren. Er fuhr zu dem Bauern und fragte ihn, wessen Acker es sei, den er bestelle. Der Bauer sprach: „Er ist mein, ich hab ihn geerbt." Da fragte Eulenspiegel, was er ihm für einen Schüttkarren voll Erde von dem Acker geben müsste. Der Bauer sprach: „Dafür nehme ich einen Schilling." Eulenspiegel gab ihm einen Schilling in Pfennigen, warf den Karren voll Erde von dem Acker, kroch darein und fuhr vor die Burg von Celle an der Aller.

Als der Herzog geritten kam, wurde er Eulenspiegels gewahr, wie er in dem Karren saß, bis an die Schultern in der Erde. Da sprach der Herzog: „Eulenspiegel, ich hatte dir mein Land verboten. Wenn ich dich darin fände, wollte ich dich henken lassen." Eulenspiegel sagte: „Gnädiger Herr, ich bin nicht in Euerm Land, ich sitze in meinem Land, das ich gekauft habe für einen Schilling. Ich kaufte es von einem Bauern, der mir sagte, es sei sein Erbteil." Der Herzog sprach: „Fahr hin mit deinem Erdreich aus meinem Erdreich! Komm aber nicht wieder, ich werde dich sonst mit Pferd und Karren henken lassen!"

Da stieg Eulenspiegel eilends aus dem Karren, sprang auf das Pferd und ritt aus dem Land. Den Karren ließ er vor der Burg stehen. Also liegt Eulenspiegels Erdreich noch vor der Brücke.

Wie Eulenspiegel zu Prag in Böhmen auf der Hohen Schule mit den Studenten disputierte und wohl bestand

Eulenspiegel zog nach Böhmen gen Prag, als er von Marburg kam. Eulenspiegel gab sich da aus als großen Gelehrten, der schwere Fragen beantworten könne, auf die andere Gelehrte keine Erklärung abgeben und keine Erwiderung geben könnten. Das ließ er auf Zettel schreiben und schlug sie an die Kirchtüren und Kollegien an. Das begann, den Rektor zu verdrießen. Die Doktoren und Magister mitsamt der ganzen Universität waren übel dran. Sie kamen zusammen, um zu beratschlagen, wie sie Eulenspiegel Fragen aufgäben, die er nicht beantworten könne. Wenn er dann schlecht dastehe, könnten sie mit guter Begründung an ihn herankommen und ihn beschämen. Das wurde unter ihnen so beschlossen und für richtig gehalten. Und sie kamen überein und legten fest, dass der Rektor die Fragen stellen sollte. Sie ließen Eulenspiegel ausrichten, des anderen Tages zu erscheinen und die Fragen, die man ihm schriftlich gäbe, vor der ganzen Universität zu beantworten, damit er also geprüft und sein Wissen anerkannt würde. Sonst sollte ihm seine Stellung nicht zugestanden werden. Eulenspiegel antwortete dem Boten: „Sage deinen Herren, ich will das so tun und hoffe, als ein tüchtiger Mann zu bestehen, wie ich es bisher schon lange getan habe." Am anderen Tag versammelten sich alle Doktoren und Gelehrten. Währenddessen kam auch Eulenspiegel und brachte mit sich seinen Wirt, einige andere Bürger und etliche gute Gesellen, um einem Überfall widerstehen zu können, den vielleicht die Studenten gegen ihn planten. Als er in ihre Versammlung kam, hießen sie ihn auf einen Lehrstuhl steigen und auf die Fragen antworten, die ihm vorgelegt würden.

Die erste Frage, die der Rektor an ihn stellte, war, dass er sagen und als wahr erweisen sollte, wie viel Liter Wasser im Meere seien. Wenn er die Frage nicht lösen und darauf keinen Bescheid geben könnte, wollten sie ihn als einen ungelehrten Widersacher der Wissenschaft verdammen und bestrafen. Auf diese Frage antwortete Eulenspiegel schlau: „Würdiger Herr Rektor, heißet die Wasser stillstehen, die an allen Enden in das Meer laufen. Dann will ich es Euch messen, beweisen und davon die Wahrheit sagen; und das ist leicht zu tun." Dem Rektor war

es unmöglich, die Wasser aufzuhalten. Also nahm er von der Frage Abstand und erließ ihm das Messen.

Der Rektor stand beschämt da und stellte seine zweite Frage: „Sage mir, wie viele Tage sind vergangen von Adams Zeiten bis auf diesen Tag?" Eulenspiegel antwortete kurz: „Nur sieben Tage; und wenn die herum sind, so heben sieben andere Tage an. Das währt bis zum Ende der Welt."

Dann stellte ihm der Rektor die dritte Frage: „Sage mir sogleich: Wo ist der Mittelpunkt der Welt?" Eulenspiegel antwortete: „Der ist hier. Diese Stelle ist genau in der Mitte der Welt. Und dass das wahr ist: Lasst es mit einer Schnur nachmessen, und wenn auch nur ein Strohhalm daran fehlt, so will ich Unrecht haben." Der Rektor erließ Eulenspiegel lieber die Frage, ehe er es nachmessen ließ.

Dann stellte er ganz im Zorn die vierte Frage an Eulenspiegel und sprach: „Sag an, wie weit ist es von der Erde bis zum Himmel?" Eulenspiegel antwortete: „Es ist nahe von hier. Wenn man im Himmel redet oder ruft, das kann man hienieden wohl hören. Steigt Ihr hinauf, so will ich hier unten leise rufen: Das werdet Ihr im Himmel hören. Und wenn Ihr das nicht hört, so will ich wiederum Unrecht haben."

Der Rektor musste mit der Antwort zufrieden sein und stellte die fünfte Frage: Wie groß der Himmel sei? Eulenspiegel antwortete ihm sogleich und sprach: „Er ist tausend Klafter breit und tausend Ellenbogen hoch, da irre ich mich nicht. Wollt Ihr das nicht glauben, so nehmt Sonne, Mond und alle Sterne vom Himmel und messt es gut nach. Ihr werdet finden, dass ich recht habe, obwohl Ihr Euch nicht gern darauf einlassen werdet."

Was sollten sie sagen? Eulenspiegel gab ihnen über alles Bescheid, sie mussten ihm alle recht geben. Und nachdem er so die Gelehrten mit Schalkheit überwunden hatte, wartete er nicht lange. Denn er befürchtete, sie würden ihm etwas zu trinken geben, wodurch er umkäme. Deshalb zog er den langen Rock aus, wanderte davon und kam nach Erfurt.

Wie Eulenspiegel in Erfurt einen Esel in einem alten Psalter lesen lehrte

Eulenspiegel hatte große Eile, nach Erfurt zu kommen, nachdem er in Prag die Schalkheit getan hatte, denn er befürchtete, dass sie ihm nacheilten.

Als er nach Erfurt kam, wo ebenfalls eine recht große und berühmte Universität ist, schlug Eulenspiegel auch dort seine Zettel an. Und die Lehrpersonen der Universität hatten von seinen Listen viel gehört. Sie beratschlagten, was sie ihm aufgeben könnten, damit es ihnen nicht so erginge, wie es denen zu Prag mit ihm ergangen war, und damit sie nicht mit Schande bestanden. Und sie beschlossen, dass sie Eulenspiegel einen Esel in die Lehre geben wollten, denn es gibt viele Esel in Erfurt, alte und junge. Sie schickten nach Eulenspiegel und sprachen zu ihm: „Magister, Ihr habt gelehrte Schreiben angeschlagen, dass Ihr eine jegliche Kreatur in kurzer Zeit Lesen und Schreiben lehren wollt. Darum sind die Herren von der Universität hier und wollen Euch einen jungen Esel in die Lehre geben. Traut Ihr es Euch zu, auch ihn zu lehren?" Eulenspiegel sagte ja, aber er müsse Zeit dazu haben, weil es eine des Redens unfähige und unvernünftige Kreatur sei. Darüber wurden sie mit ihm einig auf zwanzig Jahre.

Eulenspiegel dachte: Unser sind drei; stirbt der Rektor, so bin ich frei; sterbe ich, wer will mich mahnen? Stirbt mein Schüler, so bin ich ebenfalls ledig. Er nahm das also an und forderte fünfhundert alte Schock dafür. Und sie gaben ihm etliches Geld im Voraus.

Eulenspiegel nahm den Esel und zog mit ihm in die Herberge „Zum Turm", wo zu der Zeit ein seltsamer Wirt war. Er bestellte einen Stall allein für seinen Schüler, besorgte sich einen alten Psalter und legte den in die Futterkrippe. Und zwischen jedes Blatt legte er Hafer. Dessen wurde der Esel inne und warf um des Hafers willen die Blätter mit dem Maul herum. Wenn er dann keinen Hafer mehr zwischen den Blättern fand, rief er: „I – A, I – A!" Als Eulenspiegel das bei dem Esel bemerkte, ging er zu dem Rektor und

sprach: „Herr Rektor, wann wollt Ihr einmal sehen, was mein Schüler macht?" Der Rektor sagte: „Lieber Magister, will er die Lehre denn annehmen?" Eulenspiegel sprach: „Er ist von unmäßig grober Art, und es wird mir sehr schwer, ihn zu lehren. jedoch habe ich es mit großem Fleiß und vieler Arbeit erreicht, dass er einige Buchstaben und besonders etliche Vokale kennt und nennen kann. Wenn Ihr wollt, so geht mit mir, Ihr sollt es dann hören und sehen."

Der gute Schüler hatte aber den ganzen Tag gefastet bis gegen drei Uhr nachmittags. Als nun Eulenspiegel mit dem Rektor und einigen Magistern kam, da legte er seinem Schüler ein neues Buch vor. Sobald dieser es in der Krippe bemerkte, warf er die Blätter hin und her und suchte den Hafer. Als er nichts fand, begann er mit lauter Stimme zu schreien: „I – A, I – A!" Da sprach Eulenspiegel: „Seht, lieber Herr, die beiden Vokale I und A, die kann er jetzt schon; ich hoffe, er wird noch gut werden."

Bald danach starb der Rektor. Da verließ Eulenspiegel seinen Schüler und ließ ihn als Esel gehen, wie ihm von Natur bestimmt war. Eulenspiegel zog mit dem erhaltenen Geld hinweg und dachte: Solltest du alle Esel zu Erfurt klug machen, das würde viel Zeit brauchen. Er mochte es auch nicht gerne tun und ließ es also bleiben.

Wie Eulenspiegel nach Rom zog und den Papst sah, der ihn für einen Ketzer hielt

Mit durchtriebener Schalkheit war Eulenspiegel reich ausgestattet. Als er nun alle listigen Schelmenstreiche versucht hatte, dachte er an das alte Sprichwort: Geh nach Rom, frommer Mann, komme wieder nequam.

Also zog er nach Rom. Dort betrieb er seine Schalkheit auch und nahm Herberge bei einer Witwe. Die sah, dass Eulenspiegel ein schöner Mann war, und fragte ihn, woher er komme. Eulenspiegel sagte, er sei aus dem Lande Sachsen. Nach Rom sei er gekommen, um mit dem Papst zu sprechen. Da sagte die Frau: „Freund, den Papst mögt Ihr wohl sehen können, aber ob Ihr mit ihm reden könnt, das weiß ich nicht. Ich bin hier geboren und erzogen und stamme von den obersten Geschlechtern, aber ich habe noch nie mit ihm sprechen können. Wie wolltet Ihr denn das so bald zuwege bringen? Ich gäbe wohl hundert Dukaten darum, dass ich mit ihm reden könnte." Eulenspiegel antwortete: „Liebe Wirtin, wenn ich die Gelegenheit finde, Euch vor den Papst zu bringen, sodass Ihr mit ihm reden könnt, wollt Ihr mir dann die hundert Dukaten geben?" Die Frau war eilfertig und gelobte ihm die hundert Dukaten bei ihrer Ehre, wenn er das zuwege bringe. Aber sie meinte, es sei ihm unmöglich, solches zu tun, denn sie wusste wohl, dass es viel Mühe und Arbeit kosten würde. Eulenspiegel sprach: „Liebe Wirtin, wenn es nun also geschieht, so begehre ich die hundert Dukaten." Sie sagte: „ja", aber sie dachte: Du bist noch nicht vor dem Papst.

Eulenspiegel wartete, denn alle vier Wochen einmal musste der Papst eine Messe lesen in der Kapelle, die da heißt Jerusalem zu Sankt Johannis Lateranen. Als nun der Papst die Messe las, drängte sich Eulenspiegel in die Kapelle und so nahe wie möglich an den Papst heran. Als dieser die Stillmesse hielt, kehrte Eulenspiegel dem Sakrament den Rücken. Das sahen die Kardinäle. Und als der Papst den Segen über den Kelch sprach, da kehrte sich Eulenspiegel abermals um.

Als nun die Messe zu Ende war, sagten die Kardinäle zum Papst, dass eine Person, nämlich ein schöner Mann, bei der Messe gewesen sei, die während der Stillmesse seinen Rücken gegen den Altar gekehrt habe. Der Papst sprach: „Es ist notwendig, dass man das untersucht, denn es geht die heilige Kirche an. Wenn man den Unglauben nicht straft, ist das Unrecht gegen Gott. Und hat der Mensch solches getan, so ist zu befürchten, dass er im Unglauben lebt und kein guter Christ ist." Und er ordnete an, man solle den Menschen vor ihn bringen.

Die Boten kamen zu Eulenspiegel und sprachen, er müsse vor den Papst kommen. Eulenspiegel ging sogleich mit ihnen vor den Papst. Da fragte der Papst, was er für ein Mann sei. Eulenspiegel antwortete, er sei ein guter Christenmensch. Der Papst fragte weiter, was er für einen Glauben habe. Eulenspiegel sagte, er habe denselben Glauben, den seine Wirtin habe, und nannte sie beim Namen, der wohlbekannt war. Da bestimmte der Papst, dass auch die Frau vor ihn kommen solle.

Der Papst fragte die Frau, was sie für einen Glauben habe. Die Frau antwortete, sie glaube den Christenglauben und was ihr die heilige christliche Kirche gebiete und verbiete. Sie habe keinen anderen Glauben. Eulenspiegel stand dabei und begann, den Mund listig zum Lachen zu verziehen. Er sprach: „Allergnädigster Vater, du Knecht aller Knechte, denselben Glauben habe ich auch, ich bin ein guter Christenmensch." Der Papst sagte: „Warum kehrst du dann dem Altar den Rücken während der Stillmesse?" Eulenspiegel sprach: „Allerheiligster Vater, ich bin ein armer, großer Sünder und zeihe mich solcher Sünden, dass ich des Altars nicht würdig bin, bis ich meine Sünden gebeichtet habe." Damit war der Papst zufrieden, verließ Eulenspiegel und ging in seinen Palast.

Eulenspiegel ging in seine Herberge und mahnte seine Wirtin um die hundert Dukaten; die musste sie ihm geben. Und Eulenspiegel blieb Eulenspiegel nach wie vor und wurde durch die Romfahrt nicht viel gebessert.

Wie sich Eulenspiegel in Braunschweig bei einem Brotbäcker als Bäckergeselle verdingte und Eulen und Meerkatzen backte

Als Eulenspiegel nach Braunschweig in die Bäckerherberge kam, wohnte nahe dabei ein Bäcker. Der rief ihn in sein Haus und fragte ihn, was er für ein Geselle sei. Er sprach: „Ich bin ein Bäckergeselle." Der Brotbäcker sagte: „Ich habe eben keinen Gesellen. Willst du mir dienen?" Eulenspiegel sagte: „Ja."

Als er nun zwei Tage bei ihm gewesen war, hieß ihn der Bäcker, am Abend zu backen, denn er konnte ihm bis zum Morgen nicht helfen. Eulenspiegel sprach: „Ja, was soll ich denn backen?" Der Bäcker war ein leicht erregbarer Mann, er wurde zornig und sagte im Spott: „Bist du ein Bäckergeselle und fragst erst, was du backen sollst? Was pflegt man denn zu backen? Eulen oder Meerkatzen!" Und damit legte er sich schlafen.

Da ging Eulenspiegel in die Backstube und machte aus dem Teig nichts als Eulen und Meerkatzen, die ganze Backstube voll, und backte sie.

Der Meister stand des Morgens auf und wollte ihm helfen. Doch als er in die Backstube kam, fand er weder Wecken noch Semmeln, sondern lauter Eulen und Meerkatzen. Da wurde der Meister zornig und sprach: „Dass dich das jähe Fieber packe! Was hast du da gebacken?" Eulenspiegel sagte: „Was Ihr mich geheißen habt, Eulen und Meerkatzen." Der Bäcker sprach: „Was soll ich nun mit dem Narrenzeug tun? Solches Brot ist mir zu nichts nütze. Ich kann das nicht zu Geld machen." Und er ergriff Eulenspiegel beim Hals und sagte: „Bezahl mir meinen Teig!" Eulenspiegel sprach: „Ja, wenn ich Euch den Teig bezahle, soll dann die Ware mein sein, die davon gebacken ist?" Der Meister sagte: „Was frage ich nach solcher Ware! Eulen und Meerkatzen kann ich nicht gebrauchen in meinem Laden."

Also bezahlte Eulenspiegel dem Bäcker seinen Teig, packte die gebackenen Eulen und Meerkatzen in einen Korb und trug sie aus dem Haus in die Herberge „Zum Wilden Mann". Und Eulenspiegel dachte bei sich selbst: Du hast oft gehört, man könnte keine so seltsamen Dinge nach Braunschweig bringen, dass man nicht Geld daraus löste. Und es war am Vortage des Sankt-Nikolaus-Abends. Da stellte sich Eulenspiegel mit seiner Ware vor die Kirche, verkaufte alle Eulen und Meerkatzen und löste viel mehr Geld daraus, als er dem Bäcker für den Teig gegeben hatte.

Das wurde dem Bäcker kundgetan. Den verdross das sehr, und er lief vor die Sankt-Nikolaus-Kirche und wollte von Eulenspiegel auch die Kosten für das Holz und für das Backen verlangen. Aber da war Eulenspiegel gerade hinweg mit seinem Geld, und der Bäcker hatte das Nachsehen.

Wie Eulenspiegel in Bremen von den Landfrauen Milch kaufte und sie zusammenschüttete

Seltsame und spaßhafte Dinge trieb Eulenspiegel in Bremen. Denn einst kam Eulenspiegel dort auf den Markt und sah, dass die Bäuerinnen viel Milch zu Markte brachten. Da wartete er einen neuen Markttag ab, als wieder viel Milch zusammenkam. Er verschaffte sich eine große Bütte, setzte sie auf den Markt und kaufte alle Milch, die auf den Markt kam. Die Milch ließ er in die Bütte schütten. Und er schrieb jeder Frau reihum die Menge Milch an, der einen so viel, der anderen so viel und so immer weiter. Zu den

Frauen sagte er, sie möchten so lange warten, bis er die Milch beieinander habe; dann wolle er jeder Frau ihre Milch bezahlen.

Die Frauen saßen auf dem Markt in einem Kreis um ihn herum. Eulenspiegel kaufte so viel Milch, bis keine Frau mehr mit Milch kam und der Zuber beinahe voll war. Da kam Eulenspiegel mit seinem Scherz heraus und sagte: „Ich habe diesmal kein Geld. Wer nicht 14 Tage warten will, mag die Milch wieder aus der Bütte nehmen." Damit ging er hinweg.

Die Bäuerinnen machten ein Geschrei und großen Lärm. Eine behauptete, sie habe so viel gehabt, die andere so viel, die dritte desgleichen, und so ging es weiter. Darüber warfen und schlugen sich die Frauen mit den Eimern, Fässchen und Flaschen an die Köpfe. Sie gossen sich die Milch in die Augen und in die Kleider und schütteten sie auf die Erde, sodass es aussah, als habe es Milch geregnet.

Die Bürger und alle, die das sahen, lachten über den Spaß, dass die Frauen also zu Markte gingen. Und Eulenspiegel wurde sehr gelobt wegen seiner Schalkheit.

Wie Eulenspiegel den Wirt mit dem Klange des Geldes bezahlte

Lange Zeit blieb Eulenspiegel in Köln in der Herberge. Einmal begab es sich, dass man das Essen so spät zum Feuer brachte, dass es später Mittag wurde, ehe die Kost fertig war. Eulenspiegel verdross es sehr, dass er so lange fasten sollte. Der Wirt sah es ihm wohl an, dass es ihn verdross, und er sprach zu ihm: Wer nicht warten könne, bis die Kost zubereitet sei, der möge essen, was er habe. Eulenspiegel ging in eine Ecke und aß eine trockene Semmel auf. Dann setzte er sich an den Herd und beträufelte den Braten, bis er gar war.

Als es zwölf schlug, wurde der Tisch gedeckt, und das Essen wurde gebracht. Der Wirt setzte sich zu den Gästen, aber Eulenspiegel blieb in der Küche am Herd. Der Wirt sprach: „Wie, Eulenspiegel, willst du

nicht mit am Tisch sitzen?" „Nein", sagte er, „ich mag nichts mehr essen, ich bin durch den Geruch des Bratens satt geworden." Der Wirt schwieg und aß mit den Gästen, die nach dem Essen ihre Zeche bezahlten. Der eine ging fort, der andere blieb, und Eulenspiegel saß bei dem Feuer.

Da kam der Wirt mit dem Zahlbrett, war zornig und sprach zu Eulenspiegel, er möge zwei kölnische Weißpfennige für das Mahl darauflegen. Eulenspiegel sagte: „Herr Wirt, seid Ihr ein solcher Mann, dass Ihr Geld von einem nehmt, der Eure Speise nicht gegessen hat?" Der Wirt sprach feindlich, er müsse das Geld geben. Habe Eulenspiegel auch nichts gegessen, so sei er doch von dem Geruch satt geworden. Er habe bei dem Braten gesessen, das sei so viel, als habe er an der Tafel gesessen und habe gegessen. Das müsse er ihm für eine Mahlzeit anrechnen. Da zog Eulenspiegel einen kölnischen Weißpfennig hervor, warf ihn auf die Bank und sprach: „Herr Wirt, hört Ihr diesen Klang?" Der Wirt sagte: „Diesen Klang höre ich wohl." Eulenspiegel nahm schnell wieder den Pfennig auf, steckte ihn in seinen Säckel und sprach: „So viel Euch der Klang des Pfennigs hilft, soviel hilft mir der Geruch des Bratens in meinem Bauch." Der Wirt wurde unwirsch, denn er wollte den Weißpfennig haben, aber Eulenspiegel wollte ihm den nicht geben und das Gericht entscheiden lassen. Der Wirt gab es auf und wollte nicht vor das Gericht. Er befürchtete, dass Eulenspiegel es ihm heimzahlen würde, ließ ihn im Guten fortgehen und schenkte ihm die Zeche.

Eulenspiegel zog von dannen, wanderte fort vom Rhein und zog wieder in das Land Sachsen.

Unbekannter Autor

16. Jahrhundert

Die Schildbürger (Auszug)

Wie die Schildbürger das Bauholz zu ihrem neuen Rathaus fällten und mit großer Mühe den Berg hinab- und wieder hinauftrugen

Einst waren die Schildbürger gemeinhin bekannt als die weisesten Menschen, und Kaiser und Könige aus aller Welt holten sich Ratgeber aus Schilda an ihren Hof. So kam es, dass sie für fremde Herren zwar von großem Nutzen waren, ihre Angelegenheiten daheim aber nicht gediehen. Und so wurde eine Versammlung gehalten und beschlossen, dass die Bürger von Schilda der Weisheit abschwören und nur noch der Narrheit dienen wollten.

Die Schildbürger waren noch so scharfsichtig (da ihre Weisheit nur allmählich wie ein Licht abnehmen und ausgehen sollte), dass sie wussten, dass man Bauholz und andere Sachen mehr haben müsse, ehe man einen Bau anfangen könnte; denn die rechten Narren würden ohne Holz, Stein, Kalk und Sand zu bauen unternommen haben. Darum zogen sie sämtlich und einmütig miteinander in ein jenseits des Berges gelegenes Tal und fingen an, das Bauholz zu fällen, nach ihres Baumeisters Rat und Angaben. Da die Stämme nun von Ästen gesäubert und zubereitet worden waren, wünschten sie allzumal, dass sie eine Armbrust hätten, auf der sie das Bauholz nach Schilda schießen könnten; denn sie meinten, sie würden durch ein solches Mittel unsäglicher Mühe und Arbeit enthoben werden. Allein

Der Hättich und der Wolltich,
Desgleichen auch der Solltich,
So hab ich gelesen,
Sind Brüder gewesen.
Hättich und Wolltich hatten nicht viel,
Denn Bruder Solltich kam niemals ans Ziel.

Darum mussten die Schildbürger die Arbeit selber verrichten. Also machten sie sich an die großen Bauhölzer, und mit außerordentlich großer Mühe, wobei sie öfter in die Hände spuckten, mit wahrlich viel Geschnaufe und Atemholen, trugen sie die Stämme zuletzt den Berg hinauf und auf der anderen Seite wieder hinab, alle bis auf einen, der nach ihrem Verstand der Letzte gewesen.

Diesen Stamm banden sie nun, gleich wie die andern auch, mit Stricken, und trugen ihn mit Heben, Lüpfen, Schieben, Treiben, Stoßen, Trollen, Wollen, Walgen, Schleifen, Ketschen, Tragen, Schalten, Schürgen, Rutschen, Ziehen, Kehren, Winden und Wenden, vor sich, hinter sich, über sich, nieder sich, neben sich, links und rechts, in die Breite, in die Länge und kreuz und quer den Berg hinauf und auf der andern Seite halb hinab.

Ich weiß nun nicht, ob sie es übersehen haben, dass das Holz nicht recht gebunden war, oder ob die Seile zu schwach gewesen und deshalb gerissen seien, genug – der Stamm entglitt ihnen, sodass sie ihn nicht mehr halten konnten, und fing an, von selbst fein allgemach den Berg hinabzurollen, bis er zu den andern Stämmen hinabrollte, wo er stilllag wie ein Stock. Solchem Verstand dieses groben Holzes sahen die Schildbürger bis zum Ende zu und verwunderten sich höchlich darüber.

„Nun sind wir alle", sprach ein Schildbürger, „ja große Narren und doppelte Zwölf-Esel, dass wir uns so große Mühe und Arbeit machten, indem wir die Bäume den Berg hinabgebracht haben. Keiner von uns ist so klug gewesen, dass er gedacht hätte, diese Bäume könnten ganz allein besser hinabgehen, als wir sie hinabschleifen und tragen. Aber mit unserm eignen Schaden müssen wir Narren klug werden."

„Dem", sagte ein anderer Schildbürger, „ist Rat zu schaffen und abzuhelfen. Wer sie hinabgetragen hat, der kann sie auch wieder hinaufschleppen. Wir wollen alle Stämme wiederum hinauftragen, so können wir sie alsdann fein allgemach wieder hinunterrollen lassen, da wir dann mit Zusehen unsere Lust haben und so für unsere Mühe entschädigt werden."

Dieser Rat gefiel allen über die Maßen sehr gut, doch jeder schämte sich dabei ein wenig vor den anderen, dass er nicht selbst so klug gewesen war. Jedoch freuten sie sich alle, dass sie ihrer neu zugelegten Narrheit eine anfängliche Probe ablegen sollten.

Darum machten sie sich wieder an die Stämme und schoben den Rücken dahinter; und hatten sie zuvor, als sie sie den Berg hinabbrachten, unsägliche Mühe und unglaubliche Arbeit gehabt, so hatten sie ihrer nun gewiss dreimal mehr, zumal sie sich schon zuvor abgearbeitet hatten und ermattet waren, dass sie kaum noch Kraft genug hatten, das Bauholz den Berg hinauf zu schleppen; alle wären weit lieber ins Wirtshaus gegangen. Zuletzt brachten sie die Hölzer alle wieder auf den Berg; nur das eine nicht, welches sie nur halb hinabgezogen hatten, weil dieses schon von selbst hinuntergelaufen war. Nachdem sie nun eine Weile verschnauft hatten, ließen sie dieselben fein allmählich hinaborgeln, immer eins nach dem andern; sie aber standen oben, sahen zu und erfreuten sich an dem Anblick. Hierdurch wurden ihr Herz und Mut zufriedengestellt, und das erste Muster oder Probestück ihrer Narrheit gegeben. Und weil es ihnen das erste Mal so wohl gelungen war, zogen sie ganz fröhlich heim und setzten sich gemeinsam ins Wirtshaus.

Wie die Schildbürger einen Acker mit Salz besäten, dass es wachsen sollte, und was sich damit zutrug

Als nun das Rathaus fertiggestellt und mit Narren besetzt war, fingen sie an, alle Tage zusammenzukommen und sich um die Sachen zu bekümmern und zu zermartern, die zum gemeinen Nutzen und Regiment gehörten, dessen sie sich nun, wie sie schuldig und verpflichtet waren, mit eifrigstem Ernst annahmen. Nun brachte ihre Gewitztheit sie dahin, dass sie über den Proviant nachdachten und Rat hielten, wie man einen Vorrat an Lebensmitteln anlegen könnte. Dies bedachten sie gar weislich, denn es steht ja einer hochverständigen Obrigkeit zu, sich mit solchen Vorräten zu versehen, um bei plötzlichem Mangel den Untertanen zu helfen, und den Wucherern, die den ohnedies schon genug bedrängten Armen wie die Egel das Blut aus dem Leibe, ja das Mark aus den Knochen saugen, ihr unredlich niederträchtiges Gewerbe zu legen.

Vor allem das Salz (dessen Verkauf wegen der schwebenden Kriegsläufe gehemmt war, weshalb sie großen Mangel daran litten) kam zur Sprache. Ob man nicht die Sache dahin bringen könnte, dass sie auch ihr eigen Salz hätten, da sie ja des Salzes in der Küche so wenig entbehren könnten wie den Mist auf dem Acker. Dieser Handel wurde nun in die Länge und Breite, nach eines jeden Gutdünken erwogen, und das nach allen Seiten, denn es wurden allerlei Mittel, deren man sich bedienen könnte, vorgebracht und nach ihrer Weisheit bedacht. Endlich beschlossen sie einhellig: Sintemal kund und offenbar, dass der Zucker, welcher dem Salz nicht unähnlich, auch wachse, so müsse man ja folgern, dass das Salz gleichermaßen auf dem Felde hervorwachse, schließlich habe auch das Salz Körner, wie man sage: ein Körnlein Salz usw. Da ferner bekannt und offensichtlich ist, dass andere Dinge wüchsen, z. B. Kälber, wenn man Käse setze, Hühner, wenn man Eier in den Boden stecke, so wäre es auch kein besserer Rat, als dass man ein großes Stück Feld, das der Gemeinde gehöre, umbräche und baute und alsdann das Salz in Gottes Namen hineinsäte: So hätten sie auch eigenes Salz und müssten nicht andern darum nachlaufen und ihnen zu Füßen fallen.

Das wurde nun alsbald ins Werk gesetzt, der Acker gepflügt und das Salz ausgesät, in der Hoffnung, es würde ihnen reichlich lohnen und Gott auch zu ihrer Arbeit den Segen geben, zumal sie es in seinem Namen gesät hatten. In solchem Vertrauen haben sie auch um den Acker desto fleißiger Sorge getragen und an die vier Ecken Bannwarte gesetzt, jeden mit einem langen Blasrohr in der Hand, um die Vögel, wenn sie das gesäte Salz etwa wie andere Samen aufpicken wollten, niederzuschießen.

Wie das Salz wuchs und die Schildbürger es nicht abschneiden konnten.

Das Salzkraut, wofür es die Schildbürger hielten, wuchs heran, blühte und gedieh wie ein Unkraut, von dem man sagt, dass es nicht verdürbe, auch wenn ein Feuerregen darauf fiele.

Als die Zeit herangekommen war, dass man das aufgewachsene Salz, damit es nicht abfalle, schneiden und einsammeln sollte, bereiteten sie alles aufs Beste und Fleißigste, was sie glaubten, dass zu dem wichtigen Vorhaben erforderlich sein würde. Etliche hatten sich mit Sicheln versehen, um das Salz zu mähen; andere hielten Pferde und Wagen bereit, um es als Hanf heimzuführen, etliche Flegel aber hatten Flegel gerüstet und hingebracht, um selbiges auszudreschen.

Als sie aber Hand anlegen und ihr gewachsenes Salz abschneiden wollten, siehe, da war es so scharf, herb und hitzig, dass es ihnen die Hände ganz und gar verbrannte und verwüstete. Soweit aber hatten die Schildbürger nicht gedacht, dass sie Handschuhe angezogen hätten, denn sie vermeinten, weil es Sommer wäre, würde man ihrer dann spotten. Etliche waren der Meinung, man sollte es abmähen wie das Gras, andere rieten dagegen, weil sie befürchteten, der Samen möchte abfallen. Wieder andere meinten, es wäre vielleicht gut, wenn man es mit einer Armbrust abschösse; weil sie aber keine Schützen unter sich hatten, unterließen sie dies. Summa Summarum, die Schildbürger kamen eben nicht weiter mit ihrem Salz und mussten es auf dem Felde stehen lassen, bis sie bessern Rat fänden, was damit zu tun wäre. Und hatten sie zuvor wenig Salz gehabt, so hatten sie jetzt noch weniger, denn was sie nicht verbraucht, das hatten sie ausgesät – sie litten also großen Mangel an Salz, zumal am Salz der Weisheit, welches ihnen ganz dünn geworden war.

Es wäre ihnen wohl zu wünschen gewesen, dass jemand sie die Kunst gelehrt hätte, den Schnee des Winters hinterm Ofen zu dörren und als Salz zu gebrauchen, wie das vor Zeiten einer getan. Was rede ich aber?

Ursprünglich lebten **die Schild-bürger** in Laleburg im Kaiserreich Utopia. So berichtet es zumindest die älteste Fassung der Schildbürger-Schwänke, das sogenannte „Lale-Buch", welches im Jahr 1597 anonym in Straßburg gedruckt wurde. Der ursprüngliche Autor ist also unbekannt – doch gibt es ohnehin in dem Buch kaum eine Geschichte, die nicht in einer älteren Schwanksammlung des 16. oder sogar 15. Jh. enthalten ist. Der Autor des Lale-Buchs hat diesen Schwänken also „nur" einen neuen Rahmen gegeben, sie in seinem Sinn ausgeschmückt und zu einer zusammenhängenden Geschichte zusammengefügt. Doch hat er sich einen Spaß daraus gemacht, mit einem Rätsel um seine Person auf dem Titelblatt ganze Generationen von Literaturwissenschaftlern zu foppen und an der Nase herumzuführen – ganz im Sinne der Schildbürgerstreiche: „Auß Rohtwelscher in Deutsche Sprach gesetzt / Durch: Aabcdefghiklmnopqrstuwxyz. Die Buchstaben so zu viel sindt / Nimb auß / wirff hinweg sie geschwindt / Und was dir bleibt / setz rechtzusammen: So hastu deß Authors Namen." Überflüssig zu sagen, dass dieses Rätsel bis heute nicht gelöst werden konnte.

Bereits wenige Monate nach der Veröffentlichung erschien eine Neuauflage, doch diesmal nannten sich die Lalen „Schiltbürger" – und den Namen Schildbürger sollten sie auch in den meisten späteren Bearbeitungen des Stoffes behalten. Auch der Autor dieses Buches ist anonym, doch handelt es sich mit hoher Wahrscheinlichkeit um den 1543 geborenen **Johann Friedrich von Schönberg** (Bild), der als Amtshauptmann von Belzig, Gommern und Elbenau tätig war. 1592 ging er zum wiederholten Male in der Kleinstadt Schildau seiner Tätigkeit als Kontrolleur nach, ärgerte sich über die „liederlichen Sitten" der Kleinstädter – und dichtete kurzerhand das Lale-Buch um, indem er es auf Schildau und seine Bewohner anpasste. Das 1598 erschienene Buch wurde zu einem frühen Bestseller und ist es in gewisser Weise auch jetzt noch – nicht umsonst ist der Begriff „Schildbürgerstreich" auch heutzutage ein geflügeltes Wort. Zu der großen Popularität der Schildbürger bis in unsere Zeit haben sicherlich die vielen Adaptionen des Stoffes beigetragen, denn viele Autoren haben sich im Laufe der Jahrhunderte der Schildbürgerstreiche angenommen. So gehören die Nachdichtungen von Otfried Preußler und Erich Kästner heute wohl zu den Kinderbuchklassikern.

Keiner der Schildbürger konnte die Ursache erraten, warum ihr Salz so auf der Haut brannte. Sie dachten, das Feld wäre vielleicht nicht recht bebaut, zu viel oder zu wenig gedüngt gewesen, wollten es ein anderes Mal besser machen und ihre Beobachtungen darüber sammeln und aufzeichnen. Ich aber wusste zwar wohl, dass es Brennnesseln waren, was die Schildbürger für Salzkraut hielten, wollte es ihnen aber nicht sagen, sondern sie in ihrer Torheit belassen, damit sie den Lohn derselben empfingen.

Wie die Schildbürger ihre Glocken in dem See verbargen

In einer Zeit, als Kriegsgeschrei einfiel, fürchteten die Schildbürger sehr um ihr Hab und Gut, dass es ihnen von den Feinden geraubt werden könnte; vor allem war ihnen bang um ihre Glocken, die auf dem Rathaus hingen, denn sie dachten, man würde sie ihnen wegnehmen und Gewehrkugeln daraus gießen. Also wurden sie nach langer Beratschlagung einig, dieselben bis zum Ende des Krieges im See zu versenken und sie alsdann, wenn der Krieg vorüber und der Feind fort wäre, wiederum herauszuziehen und aufzuhängen. Und so trug man sie in ein Schiff und fuhr damit über den See.

Als sie aber die Glocken ins Wasser werfen wollten, sagte einer von ungefähr: „Wie wollen wir denn den Ort wiederfinden, wo wir sie hinausgeworfen haben, wenn wir sie gern wiederhätten?" – „Lass dir deswegen", sprach der Schultheiß, „keine grauen Haare wachsen." Und er ging hin und schnitt mit dem Messer eine Kerbe in den Schiffsrand an der Stelle, wo die Glocken hinausgeworfen wurden. „Hier bei diesem Schnitt", sagte er, „wollen wir sie wiederfinden." Also wurden die Glocken hinausgeworfen und versenkt. Nachdem aber der Krieg vorbei war, fuhren sie wieder auf den See, um ihre Glocken zu holen, und fanden den Kerbschnitt an dem Schiffe wohl; aber die Glocken konnten sie deswegen nicht finden, noch den Ort im Wasser, wo sie sie versenkt hatten. Also ermangeln sie noch heutigen Tages ihrer guten Glocken.

Wie die Schildbürger einen Maushund und hiermit letztendlich ihr Verderben kauften

Nun hatten die Leute zu Schilda keine Katzen, wohl aber so viel Mäuse, dass ihnen auch im Brotkorb nichts sicher war: Was sie nur neben sich stellten, das wurde ihnen zerfressen und zernagt, worüber sie denn sehr in Ängsten waren. Es begab sich aber, dass ein Wandersmann durch ihr Dorf zog, der trug eine Katze auf dem Arm und kehrte im Wirtshaus ein. Der Wirt fragte ihn, was dies für ein Tier sei. Er antwortete: „Es ist ein Maushund." Nun waren die Mäuse zu Schilda so heimisch und zahm, dass sie auch vor den Leuten nicht mehr flohen und am helllichten Tag ohne alle Scheu umherliefen; darum ließ der Wandersmann die Katze laufen: Da erlegte sie alsbald, in Beisein des Wirts, der Mäuse gar viel.

Als der Wirt dies der Gemeinde erzählte, fragten sie den Mann, ob der Maushund zu kaufen wäre. Sie wollten ihm diesen auch gut bezahlen. Er antwortete: Er sei zwar eigentlich nicht zu verkaufen; weil sie ihn aber so dringend brauchten, so wollte er ihnen denselben wohl zuteilwerden lassen, wenn sie ihm dafür geben wollten, was recht sei: Er forderte hundert Gulden dafür. Die Bauern waren froh, dass er nicht mehr gefordert hatte und wurden mit ihm handelseinig. Also wurde von beiden Teilen der Kauf bewilligt und dem Fremden das Geld gegeben: Dafür trug er ihnen den Maushund in die alte Burg, worin sie ihr Getreide aufbewahrten, und wo auch die meisten Mäuse waren. Der Wanderer zog derweil eilig mit dem Geld weg, denn er fürchtete, dass sie den Handel bereuen und ihm das Geld wieder nehmen möchten: Darum sah er im Gehen oft über seine Schulter, ob ihm nicht jemand nacheile.

Nun hatten die Bauern vergessen zu fragen, was der Maushund denn fresse: Darum schickten sie dem Wandersmann eilig jemanden nach, der ihn danach fragen sollte.

Als der mit dem Gelde sah, dass ihm jemand nachlief, eilte er desto mehr, sodass ihn der Bauer nicht einholen konnte. Darum schrie er ihm von Ferne zu: „Was isst er denn? Was isst er denn?" Jener antwortete: „Nur Speck frisst er nie." Der Bauer aber hatte verstanden: *Nur Menschen und Vieh*; kehrte darum in großem Unmut wieder heim und erzählte dies seinen gnädigen Herren. Diese erschraken darüber sehr und sprachen: Wenn er keine Mäuse mehr zu fressen hat, so wird er hernach unser Vieh fressen und endlich uns selbst, obwohl wir ihn mit unserm guten Geld gekauft haben. Sie beschlossen deshalb, die Katze zu töten; aber keiner traute sich, sie anzugreifen. Darum hielten sie Rat und wurden einig, sie in der Burg mit Feuer zu verbrennen, denn es wäre besser, einen geringen Schaden davonzutragen, als dass sie alle um Leib und Leben kommen sollten. Also zündeten sie die Burg an.

Als aber die Katze das Feuer roch, sprang sie aus einem Fenster, kam davon und floh in ein anderes Haus; die Burg aber brannte bis auf den Grund nieder.

Niemand war jemals ängstlicher als die Schildbürger, die den Maushund nicht loswerden konnten: Sie hielten deswegen ferner Rat und kauften das Haus, in das die Katze entkommen war, und steckten es gleichfalls in Brand. Aber die Katze sprang auf das Dach, saß da eine Weile und putzte sich, wie es ihre Gewohnheit war, mit dem Tätzlein über den Kopf. Das verstanden die Bauern, als höbe die Katze eine Hand und schwüre einen Eid, dass sie solches nicht wollte ungerächt lassen. Da wollte einer mit einem langen Spieß nach der Katze stechen: Sie aber sprang auf den Spieß und fing an, daran herabzulaufen, sodass jener und die ganze Gemeinde erschraken, alle davonliefen und das Feuer brennen ließen. Und da das Feuer niemand löschte, verbrannte das ganze Dorf bis auf ein Haus und kam gleichwohl die Katze davon; die Bauern aber waren mit Weib und Kind in einen Wald geflohen. Damals verbrannte auch ihre ganze Kanzlei: Also wird man von ihren Geschichten nichts Ordentliches mehr verzeichnet finden.

C. F. Gellert

1715–1769

Das Land der Hinkenden

Vor Zeiten gab's ein kleines Land,
Worin man keinen Menschen fand,
Der nicht gestottert, wenn er red'te,
Nicht, wenn er ging, gehinket hätte;
Denn beides hielt man für galant.
Ein Fremder sah den Übelstand;
Hier, dacht er, wird man dich im Gehn bewundern müssen,
Und ging einher mit steifen Füßen.
Er ging, ein jeder sah ihn an,
Und alle lachten, die ihn sahn,
Und jeder blieb vor Lachen stehen
Und schrie: „Lehrt doch den Fremden gehen!"

Der Fremde hielt's für seine Pflicht,
Den Vorwurf von sich abzulehnen.
„Ihr", rief er, „hinkt; ich aber nicht:
Den Gang müsst ihr euch abgewöhnen!"
Der Lärmen wird noch mehr vermehrt,
Da man den Fremden sprechen hört.
Er stammelt nicht; genug zur Schande!
Man spottet sein im ganzen Lande.

Gewohnheit macht den Fehler schön,
Den wir von Jugend auf gesehn.
Vergebens wird's ein Kluger wagen
Und, dass wir töricht sind, uns sagen.
Wir selber halten ihn dafür,
Bloß, weil er klüger ist als wir.

Das Füllen

Ein Füllen, das die schwere Bürde
Des stolzen Reiters nie gefühlt,
Den blanken Zaum für eine Würde
Der zugerittnen Pferde hielt;
Dies Füllen lief nach allen Pferden,
Worauf es einen Mann erblickt,
Und wünschte, bald ein Ross zu werden,
Das Sattel, Zaum und Reiter schmückt.

Wie selten kennt die Ehrbegierde
Das Glück, das sie zu wünschen pflegt!
Das Reitzeug, die gewünschte Zierde,
Wird diesem Füllen aufgelegt.
Man führt es streichelnd hin und wieder,
Dass es den Zwang gewöhnen soll;
Stolz geht das Füllen auf und nieder,
Und stolz gefällt sichs selber wohl.

Es kam mit prächtigen Gebärden
Zurück in den verlassnen Stand,
Und machte wiehernd allen Pferden
Sein neu erhaltnes Glück bekannt.
Ach! sprach es zu dem nächsten Gaule,
Mich lobten alle, die mich sahn;
Ein roter Zaum lief aus dem Maule
Die schwarzen Mähnen stolz hinan.

Allein wie gings am andern Tage?
Das Füllen kam betrübt zurück,
Und schwitzend sprach es: Welche Plage
Ist nicht mein eingebildet Glück!
Zwar dient der Zaum mich auszuputzen;
Doch darum ward er nicht gemacht.
Er ist zu meines Reiters Nutzen
Und meiner Sklaverei erdacht.

Was wünscht man sich bei jungen Tagen?
Ein Glück, das in die Augen fällt;
Das Glück, ein prächtig Amt zu tragen,
Das keiner doch zu spät erhält.
Man eilt vergnügt, es zu erreichen,
Und, seiner Freiheit ungetreu,
Eilt man nach stolzen Ehrenzeichen,
Und desto tiefrer Sklaverei.

Christian Fürchtegott Gellert – dieser Autor ist heute fast unbekannt, seine Literatur ebenso aus der Mode gekommen wie sein antiquiert wirkender zweiter Vorname. Umso erstaunlicher ist die Tatsache, dass er zu Lebzeiten zu den am meisten gelesenen Schriftstellern gehörte und sein Werk in Deutschland so beliebt war, dass sich nur die Bibel besser verkaufte.

Gellert erblickte das Licht der Welt in der sächsischen Kleinstadt Hainichen am 4. Juli 1715, als neuntes von insgesamt dreizehn Kindern. Sein Vater Christian Gellert war Pastor, und die kinderreiche Familie konnte sich mehr schlecht als recht über Wasser halten. Nur achtjährig zog er deshalb zu seiner Tante Augusta. Schon in der Schule – er besuchte die berühmte Fürstenschule in Meißen – verfasste er erste Gedichte. 1734 begann er in Leipzig ein Studium der Philosophie, Geschichte und Theologie. Er versuchte sich zunächst als Prediger, finanzierte sich dann als Hauslehrer und arbeitete für den großen Dramaturgen und Literaturtheoretiker Johann Christoph Gottsched. Nach Gellerts Dissertation 1744 hielt er in Leipzig Vorlesungen über Poesie, Redekunst und Ethik, 1751 wurde er Professor der Philosophie. Als Aufklärer setzte er Zeichen, der junge Goethe besuchte begeistert seine Vorlesungen. Zwei Bände mit Fabeln, in denen sich Gellert von antiken und französischen Autoren inspirieren ließ, erschienen 1746 und 1748, beide waren sehr erfolgreich. Seine „Geistlichen Oden und Lieder" von 1757 wurden viel gelesen und häufig vertont.

Der Dichter war zeitlebens von zarter Gesundheit, die sich seit den 1760er-Jahren stetig verschlechterte. Er starb am 13. Dezember 1769 im Alter von nur 54 Jahren. Dabei hinterließ er ein breites Œuvre: Neben den Fabeln und geistlichen Liedern hatte er Romane, Erzählungen, Komödien und etliche weitere Schriften verfasst, die ein breites Publikum fanden – gehörte er doch zu den ersten deutschen Autoren, die bürgerliche Moral und Figuren in den Fokus seiner literarischen Werke rückte. Doch sank sein Stern schnell nach seinem Tod: Die neue Dichtergeneration des Sturm und Drang, der er ironischerweise den Weg geebnet hatte, lehnte seine Dichtung als mittelmäßig und moralinsauer ab.

Die junge Ente

Die Henne führt der Jungen Schar,
Worunter auch ein Entchen war,
Das sie zugleich mit ausgebrütet.
Der Zug soll in den Garten gehn;
Die Alte gibts der Brut durch Locken zu verstehn;
Und jedes folgt, sobald sie nur gebietet,
Denn sie gebot mit Zärtlichkeit.

Die Ente wackelt mit; allein nicht gar zu weit.
Sie sieht den Teich, den sie noch nicht gesehen,
Sie läuft hinein, sie badet sich.
Wie, kleines Tier! Du schwimmst? Wer lehrt es dich?
Wer hieß dich in das Wasser gehen?
Wirst du so jung das Schwimmen schon verstehen?

Die Henne läuft mit strupfichtem Gefieder
Das Ufer zehnmal auf und nieder,
Und will ihr Kind aus der Gefahr befrein;
Setzt zehnmal an, und fliegt doch nicht hinein;
Denn die Natur heißt sie das Wasser scheun.
Doch nichts erschreckt den Mut der Ente;
Sie schwimmt beherzt in ihrem Elemente,
Und fragt die Henne ganz erfreut,
Warum sie denn so ängstlich schreit?

Was dir Entsetzen bringt, bringt jenem oft Vergnügen;
Der kann mit Lust zu Felde liegen,
Und dich erschreckt der bloße Name, Held.
Der schwimmt beherzt auf offnen Meeren;
Du zitterst schon auf angebundnen Fähren,
Und siehst den Untergang der Welt.
Befürchte nichts vor dessen Leben,
Der kühne Taten unternimmt.
Wen die Natur zu der Gefahr bestimmt,
Dem hat sie auch den Mut zu der Gefahr gegeben.

Der Tod der Fliege und der Mücke

Der Tod der Fliege heißt mich dichten;
Der Tod der Mücke heischt mein Lied.
Und kläglich will ich dir berichten,
Wie jene starb und die verschied.

Sie setzte sich, die junge Fliege,
Voll Mut auf einen Becher Wein;
Entschloss sich, tat drei gute Züge
Und sank vor Lust ins Glas hinein.

Die Mücke sah die Freundin liegen:
„Dies Grabmal", sprach sie, „will ich scheun,
Am Lichte will ich mich vergnügen
Und nicht an einem Becher Wein."

Allein verblendet von dem Scheine,
Ging sie der Lust zu eifrig nach;
Verbrannte sich die kleinen Beine
Und starb nach einem kurzen Ach!

Ihr, die ihr, euren Trieb zu nähren,
In dem Vergnügen selbst verdarbt!
Ruht wohl und lasst zu euren Ehren
Mich sagen, dass ihr menschlich starbt.

Der Greis

Von einem Greise will ich singen,
Der neunzig Jahr die Welt gesehn.
Und wird mir jetzt kein Lied gelingen:
So wird es ewig nicht geschehn.

Von einem Greise will ich dichten,
Und melden, was durch ihn geschah,
Und singen, was ich in Geschichten,
Von ihm, von diesem Greise, sah.

Singt, Dichter, mit entbranntem Triebe,
Singt euch berühmt an Lieb und Wein!
Ich lass euch allen Wein und Liebe,
Der Greis nur soll mein Loblied sein.

Singt von Beschützern ganzer Staaten,
Verewigt euch und ihre Müh!
Ich singe nicht von Heldentaten,
Der Greis sei meine Poesie.

O Ruhm, dring in der Nachwelt Ohren,
Du Ruhm, den sich mein Greis erwarb!
Hört, Zeiten, hörts! Er ward geboren,
Er lebte, nahm ein Weib, und starb.

Der Affe

Kaum hatte noch des Schneiders Hand
Ein buntes komisches Gewand
Dem muntern Affen umgehangen:
So gab sein Rock ihm das Verlangen,
Sich in dem Spiegel zu besehn.
„In Wahrheit", sprach er, „ich bin schön!
So viel ich mir geschmeichelt habe,
So kann dem jungen Herrn der Rock nicht besser stehn.
Komm", rief er, „kleiner Edelknabe!
Wir müssen uns zugleich im Spiegel sehn."
Er kam. Der Aff' erschrak, verzerrte das Gesicht,
Stieß an den Hut und rückte die Perücke;
Und doch glich er dem Junker nicht!
Der Spiegel warf, was er empfing, zurücke,
Ein närrisch haarichtes Gesicht
In einer struppichten Perücke.
Der Junker lacht. „Pfui", hub der Aff' erbittert an,
„Pfui, Spiegel, wie du lügst! Was hab' ich dir getan?"
Der Spiegel läuft darauf von seinem Hauchen an
Und zeigt jetzt keinen Affen weiter.
„Das dacht' ich", rief er sehr erfreut,
„Die Schuld liegt nicht an meiner Hässlichkeit;
Nein, junger Herr, der Spiegel war nicht heiter!"

Schon eilte Junker Fritz mit der Begebenheit,
Sie dem Magister zu erzählen;
Und diesem konnt' es gar nicht fehlen,
Mit einer nützlichen Moral
(Er war gelehrt) sie zu beseelen.
„Nun", sprach er, „setzen Sie einmal
Die Wahrheit an des Spiegels Stelle.
Sie zeigt der Toren Hässlichkeit;
Der Tor, der sich vor ihrem Lichte scheut,
Verhüllt sie drauf in Dunkelheit
Und schmeichelt sich, sie sei nicht helle."

Der glückliche Dichter

Ein Dichter, der bei Hofe war –
Bei Hofe? Was? Bei Hofe gar?
Wie kam er denn zu dieser Ehre?
Ich wüsste nicht, was ein Poet,
Ein Mensch, der nichts vom Recht und Staat versteht,
Was der bei Hofe nötig wäre?
Was ein Poet bei Hofe nötig ist?
Ja, Freund, du hast wohl recht zu fragen.
Mich ärgerts, dass August zween Dichter gern vertragen,
Die man doch jetzt kaum in den Schulen liest.
Was ists denn nun mit zehn Racinen
Und Molièren? Nichts! Gar nichts! Der eine macht,
Dass man bei Hofe weint, der andre, dass man lacht.
Das heißt dem Staate trefflich dienen,
Dadurch wird ja kein Groschen eingebracht.

Doch auf die Sache selbst zu kommen.
Ein Dichter, den der Hof in seine Gunst genommen,
Schlief einst bei Tag im Louvre ein. –
Wieso? War er berauscht? Das kann wohl möglich sein.
Man hat in Frankreich guten Wein.
Und Dichter sollen insgemein
Von Wahrheit, Liebe, Witz und Wein
Sehr gute Freund und Kenner sein.
Ich mag die Welt nicht Lügen strafen,
Drum sag ich weder ja noch nein.

Gnug, der Poet war eingeschlafen,
Und war nicht schön, das man wohl merken muss;
Doch gab die Königin, den Schlaf ihm zu versüßen,
Ihm im Vorbeigehn einen Kuss.
„Was", rief ein Prinz, „den blassen Mund zu küssen?"
„Blass", sprach die Königin, „blass ist er, das ist wahr;
Doch sagt der Mann mit seinem blassen Munde
Mehr Schönes oft in einer Stunde
Als Sie, mein Prinz, durchs ganze Jahr."

Wenn der Topf aber nun ein Loch hat

Zu den ältesten bekannten Kinderliedern gehört das lustige „Ein Loch ist im Eimer", in seiner ältesten Version „Wenn der Topf aber nun ein Loch hat". Die erste Aufzeichnung dieses Duetts ist im „Bergliederbüchlein" zu finden, das um 1700 entstanden ist. Das Lied wird heute noch häufig vertont und wurde auch ins Englische übersetzt – berühmt geworden ist die Version „There's a hole in my bucket" von Harry Belafonte.

Wenn der Topp aber nun ein Loch hat,
lieber Heinrich, lieber Heinrich?
Stopp es zu, du liebe Liese,
liebe Liese, stopp es zu!

Womit aber soll ich's zustoppe,
lieber Heinrich, lieber Heinrich?
Musst de Stroh nehme, liebe Liese,
liebe Liese, nimmste Stroh.

Wenns Stroh aber nun zu lang ist,
lieber Heinrich, lieber Heinrich?
Musst du's abhaue, liebe Liese,
liebe Liese, haust du's ab.

Womit soll ich's aber abhaue,
lieber Heinrich, lieber Heinrich?
Musst du's Beil nehme, liebe Liese,
liebe Liese, nimmst du's Beil.

Wenns Beil aber nun net schneide will,
lieber Heinrich, lieber Heinrich?
Musst du's scharf mache, liebe Liese,
liebe Liese, machst du's scharf.

Womit soll ich's scharf mache,
lieber Heinrich, lieber Heinrich?
Musst e Stein nehme, liebe Liese,
liebe Liese, nimmst e Stein.

Wenn der Stein aber nun zu trocken ist,
lieber Heinrich, lieber Heinrich?
Musst'n nass mache, liebe Liese,
liebe Liese, machst'n nass.

Womit soll ich'n aber nass mache,
lieber Heinrich, lieber Heinrich?
Musst du Wasser nehme, liebe Liese,
liebe Liese, nimmst de Wass'r.

Womit soll ich's Wasser schöpfe,
lieber Heinrich, lieber Heinrich?
Musst e Topp nehme, liebe Liese,
liebe Liese, nimmst'n Topp.

Wenn der Topp aber nun ein Loch hat,
lieber Heinrich, lieber Heinrich?
Musst sein lasse, liebe Liese,
liebe Liese, lässt du's sein!

Mein Hut, der hat drei Ecken

Der Liedtext von „Mein Hut, der hat drei Ecken" stammt aus dem 19. Jh. – als der Dreispitz bei Militär und Adel noch in Mode war. Die Melodie wiederum ist sehr viel älter und geht auf die neapolitanische Canzonetta „O cara mamma mia" zurück.

Mein Hut, der hat drei Ecken,
drei Ecken hat mein Hut.
Und hätt er nicht drei Ecken,
so wär's auch nicht mein Hut.

Ein Mops kam in die Küche

Zur selben Melodie wie „Mein Hut, der hat drei Ecken" wird das Volkslied „Ein Mops kam in die Küche" gesungen. Das Alter dieses Liedes ist unbekannt, die ersten Aufzeichnungen datieren aus dem Jahr 1880. Das Lied gibt es in verschiedenen Varianten, auch in englischer Sprache ist es bekannt und beliebt. Es handelt sich bei dem Lied um ein sog. „Endloslied", weil man es gewissermaßen in Endlosschleife immer wieder von vorne singen kann.

Ein Mops kam in die Küche
Und stahl dem Koch ein Ei.
Da nahm der Koch die Kelle
Und schlug den Mops zu Brei.

Da kamen viele Möpse
Und gruben ihm ein Grab
Und setzten ihm ein' Grabstein
Worauf geschrieben stand:

Ein Mops kam in die Küche
Und stahl dem Koch ein Ei.
…

G. C. Lichtenberg

1742–1799

Aphorismen

Ich habe mich zuweilen recht in mir selbst gefreut, wenn Leute, die Menschenkenner und Weltweise sein wollen, über mich geurteilt haben. Wie entsetzlich sie sich irren, der eine hielt mich für weit besser, und der andere für weit schlimmer als ich war, und das immer aus sehr feinen Gründen, wie er glaubte.

Er schlief in seiner gewöhnlichen Untätigkeit einmal so lange auf der Fensterbank, dass ihm die Schwalben hinter die Ohren bauten.

Unter allen den Kuriositäten, die er in seinem Hause aufgehäuft hatte, war er selbst am Ende immer die größte.

Lernen sich selbst zu prüfen und zu belehren, hat so viele Bequemlichkeit und ist nicht so gefährlich als sich selbst zu rasieren, jedermann sollte es in einem gewissen Alter lernen, aus Furcht irgendeinmal der Raub eines übel geführten Schermessers zu werden.

So närrisch als es dem Krebse vorkommen muss, wenn er den Menschen vorwärts gehen sieht.

Ein gewisser Freund, den ich kannte, pflegte seinen Leib in drei Etagen zu teilen, den Kopf, die Brust und den Unterleib, und er wünschte öfters, dass sich die Hausleute der obersten und der untersten Etage besser vertragen könnten.

Ein Kurfürst von Bayern musste einmal in Holland für Speck und Eier, wobei er seinen eigenen Wein noch trank, 50 Dukaten bezahlen. Was Henker, fragte er den Wirt, sind denn hier die Eier so selten. Nein, antwortete er ganz trocken, die Eier nicht, aber die Kurfürsten.

A.: Warum unterstützen Sie Ihren Schwiegervater nicht? B.: Warum? A.: Er ist ein armer Mann. B.: Aber fleißig und ich habe nicht Geld genug, ihn zum Faulenzer zu machen.

Aufschieben heißt, seinem Gehirne eine größere Extension zu geben.

Ich denke wenn man etwas in die Luft bauen will, so sind es immer besser Schlösser als Kartenhäuser.

Dass die Menschen so oft falsche Urteile fällen, rührt gewiss nicht allein aus einem Mangel an Einsicht und Ideen her, sondern hauptsächlich davon, dass sie nicht jeden Punkt im Satz unter das Mikroskop bringen und bedenken.

Ich habe Leute gekannt, die haben heimlich getrunken und sind öffentlich besoffen gewesen.

Es schadet bei manchen Untersuchungen nicht, sie erst bei einem Räuschchen durchzudenken und dabei aufzuschreiben; hernach aber alles bei kaltem Blute und ruhiger Überlegung zu vollenden. Eine kleine Erhebung durch Wein ist den Sprüngen der Erfindung und dem Ausdruck günstig; der Ordnung und Planmäßigkeit aber bloß die ruhige Vernunft.

Da liegen nun die Kartoffeln, und schlafen ihrer Auferstehung entgegen.

Ich weiß nicht, ob Du den großen gelben Hosenknopf gekannt hast, den ich voriges Jahr zuoberst an meinen Hosen trug. Es war der einzige metallene an meinem ganzen Leibe. Er hat mich nie verlassen, seit 1769 versah er diese Stelle mit einer für einen Hosenknopf

Georg Christoph Lichtenberg war ein großer Aufklärer, Mathematiker und Physiker. Geboren wurde er in der Nähe von Darmstadt im Jahr 1742 als neuntes und dennoch ältestes Kind – alle älteren Geschwister waren gestorben – eines protestantischen Pfarrers. Er erhielt eine vorzügliche Schulbildung und studierte anschließend in Göttingen Mathematik, Physik, englische Sprache und Literatur, Philosophie und Staatskunde – womit sich schon die große Bandbreite seiner Interessen zeigte. Auf einer Reise nach England 1770 traf er den englischen König Georg III. auf einer Sternenwarte, der seine Ernennung zum Professor für Philosophie empfahl. Noch im selben Jahr wurde er in Göttingen zum Professor berufen. Er lehrte vor allem Experimentalphysik und errang einen hervorragenden Ruf als Wissenschaftler, der ihm auch weltweit die Türen öffnete, so war er Mitglied der Londoner Royal Society und Ehrenmitglied der Russischen Akademie der Wissenschaften. Trotz seiner naturwissenschaftlichen Verdienste ist er heute vor allem wegen seiner klugen Aphorismen bekannt, die er in seinen Notizbüchern – den „Sudelbüchern" – aufzeichnete. Lichtenberg, der aufgrund einer Wirbelsäulenverkrümmung kleinwüchsig war und an Asthma litt, starb im Februar 1799 aufgrund seines Asthmaleidens. Er hinterließ eine Frau und sechs Kinder – und der Nachwelt ein reichhaltiges literarisches und wissenschaftliches Werk.

bewundernswürdigen Treue und Ernst. Da ich hier merkte, dass ihm der Dienst sauer wurde, so adjungierte ich ihm einen neuen Modeknopf, der ehemals auf Swantons Uniform gesessen hatte, das Regiment liegt jetzt in Minorca. Dieses nahm er übel. Im Dezember fing er an zu klagen und den Kopf zu hängen, und gestern Nachmittag zwischen 3 und 4 zerriss das Band, das uns über 3 Jahre aneinander geknüpft hatte, ich meine die Saite im Holz, und er lag vor mir auf der Erde. Ich nahm den armen Teufel auf und sah ihn eine Zeitlang an mit einem Mitleid, als wenn er mein Neben-Geschöpf gewesen wäre. Habe Dank, sagte ich ihm, Erster unter den Knöpfen, für deine Dienste. Wer weiß, ob ich nun nicht ewig die Hosen heben muss. Ruhe sanft, ein Philosoph erkennt deinen Wert, und damit flog er in einen Bach, der unter meinem Fenster wegfließt, so dichterisch als je einer in einem Liedchen gemurmelt oder gerieselt hat

G. A. Bürger

1747–1794

Baron Münchhausen (Auszug)

Reise nach Russland und St. Petersburg

Ich trat meine Reise nach Russland mitten im Winter an, weil ich ganz richtig schloss, dass Frost und Schnee die Wege durch die nördlichen Gegenden von Deutschland, Polen, Kur- und Livland, welche nach der Beschreibung aller Reisenden fast noch elender sind als die Wege nach dem Tempel der Tugend, endlich, ohne besondere Kosten hochpreislicher, wohlfürsorgender Landesregierungen, ausbessern müsste. Ich reiste zu Pferde, welches, wenn es sonst nur gut um Gaul und Reiter steht, die bequemste Art zu reisen ist. Ich war nur leicht bekleidet, welches ich ziemlich übel empfand, je weiter ich gegen Nordost hin kam.

Ich ritt, bis Nacht und Dunkelheit mich überfielen. Nirgends war ein Dorf zu hören noch zu sehen. Das ganze Land lag unter Schnee; und ich wusste weder Weg noch Steg.

Des Reitens müde, stieg ich endlich ab und band mein Pferd an eine Art von spitzem Baumstaken, der über dem Schnee hervorragte. Zur Sicherheit nahm ich meine Pistolen unter den Arm, legte mich nicht weit davon in den Schnee nieder und tat ein so gesundes Schläfchen, dass mir die Augen nicht eher wieder aufgingen, als bis es heller lichter Tag war. Wie groß war aber mein Erstaunen, als ich fand, dass ich mitten in einem Dorf auf dem Kirchhofe lag! Mein Pferd war anfänglich nirgends zu sehen; doch hörte ichs bald darauf irgendwo über mir wiehern. Als ich nun emporsah, so wurde ich gewahr, dass es an den Wetterhahn des Kirchturms gebunden war und von da herunterhing. Nun wusste ich sogleich, wie ich dran war. Das Dorf war nämlich die Nacht über ganz zugeschneit gewesen; das Wetter hatte sich auf einmal umgesetzt, ich war im Schlafe nach und nach, so wie der Schnee zusammengeschmolzen war, ganz sanft herabgesunken, und was ich in der Dunkelheit für den Stummel eines Bäumchens, der über dem Schnee hervorragte, gehalten und daran mein Pferd gebunden hatte, das war das Kreuz oder der Wetterhahn des Kirchturmes gewesen.

Ohne mich nun lange zu bedenken, nahm ich eine von meinen Pistolen, schoss nach dem Halfter, kam glücklich auf die Art wieder an mein Pferd und verfolgte meine Reise.

Hierauf ging alles gut, bis ich nach Russland kam, wo es eben nicht Mode ist, des Winters zu Pferde zu reisen. Wie es nun immer meine Maxime ist, mich nach dem Bekannten „ländlich sittlich" zu richten, so nahm ich dort einen kleinen Rennschlitten auf ein einzelnes Pferd und fuhr wohlgemut auf St. Petersburg los. Es war mitten in einem fürchterlichen Walde, als ich einen entsetzlichen Wolf mit aller Schnelligkeit des gefräßigsten Winterhungers hinter mir ansetzen sah. Er holte mich bald ein; und es war schlechterdings unmöglich, ihm zu entkommen. Mechanisch legte ich mich platt in den Schlitten nieder und ließ mein Pferd zu unserm beiderseitigen Besten ganz allein agieren. Was ich zwar vermutete, aber kaum zu hoffen und zu erwarten wagte, das geschah gleich nachher. Der Wolf bekümmerte sich nicht im mindesten um meine Wenigkeit, sondern sprang über mich hinweg, fiel wütend auf das Pferd, riss ab und verschlang auf einmal den ganzen Hinterteil des armen Tieres, welches vor Schrecken und Schmerz nur desto schneller lief. Wie ich nun auf die Art selbst so unbemerkt und gut davongekommen war, so erhob ich ganz verstohlen mein Gesicht und nahm mit Entsetzen wahr, dass der Wolf sich beinahe über und über in das Pferd hineingefressen hatte. Kaum aber hatte er sich so hübsch hineingezwängt, so nahm ich mein Tempo wahr und

fiel ihm tüchtig mit meiner Peitschenschnur auf das Fell. Solch ein unerwarteter Überfall in diesem Futteral verursachte ihm keinen geringen Schreck; er strebte mit aller Macht vorwärts, der Leichnam des Pferdes fiel zu Boden, und siehe, an seiner Statt steckte mein Wolf in dem Geschirre. Ich hörte nun noch weniger auf zu peitschen, und wir langten in vollem Galopp gesund und wohlbehalten in St. Petersburg an, ganz gegen unsere beiderseitigen respektiven Erwartungen und zu nicht geringem Erstaunen aller Zuschauer.

Da es einige Zeit dauerte, ehe ich bei der Armee angestellt werden konnte, so hatte ich ein paar Monate lang vollkommene Muße und Freiheit, meine Zeit sowohl als auch mein Geld auf die adeligste Art von der Welt zu verjunkerieren. Manche Nacht wurde beim Spiele zugebracht und viele bei dem Klange voller Gläser. Die Kälte des Landes und die Sitten der Nation haben der Bouteille unter den gesellschaftlichen Unterhaltungen in Russland einen viel höhern Rang angewiesen als in unserm nüchternen

Deutschlande; und ich habe daher dort häufig Leute gefunden, die in der edlen Kunst zu trinken für wahre Virtuosen gelten konnten. Alle waren aber elende Stümper gegen einen graubärtigen, kupferfarbigen General, der mit uns an dem öffentlichen Tische speiste. Der alte Herr, der seit einem Gefechte mit den Türken die obere Hälfte seines Hirnschädels vermisste und daher, sooft ein Fremder in die Gesellschaft kam, sich mit der artigsten Treuherzigkeit entschuldigte, dass er an der Tafel seinen Hut aufbehalten müsse, pflegte immer während dem Essen einige Flaschen Weinbranntwein zu leeren und dann gewöhnlich mit einer Bouteille Arrak den Beschluss oder nach Umständen einige Male da capo zu machen; und doch konnte man nicht ein einziges Mal auch nur so viel Betrunkenheit an ihm merken. – Die Sache übersteigt Ihren Glauben. Ich verzeihe es Ihnen, meine Herren; sie überstieg auch meinen Begriff. Ich wusste lange nicht, wie ich sie mir erklären sollte, bis ich ganz von ungefähr den Schlüssel fand. – Der General pflegte von Zeit zu Zeit seinen Hut etwas aufzuheben. Dies hatte ich oft gesehen, ohne daraus nur Arg zu haben. Dass es ihm warm vor der Stirne wurde, war natürlich, und dass er dann seinen Kopf lüftete, nicht minder. Endlich aber sah ich, dass er zugleich mit seinem Hute eine an demselben befestigte silberne Platte aufhob, die ihm statt des Hirnschädels diente, und dass alsdann immer aller Dunst der geistigen Getränke, die er zu sich genommen hatte, in einer leichten Wolke in die Höhe stieg. Nun war auf einmal das Rätsel gelöst. Ich sagte es ein paar guten Freunden und erbot mich, da es gerade Abend war, als ich die Bemerkung machte, die Richtigkeit derselben sogleich durch einen Versuch zu beweisen. Ich trat nämlich mit meiner Pfeife hinter den General und zündete, gerade als er den Hut niedersetzte, mit etwas Papier die aufsteigenden Dünste an; und nun sahen wir ein ebenso neues als schönes Schauspiel. Ich hatte in einem Augenblicke die Wolkensäule über dem Haupte unsers Helden in eine Feuersäule verwandelt, und derjenige Teil der

Dünste, der sich noch zwischen den Haaren des Hutes verweilte, bildete in dem schönsten blauen Feuer einen Nimbus, prächtiger, als irgendeiner den Kopf des größten Heiligen umleuchtet hat. Mein Experiment konnte dem General nicht verborgen bleiben; er war aber so wenig ungehalten darüber, dass er uns vielmehr noch manchmal erlaubte, einen Versuch zu wiederholen, der ihm ein so erhabenes Ansehen gab.

Jagdgeschichten

Ich übergehe manche lustige Auftritte, die wir bei dergleichen Gelegenheiten hatten, weil ich Ihnen noch verschiedene Jagdgeschichten zu erzählen gedenke, die mir merkwürdiger und unterhaltender scheinen. Sie können sich leicht vorstellen, meine Herren, dass ich mich immer vorzüglich zu solchen wackeren Kumpanen hielt, welche ein offenes, unbeschränktes Waldrevier gehörig zu schätzen wussten. Sowohl die Abwechslung des Zeitvertreibes, welchen dieses mir darbot, als auch das außerordentliche Glück, womit mir jeder Streich gelang, gereichen mir noch immer zur angenehmsten Erinnerung.

So schwammen einst auf einem Landsee, an welchen ich auf einer Jagdstreiferei geriet, einige Dutzend wilder Enten allzu weit voneinander zerstreut umher, als dass ich mehr denn eine einzige auf einen Schuss zu erlegen hoffen konnte; und zum Unglück hatte ich meinen letzten Schuss schon in der Flinte. Gleichwohl hätte ich sie gern alle gehabt, weil ich nächstens eine ganze Menge guter Freunde und Bekannten bei mir zu bewirten willens war. Da besann ich mich auf ein Stückchen Schinkenspeck, welches von meinem mitgenommenen Mundvorrat in meiner Jagdtasche noch übriggeblieben war. Dies befestigte ich an eine ziemlich lange Hundeleine, die ich aufdrehte und so wenigstens noch um vier Mal verlängerte. Nun verbarg ich mich im Schilfgesträuch am Ufer, warf meinen Speckbrocken aus und hatte das Vergnügen, zu sehen, wie die

Gottfried Anton Bürger und Münchhausen

Die Geschichten des Barons Münchhausen kennt auch heute noch jedes Kind. Sie stehen in der Tradition der sog. „Lügengeschichten", die weit ins Altertum zurückreichen. Die bekannteste – auch hier verwendete – Fassung der Münchhausen-Geschichten wurde von dem deutschen Dichter Gottfried August Bürger niedergeschrieben, sein Werk „Wunderbare Reisen zu Wasser und zu Lande – Feldzüge und lustige Abenteuer des Freiherrn von Münchhausen" wurde schon kurz nach seinem Erscheinen 1786 zu einem Bestseller. Eine erweiterte Neuauflage erschien drei Jahre später.

Hieronymus von Münchhausen wurde im Jahr 1720 im Kurfürstentum Braunschweig-Lüneburg geboren. 1735 wurde er Page bei dem Herzog von Braunschweig-Wolfenbüttel. Zwei Jahre später begleitete er dessen Bruder, Prinz Anton Ulrich, nach St. Petersburg und zog an seiner Seite in den Ersten Russisch-Österreichischen Türkenkrieg. 1740 wurde er von der Zarin zum Leutnant befördert. Nach ihrem Tod kam es zu einem Umsturz in Russland, und seine militärische Karriere wurde jäh unterbrochen, er lebte danach für einige Jahre in Riga. Erst 1750 kehrte er nach Deutschland zurück, lebte mit seiner Frau ein beschauliches Leben auf seinem Landgut in Bodenweiler, widmete sich der Jagd und seinen Hunden.

Bürger wurde im Jahr 1747 im Südharz als Sohn eines Landpfarrers geboren. Seine schulische Bildung wurde beinahe durch einen Schulverweis vereitelt, den er sich aufgrund einer Schlägerei einhandelte. Er begann zunächst, auf Druck seiner Familie, ein Theologiestudium, erst später konnte er in Göttingen Jura studieren. Jahrelang arbeitete er als Amtmann. Nebenher schrieb er – sehr erfolgreich – Gedichte, die im Göttinger Musenalmanach veröffentlicht wurden. Berühmt ist bis heute seine düstere Ballade „Lenore", die zu den Höhepunkten deutscher Dichtung zählt.

Bürgers Leben verlief chaotisch: Er führte eine Liebesbeziehung mit der Schwester seiner Ehefrau, die im selben Haus mit dem Paar lebte. Auch beruflich saß er offenbar zwischen allen Stühlen: Nach einer Klage wegen Nachlässigkeit wurde er zwar von allen Vorwürfen freigesprochen, dennoch kündigte er seine Stelle. Nur ein Jahr nach dem Tod seiner Ehefrau 1784 heiratete er deren Schwester, siedelte mit ihr nach Göttingen um und hielt sich als Privatgelehrter über Wasser. Ihr Tod 1786 stürzte ihn in eine tiefe Krise. Dennoch erschien im selben Jahr der „Münchhausen", und machte nicht nur den Dichter schlagartig einem breiten Lesepublikum bekannt, sondern auch den gleichnamigen Baron, und zwar sehr zu dessen Unmut. Denn die Lügengeschichten hatten ihren Ursprung gewissermaßen in mündlicher Überlieferung: Es war der Baron von Münchhausen selbst, der sie im Kreis seiner Freunde am Kaminfeuer erzählt hatte.

So geruhsam hätte es bleiben können. Doch der Schriftsteller Rudolf Erich Raspe, wohl ein gelegentlicher Gast Münchhausens, wurde 1774 bei einem Diebstahl erwischt, er floh nach England – und veröffentlichte dort, auf Englisch, eine Reihe von Münchhausen-Geschichten. Es handelte sich nicht um die erste Veröffentlichung dieser Art, bereits 1761 wurden drei der Geschichten publiziert, 1781 erschienen anonym weitere Anekdoten in dem Band „Vademecum für lustige Leute", aus dem sich Raspe bedient hatte. Sein Buch wurde in England ein großer Erfolg. Dieses Buch fiel nun Bürger in die Hände, der es sehr frei übersetzte und um eigene Geschichten erweiterte. Gemeinsam ist den Geschichten die Absurdität, das Spiel mit der Realität und den Naturgesetzen.

Münchhausen, der plötzlich als Lügenbaron verschrien war und zudem am ökonomischen Erfolg seiner Geschichten keinerlei Anteil hatte, fehlten die Mittel, um gegen die Veröffentlichung vorzugehen. Er hatte sich in einem Rosenkrieg bei der Scheidung von seiner blutjungen zweiten Frau ruiniert. 1797 starb er in Bodenweiler. Er überlebte Bürger um drei Jahre, der, nach einer ähnlich aufreibenden Scheidung, an Tuberkulose erkrankt war. Er starb verarmt am 8. Juni 1794 in Göttingen.

nächste Ente hurtig herbeischwamm und ihn verschlang. Der ersten folgten bald alle übrigen nach, und da der glatte Brocken am Faden gar bald unverdaut hinten wieder herauskam, so verschlang ihn die nächste, und so immer weiter. Kurz, der Brocken machte die Reise durch alle Enten samt und sonders hindurch, ohne von seinem Faden loszureißen. So saßen sie denn alle daran wie Perlen an der Schnur. Ich zog sie gar allerliebst ans Land, schlang mir die Schnur ein halbes Dutzend mal um Schultern und Leib und ging meines Weges nach Hause zu. Da ich noch eine ziemliche Strecke davon entfernt war und mir die Last von einer solchen Menge Enten ziemlich beschwerlich fiel, so wollte es mir fast leidtun, ihrer allzu viele eingefangen zu haben. Da kam mir aber ein seltsamer Vorfall zustatten, der mich anfangs in nicht geringe Verlegenheit setzte. Die Enten waren nämlich noch alle lebendig, fingen, als sie von der ersten Bestürzung sich erholt hatten, gar mächtig an mit den Flügeln zu schlagen und sich mit mir hoch in die Luft zu erheben. Nun wäre bei manchem wohl guter Rat teuer gewesen. Allein ich benutzte diesen Umstand, so gut ich konnte, zu meinem Vorteil und ruderte mich mit meinen Rockschößen nach der Gegend meiner Behausung durch die Luft. Als ich nun gerade über meiner Wohnung angelangt war und es darauf ankam, ohne Schaden mich herunterzulassen, so drückte ich einer Ente nach der andern den Kopf ein, sank dadurch ganz sanft und allmählich gerade durch den Schornstein meines Hauses mitten auf den Küchenherd, auf welchem zum Glück noch kein Feuer angezündet war, zu nicht geringem Schreck und Erstaunen meines Koches.

Wie gesagt, man muss sich nur in der Welt zu helfen wissen.

Sie haben unstreitig, meine Herren, von dem Heiligen und Schutzpatron der Weidmänner und Schützen, St. Hubert, nicht minder auch von dem stattlichen Hirsche gehört, der ihm einst im Walde aufstieß und welcher das heilige Kreuz zwischen seinem Geweihe trug. Diesem Sankt habe ich noch alle Jahre mein Opfer in guter Gesellschaft dargebracht und den Hirsch wohl tausendmal sowohl in Kirchen abgemalt als auch in die Sterne seiner Ritter gestickt gesehen, sodass ich auf Ehre und Gewissen eines braven Weidmanns kaum zu sagen weiß, ob es entweder nicht vorzeiten solche Kreuzhirsche gegeben habe oder wohl gar noch heutigen Tages gebe. Doch lassen Sie sich vielmehr erzählen, was ich mit meinen eigenen Augen sah. Einst, als ich all mein Blei verschossen hatte, stieß mir ganz wider mein Vermuten der stattlichste Hirsch der Welt auf. Er blickte mir so mir nichts dir nichts ins Auge, als ob ers gewusst hätte, dass mein Beutel leer war. Augenblicklich lud ich indessen meine Flinte mit Pulver und dazu eine ganze Handvoll Kirschkerne, wovon ich, so hurtig sich das tun ließ, das Fleisch abgezogen hatte. Und so gab ich ihm die volle Ladung mitten auf seine Stirn zwischen das Geweihe. Der Schuss betäubte ihn zwar – er taumelte –, machte sich aber doch aus dem Staube. Ein oder zwei Jahre darnach war ich in eben demselben Walde auf der Jagd; und siehe, zum Vorschein kam ein stattlicher Hirsch, mit einem vollausgewachsenen Kirschbaume, mehr denn zehn Fuß hoch, zwischen seinem Geweihe. Mir fiel gleich mein voriges Abenteuer wieder ein; ich betrachtete den Hirsch als mein längst wohlerworbenes Eigentum und legte ihn mit einem Schuss zu Boden, wodurch ich denn auf einmal an Braten und Kirschtunke zugleich geriet. Denn der Baum hing reichlich voll Früchte, die ich in meinem ganzen Leben so delikat nicht gegessen hatte.

Ebenso schoss mir ein anderes Mal unversehens ein fürchterlicher Wolf so nahe auf den Leib, dass mir nichts weiter übrigblieb, als ihm, dem mechanischen Instinkt zufolge, meine Faust in den offenen Rachen zu stoßen. Gerade meiner Sicherheit wegen stieß ich immer weiter und weiter und brachte meinen Arm beinahe bis an die Schulter hinein. Was war aber nun zu tun? – Ich kann eben nicht sagen, dass mir diese unbehilfliche Situation sonderlich anstand. – Man denke nur, Stirn gegen Stirn mit einem Wolfe! – Wir äugelten uns eben nicht gar lieblich an. Hätte ich meinen Arm zurückgezogen, so wäre mir die Bestie nur desto wütender zu Leibe gesprungen. So viel ließ sich klar und deutlich aus seinen flammenden Augen herausbuchstabieren. Kurz, ich packte ihn beim Eingeweide, kehrte sein Äußeres nach innen, wie einen Handschuh, um, schleuderte ihn zu Boden und ließ ihn da liegen.

Abenteuer des Freiherrn von Münchhausen im Kriege gegen die Türken

Ich gedenke mit Vergnügen eines vortrefflichen litauischen Pferdes, welches nicht mit Gelde zu bezahlen war. Dies bekam ich durch einen Zufall, der mir Gelegenheit gab, meine Reitkunst zu meinem nicht geringen Ruhme zu zeigen. Ich war nämlich einst auf dem prächtigen Landsitze des Grafen Przobofsky in Litauen und blieb im Staatszimmer bei den Damen zum Tee, indessen die Herren hinunter in den Hof gingen, um ein junges Pferd von Geblüte zu besehen, welches soeben aus der Stuterei angelangt war. Plötzlich hörten wir einen Schrei. Ich eilte die Treppe hinab und fand das Pferd so wild und unbändig, dass niemand sich getraute, sich ihm zu nähern oder es zu besteigen. Bestürzt und verwirrt standen die entschlossensten Reiter da; Angst und Besorgnis schwebte auf allen Gesichtern, als ich mit einem einzigen Sprunge auf seinem Rücken saß und das Pferd durch diese Überraschung nicht nur in Schrecken setzte, sondern es auch durch Anwendung meiner besten Reitkünste gänzlich zu Ruhe und Gehorsam brachte. Um dies den Damen noch besser zu zeigen und ihnen alle unnötige Besorgnis zu ersparen, so zwang ich den Gaul, durch eins der offenen Fenster des Teezimmers mit mir hineinzusetzen. Hier ritt ich nun verschiedene Mal, bald Schritt, bald Trott, bald Galopp herum, setzte endlich sogar auf den Teetisch und machte da im Kleinen überaus artig die ganze Schule durch, worüber sich denn die Damen ganz ausnehmend ergötzten. Mein Rösschen machte alles so bewundernswürdig geschickt, dass es weder Kannen noch Tassen zerbrach. Dies setzte mich bei den Damen und dem Herrn Grafen so hoch in Gunst, dass er mich bat, das junge Pferd zum Geschenk von ihm anzunehmen und auf selbigem in dem Feldzuge gegen die Türken, welcher in Kurzem unter Anführung des Grafen Münnich eröffnet werden sollte, auf Sieg und Eroberung auszureiten.

Ein angenehmeres Geschenk hätte mir nun wohl nicht leicht gemacht werden können, besonders da es mir so viel Gutes von einem Feldzuge weissagte, in welchem ich mein erstes Probestück als Soldat ablegen wollte.

Als wir die Türken in Oczakow hineintrieben, gings sehr heiß her. Mein feuriges Litauer Ross hätte mich beinahe in des Teufels Küche gebracht. Ich hatte einen ziemlich entfernten Vorposten und sah den Feind in einer Wolke von Staub gegen mich anrücken, wodurch ich wegen seiner wahren Anzahl und Absicht gänzlich in Ungewissheit blieb. Mich in eine ähnliche Wolke von Staub einzuhüllen, wäre freilich wohl ein Alltagspfiff gewesen, würde mich aber ebenso wenig klüger gemacht als überhaupt der Absicht näher gebracht haben, warum ich vorausgeschickt war. Ich ließ daher meine Flankeurs zur Linken und Rechten auf beiden Flügeln sich zerstreuen und so viel Staub erregen, als sie nur immer konnten. Ich selbst aber ging gerade auf den Feind los, um ihn näher in Augenschein zu nehmen. Dies gelang mir. Denn er stand und focht nur so lange, bis die Furcht vor meinen Flankeurs ihn in Unordnung zurücktrieb. Nun wars Zeit, tapfer über ihn herzufallen. Wir zerstreuten ihn völlig und richteten eine gewaltige Niederlage an.

Weil nun mein Litauer so außerordentlich geschwind war, so war ich der Vorderste beim Nachsetzen, und da ich sah, dass der Feind so hübsch zum gegenseitigen Tore wieder hinausfloh, so hielt ichs für ratsam, auf dem Marktplatze anzuhalten und da zum Rendezvous blasen zu lassen. Ich hielt an, aber stellt euch, ihr Herren, mein Erstaunen vor, als ich weder Trompeter noch irgendeine lebendige Seele von meinen Husaren um mich sah. –

Indessen konnten sie meiner Meinung nach unmöglich fern sein und mussten mich bald einholen. In dieser Erwartung ritt ich meinen atemlosen Litauer zu einem Brunnen auf dem Marktplatze und ließ ihn trinken. Er soff ganz unmäßig und mit einem Heißdurste, der gar nicht zu löschen war. Allein das ging ganz natürlich zu. Denn als ich mich nach meinen Leuten umsah, was meint ihr wohl, ihr Herren, was ich da erblickte? – Der ganze Hinterteil des armen Tieres, Kreuz und Lenden waren fort und wie rein abgeschnitten. So lief denn hinten das Wasser ebenso wieder heraus, als es von vorn hineingekommen war, ohne dass es dem Gaul zugutekam oder ihn erfrischte. Wie das zugegangen sein mochte, blieb mir ein völliges Rätsel, bis endlich mein Reitknecht von einer ganz entgegengesetzten Seite angejagt kam und mir Folgendes zu vernehmen gab. Als ich mit dem fliehenden Feinde hereingedrungen wäre, hätte man plötzlich das Schutzgatter fallen lassen, und dadurch wäre der Hinterteil meines Pferdes rein abgeschlagen worden. Erst hätte besagter Hinterteil unter den Feinden, die ganz blind und taub gegen das Tor angestürzt wären, durch be-

ständiges Ausschlagen die fürchterlichste Verheerung angerichtet, und dann wäre er siegreich nach einer nahe gelegenen Weide hingewandert, wo ich ihn wahrscheinlich noch finden würde. Ich drehte sogleich um, und in einem unbegreiflich schnellen Galopp brachte mich die Hälfte meines Pferdes, die mir noch übrig war, nach der Weide hin. Zu meiner großen Freude fand ich hier die andere Hälfte gegenwärtig, und zu meiner noch größeren Verwunderung sah ich, dass das Hinterteil meines Wunderpferdes in den wenigen Augenblicken schon sehr vertraute Bekanntschaft mit den Stuten gemacht hatte, die auf der Weide umherliefen, und bei den Vergnügungen seines Harems alles ausgestandene Ungemach zu vergessen schien.

Da ich so unwidersprechliche Beweise hatte, dass in beiden Hälften meines Pferdes Leben sei, so ließ ich sogleich unsern Kurschmied rufen. Dieser heftete, ohne sich lange zu besinnen, beide Teile mit jungen Lorbeersprösslingen, die gerade bei der Hand waren, zusammen. Die Wunde heilte glücklich zu; und es begab sich etwas, das nur einem so ruhmvollen Pferde begegnen konnte. Nämlich die Sprossen schlugen Wurzel in seinem Leibe, wuchsen empor und wölbten eine Laube über mir, so dass ich hernach manchen ehrlichen Ritt im Schatten meiner sowohl als meines Rosses Lorbeern tun konnte.

Einem Manne, meine Herren, der einen Gaul, wie mein Litauer war, zu reiten vermochte, können Sie auch wohl noch ein anderes Voltigier- und Reiterstückchen zutrauen, welches außerdem vielleicht ein wenig fabelhaft klingen möchte. Wir belagerten nämlich, ich weiß nicht mehr welche Stadt, und dem Feldmarschall war ganz erstaunlich viel an genauer Kundschaft gelegen, wie die Sachen in der Festung stünden. Es schien äußerst schwer, ja fast unmöglich, durch alle Vorposten, Wachen und Festungswerke hineinzugelangen, auch war eben kein tüchtiges Subjekt vorhanden, wodurch man so was glücklich auszurichten hätte hoffen können. Vor Mut und Diensteifer fast ein wenig allzu rasch stellte ich mich neben eine der größten Kanonen, die soeben nach der Festung abgefeuert ward, und sprang im Nu auf die Kugel, in der Absicht, mich in die Festung hineintragen zu lassen. Als ich aber den halben Weg durch die Luft geritten war, stiegen mir allerlei nicht unerhebliche Bedenklichkeiten zu Kopfe. „Hm", dachte ich, „hinein kommst du nun wohl, allein wie hernach sogleich wieder heraus? Und wie kanns dir in der Festung ergehen? Man wird dich sogleich als einen Spion erkennen und an den nächsten Galgen hängen. Ein solches Bette der Ehren wollte ich mir denn doch wohl verbitten." Nach diesen und ähnlichen Betrachtungen entschloss ich mich kurz, nahm die glückliche Gelegenheit wahr, als eine Kanonenkugel aus der Festung einige Schritte weit vor mir vorüber nach unserm Lager flog, sprang von der meinigen auf diese hinüber und kam, zwar unverrichteter Sache, jedoch wohlbehalten bei den lieben Unsrigen wieder an.

So leicht und fertig ich im Springen war, so war es auch mein Pferd. Weder Gräben noch Zäune hielten mich jemals ab, überall den geradesten Weg zu reiten. Einst setzte ich hinter einem Hasen her, der querfeld-ein über die Heerstraße lief. Eine Kutsche mit zwei schönen Damen fuhr diesen Weg gerade zwischen mir und dem Hasen vorbei. Mein Gaul setzte so schnell und ohne Anstoß mitten durch die Kutsche hindurch, wovon die Fenster aufgezogen waren, dass ich kaum Zeit hatte, meinen Hut abzuziehen und die Damen wegen dieser Freiheit untertänigst um Verzeihung zu bitten.

Ein andres Mal wollte ich über einen Morast setzen, der mir anfänglich nicht so breit vorkam, als ich ihn fand, da ich mitten im Sprunge war. Schwebend in der Luft wendete ich daher wieder um, wo ich hergekommen war, um einen größeren Anlauf zu nehmen. Gleichwohl sprang ich auch zum zweiten Male noch zu kurz und fiel nicht weit vom andern Ufer bis an den Hals in den Morast. Hier hätte ich unfehlbar umkommen müssen, wenn nicht die Stärke meines eigenen Armes mich an meinem eigenen Haarzopfe, samt dem Pferde, welches ich fest zwischen meine Knie schloss, wieder herausgezogen hätte.

Abenteuer des Freiherrn von Münchhausen während seiner Gefangenschaft bei den Türken und der Rückkehr in die Heimat

Trotz aller meiner Tapferkeit und Klugheit, trotz meiner und meines Pferdes Gewandtheit und Stärke gings mir in dem Türkenkriege doch nicht immer nach Wunsche. Ich hatte sogar das Unglück, durch die Menge übermannt und zum Kriegsgefangenen gemacht zu werden. Ja, was noch schlimmer war, aber doch immer unter den Türken gewöhnlich ist, ich wurde zum Sklaven verkauft. In diesem Stande der Demütigung war mein Tagewerk nicht sowohl hart und sauer als vielmehr seltsam und verdrießlich. Ich musste nämlich des Sultans Bienen alle Morgen auf die Weide treiben, sie daselbst den ganzen Tag lang hüten und dann gegen Abend wieder zurück in ihre Stöcke treiben. Eines Abends vermisste ich eine Biene, wurde aber sogleich gewahr, dass zwei Bären sie angefallen hatten und ihres

Honigs wegen zerreißen wollten. Da ich nun nichts anderes Waffenähnliches in Händen hatte als die silberne Axt, welche das Kennzeichen der Gärtner und Landarbeiter des Sultans ist, so warf ich diese nach den beiden Räubern, bloß in der Absicht, sie damit wegzuscheuchen. Die arme Biene setzte ich auch wirklich dadurch in Freiheit; allein durch einen unglücklichen, allzu starken Schwung meines Armes flog die Axt in die Höhe und hörte nicht auf zu steigen, bis sie im Monde niederfiel. Wie sollte ich sie nun wiederkriegen? Mit welcher Leiter auf Erden sie herunterholen? Da fiel mir ein, dass die türkischen Bohnen sehr geschwind und zu einer ganz erstaunlichen Höhe emporwüchsen. Augenblicklich pflanzte ich also eine solche Bohne, welche wirklich emporwuchs und sich an eines von des Mondes Hörnern von selbst anrankte. Nun kletterte ich getrost nach dem Monde empor, wo ich auch glücklich anlangte. Es war ein ziemlich mühseliges Stückchen Arbeit, meine silberne Axt an einem Orte wiederzufinden, wo alle andere Dinge gleichfalls wie Silber glänzten. Endlich aber fand ich sie doch auf einem Haufen Spreu und Häckerling. Nun wollte ich wieder zurückkehren, aber ach, die Sonnenhitze hatte indessen meine Bohne getrocknet, sodass daran schlechterdings nicht wieder herabzusteigen war. Was war nun zu tun? – Ich flocht mir einen Strick von dem Häckerling, so lang ich ihn nur immer machen konnte. Diesen befestigte ich an eines von des Mondes Hörnern und ließ mich daran herunter. Mit der rechten Hand hielt ich mich fest, und in der linken führte ich meine Axt. Sowie ich nun eine Strecke hinuntergeglitten war, so hieb ich immer das überflüssige Stück über mir ab und knüpfte dasselbe unten wieder an, wodurch ich denn ziemlich weit heruntergelangte. Dieses wiederholte Abhauen und Anknüpfen machte nun freilich den Strick ebenso wenig besser, als es mich völlig herab auf des Sultans Landgut brachte. Ich mochte wohl noch ein paar Meilen weit droben in den Wolken sein, als mein Strick auf einmal zerriss und ich mit solcher Heftigkeit herab

zu Gottes Erdboden fiel, dass ich ganz betäubt davon wurde.

Durch diese mühselige Erfahrung klüger gemacht, fing ichs nachher besser an, der Bären, die so gern nach meinen Bienen und den Honigstöcken stiegen, loszuwerden. Ich bestrich die Deichsel eines Ackerwagens mit Honig und legte mich nicht weit davon des Nachts in einen Hinterhalt. Was ich vermutete, das geschah. Ein ungeheurer Bär, herbeigelockt durch den Duft des Honigs, kam an und fing vorn an der Spitze der Stange so begierig an zu lecken, dass er sich die ganze Stange durch Schlund, Magen und Bauch bis hinten wieder hinausleckte. Als er sich nun so artig auf die Stange hinaufgeleckt hatte, lief ich hinzu, steckte vorn durch das Loch der Deichsel einen langen Pflock, verwehrte dadurch dem Nascher den Rückzug und ließ ihn sitzen bis an den andern Morgen. Über dies Stückchen wollte sich der Großsultan, der von ungefähr vorbeispazierte, fast totlachen.

Nicht lange hierauf machten die Russen mit den Türken Frieden, und ich wurde nebst andern Kriegsgefangenen wieder nach St. Petersburg ausgeliefert. Ich nahm aber nun meinen Abschied und verließ Russland um die Zeit der großen Revolution vor etwa vierzig Jahren. Es herrschte damals über ganz Europa ein so außerordentlich strenger Winter, dass die Sonne eine Art von Frostschaden erlitten haben muss, woran sie seit der ganzen Zeit her bis auf den heutigen Tag gesiecht hat. Ich empfand daher auf der Rückreise in mein Vaterland weit größeres Ungemach, als ich auf meiner Hinreise nach Russland erfahren hatte.

Ich musste, weil mein Litauer in der Türkei geblieben war, mit der Post reisen. Als sichs nun fügte, dass wir an einen engen hohlen Weg zwischen hohen Dornhecken kamen, so erinnerte ich den Postillion, mit seinem Horne ein Zeichen zu geben, damit wir uns in diesem engen Passe nicht etwa gegen ein anderes entgegenkommendes Fuhrwerk festfahren mochten. Mein Kerl setzte an und blies aus Leibeskräften in das Horn, aber alle seine Bemühungen waren umsonst. Nicht ein einziger Ton kam heraus, welches uns ganz unerklärlich, ja in der Tat für ein rechtes Unglück zu achten war, indem bald eine andere uns entgegenkommende Kutsche auf uns stieß, vor welcher nun schlechterdings nicht vorbeizukommen war. Nichtsdestoweniger sprang ich aus meinem Wagen und spannte zuvörderst die Pferde aus. Hierauf nahm ich den Wagen nebst den vier Rädern und allem Gepäck auf meine Schultern und sprang damit über Ufer und Hecke, ungefähr neun Fuß hoch, welches in Rücksicht auf die Schwere der Kutsche eben keine Kleinigkeit war, auf das Feld hinüber. Durch einen andern Rücksprung gelangte ich, die fremde Kutsche vorüber, wieder in den Weg. Darauf eilte ich zurück zu unsern Pferden, nahm unter jeden Arm eins und holte sie auf die vorige Art, nämlich durch einen zweimaligen Sprung hinüber und herüber, gleichfalls herbei, ließ wieder anspannen und gelangte glücklich am Ende der Station zur Herberge. Noch hätte ich anführen sollen, dass eins von den Pferden, welches sehr mutig und nicht über vier Jahre alt war, ziemlichen Unfug machen wollte. Denn als ich meinen zweiten Sprung über die Hecke tat, so verriet es durch sein Schnauben und Trampeln ein großes Missbehagen an dieser heftigen Bewegung. Dies verwehrte ich ihm aber gar bald, indem ich seine Hinterbeine in meine Rocktasche steckte. In der Herberge erholten wir uns wieder von unserm Abenteuer. Der Postillion hängte sein Horn an einen Nagel beim Küchenfeuer, und ich setzte mich ihm gegenüber.

Nun hört, ihr Herren, was geschah! Auf einmal gings: Tereng! tereng! teng! teng! Wir machten große Augen und fanden nun auf einmal die Ursache aus, warum der Postillion sein Horn nicht hatte blasen können. Die Töne waren in dem Horne festgefroren und kamen nun, so wie sie nach und nach auftauten, hell und klar zu nicht geringer Ehre des Fuhrmanns heraus. Denn die ehrliche Haut unterhielt uns nun eine ziemliche Zeitlang mit der herrlichsten Modulation, ohne den Mund an das Horn zu bringen. Da hörten wir den preußischen Marsch – Ohne

Lieb und ohne Wein – Als ich auf meiner Bleiche – Gestern Abend war Vetter Michel da – nebst noch vielen andern Stückchen, auch sogar das Abendlied: Nun ruhen alle Wälder. – Mit diesem letzten endigte sich denn dieser Spaß.

Manche Reisende sind bisweilen imstande, mehr zu behaupten, als genau genommen wahr sein mag. Daher ist es denn kein Wunder, wenn Leser oder Zuhörer ein wenig zum Unglauben geneigt werden. Sollten indessen einige von der Gesellschaft an meiner Wahrhaftigkeit zweifeln, so muss ich sie wegen ihrer Ungläubigkeit herzlich bemitleiden und sie bitten, sich lieber zu entfernen.

J. P. Hebel

1760–1826

Eine merkwürdige Abbitte

Das ist merkwürdig, dass an einem schlechten Menschen der Name eines ehrlichen Mannes gar nicht haftet, und dass er durch solchen nur ärger geschimpft ist.

Zwei Männer saßen in einem benachbarten Dorf zu gleicher Zeit im Wirtshaus. Aber der eine von ihnen hatte bösen Leumund wegen allerlei, und niemand sah ihn gern auf seinem Hof. Aber beweisen vor dem Richter konnte man ihm nichts. Mit dem bekam der andere Zwist im Wirtshaus, und im Unwillen und weil er ein Glas Wein zu viel im Kopfe hatte, so sagte er zu ihm: „Du schlechter Kerl!" – Damit kann einer zufrieden sein, wenn er's ist, und braucht nicht mehr. Aber der war nicht zufrieden, wollte noch mehr haben, schimpfte auch und verlangte Beweise. Da ergab ein Wort das andere, und es hieß: „Du Spitzbub! Du Felddieb!" – Damit war er noch nicht zufrieden, sondern ging vor den Richter. Da war nun freilich derjenige, welcher geschimpft hatte, übel dran. Leugnen wollt' er nicht, beweisen konnt' er nicht, weil er für das, was er wohl wusste, keine Zeugen hatte, sondern er musste einen Gulden Strafe erlegen, weil er einen ehrlichen Mann Spitzbube geheißen habe, und ihm Abbitte tun, und dachte bei sich selber: Teurer Wein! Als er aber die Strafe erlegt hatte, so sagte er: „Also einen

Gulden kostet es, gestrenger Herr, wenn man einen ehrlichen Mann einen Spitzbuben nennt? Was kostet's denn, wenn man einmal in der Vergesslichkeit oder sonst zu einem Spitzbuben sagt: ehrlicher Mann?" Der Richter lächelte und sagte: „Das kostet nichts, und damit ist niemand geschimpft." Hierauf wendete sich der Beklagte zu dem Kläger um und sagte: „Es ist mir leid, ehrlicher Mann! Nichts für ungut, ehrlicher Mann! Adies, ehrlicher Mann!" Als der erboste Gegner das hörte und wohl merkte, wie es gemeint war, wollte er noch einmal anfangen und hielt sich jetzt für ärger beleidigt als vorher. Aber der Richter, der ihn doch auch als einen verdächtigen Menschen kennen mochte, sagte zu ihm, er könne jetzt zufrieden sein.

Farbenspiel

In einer Schule saßen zwei Schüler, von denen hieß der eine Schwarz, der andere Weiß, wie es sich treffen kann; der Schullehrer aber für sich hatte den Namen Rot. Geht eines Tages der Schüler Schwarz zu einem andern Kameraden und sagt zu ihm: „Du, Jakob", sagt er, „der Weiß hat dich bei dem Schulherrn verleumdet." Geht der Schüler zu dem Schulherrn und sagt: „Ich höre, der

Weiß habe mich bei Euch schwarz gemacht, und ich verlange eine Untersuchung. Ihr seid mir ohnehin nicht grün, Herr Rot!" Darob lächelte der Schulherr und sagte: „Sei ruhig, mein Sohn! Es hat dich niemand verklagt, der Schwarz hat dir nur etwas weisgemacht."

Das wohlbezahlte Gespenst

In einem gewissen Dorfe, das ich wohl nennen könnte, geht ein üblicher Fußweg über den Kirchhof und von da durch den Acker eines Mannes, der an der Kirche wohnt, und das war rechtens. Wenn nun die Ackerwege bei nasser Witterung schlüpfrig und ungangbar sind, ging man immer tiefer in den Acker hinein, und zertrat dem Eigentümer die Saat, sodass bei anhaltend feuchter Witterung der Weg immer breiter und der Acker immer schmäler wurde, und das war nicht rechtens. Zum Teil wusste nun der beschädigte Mann sich wohl zu helfen. Er gab bei Tag, wenn er sonst nichts zu tun hatte, fleißig acht, und wenn ein unverständiger Mensch diesen Weg kam, der lieber seine Schuhe als seines Nachbars Gerstensaat schonte, so lief er schnell hinzu und pfändete ihn oder tat's mit ein paar Ohrfeigen kurz ab. Bei Nacht aber, wo man noch am ehesten einen guten Weg braucht und sucht, war's nur desto schlimmer, und die Dornenäste und Rispen, mit welchen er den Wandernden verständlich machen wollte, wo der Weg sei, waren allemal in wenig Nächten niedergerissen oder ausgetreten, und mancher tat's vielleicht mit Fleiß. Aber da kam dem Mann etwas anderes zustatten. Es wurde auf einmal unsicher auf dem Kirchhofe, über welchen der Weg ging. Bei trockenem Wetter und etwas hellen Nächten sah man oft ein langes, weißes Gespenst über die Gräber wandeln. Wenn es regnete oder sehr finster war, hörte man im Beinhaus bald ein ängstliches Stöhnen und Winseln, bald ein Klappern, als wenn alle Totenköpfe und Totengebeine darin leben-

dig werden wollten. Wer das hörte, sprang bebend wieder zur nächsten Kirchhoftüre hinaus, und in kurzer Zeit sah man, sobald der Abend dämmerte und die letzte Schwalbe aus der Luft verschwunden war, gewiss keinen Menschen mehr auf dem Kirchhofwege, bis ein verständiger und herzhafter Mann aus einem benachbarten Dorfe sich an diesem Ort verspätete und den nächsten Weg nach Haus doch über diesen verschrienen Platz und über den Gerstenacker nahm. Denn ob ihm gleich seine Freunde die Gefahr vorstellten und lange abwehrten, so sagte er doch am Ende: „Wenn es ein Geist ist, geh ich mit Gott als ein ehrlicher Mann den nächsten Weg zu meiner Frau und zu meinen Kindern heim, habe nichts Böses getan, und ein Geist, wenn's auch der schlimmste unter allen wäre, tut mir nichts. Ist's aber Fleisch und Bein, so habe ich zwei Fäuste bei mir, die sind auch schon dabei gewesen." Er ging. Als er aber auf den Kirchhof kam und kaum am zweiten Grab vorbei war, hörte er hinter sich ein klägliches Ächzen und Stöhnen, und als er zurückschaute, siehe, da erhob sich hinter ihm, wie aus einem Grab herauf, eine lange, weiße Gestalt. Der Mond schimmerte blass über die Gräber. Totenstille war ringsumher, nur ein paar Fledermäuse flatterten vorüber. Da war dem guten Manne doch nicht wohl zumute, wie er nachher selber gestand, und er wäre gerne wieder zurückgegangen, wenn er nicht noch einmal an dem Gespenst hätte vorbeigehen müssen. Was war nun zu tun? Langsam und still ging er seines Weges zwischen den Gräbern und manchem schwarzen Totenkreuz vorbei. Langsam und immer ächzend folgte zu seinem Entsetzen das Gespenst ihm nach, bis an das Ende des Kirchhofs, und das war in der Ordnung, und bis vor den Kirchhof hinaus, und das war dumm.

Aber so geht es. Kein Betrüger ist so schlau – er verrät sich. Denn sobald der verfolgte Ehrenmann das Gespenst auf dem Acker erblickte, dachte er bei sich selber: Ein rechtes Gespenst muss wie eine Schildwache auf seinem Posten bleiben, und ein

Johann Peter Hebel war ein deutschsprachiger Dichter, evangelischer Geistlicher und Lehrer. Er wurde 1760 in Basel geboren. Sein Vater, ein Leineweber, der als Bediensteter eines Baseler Patriziers arbeitete, verstarb schon ein Jahr nach seiner Geburt. Hebel wuchs teils in Basel, teils im Heimatdorf seiner Mutter im Wiesental auf. Der Junge war ein guter Schüler. Im Alter von 13 Jahren musste Hebel den plötzlichen Tod der Mutter verkraften, die in seinem Beisein starb. Ein kleines Erbe und die Hilfe einiger Gönner ermöglichten es ihm, das Gymnasium abzuschließen und Theologie in Erlangen zu studieren. Sein bescheidenes Berufsziel: eine Stelle in einer Landpfarrei. Dieser Wunsch wurde ihm indessen nicht erfüllt, offensichtlich war er zu Höherem berufen: 1791 berief man ihn als Subdiakon nach Karlsruhe, wo er auch am Hofe Predigten hielt – die so beliebt waren, dass er schon ein Jahr später Hofdiakon wurde, außerdem ernannte man ihn zum außerordentlichen Professor. In seinen Predigten zeigte sich die große Gabe des Aufklärers Hebel, Frömmigkeit, Toleranz und Vernunft zu vereinen. Der hochgebildete Mann unterrichtete zudem am Gymnasium etliche naturwissenschaftliche Fächer. 1819 wurde er zum Prälaten der lutherischen Landeskirche ernannt und dadurch automatisch Abgeordneter der Badischen Ständeversammlung, wo er sich politisch vor allem der Sozialpolitik annahm.

Als Autor war Hebel ein Spätberufener: Mit 39 Jahren verfasste er die „Alemanischen Gedichte", die, zunächst anonym, 1803 erschienen und in alemannischer Mundart abgefasst waren – damals ein Novum. Der Band verkaufte sich so gut, dass bald eine Neuauflage auf den Markt kam. Besonders berühmt sind seine warmherzigen Kalendergeschichten. Sie erschienen 1803 im „Badischen Landkalender" und 1807 im „Rheinischen Hausfreund". Die beliebtesten wurden 1811 in dem Band „Schatzkästlein des rheinischen Hausfreundes" publiziert. Vor allem „Unverhofftes Wiedersehen" und „Kannitverstan" gehören bis heute zu den eindrücklichsten Geschichten der deutschen Literatur. Hebel, der sich trotz großer gesundheitlicher Probleme beruflich nie schonte, starb 1826 auf eine Dienstreise.

Geist, der auf den Kirchhof gehört, geht nicht aufs Ackerfeld. Daher bekam er auf einmal Mut, drehte sich schnell um, fasste die weiße Gestalt mit fester Hand und merkte bald, dass er unter einem Leintuch einen Burschen am Brusttuch habe, der noch nicht auf dem Kirchhof daheim sei. Er fing daher an, mit der andern Faust auf ihn loszutrommeln, bis er seinen Mut an ihm gekühlt hatte, und da er vor dem Leintuch selber nicht sah, wo er hinschlug, so musste das arme Gespenst die Schläge annehmen, wie sie fielen.

Damit war nun die Sache abgetan, und man hat weiter nichts mehr davon erfahren, als dass der Eigentümer des Gerstenackers ein paar Wochen lang mit blauen und gelben Zierraten im Gesicht herumging und von dieser Stunde an kein Gespenst mehr auf dem Kirchhof zu sehen war. Denn solche Leute wie unser handfester Ehrenmann, das sind allein die rechten Geisterbanner, und es wäre zu wünschen, dass jeder andere Betrüger und Gaukelhans ebenso sein Recht und seinen Meister finden möchte.

Der verwegene Hofnarr

Der König hatte ein Pferd, das war ihm so lieb, dass er sagte: „Ich weiß nicht, was ich tue, wenn das Pferd mir stirbt. Aber den, der mir von seinem Tod die erste Nachricht bringt, den lass ich auch gewiss aufhängen." Doch, das Rösslein starb doch, und niemand wollte dem König die erste Nachricht davon bringen. Endlich kam der Hofnarr. „Ach, gnädigster Herr", rief er aus, „Ihr Pferd! Ach das arme, arme Pferd! Gestern war es noch so" – da stotterte er, und der erschrockene König fiel ihm ins Wort und sagte: „Ist es gestorben? Ganz gewiss ist es gestorben, ich merk's schon." „Ach gnädigster Herr", fuhr der Hofnarr mit noch größerem Lamento fort, „das ist noch lange nicht das Schlimmste." „Nun, was denn?", fragte der König. „Ach, dass Sie jetzt noch sich selber müssen henken lassen. Denn Sie haben's zuerst gesagt, dass Ihr Leibpferd tot sei. Ich hab's nicht gesagt." Der König aber, betrübt über den Verlust seines Pferdes, aufgebracht über die Frechheit des Hofnarren und doch belustigt durch seinen guten Einfall, gab ihm augenblicklich den Abschied mit einem guten Reisegeld. „Da, Hofnarr", sagte der König, „da hast du 100 Dukaten. Lass dich statt meiner dafür henken, wo du willst. Aber lass mich nichts mehr von dir sehen und hören! Sonst, wenn ich erfahre, dass du dich nicht hast henken lassen, so tu ich's."

Die Schlafkameraden

Eines Abends kam ein fremder Herr mit seinem Bedienten im Wirtshaus zu der goldenen Linden in Brassenheim an und ließ sich bei dem Nachtessen beiderlei wohl schmecken, nämlich das Essen selbst und das köstliche Getränk. Denn der Lindenwirt hat Guten. Der Bediente aber an einem andern Tisch dachte: Ich will meinem Herrn keine Schande machen, und trank wie im Zorn ein Glas und eine Bouteille nach der andern aus, sagend zu sich selbst: „Der Wirt soll nicht meinen, dass wir Knicker sind." Nach dem Essen sagte der Herr zu dem Lindenwirt: „Herr Wirt, ich hab an Eurem Roten sozusagen eine gefährliche Entdeckung gemacht. Bringt mir noch eine Flasche voll in das Schlafstüblein." Der Bediente hinter dem Rücken des Herrn winkte dem Wirt: „Mir auch eine!" Denn sein Herr ließ sich vieles von ihm gefallen, weil er auf Reisen auch sein Leibgardist war und immer mit ihm in der nämlichen Stube schlafen musste, und je einmal, wenn er sich zu viel Freiheit herausnahm, war der Herr billig und dachte: Ich will nicht wunderlich sein. Es ist ja nicht das erste Mal, dass er's tut. Also trank an seinem Tisch der Herr und las die Zeitung, und am andern Tisch dachte der Bediente: „Es ist ein harter Dienst, wenn man trinken muss anstatt zu schlafen, zumal so starken." Gleichwohl, als er dem Herrn die zweite Flasche holen musste, nahm er für sich auch noch eine mit vom Nämlichen. Der Herr fing endlich an, laut mit der Zeitung zu reden, und der Bediente nahm wie ein Echo zwischen der Türe und dem Fenster auch Anteil daran, aber wie? Der Herr las von dem großen Mammuts-

knochen, der gefunden wurde. Der Bediente, der eben das Glas zum Munde führte, lallte für sich: „Soll leben der Mohammedsknochen." Oder als der Herr von dem Seminaristen las aus dem Seminarium in Pavia, der mit Lebensgefahr eines Schriftgießers Kind aus den Flammen rettete, ergriff er das Glas, und „Bravo", sagte er, „wackerer Seminarist!" Der Bediente aber stammelte für sich: „Soll leben der wackere Seeminister", und goss richtig das halbe Glas über die Bedientenkleidung hinab. „Hast du's gehört, Anton? So eine Tat wiegt viele Meriten auf", fuhr der Herr fort. – „Sollen auch leben die Minoriten", erwiderte der Diener; und so oft jener zum Beispiel sich räusperte oder gähnte, räusperte sich und gähnte der Anton auch. Endlich sagte der Herr: „Anton, jetzt wollen wir ins Bett." Der Anton sah seine Flasche an und erwiderte: „Es wird ohnehin niemand mehr auf sein in der Wirtschaft." Denn seine Flasche war leer. Aber in der Flasche des Herrn war noch ein Restlein. Früh gegen zwei Uhr weckte es den Anton, dass noch ein Restlein in der Flasche des Herrn sei. Also stand er auf und trank es aus. „Sonst verriecht es", dachte er. Als er aber sich wieder legen wollte, kam er ein wenig zu weit rechts an das Bett seines Herrn. Denn beide Betten standen an der nämlichen Wand mit den Fußstätten gegeneinander. Also legte sich der Anton neben seinen Herrn, mit dem Kopf unten und mit den Füßen oben, neben des Herrn Gesicht, weil er meinte, er liege wieder in seinem eigenen. Eine Stunde vor Tag aber, als der Herr erwachte, kam es ihm vor, er wusste selbst nicht recht, wie. „Soll ich denn gestern Abend haben Backensteinkäs heraufkommen lassen?", dachte er. Als er aber sich umdrehen wollte, ob ein Schränklein in der Wand sei, fühlte er auf einmal neben sich etwas Lebendiges und Warmes, und das Warme und Lebendige bewegte sich auch. Jetzt rief er: „Anton, Anton!" mit ängstlicher und leiser Stimme, dass der unsichere Schlafkamerad nicht aufwachen sollte, und derjenige, den er wecken wollte, war doch der Schlafkamerad. „Anton", schrie er endlich in der Herzensangst, so laut er konnte. „Was befehlen Ihro Hochwürden", erwiderte endlich der Anton. – „Komm mir zu Hilfe! Es liegt einer neben mir." – „Ich kann nicht, neben mir liegt auch einer", erwiderte der Bediente und wollte sich strecken, so zwar, dass er mit dem linken Fuß unter des Herrn Kinn kam. „Anton, Anton", rief der Herr, „meiner reißt mir den Kopf ab", und suchte ebenfalls mit den Füßen einen Halt. „Meiner will mir die Nase aufschlitzen", schrie noch viel ärger der Anton. „Wirf deinen heraus", schrie der Herr, „und komm mir zu Hilfe." – Also fasste der Bediente seinen Mann an den Beinen, und dieser, als er ernst sah, fasste er seinen Mann ebenfalls an den Beinen, und rangen also die beiden miteinander, dass keiner dem andern konnte zu Hilfe kommen; und der Bediente fluchte, der Herr aber fluchte zwar nicht, aber doch rief er die unsichtbaren Mächte an, sie sollten seinem Gegner den Hals brechen, was auch fast hätte geschehen können; denn auf einmal hörte unten der Wirt, der schon auf war, einen Fall, dass alle Fenster zitterten und das Pendel an der Wanduhr sich in die Ruhe stellte. Als er aber geschwind mit dem Licht und dem Hauptschlüssel hinaufgeeilt war, ob ein Unglück sich zugetragen habe, denn er kannte seinen Roten, lagen beide miteinander ringend auf dem Boden und schrien Zeter Mordio um Hilfe. Da lächelte der Wirt in seiner Art, als ob er sagen wollte, der Rote hat gut gewirkt, die gefährliche Entdeckung. Die beiden aber schauten einander mit Verwunderung und Staunen an. „Ich glaube gar, du bist es selbst, Anton", sagte der Herr. – „So, seid nur Ihr es gewesen", erwiderte der Diener, und legten sich wieder ein jeder in sein Bett, worein er gehörte.

Der sicherste Weg

Bisweilen hat selbst ein Betrunkener noch eine Überlegung oder doch einen guten Einfall, wie einer, der auf dem Heimweg aus der Stadt nicht auf dem gewöhnlichen Pfad, sondern gerade in dem Wasser ging, das dicht neben dem Pfade fortläuft. Ihm begegnete ein menschenfreundlicher Herr, der gerne der Notleidenden und Betrunkenen sich annimmt, und wollte ihm die Hand reichen. „Guter Freund", sagte er, „merkt Ihr nicht, dass Ihr im Wasser geht? Hier ist der Fußpfad!" Der Betrunkene erwiderte: Sonst finde er's auch bequemer, auf dem trockenen Pfad zu gehen, aber diesmal habe er ein wenig auf die Seite geladen. „Eben deswegen", sagte der Herr, „will ich Euch aus dem Bache heraushelfen!" „Eben deswegen", erwiderte der Betrunkene, „bleib ich drin. Denn wenn ich im Bach gehe und falle, so falle ich auf den Weg. Wenn ich aber auf dem Weg falle, so falle ich in den Bach." So sagte er und klopfte mit dem Zeigefinger auf die Stirne, nämlich, dass darin außer dem Rausche auch noch etwas mehr sei, woran ein anderer nicht denke.

Der vorsichtige Träumer

Es gibt doch einfältige Leute in der Welt. In dem Städtlein Witlisbach im Kanton Bern war einmal ein Fremder über Nacht, und als er ins Bett gehen wollte und ganz bis auf das Hemd ausgekleidet war, zog er noch ein Paar Pantoffeln aus dem Bündel, legte sie an, band sie mit den Strumpfbändeln an den Füßen fest und legte sich also in das Bette. Da sagte zu ihm ein anderer Wandersmann, der in der nämlichen Kammer über Nacht war: „Guter Freund, warum tut Ihr das?" Darauf erwiderte der erste: „Wegen der Vorsicht. Denn ich bin einmal im Traum in eine Glasscherbe getreten. So habe ich im Schlaf solche Schmerzen davon empfunden, dass ich um keinen Preis mehr barfuß schlafen möchte."

Heinrich Heine

1797–1856

Sie saßen und tranken am Teetisch

Sie saßen und tranken am Teetisch
und sprachen von Liebe viel.
Die Herren, die waren ästhetisch,
die Damen von zartem Gefühl.

„Die Liebe muss sein platonisch",
der dürre Hofrat sprach.
Die Hofrätin lächelt ironisch.
Und dennoch seufzet sie: „Ach!"

Der Domherr öffnet den Mund weit:
„Die Liebe sei nicht zu roh,
sie schadet sonst der Gesundheit."
Das Fräulein lispelt: „Wieso?"

Die Gräfin spricht wehmütig:
„Die Liebe ist eine Passion!"
Und präsentieret gütig
die Tasse dem Herren Baron.

Am Tische war noch ein Plätzchen;
mein Liebchen, da hast du gefehlt.
Du hättest so hübsch, mein Schätzchen,
von deiner Liebe erzählt.

Ein Weib

Sie hatten sich beide so herzlich lieb,
Spitzbübin war sie, er war ein Dieb.
Wenn er Schelmenstreiche machte,
Sie warf sich aufs Bette und lachte.

Der Tag verging in Freud und Lust,
Des Nachts lag sie an seiner Brust.
Als man ins Gefängnis ihn brachte,
Sie stand am Fenster und lachte.

Er ließ ihr sagen: „O komm zu mir,
Ich sehne mich so sehr nach dir,
Ich rufe nach dir, ich schmachte!" –
Sie schüttelt' das Haupt und lachte.

Um sechse des Morgens ward er gehenkt,
Um sieben ward er ins Grab gesenkt;
Sie aber schon um achte
Trank roten Wein und lachte.

Das Lied vom blöden Ritter

Es war mal ein Ritter trübselig und stumm,
Mit hohlen, schneeweißen Wangen;
Er schwankte und schlenderte schlotternd herum,
In dumpfen Träumen befangen.
Er war so hölzern, so täppisch, so links,
Die Blümlein und Mägdlein, die kicherten rings,
Wenn er stolpernd vorbeigegangen.

Oft saß er im finstersten Winkel zu Haus;
Er hatt sich vor Menschen verkrochen.
Da streckte er sehnend die Arme aus,
Doch hat er kein Wörtlein gesprochen.
Kam aber die Mitternachtstunde heran,
Ein seltsames Singen und Klingen begann
An die Türe da hört er es pochen.

Da kommt seine Liebste geschlichen herein,
Im rauschenden Wellenschaumkleide.
Sie blüht und glüht wie ein Röselein,
Ihr Schleier ist eitel Geschmeide.
Goldlocken umspielen die schlanke Gestalt,
Die Äuglein grüßen mit süßer Gewalt –
In die Arme sinken sich beide.

Der Ritter umschlingt sie mit Liebesmacht,
Der Hölzerne steht jetzt in Feuer,
Der Blasse errötet, der Träumer erwacht,
Der Blöde wird freier und freier.
Sie aber, sie hat ihn gar schalkhaft geneckt,
Sie hat ihm ganz leise den Kopf bedeckt
Mit dem weißen, demantenen Schleier.

In einen kristallenen Wasserpalast
Ist plötzlich gezaubert der Ritter.
Er staunt, und die Augen erblinden ihm fast
Vor alle dem Glanz und Geflitter.
Doch hält ihn die Nixe umarmet gar traut,
Der Ritter ist Bräutgam, die Nixe ist Braut;
Ihre Jungfraun spielen die Zither.

Sie spielen und singen, und singen so schön,
Und heben zum Tanze die Füße;
Dem Ritter, dem wollen die Sinne vergehn,
Und fester umschließt er die Süße –
Da löschen auf einmal die Lichter aus,
Der Ritter sitzt wieder ganz einsam zu Haus,
In dem düstern Poetenstübchen.

Heinrich Heine

Heinrich Heine war einer der wichtigsten deutschen Dichter, Journalisten und Essayisten Deutschlands. Bis heute ist sein Werk, auch international, bedeutsam und darf hier mit den Werken Goethes in einem Atemzug genannt werden, der im Ausland ebenso häufig gelesen wird. Als Dichter der Spätromantik gilt er als Vollender und gleichzeitig als Überwinder der Romantik. Obwohl viele seiner Gedichte vertont wurden und in das deutsche Liedgut übergingen, wäre der Dichter um ein Haar in Vergessenheit geraten. Während der Nazizeit waren seine Werke verboten, zum einen wegen seiner jüdischen Herkunft, zum anderen wegen seiner widerständigen, klar demokratischen Ansichten, die er unverblümt und pointiert zu Papier brachte. Doch auch nach dem Ende des Zweiten Weltkriegs fremdelte man mit dem Dichter, der zum einen die Schönheit seines Heimatlands in volksliedhaften Versen besang, zum anderen bissig gegen jeden Nationalismus anschrieb.

Der Dichter wurde am 13. Dezember 1797 als Harry Heine in Düsseldorf als Sohn des jüdischen Tuchhändlers Samson Heine und seiner Frau Betty geboren. 1811 fiel seine Heimatstadt Düsseldorf unter Napoleons Herrschaft, Heine erlebte den Einzug der französischen Truppen. Nach einem Besuch der Handelsschule arbeitete er im Bankhaus seines Onkels Salomon Heine in Hamburg. Da Heine kein Händchen für Bankgeschäfte hatte, richtete ihm sein Onkel ein Tuchgeschäft ein, doch Heine war auch kein guter Geschäftsmann. „Hätt er gelernt was Rechtes, müsst er nicht schreiben Bücher", war Salomon Heines resignierter Ausspruch. Er sollte den Neffen zeitlebens finanziell großzügig unterstützen. Heine studierte Jura und konvertierte zum Christentum, da er als Jude keine Möglichkeiten hatte, im Staatsdienst zu arbeiten. Bei dieser Gelegenheit änderte er auch seinen verhassten Vornamen in „Heinrich". Doch da sich ein dichterischer Konflikt mit dem Autor August Graf von Platen zum gesellschaftlichen Eklat aufschaukelte, verlor Heine sämtliche Karrierechancen. Er wandte sich nun vollends dem Schreiben zu.

Seine ersten Gedichte veröffentlichte er bereits 1816. 1824 erschien die Lyriksammlung „33 Gedichte", die sein wohl berühmtestes Gedicht enthielt: „Die Loreley". Ein großer Erfolg wurde auch sein Reisebericht „Die Harzreise", der 1826 veröffentlicht wurde. Ein Jahr später brachte der renommierte Verlag Hoffmann und Campe „Das Buch der Lieder" heraus, eine Zusammenstellung seiner bisherigen veröffentlichten Gedichte. Dieser Band ist bis heute populär. Heines dichterische Sprache ist schlicht, aber kunstvoll, viele seiner Gedichte kreisen um die (unglückliche) Liebe, gleichzeitig beherrschte er die romantische Ironie in Vollendung.

Doch im Zeitalter der Restauration herrschte seit den Karlsbader Beschlüssen 1819 in Deutschland ein restriktives Klima. Heine, der mit spitzer Feder auch politische Streitschriften verfasste, wurde in Deutschland zunehmend auch antisemitisch angefeindet, viele seiner Werke fielen der Zensur zum Opfer. 1831 siedelte er, der fließend Französisch sprach, nach Paris über und wurde Korrespondent der Augsburger Allgemeinen Zeitung. Er verfasste eine Artikelserie über Frankreich, die für die Entwicklung des Journalismus prägend sein sollte. Schriftstellerisch war er in seiner Pariser Zeit höchst produktiv. Doch während man in Frankreich die Pressefreiheit erkämpft hatte, wurden seine Werke 1835 in Deutschland ganz verboten. Nur noch zweimal sollte er seinem Heimatland einen Besuch abstatten, obwohl ihn zunehmend das Heimweh quälte. 1844 erschien das Versepos „Deutschland, ein Wintermärchen", in dem er sich satirisch mit den politischen Zuständen in Deutschland befasste.

Heine starb am 17. Februar 1856 in Paris, nach jahrelangem Siechtum in der „Matratzengruft", wie er sein Lager nannte. Vermutlich an Multiple Sklerose erkrankt, war er zum Schluss gänzlich gelähmt und wurde von seiner Frau Mathilde gepflegt. Der große Dichter liegt auf dem Pariser Friedhof Montmartre begraben.

Die Heil'gen drei Könige aus Morgenland

Die Heil'gen drei Könige aus Morgenland,
Sie fragten in jedem Städtchen:
„Wo geht der Weg nach Bethlehem,
Ihr lieben Buben und Mädchen?"

Die Jungen und Alten, sie wussten es nicht,
Die Könige zogen weiter;
Sie folgten einem goldenen Stern,
Der leuchtete lieblich und heiter.

Der Stern blieb stehen über Josephs Haus,
Da sind sie hineingegangen;
Das Öchslein brüllte, das Kindlein schrie,
Die Heil'gen drei Könige sangen.

Weltlauf

Hat man viel, so wird man bald
Noch viel mehr dazu bekommen.
Wer nur wenig hat, dem wird
Auch das Wenige genommen.

Wenn Du aber gar nichts hast,
Ach, so lasse dich begraben –
Denn ein Recht zum Leben, Lump,
Haben nur, die etwas haben.

Den König Wiswamitra

Den König Wiswamitra,
Den treibts ohne Rast und Ruh,
Er will durch Kampf und Büßung
Erwerben Wasischtas Kuh.

O, König Wiswamitra,
O, welch ein Ochs bist du,
Dass du so viel kämpfest und büßest,
Und alles für eine Kuh!

Wie schändlich du gehandelt

Wie schändlich du gehandelt,
Ich hab es den Menschen verhehlet,
Und bin hinausgefahren aufs Meer,
Und hab es den Fischen erzählet.

Ich lass dir den guten Namen
Nur auf dem festen Lande;
Aber im ganzen Ozean
Weiß man von deiner Schande.

Die Linde blühte

Die Linde blühte, die Nachtigall sang,
Die Sonne lachte mit freundlicher Lust;
Da küsstest du mich, und dein Arm mich umschlang,
Da presstest du mich an die schwellende Brust.

Die Blätter fielen, der Rabe schrie hohl,
Die Sonne grüßte verdrossenen Blicks;
Da sagten wir frostig einander: „Lebwohl!"
Da knickstest du höflich den höflichsten Knicks.

Guter Rat

Lass dein Grämen und dein Schämen!
Werbe keck und fordre laut,
Und man wird sich dir bequemen,
Und du führest heim die Braut.

Wirf dein Gold den Musikanten,
Denn die Fiedel macht das Fest;
Küsse deine Schwiegertanten,
Denkst du gleich: Hol euch die Pest!

Rede gut von einem Fürsten,
Und nicht schlecht von einer Frau;
Knickre nicht mit deinen Würsten,
Wenn du schlachtest eine Sau.

Ist die Kirche dir verhasst, Tor,
Desto öfter geh hinein;
Zieh den Hut ab vor dem Pastor,
Schick ihm auch ein Fläschchen Wein.

Fühlst du irgendwo ein Jücken,
Kratze dich als Ehrenmann;
Wenn dich deine Schuhe drücken,
Nun, so zieh Pantoffeln an.

Hat versalzen dir die Suppe
Deine Frau, bezähm die Wut,
Sag ihr lächelnd: Süße Puppe,
Alles was du kochst ist gut.

Trägt nach einem Schal Verlangen
Deine Frau, so kauf ihr zwei;
Kauf ihr Spitzen, goldne Spangen
Und Juwelen noch dabei.

Wirst du diesen Rat erproben,
Dann, mein Freund! genießest du
Einst das Himmelreich dort oben,
Und du hast auf Erden Ruh.

Es drängt die Not, es läuten die Glocken

Es drängt die Not, es läuten die Glocken,
Und ach! ich hab' den Kopf verloren!
Der Frühling und zwei schöne Augen,
Sie haben sich wider mein Herz verschworen.

Der Frühling und zwei schöne Augen
Verlocken mein Herz in neue Betörung!
Ich glaube, die Rosen und Nachtigallen
Sind tief verwickelt in dieser Verschwörung.

Mir träumte wieder der alte Traum

Mir träumte wieder der alte Traum:
Es war eine Nacht im Maie,
Wir saßen unter dem Lindenbaum,
Und schwuren uns ewige Treue.

Das war ein Schwören und Schwören aufs neu,
Ein Kichern, ein Kosen, ein Küssen;
Dass ich gedenk des Schwures sei,
Hast du in die Hand mich gebissen.

O Liebchen mit den Äuglein klar!
O Liebchen schön und bissig!
Das Schwören in der Ordnung war,
Das Beißen war überflüssig.

Sag mir, wer einst die Uhren erfund

Sag mir, wer einst die Uhren erfund,
Die Zeitabteilung, Minute und Stund?
Das war ein frierend trauriger Mann.
Er saß in der Winternacht und sann,

Und zählte der Mäuschen heimliches Quicken
Und des Holzwurms ebenmäßiges Picken.
Sag mir, wer einst das Küssen erfund?
Das war ein glühend glücklicher Mund;

Er küsste und dachte nichts dabei.
Es war im schönen Monat Mai,
Die Blumen sind aus der Erde gesprungen,
Die Sonne lachte, die Vögel sungen.

Altes Kaminstück

Draußen ziehen weiße Flocken
Durch die Nacht, der Sturm ist laut;
Hier im Stübchen ist es trocken,
Warm und einsam, still vertraut.

Sinnend sitz ich auf dem Sessel,
An dem knisternden Kamin,
Kochend summt der Wasserkessel
Längst verklungne Melodien.

Und ein Kätzchen sitzt daneben,
Wärmt die Pfötchen an der Glut;
Und die Flammen schweben, weben,
Wundersam wird mir zumut.

Dämmernd kommt heraufgestiegen
Manche längst vergessne Zeit,
Wie mit bunten Maskenzügen
Und verblichner Herrlichkeit.

Schöne Frauen, mit kluger Miene,
Winken süßgeheimnisvoll,
Und dazwischen Harlekine
Springen, lachen, lustigtoll.

Ferne grüßen Marmorgötter,
Traumhaft neben ihnen stehen
Märchenblumen, deren Blätter
In dem Mondenlichte wehen.

Wackelnd kommt herbeigeschwommen
Manches alte Zauberschloss;
Hintendrein geritten kommen
Blanke Ritter, Knappentross.

Und das alles zieht vorüber,
Schattenhastig übereilt –
Ach! da kocht der Kessel über,
Und das nasse Kätzchen heult.

Fresko-Sonett an Christian S.

Ich lache ob den abgeschmackten Laffen,
Die mich anglotzen mit den Bocksgesichtern;
Ich lache ob den Füchsen, die so nüchtern
Und hämisch mich beschnüffeln und begaffen.

Ich lache ob den hochgelahrten Affen,
Die sich aufblähn zu stolzen Geistesrichtern;
Ich lache ob den feigen Bösewichtern,
Die mich bedrohn mit giftgetränkten Waffen.

Denn wenn des Glückes hübsche Siebensachen
Uns von des Schicksals Händen sind zerbrochen,
Und so zu unsern Füßen hingeschmissen;

Und wenn das Herz im Leibe ist zerrissen,
Zerrissen, und zerschnitten, und zerstochen –
Dann bleibt uns doch das schöne gelle Lachen.

Der tugendhafte Hund

Ein Pudel, der mit gutem Fug
Den schönen Namen Brutus trug,
War vielberühmt im ganzen Land
Ob seiner Tugend und seinem Verstand.
Er war ein Muster der Sittlichkeit,
Der Langmut und Bescheidenheit.
Man hörte ihn loben, man hörte ihn preisen
Als einen vierfüßigen Nathan den Weisen.
Er war ein wahres Hundejuwel!
So ehrlich und treu! Eine schöne Seel'!
Auch schenkte sein Herr in allen Stücken
Ihm volles Vertrauen, er konnte ihn schicken
Sogar zum Fleischer. Der edle Hund
Trug dann einen Hängekorb im Mund,
Worin der Metzger das schöngehackte
Rindfleisch, Schaffleisch, auch Schweinefleisch packte. –
Wie lieblich und lockend das Fett gerochen,
Der Brutus berührte keinen Knochen,
Und ruhig und sicher, mit stoischer Würde,
Trug er nach Hause die kostbare Bürde.

Doch unter den Hunden wird gefunden
Auch eine Menge von Lumpenhunden
– Wie unter uns – gemeine Köter,
Tagdiebe, Neidharde, Schwerenöter,
Die ohne Sinn für sittliche Freuden
Im Sinnenrausch ihr Leben vergeuden!
Verschworen hatten sich solche Racker
Gegen den Brutus, der treu und wacker,
Mit seinem Korb im Maule, nicht
Gewichen von dem Pfad der Pflicht. –

Und eines Tages, als er kam
Vom Fleischer und seinen Rückweg nahm
Nach Hause, da ward er plötzlich von allen
Verschwornen Bestien überfallen;
Da ward ihm der Korb mit dem Fleisch entrissen,
Da fielen zu Boden die leckersten Bissen,
Und fraßbegierig über die Beute
Warf sich die ganze hungrige Meute. –
Brutus sah anfangs dem Schauspiel zu,
Mit philosophischer Seelenruh';
Doch als er sah, dass solchermaßen
Sämtliche Hunde schmausten und fraßen,
Da nahm auch er an der Mahlzeit teil
Und speiste selbst eine Schöpsenkeul'.

Moral

Auch du, mein Brutus, auch du, du frisst?
So ruft wehmütig der Moralist.
Ja, böses Beispiel kann verführen;
Und, ach! gleich allen Säugetieren,
Nicht ganz und gar vollkommen ist
Der tugendhafte Hund – er frisst!

Ich liebe solche weiße Glieder

Ich liebe solche weiße Glieder,
Der zarten Seele schlanke Hülle,
Wildgroße Augen und die Stirne
Umwogt von schwarzer Lockenfülle!

Du bist so recht die rechte Sorte,
Die ich gesucht in allen Landen;
Auch meinen Wert hat Euresgleichen
So recht zu würdigen verstanden.

Du hast an mir den Mann gefunden,
Wie du ihn brauchst. Du wirst mich reichlich
Beglücken mit Gefühl und Küssen,
Und dann verraten, wie gebräuchlich.

J. N. Nestroy

1801–1862

Leidenschaften

Die Kunst ist und bleibt einmal eine Leidenschaft! Machen aber Leidenschaften glücklich? Konträr! Strenge Moralisten sagen: Um glücklich zu sein, muss man alle Leidenschaften aus sich verdammen. Dieser Rat ist ungefähr so gut, als wie wenn man einem, der über enge Stiefel klagt, sagt: Er soll sich beide Füß' amputieren lassen, damit er kein Verdruss mehr mit dem Schuster hat.
– Eigentlich hab' ich nur eine Leidenschaft, nämlich die, dass ich gern allen meinen Leidenschaften nachhänge. Und statt dem sollt' ich sie besiegen? Nein, das ist mir ein viel zu trauriger Triumph, wo man selten verdiente Anerkennung hat davon, denn die Leut' sagen von einem Besieger seiner Leidenschaften nie: „Das war ein starker Geist", sondern sie sagen: „Das müssen schwache Leidenschaften sein."

Ich möcht tanzen, springen! Aber das is alles zu wenig, ich möcht' aus der Haut fahren vor Freud', aber ich bin zu dick, ich komm nicht heraus.

Beleuchtung

Ich find', jede Beleuchtung ist unangenehm. Wenn man jemanden hasst, ist man froh, wenn man ihn nicht sieht; wozu die Beleuchtung? Wenn man jemanden liebt, is man froh, wenn einen d' andern Leut' nicht sehn; wozu die Beleuchtung? Die übrige, gleichgültige Welt nimmt sich im Halbdunkel noch am erträglichsten aus; wozu also die Beleuchtung?

O Knute!

O Knute, o Knute!
Die schwingen man tute,
Machst Wirkung sehr gute
Bei frevelndem Mute.
Was dem Kindlein die Rute,
Ist dem Volke die Knute;
Du stillest die Wute
Rebellischem Blute.
Das alles, das tute
Die Knute, die Knute!
Weshalb ich mich spute
In einer Minute
Poetischer Glute
Schrieb an die Knute
Dies Gedichtchen, dies gute.

Über Kinder

Ich hab' zu viel Erwachsene kennengelernt, die der Nachsicht bedürfen, als dass ich je mehr gegen die Kinder streng sein könnt'. Den Kindern g'schieht ohnedem viel Unrecht. Is das nicht schon Unrecht genug, dass man sie für glücklich halt't? Und sie sind es so wenig wie wir, sie haben in ihren Kinderseelen alle Affekte, eine Sehnsucht, die sie mit Täuschungen, eine Eitelkeit, die sie mit Kränkungen, eine Fantasie, die sie mit den Wauwaubildern quält, und dabei haben sie nicht die Stütze der Vernunft, die uns wenigstens zu Gebot steht, wenn wir sie auch nicht gebrauchen. Wir finden ihre Leiden klein, ohne zu bedenken, wie kleinlich wir oft in unsern Leiden sind. Wir finden das kindisch, wenn das Kind sich kränkt über einen hinuntergefallenen Apfel, und wie viele Erwachsene sind oft in Verzweiflung über ein gefallenes Papier. – Uns kommt das so kindisch vor, wenn das Kind über einen zerbrochenen Wurstel weint, und ich hab' schon alte Herrn g'sehn, die sich über eine verlor'ne Gretl die Haar' ausg'rissen hab'n. Wir sind sogar so ungerecht, Unmögliches zu prätendieren, indem wir oft den Kindern den Vorwurf machen: „Ihr Fratzen seht's gar nicht ein, was die Eltern für euch tun?" Und das können sie doch erst dann einsehen, wenn sie selbst einmal Eltern sind. Und wenn das alles nicht wär', so sind die Kinder schon deswegen zu bedauern, weil sie einmal groß werden müssen, da zeigt sich's dann erst recht, wie wenige unter einem glücklichen Gestirne geboren sind.

Es glaubt's kein Mensch, was der Mensch alles braucht, bis er halbweg ein' Menschen gleichsieht. Kurios, der Mensch, heißt es, is das Meisterstück der Schöpfung, und man muss sich völlig arm zahl'n an Schneidern, dass man das Meisterstück nur gehörig verstecken kann.

Johann Nepomuk Nestroy war ein bekannter österreichischer Dramatiker, Sänger und Schauspieler. Er kam am 7. Dezember 1801 in Wien zur Welt, sein Vater war ein angesehener Advokat, und genau wie er studierte Nestroy nach der Schule zunächst Jura. Sein Herz schlug aber schon früh für das Theater – und für die Musik. Als Jurist arbeitete er nie, bereits während seines Studiums sang er im Redoutensaal der Hofburg in einer Händel-Oper und legte so das Fundament für eine Karriere als Opernsänger.

1822 trat er in der Wiener Hofoper bei Aufführungen von Mozarts Zauberflöte auf. Er stand in Folge unter anderem in Amsterdam, Graz und Wien als Sänger und später auch als Schauspieler auf der Bühne und entdeckte sein Talent für das Komische. 1831 erhielt er ein Engagement im „Theater an der Wien" als Dramatiker und Schauspieler. Als Dramatiker wandte er sich zunächst den sog. „Zauberstücken" zu, einer Tradition, die ursprünglich aus dem Barock stammte und zum Genre des Alt-Wiener Volkstheaters gehörte. Mythologische und Märchenfiguren geben sich dort ein Stelldichein, und auch in Nestroys Stücken wimmelt es von Zauberern und Feen.

Später schrieb er vor allem Possen und volkstümliche Parodien, häufig durch Gesang, sog. „Couplets", durchbrochen. Nestroys Werk galt schon zu Lebzeiten als umstritten, mal riss es das Publikum zu frenetischem Jubel hin, mal kam es zu Eklats. Mehrere Nächte verbrachte der Dichter, der offen mit der 1848er-Revolution sympathisierte, im Gefängnis; wegen Zensurspitzeln musste er außerdem häufiger die Stadt verlassen. Nestroy, der heute als bedeutender volkstümlicher Dichter des Vormärz gilt, starb, bis zum Schluss produktiv, am 25. Mai 1862 an einem Schlaganfall.

Es heiratet einer a Madl mit Geld

Es heiratet einer a Madl mit Geld,
Von der halben Million nit a Groschen ihr fehlt,
Ein jeder, der d' Sach' überhaps nur betracht't,
Wird sag'n: der Mensch hat a unsinnig's Glück g'macht.
Doch darf er vom Geld keinen Kreuzer anrühr'n,
Er darf ihr nur helfen, d' Interessen verziehr'n,
Für das muss er kuschen, sie übt Tyrannei –
So is überall halt a Umstand dabei.

Ein andrer hat a Frau, wie die Venus so schön,
Wenn er mit ihr spazier'n geht, so bleibt alles stehn,
Die ganze Welt schaut mit Bewundrung sie an
Und alles schreit: „Das is ein glücklicher Mann!"
Doch sie steigt stets um kokettierenden Blicks.
Der Mann sagt: „Pfui, 's schickt sich nit!", s' nutzt aber nix,
Sie hat allweil Liebhaber zwei oder drei –
So is überall halt a Umstand dabei.

Der hat a Quartier, das is völlig a Pracht,
Doch ein Eh'paar ober ihm zankt und rauft Tag und Nacht,
Der hat a brav's Weib, der könnt' sag'n – „Gott sei Dank!"
Doch sechs Monat' ist s' kränklich, a halb's Jahr ist s' krank.
Der hat ein' Freund, der ist ihm all's in der Welt,
Doch der Freund sagt in ein' fort: „Geh, leih mir a Geld,
Wenn ich amal zum Vermögen komm', zahl' ich dir's glei!" –
So is überall halt a Umstand dabei.

Die hat einen Mann, wie a Lamperl so gut.
Den ganzen Tag hört man kein unfreundlich's Wurt,
Er ist fleißig beim G'schäft, macht kein unwillig's G'sicht
Und tut alles, was er ihr in d' Augen ansiecht,
Doch wenn's anfangt, Abend z' werd'n, geht er allmal aus
Und kommt in der Nacht als a B'soffner nach Haus,
Wie sie da nur ein' Muxer macht, prügelt er s' glei'–
So is überall halt a Umstand dabei.

D' Leut wünschen sich Kinder, erreichen das Glück,
Da preisen s' das Schicksal mit dankbarem Blick,
Sie hab'n a paar Madln, wie d' Engel so schön,
Und Bub'n, die so schlank wie die Kerzen dastehn,
Doch d' Kinder werd'n groß, da hab'n d' Eltern a Not,
D' Bub'n kommen mit dreißig Jahr' noch zu kein' Brot,
Mit die Mädeln ist's wieder a andre Kei'rei –
So is überall halt a Umstand dabei.

Es singt mancher au'm Theater so öfters a Lied,
Und wie er was singt, wird er stark applaudiert,
Der das hört, der sagt: „No, der Mensch kann glücklich sein,
Er hat einen Beifall, der is allgemein!"
Doch strengt man die Ohr'n mit Genauigkeit an,
Vernimmt man dazwischen manch anderen Ton,
Es zischen beständig a zwei oder drei –
So is überall halt a Umstand dabei.

Jüngst steigst ein Paarl ganz nobel in Wag'n,
„In d' Brigittenau fahrst!" zum Fiaker tun s' sag'n.
Der Fiaker fahrt lustig und denkt in der Still':
„Das ist mir a Herrschaft, die handeln nit viel",
Doch draußt bei der Au schreit der Herr: „Kutscher, halt!
Wir gehn jetzt, weil's schön ist, zu Fuß durch den Wald!"
Der Kutscher lacht heimlich und denkt: „Bei die zwei,
Da is doch gewiss auch a Umstand dabei!"

Till Eulenspiegels Lied

So recht fidel leb'n und umsunst,
Das, sag' ich, das ist d' größte Kunst.
Ein' tüchtigen Zins zahl'n zweimal alle Jahr'
Und drum ein Quartier hab'n, das kann jeder Narr;
Den Wirt zahl'n fürs Essen, den Schneider fürs G'wand,
Dazu braucht der Mensch noch kein Quintel Verstand –
Aber ganz ohne Geld leb'n wie i,
Dazu g'hört sich schon ein Genie.

Verliebten hilf ich, wo ich kann,
Denn das Geschäft nährt seinen Mann.
Wenn's heißt: Na, da nehmt's euch und schließet den Bund,
Da kann man leicht heiraten zu jeder Stund';
Doch wenn es heißt: Nein, aus der Hochzeit wird nix,
Dem Madel drohn Schläg', dem Amanten gar Wichs' –
Aus solcher Verleg'nheit hilf i,
Dazu g'hört sich schon ein Genie.

Eduard Mörike

1804–1875

Abschied

Unangeklopft ein Herr tritt Abends bei mir ein:
„Ich habe die Ehr', Ihr Rezensent zu sein!"
Sofort nimmt er das Licht in die Hand,
Besieht lang meinen Schatten an der Wand,
Rückt nah und fern: „Nun, lieber junger Mann,
Sehn Sie doch gefälligst mal
Ihre Nas' so von der Seite an!
Sie geben zu, dass das ein Auswuchs is'."
Das? Alle Wetter – gewiss!
Ei Hasen! ich dachte nicht, all' mein Lebtage nicht,
Dass ich so eine Weltsnase führt' im Gesicht!

Der Mann sprach noch Verschiednes hin und her,
Ich weiß, auf meine Ehre, nicht mehr;
Meinte vielleicht, ich sollt' ihm beichten.
Zuletzt stand er auf; ich tat ihm leuchten.
Wie wir nun an der Treppe sind,
Da geb' ich ihm, ganz froh gesinnt,
Einen kleinen Tritt,
Nur so von hinten aufs Gesäße mit –
Alle Hagel! ward das ein Gerumpel,
Ein Gepurzel, ein Gehumpel!
Dergleichen hab' ich nie gesehn,
All' mein Lebtage nicht gesehn.
Einen Menschen so rasch die Trepp' hinabgehn!

Gutenbergs Erfindung

„Ein großer Fund, gewiss! – Und doch,
Wenn man die Sache so bedenkt, sie lag
Verdammt nah, mein ich."

        O sehr wahr! Item:
Als sich der liebe Gott damals besann,
Wie er die Welt erschaffen möchte,
War nichts natürlicher, deucht mir,
Als grünes Gras und Bäume allerhand
Hervor aus der Erde wachsen zu lassen,
Auch oberhalb das blaue Firmament
Hübsch auszustaffieren mit goldnen Gestirnen,
Damit sie leuchten auf ewige Jahr
Schafsköpfen und gescheiten Leuten

Nimmersatte Liebe

So ist die Lieb'! So ist die Lieb'!
Mit Küssen nicht zu stillen:
Wer ist der Tor und will ein Sieb
Mit eitel Wasser füllen?
Und schöpfst du an die tausend Jahr;
Und küssest ewig, ewig gar,
Du tust ihr nie zu Willen.

Die Lieb', die Lieb' hat alle Stund'
Neu wunderlich Gelüsten;
Wir bissen uns die Lippen wund,
Da wir uns heute küssten.
Das Mädchen hielt in guter Ruh',
Wie's Lämmlein unter'm Messer;
Ihr Auge bat: Nur immer zu,
Je weher, desto besser!

So ist die Lieb', und war auch so,
Wie lang es Liebe gibt,
Und anders war Herr Salomo,
Der Weise, nicht verliebt.

Nach einer schläfrigen Vorlesung von „Romeo und Julia"

Guten Morgen, Romeo,
Wie geschlafen?
        Ach – so so.
Und du, süße Julia?
        Ebenfalls so so la la.

Eduard Mörike, geboren am 8. September 1804 in Ludwigsburg, gilt als einer der bekanntesten Dichter des Biedermeiers. Zu Lebzeiten waren seine Werke so geschätzt, dass er mit Goethe in einem Atemzug genannt wurde. Nach dem Tod seines Vaters 1817 lebte er bei seinem Onkel in Stuttgart und besuchte auf dessen Wunsch hin das evangelische Seminar in Urach. Nach dem Examen wurde er Vikar und später Pfarrer. Zu dieser Zeit verfasste er schon etliche Werke, etwa das bekannte zarte Frühlingsgedicht „Er ist's" und den Roman „Maler Nolden". Nach dem Tod der Mutter beantragte er seine Versetzung in den Ruhestand – im Alter von nur 39 Jahren. Seine Schwester und er lebten fortan von seiner kärglichen Rente, tatsächlich aber gab ihm diese Entwicklung die Möglichkeit, sich weiter dem Schreiben zu widmen, denn die Theologie war nie sein Herzenswunsch gewesen. Trotz der eher desolaten finanziellen Situation heiratete er im Jahr 1851 die Katholikin Margarethe von Speeth, was zu Zerwürfnissen in seinem Bekanntenkreis führte. Im selben Jahr begann er Literatur in Stuttgart zu unterrichten, später wurde er zum Professor am Katharinenstift ernannt. 1855 entstand die berühmte Novelle „Mozart auf der Reise nach Prag" – eines seiner letzten Werke. Mörike starb am 4. Juli 1875 nach langer schwerer Krankheit.

65

Storchenbotschaft

Des Schäfers sein Haus und das steht auf zwei Rad,
Steht hoch auf der Heiden, so frühe, wie spat;
Und wenn nur ein Mancher so'n Nachtquartier hätt'!
Ein Schäfer tauscht nicht mit dem König sein Bett.

Und käm' ihm zur Nacht auch was Seltsames vor,
Er betet sein Sprüchel und legt sich auf's Ohr;
Ein Geistlein, ein Hexlein, so luftige Wicht',
Sie klopfen ihm wohl, doch er antwortet nicht.

Einmal doch, da ward es ihm wirklich zu bunt:
Es knopert am Laden, es winselt der Hund;
Nun ziehet mein Schäfer den Riegel – ei schau!
Da stehen zwei Störche, der Mann und die Frau.

Das Pärchen, es machet ein schön Kompliment,
Es möchte gern reden, ach, wenn es nur könnt'!
Was will mir das Ziefer? Ist so was erhört?
Doch ist mir wohl fröhliche Botschaft beschert.

Ihr seid wohl dahinten zu Hause am Rhein?
Ihr habt wohl mein Mädel gebissen in's Bein?
Nun weinet das Kind und die Mutter noch mehr,
Sie wünschet den Herzallerliebsten sich her.

Und wünschet daneben die Taufe bestellt:
Ein Lämmlein, ein Würstlein, ein Beutelein Geld?
So sagt nur, ich käm' in zwei Tag oder drei,
Und grüßt mir mein Bübel und rührt ihm den Brei!

Doch halt! Warum stellt ihr zu Zweien euch ein?
Es werden doch, hoff' ich, nicht Zwillinge sein?
Da klappern die Störche im lustigsten Ton,
sie nicken und knixen und fliegen davon.

Restauration

nach Durchlesung eines Manuskripts mit Gedichten

Das süße Zeug ohne Saft und Kraft!
Es hat mir all mein Gedärm erschlafft.
Es roch, ich will des Henkers sein,
Wie lauter welke Rosen und Kamilleblümelein.
Mir ward ganz übel, mauserig, dumm,
Ich sah mich schnell nach was Tüchtigem um,
Lief in den Garten hinterm Haus,
Zog einen herzhaften Rettich aus,
Fraß ihn auch auf bis auf den Schwanz,
Da ward ich wieder frisch und genesen ganz.

Meines Vetters Brautfahrt

Freut er sich denn auch ein wenig, die künftige Braut zu begrüßen?
Aber wo bleibt er so lang? Sagt ihm, die Kutsche sei da! –
Droben im Bett noch liegt er, verdrießlich, und lieset in Schellers
Lexikon! Als ich ihn schalt, rief er halb grimmig: „Nun ja,
Gebt mir andere Strümpf! die haben Löcher – ach freilich
Eine Frau muss ins Haus, die mich von Fuß auf kuriert!"

Zungenbrecher und Sprachspiele

Zungenbrecher sind Wortfolgen, bei denen sich auch Muttersprachler verhaspeln. Das macht sie auch so lustig und beliebt – einige bekannte Zungenbrecher werden geradezu von Generation zu Generation weitergegeben. Zungenbrecher sind nicht nur amüsante Sprachspiele, sondern fördern auch die Aussprache und die Konzentration.

Blaukraut bleibt Blaukraut
und Brautkleid bleibt Brautkleid.

Der Cottbuser Postkutschkutscher
putzt den Cottbuser Postkutschkasten.

In Ulm, um Ulm und um Ulm herum.

Zwischen zwei Zwetschgenzweigen
sitzen zwei zwitschernde Schwalben.

Fischers Fritz fischt frische Fische,
frische Fische fischt Fischers Fritz.

Wir Wiener Wäscheweiber würden weiße Wäsche waschen,
wenn wir wüssten, wo warmes weiches Wasser wäre.

Wenn Fliegen hinter Fliegen fliegen,
fliegen Fliegen Fliegen nach.

Der Metzger wetzt das Metzgermesser auf des Metzgers Wetzstein.
Auf des Metzgers Wetzstein wetzt der Metzger das Metzgermesser.

Die Katze tritt die Treppe krumm,
krumm tritt die Katze die Treppe.

Mähen Äbte Heu? Nie mähen Äbte Heu.
Wenn Äbte mähen, mähen Äbte Gras.

Der Leutnant von Leuthen befahl seinen Leuten, nicht eher zu läuten
als der Leutnant von Leuthen seinen Leuten das Läuten befahl.

Theodor Storm

1817–1888

Der Narr

Der Narr macht seine Reverenz,
Der gute derbe Geselle!
Ihr hörtet wohl von Weitem schon
Das Rauschen seiner Schelle.

Als alter Hausfreund bin ich ja
Notwendig bei dem Feste;
Denn hörtet ihr die Klapper nicht,
Euch fehlte doch das Beste.

Ein tücht'ger Kerl hat seinen Sparrn!
Das ist unwiderleglich;
Und hat das Haus nicht seinen Narrn,
So wird es öd und kläglich.

Hier war ich manchen guten Tag
Gastfreundlich aufgenommen;
Heil diesem vielbeglückten Haus,
Wo auch der Narr willkommen!

Stoßseufzer

Am Weihnachtsonntag kam er zu mir,
In Jack' und Schurzfell, und roch nach Bier
Und sprach zwei Stunden zu meiner Qual
Von Zinsen und von Kapital;
Ein Kerl, vor dem mich Gott bewahr!
Hat keinen Festtag im ganzen Jahr.

Der Beamte

Er reibt sich die Hände: Wir kriegen's jetzt!
Auch der frechste Bursche spüret
Schon bis hinab in die Fingerspitz',
Dass von oben er wird regieret.

Bei jeder Geburt ist künftig sofort
Der Antrag zu formulieren,
Dass die hohe Behörde dem lieben Kind
Gestatte zu existieren!

Wichtelmännchen

Soll gar nicht recht geheuer sein
Dort drüben im alten Schloss,
Solln ziehn viel kleine Menschelein
Umher in lärmendem Tross.

Ziehst du mit der jungen Frau erst ein
Dort drüben ins alte Schloss,
Da kommen ja noch mehr Kleine hinein –
Das wird ein gewaltiger Tross.

Sommermittag

Nun ist es still um Hof und Scheuer,
Und in der Mühle ruht der Stein;
Der Birnenbaum mit blanken Blättern
Steht regungslos im Sonnenschein.

Die Bienen summen so verschlafen;
Und in der offnen Bodenluk',
Benebelt von dem Duft des Heues,
Im grauen Röcklein nickt der Puk.

Der Müller schnarcht und das Gesinde,
Und nur die Tochter wacht im Haus;
Die lachet still und zieht sich heimlich
Fürsichtig die Pantoffeln aus.

Sie geht und weckt den Müllerburschen,
Der kaum den schweren Augen traut:
„Nun küsse mich, verliebter Junge;
Doch sauber, sauber! nicht zu laut."

Frauen-Ritornelle

Blühende Myrte –
Ich hoffte süße Frucht von dir zu pflücken;
Die Blüte fiel, nun seh ich, dass ich irrte.

Schnell welkende Winden –
Die Spur von meinen Kinderfüßen sucht ich
An eurem Zaun, doch konnt ich sie nicht finden.

Muskathyazinthen –
Ihr blühtet einst in Urgroßmutters Garten;
Das war ein Platz, weltfern, weit, weit dahinten.

Dunkle Zypressen –
Die Welt ist gar zu lustig:
Es wird doch alles vergessen.

Inserat im August

Die verehrlichen Jungen, welche heuer
Meine Äpfel und Birnen zu stehlen gedenken,
Ersuche ich höflichst, bei diesem Vergnügen
Womöglichst insoweit sich zu beschränken,
Dass sie daneben auf den Beeten
Mir die Wurzeln und Erbsen nicht zertreten.

Von Katzen

Vergangnen Maitag brachte meine Katze
Zur Welt sechs allerliebste kleine Kätzchen,
Maikätzchen, alle weiß mit schwarzen Schwänzchen.
Fürwahr, es war ein zierlich Wochenbettchen!
Die Köchin aber, Köchinnen sind grausam,
Und Menschlichkeit wächst nicht in einer Küche –
Die wollte von den sechsen fünf ertränken,
Fünf weiße, schwarzgeschwänzte Maienkätzchen
Ermorden wollte dies verruchte Weib.
Ich half ihr heim! – Der Himmel segne
Mir meine Menschlichkeit! Die lieben Kätzchen,
Sie wuchsen auf und schritten binnen kurzem
Erhobnen Schwanzes über Hof und Herd;
Ja, wie die Köchin auch ingrimmig dreinsah,
Sie wuchsen auf, und nachts vor ihrem Fenster
Probierten sie die allerliebsten Stimmchen.
Ich aber, wie ich sie so wachsen sahe,
Ich preis mich selbst und meine Menschlichkeit. –
Ein Jahr ist um, und Katzen sind die Kätzchen,
Und Maitag ist's! – Wie soll ich es beschreiben,
Das Schauspiel, das sich jetzt vor mir entfaltet!
Mein ganzes Haus, vom Keller bis zum Giebel,
Ein jeder Winkel ist ein Wochenbettchen!
Hier liegt das eine, dort das andre Kätzchen,
In Schränken, Körben, unter Tisch und Treppen,
Die Alte gar – nein, es ist unaussprechlich,
Liegt in der Köchin jungfräulichem Bette!
Und jede, von den sieben Katzen
Hat sieben, denkt euch! sieben junge Kätzchen,
Maikätzchen, alle weiß mit schwarzem Schwänzchen!
Die Köchin rast, ich kann der blinden Wut
Nicht Schranken setzen dieses Frauenzimmers;
Ersäufen will sie alle neunundvierzig!
Mir selber, ach, mir läuft der Kopf davon –
O Menschlichkeit, wie soll ich dich bewahren!
Was fang ich an mit sechsundfünfzig Katzen! –

Am Aktentisch

Da hab ich den ganzen Tag dekretiert;
Und es hätte mich fast wie so manchen verführt:
Ich spürte das kleine dumme Vergnügen,
Was abzumachen, was fertigzukriegen.

Für einen Ungeliebten

Höre auf, dich zu betrüben,
Heitre deinen bangen Sinn!
Will denn keine dich mehr lieben,
Eile nur zum Echo hin.
Ruf nur laut: „Wer liebt denn mich?"
Und du hörst ein dreifach: „Ich!"

Das Mädchen mit den hellen Augen

Das Mädchen mit den hellen Augen,
Die wollte keines Liebste sein;
Sie sprang und ließ die Zöpfe fliegen,
Die Freier schauten hinterdrein.

Die Freier standen ganz von ferne
In blanken Röcken lobesam.
„Frau Mutter, ach, so sprecht ein Wörtchen
Und macht das liebe Kindlein zahm!"

Die Mutter schlug die Händ' zusammen,
Die Mutter rief: „Du töricht Kind,
Greif zu, greif zu! Die Jahre kommen,
Die Freier gehen gar geschwind!"

Sie aber ließ die Zöpfe fliegen
Und lachte alle Weisheit aus;
Da sprang durch die erschrocknen Freier
Ein toller Knabe in das Haus.

Und wie sie bog das wilde Köpfchen,
Und wie ihr Füßchen schlug den Grund,
Er schloss sie fest in seine Arme
Und küsste ihren roten Mund.

Die Freier standen ganz von ferne,
Die Mutter rief vor Staunen schier:
„Gott schütz dich vor dem ungeschlachten,
Ohn Maßen groben Kavalier!"

Theodor Storm gehört zu den bedeutendsten Schriftstellern des poetischen Realismus. Geboren wurde er am 14. September 1817 auf der Insel Husum, sein Vater war Advokat, und wie dieser studierte Storm Jura und arbeitete später als Rechtsanwalt und Richter. 1846 heiratete er seine Cousine Constanze, ging aber bereits zwei Jahre später eine Affäre mit Dorothea Jensen ein, die er, ein Jahr nach Constanzes Tod 1865, auch heiraten sollte. In seinen Gedichten verarbeitete er sowohl die Liebe zu Dorothea als auch die Trauer um seine verstorbene Frau. Viele seiner Gedichte drehen sich um die Liebe, noch eindrücklicher ist aber seine Naturlyrik, in der er die Stimmungen der norddeutschen Küstenregion einfängt. Storm selbst schätzte sein lyrisches Werk höher ein als seine Prosa. Dennoch ist sein erzählerisches Werk heute bekannter. Das Märchen „Der kleine Häwelmann", immer noch ein beliebtes Kinderbuch, schrieb er im Jahr 1849 für seinen Sohn Hans. Auch weitere bekannte Kunstmärchen, etwa „Die Regentrude", entstammen seiner Feder. Fantastische und unheimliche Elemente spielen in seinem Werk eine große Rolle, doch griff Storm, vor allem in seinem Spätwerk, verstärkt gesellschaftliche und psychologische Themen auf. Seine berühmteste Novelle, „Der Schimmelreiter", die all diese Aspekte vereinte, entstand ein Jahr vor seinem Tod. Storm starb am 4. Juli 1888 an Magenkrebs.

Gottfried Keller

1819–1890

Die missbrauchten Liebesbriefe (Ausschnitt)

Viktor Störteler, von den Seldwylern nur Viggi Störteler genannt, lebte in behaglichen und ordentlichen Umständen, da er ein einträgliches Speditions- und Warengeschäft betrieb und ein hübsches, gesundes und gutmütiges Weibchen besaß. Dieses hatte ihm außer der sehr angenehmen Person ein ziemliches Vermögen gebracht, und sie lebte zutulich und still bei ihrem Manne. Ihr Geld aber war ihm sehr förderlich zur Ausbreitung seiner Geschäfte, welchen er mit Fleiß und Umsicht oblag, dass sie trefflich gediehen. Hierbei schützte ihn eine Eigenschaft, welche, sonst nicht landesüblich, ihm einstweilen wohl zustattenkam. Er hatte seine Lehrzeit und einige Jahre darüber nämlich in einer größeren Stadt bestanden und war dort Mitglied eines Vereines junger Comptoiristen gewesen, welcher sich wissenschaftliche und ästhetische Ausbildung zur Aufgabe gestellt hatte. Da die jungen Leute ganz sich selbst überlassen waren, so übernahmen sie sich und machten allerhand Dummheiten. Sie lasen die schwersten Bücher und führten eine verworrene Unterhaltung darüber; sie spielten auf ihrem Theater den Faust und den Wallenstein, den Hamlet und den Nathan; sie machten schwierige Konzerte und lasen sich schreckbare Aufsätze vor, kurz, es gab nichts, an das sie sich nicht wagten.

Hievon brachte Viggi Störteler die Liebe für Bildung und Belesenheit nach Seldwyla zurück; vermöge dieser Neigung aber fühlte er sich zu gut, die Sitten und Gebräuche seiner Mitbürger zu teilen; vielmehr schaffte er sich Bücher an, abonnierte in allen Leihbibliotheken und Lesezirkeln der Hauptstadt, hielt sich die „Gartenlaube" und unterschrieb auf alles, was in Lieferungen erschien, da hier ein fortlaufendes, schön verteiltes Studium geboten wurde. Wenn er seine Tagesgeschäfte munter und vorsichtig durchgeführt, so zündete er seine Pfeife an, verlängerte die Nase und setzte sich hinter seinen Lesestoff, in welchem er mit großer Gewandtheit herumfuhr. Aber er ging noch weiter. Bald schrieb er verschiedene Abhandlungen, welche er seiner Gattin als „Essays" bezeichnete, und er sagte öfter, er glaube, er sei seiner Anlage nach ein Essayist. Als jedoch seine Essays von den Zeitschriften, an welche er sie sandte, nicht abgedruckt wurden, begann er Novellen zu schreiben, die er unter dem Namen „Kurt vom Walde" nach allen möglichen Sonntagsblättchen instradierte. Hier ging es ihm besser, die Sachen erschienen wirklich feierlich unter dem herrlichen Schriftstellernamen in den verschiedensten Gegenden des Deutschen Reiches, und bald begann hier ein Roderich vom Tale, dort ein Hugo von der Insel und wieder dort ein Gänserich von der Wiese einen stechenden Schmerz zu empfinden über den neuen Eindringling. Neuen Aufschwung gewann er stets auf seinen kürzeren oder längeren Geschäftsreisen, wo er dann in den Gasthöfen manchen Gesinnungsverwandten traf, mit dem sich ein gebildetes Wort sprechen ließ.

Ein Haupterlebnis feierte er eines Tages an der abendlichen Wirtstafel in einer mittleren deutschen Stadt, an welcher nebst einigen alten Stammgästen des Ortes mehrere junge Reisende saßen. Die würdigen alten Herren führten ein gemächliches Gespräch über allerlei Schreiberei, sprachen von Cervantes, von Jean Paul sowie von Goethe und Tieck, und endlich, nachdem der eine seinen Tee ausgetrunken, der andere sein Schöppchen geleert, klopften sie die langen Tonpfeifen aus und begaben sich auf etwas gichtischen Füßen zu ihrer Nachtruhe.

Nun aber entwickelte sich unter den jüngeren Gästen das Gespräch. Einer fing an mit einer spöttischen Bemerkung über die altväterische Unterhaltung dieser Alten, welche gewiss vor vierzig Jahren einmal die Schöngeister dieses Nestes gespielt hätten. Diese Bemerkung wurde lebhaft aufgenommen, und indem ein Wort das andere gab, entwickelte sich abermals ein Gespräch belletristischer Natur, aber von ganz anderer Art. Es zeigte sich bald, dass dies nicht solche Ignoranten von alten Gerichtsräten und Privatgelehrten, sondern Leute vom Handwerk waren. Da entlarvte sich dieser als Guido von Strahlheim, jener als Oskar Nordstern, ein dritter als Kunibert vom Meere. Da zögerte auch Viggi nicht länger, der bisher wenig gesprochen, und wusste es mit einiger Schüchternheit einzuleiten, dass er als Kurt vom Walde erkannt wurde. Er war von allen gekannt sowie er ebenso alle kannte, denn diese Herren, welche ein gutes Buch jahrzehntelang ungelesen ließen, verschlangen alles, was von ihresgleichen kam, auf der Stelle, es in allen Kaffeebuden zusammensuchend, und zwar nicht aus Teilnahme, sondern aus einer sonderbaren Wachsamkeit.

Viggi Störteler rieb sich entzückt die Hände und dachte: Da bist du einmal vor die rechte Mühle gekommen! Ein Schriftsteller unter Schriftstellern! Ei! Welches Verständnis und welch sittlicher Zorn!

In dieser Nacht und bei diesem Schwefelwein ward nun, um der schlechten Welt vom Amte zu helfen und ein neues Morgenrot herbeizuführen, die förmliche und feierliche Stiftung einer „neuen Sturm- und Drangperiode" beschlossen. Indem sie vorläufig schon einige Rollen verteilten, wurde es als eine glückliche Fügung gepriesen, dass in Viggi Störteler die schweizerischen Beziehungen trefflich angebahnt seien. So kehrte er ganz aufgebläht von neuen Aussichten und Entwürfen in seine Heimat zurück. Er ließ die Haare lang wachsen, strich sie hinter die Ohren, setzte eine Brille von Fensterglas auf und trug ein kleines Spitzbärtchen, um sein Äußeres dem bedeutenden Inhalte entsprechen zu lassen, den er durch seine neuen Bekanntschaften mit einem Schlage gewonnen.

Da er sah, wie anmutig Gritli in ihrem Häubchen am Spinnrädchen saß, mit rosigem Munde, mit stillbewegtem Busen und mit zierlichem Fuße, da ging ihm ein Licht auf, er beschloss sie zu erhöhen und zu seiner Muse zu machen. Als er aber zum Essen kam und begierig war auf die erste geistige Rücksprache mit seiner Muse, da schüttelte sie den Kopf und wusste nichts zu sagen.

Ich muss zartere Saiten aufziehen für den Anfang!, dachte er und gab ihr nach Tisch einen Band „Frühlingsbriefe von einer Einsamen", darin sollte sie lesen bis zum Abend. Dann ging er in den Wald, um einer Versteigerung von Eichenrinde beizuwohnen. Dort machte er einen guten Handel und, vergnügt darüber, noch einen Spaziergang, aber nicht ohne abermaligen Nutzen. Er steckte das geschäftliche Notizbuch beiseite und zog ein kleineres hervor mit einem Stahlschlösschen.

Damit stellte er sich vor den ersten besten Baum, besah ihn genau und schrieb: „Ein Buchenstamm. Hellgrau mit noch helleren Flecken und Querstreifen. Zweierlei Moos bekleidet ihn, ein fast schwärzliches und dann ein samtähnliches glänzend grünes. Außerdem gelbliche, rötliche und weiße Flechten, welche öfter ineinander spielen. Eine Efeuranke steigt an der einen Seite hinauf. Die Beleuchtung ist ein andermal zu studieren, da der Baum im Schatten steht. Vielleicht in Räuberszenen anzuwenden."

Auch vor einem Karrengeleise stellte er sich auf und schrieb: „Motiv für Dorfgeschichte: Wagenfurche halb mit Wasser gefüllt, in welchem kleine Wassertierchen schwimmen. Hohlweg. Erde feucht, dunkelbraun. Auch die Fußstapfen sind mit Wasser gefüllt, welches rötlich, eisenhaltig. Großer Stein im Wege, zum Teil mit frischen Beschädigungen, wie von Wagenrädern. Hieran ließe sich Exposition knüpfen von umgeworfenen Wagen, Streit und Gewalttat."

So kehrte er heimwärts, beladen wie eine Biene mit seiner Ausbeute. „Nun, liebes Mus'chen!", rief er seine Frau an, „hast du dein Buch gelesen? Mir ist es sehr gut gegangen, ich bringe treffliche Studien nach Hause, über deren Benutzung wir heute noch plaudern wollen!" Also nahm er seine neueste Handschrift hervor und begann sie vorzulesen, oft unterbrochen durch die Störungen, welche die allerorts durchstrichene und verbesserte Schreiberei veranlasste, sowie durch das Hin- und Herrücken der Brille, welche ihn blendete. Dennoch gewahrte er erst nach einem halben Stündchen, dass seine Gattin eingeschlummert war.

Da klingelte er mit dem Messer gegen den metallenen Leuchter und sagte, als sich Gritli zusammenraffte, ernst und missfällig: „Das kann so nicht gehen, liebe Frau! Du siehst, wie ich mir alle Mühe gebe, dich zu mir heranzubilden, und du kommst mir dennoch nicht entgegen! Du weißt, dass ich die dornenvolle Laufbahn eines Dichters betreten habe, dass ich des Verständnisses, der begeisternden Anregung, des liebevollen Mitempfindens eines weiblichen Wesens, einer gleichgestimmten Gattin bedarf, und du lässest mich im Stich, du schläfst ein!"

„Ei, mein lieber Mann!", erwiderte Frau Gritli, indem sie über diese Reden errötete,

„mich dünkt, ein rechter Dichter soll seine Kunst verstehen ohne eine solche Einbläserin!"

„Gut!", rief Viggi, „verhöhne mich nur noch, statt mich zu erheben und aufzurichten! Gut! Ich werde in Gottes Namen meinen Weg allein wandeln!"

Und er legte sich kummervoll schmollend zu Bett, und sein Weib legte sich neben ihn in Sorgen, dass es um seinen Verstand übel stehen möchte. Er schmollte nun mehrere Tage und wandelte seinen Weg allein; doch hielt er das nicht aus, sondern beschloss, nunmehr mit männlicher Strenge seinen Willen durchzusetzen und die Gattin zu dem zu zwingen, wofür sie ihm einst danken würde.

Anfänglich war er nicht übel zufrieden mit ihrer Fügsamkeit; als er aber nach einigen Wochen bemerkte, dass sie immer

noch keine begeisternde Anregung von sich ausgehen ließ, sagte er eines Morgens: „Das führt uns vorderhand nicht weiter! Darum frisch nun das Leben selbst, die schöne Leidenschaft zu Hilfe gerufen! Eine längere Reise werde ich heute antreten, da ich das Herbstgeschäft einleiten muss. Wohlan, wir werden einen Briefwechsel führen, der sich einst darf sehen lassen! Nun gilt es, mein liebes Weibchen, deine Empfindungen und Gedanken in Fluss zu bringen! Ich werde dir gleich von der nächsten Stadt aus den ersten Brief schreiben; diesen beantwortest du im gleichen Sinne. Dass du mir ja nicht schreibst, das Sauerkraut sei bereits geschnitten und du habest mir neue Nachthemden bestellt und was dergleichen Trivialitäten mehr sind, die du sonst zu schreiben pflegst! Nein doch! Ermanne dich oder vielmehr erweibe dich einmal! möchte ich beinahe sagen, das heißt, kehre deine höhere Weiblichkeit hervor, lasse voll und rein die Harmonien ertönen, die in dir schlafen müssen, so gewiss als in einem schönen Leibe eine schöne Seele wohnt! Kurz, merke auf den Ton und Hauch in meinen Briefen und richte dich danach!"

Als er wirklich reisefertig in der Stube stand, überraschte ihn Gritli mit einem allerliebsten Handköfferchen aus buntem Korbgeflecht, in welchem ein gebratenes Huhn, einige Brötchen, zwei Kristallfläschchen mit altem Wein und Likör, ein silbernes Becherchen, ein Besteck und zwei kleine Servietten auf das Bequemste und Appetitlichste zusammengepackt waren. Er nahm es, von seinen Ideen eingenommen, zerstreut entgegen, sagte aber beim Abschiede noch kalt und streng: „Wende deine Gedanken nun von dergleichen materiellen Dingen ab und sinne an das, was ich dir gesagt! Bedenke, dass von dieser letzten Probe der Frieden und das Glück unserer Zukunft abhängen!"

Hiermit entfernte er sich und öffnete, eh noch zwei Stunden vergangen waren, das Körbchen, eine leckere Mahlzeit zu halten und die Reisegefährten zu reizen. Das Huhn war vortrefflich zerschnitten

und kunstreich wieder zusammengefügt, die Brötchen besonders wohlgebacken; nur war er unschlüssig, ob er von dem alten Sherry oder von dem feinen Kirschbranntwein trinken solle; nahm aber zuletzt von beidem. So lebte er lecker und fröhlich und zündete sich dann eine Zigarre an aus dem reichen Täschchen, das ihm seine Frau gestickt.

Diese saß indessen nicht in der besten Gemütsverfassung zu Hause; das Herz war ihr recht schwer; denn als ein sehr eingefleischter Narr hatte Herr Viggi Störteler einen herrlichen Ausweg gefunden, sie auch aus der Ferne zu quälen, und anstatt dass durch seine Abreise ein Alp von ihr genommen wurde, welcher Gedanke ihr auch neu und verwirrend war, hatte sie nun in dem Postboten ein neues Schreckgespenst zu erwarten. So harrte sie denn voll Bangigkeit der Dinge, die da kommen sollten, und nahm sich vor, wenn immer möglich, die Briefe ihres Mannes zu beantworten nach ihren besten Kräften. Richtig erschien noch vor Ablauf von sechzig Stunden folgender Brief:

„Teuerste Freundin meiner Seele!

Wenn sich zwei Sterne küssen, so gehen zwei Welten unter! Vier rosige Lippen erstarren, zwischen deren Kuss ein Gifttropfen fällt! Aber dieses Erstarren und jener Untergang sind Seligkeit, und ihr Augenblick wiegt Ewigkeiten auf. Wohl hab ich's bedacht und hab es bedacht und finde meines Denkens kein Ende: – Warum ist Trennung? – ? – Nur eines weiß ich dieser furchtbaren Frage entgegenzusetzen und schleudere das Wort in die Waagschale: Die Glut meines Liebeswillens ist stärker als Trennung, und wäre diese die Urverneinung selbst – solange dies Herz schlägt, ist das Universum noch nicht um die Urbejahung gekommen!! Geliebte! fern von Dir umfängt mich Dunkelheit – ich bin herzlich müde! Einsam such ich mein Lager – schlaf wohl!"

Bei diesem Briefe lag noch ein Zettel des Inhalts:

„P. S. Ich habe absichtlich, liebe Frau, diesen ersten Brief kurz gehalten, dass der Anfang Dir nicht zu schwierig erscheinen möge! Du siehst, dass es sich in diesen Zeilen nur um ein einziges Motiv handelt, um den Begriff der Trennung. Äußere nun hierüber Deine Gefühle und füge eine neue Anregung hinzu, welche zu finden nun eben die Sache Deines Herzens und Deines guten Willens sein wird. Heute schlaf ich zum ersten Mal in einem Bette seit meiner Abreise; wenn's nur keine Wanzen hat! Der junge Müller an der Burggasse, welchen ich angetroffen, hat mich um 40 Francs angepumpt in Gegenwart von andern Reisenden und ganz en passant, sodass ich es in der Eile nicht abschlagen konnte. Da ich weiß, dass seine Eltern noch eine Partie Ölsamen haben, so soll unser Kommis gleich hingehen und den Ölsamen kaufen und auf Rechnung setzen. Es muß aber gleich geschehen, ehe sie wissen, dass der Junge mir Geld schuldig ist, sonst bekommen wir weder Ölsamen noch Geld.

NB. Wir wollen die geschäftlichen und häuslichen Angelegenheiten auf solche Extrazettel setzen, damit man sie nachher absondern kann. In Erwartung Deiner baldigen Antwort, Dein Gatte und Freund Viktor."

Mit diesem Briefe in der Hand saß sie nun da und las und wusste nichts darauf zu antworten. Wenn sie sich auch über die Grausamkeit oder Nützlichkeit der Trennung einige hausbackene Gedanken zurecht gezimmert, so fehlte ihr für die neue Anregung, die sie hinzufügen sollte, jeder Einfall, oder wenn sich einer einstellen wollte, so blieb er weit hinter den küssenden Sternen und hinter der Urbejahung zurück, und darüber verbleichten auch wieder ihre Trennungsbetrachtungen, welche sich doch nur um die Notwendigkeit und Einträglichkeit einer Geschäftsreise drehten, da ihr sonst kein anderer Grund bekannt war.

Sie ging mit dem Briefe auch in den Garten und ging auf und nieder, in immer größerer Angst befangen. Da fiel ihr Blick auf das Gärtchen eines Nachbarhauses, und plötzlich verfiel ihre Frauenlist auf den wunderlichsten Ausweg.

In dem Nachbarhäuschen wohnte ein armer Unterlehrer der Stadt namens Wilhelm, ein junger, für unklug oder beschränkt geltender Mensch, mit etwas schwärmerischen und dunklen Augen.

Diesen jungen Schulmeister wählte sich die schöne Frau zu ihrem Retter, sobald er ihr in den Sinn kam. Dass er sie gern sah, wusste sie seit einiger Zeit, und dass er ein ganz stiller und schüchterner Mensch war, ebenso, weil er errötete und die Augen niederschlug, wenn er ihr begegnete, und er schien ihr gerade von der rechten Art zu sein, um ein Geheimnis zu verschweigen. Sie ging also hin und schrieb den Brief ihres Mannes ab und zwar dergestalt, dass sie einige Worte veränderte oder hinzusetzte, als ob eine Frau an einen Mann schreiben würde. Dann faltete sie das Papier zierlich zusammen und versiegelte es, ohne aber eine Adresse darauf zu setzen.

Dann ging sie zur Abendzeit wieder in den Garten, als Wilhelm eben seine paar Blümchen begoss, nahe der Hecke. Sie trat so dicht davor als sie konnte, und rief ihn leise beim Namen. Zitternd und verstohlen zeigte sie ihm das Briefchen, als er aufblickte, und fragte, indem sie einen ganz seltsam sonnigen Blick hinüberschoss: Ob er schweigsam sein könne? Diesmal vergaß er die Augen niederzuschlagen, lachte sie unbewusst vielmehr an, wie ein halbjähriges Kind, welchem man ein glänzendes Ding zeigt, und war im Begriff, indem er die Gießkanne fallen ließ, mit den Händen nach ihrem Kopfe zu fahren, um ihn auch nach dem Munde zu führen, wie es die Kinder machen, die den Raum noch nicht zu beurteilen wissen. Doch antwortete er nicht, bis sie ihn nochmals gefragt hatte, worauf er ernsthaft nickte. „So nehmt das Briefchen hier, wenn es niemand sieht, und legt mir eine hübsche passende Antwort dafür hin! Es handelt sich um einen Scherz, und Ihr sollt nicht am Schaden bleiben!", sagte sie, steckte die Epistel durch das Laub

Gottfried Keller war ein bedeutender Schweizer Schriftsteller, dessen Werke sich dem Realismus zuordnen lassen. Sein Werk zeichnet sich durch feinsinnigen Humor und Gesellschaftskritik aus. Geboren wurde er am 19. Juli 1819 in Zürich. Er besuchte die Armenschule und wurde aufgrund eines Schülerstreichs von der höheren Bildung ausgeschlossen. Daraufhin machte er eine Ausbildung zum Landschaftsmaler in München. Er zweifelte jedoch an seinem Metier und widmete sich fortan dem Schreiben.

Ein Reisestipendium ermöglichte ihm 1848 ein Studium der Literaturgeschichte in Heidelberg, später studierte er Theaterwissenschaften in Berlin. Hier schrieb er einige seiner berühmten Novellen und Romane, wie „Der grüne Heinrich" und „Die Leute von Seldwyla". Nach sieben Jahren kehrte er, obwohl als Autor erfolgreich, mittellos nach Zürich zurück. 1861 wurde er dort zum Staatsschreiber ernannt und war in diesem Amt auch politisch tätig. In der Liebe blieb Keller glücklos. Seine Verlobte Luise Scheidegger nahm sich kurz nach der Verlobung das Leben, andere Heiratspläne scheiterten - sodass Keller, der viele schöne Liebesgedichte schrieb, Junggeselle blieb. Keller starb, hochangesehen, am 15. Juli 1888 in Zürich.

Der hier abgedruckte Auszug entstammt dem zweiten Teil des berühmten Novellenzyklus „Die Leute von Seldwyla". Und - so viel sei verraten - die Geschichte geht, zumindest für Gritli und den Schulmeister, gut aus.

des Hages und eilte davon, wie von einer Schlange gebissen, sich auf ihrem Stübchen verbergend.

Wilhelm schaute ihr nach, wie einer, der eine Erscheinung sah; dann nahm er den Brief sachte aus dem Weißdorn, machte einen Umweg, so groß ihn das kleine Grüngärtchen erlaubte, und schlüpfte dann in sein kleines Gemach. Dort las er hastig den Brief, einmal, zweimal, und rief, indem ihm das Herz übermächtig zu schlagen anfing:

„O Herr Jesus! Das ist wahrhaftig ein Liebesbrief!" Sogleich zerküsste er das Papier, dann stutzte er wieder, erinnerte sich jedoch des Blickes, welchen sie ihm zugeworfen, und hielt sich für geliebt. Er sah sich um in seinem Stübchen. „Versteht sich!", rief er, auf und nieder gehend, den Brief in der Hand, wie eine Depesche, „versteht sich, gibt es einen Gott! Versteht sich, natürlich!" Und er fühlte sich ganz glückseliglich, dass er auf so angenehme Weise seinen Frieden mit dem Schöpfer schließen konnte, der die schönen Frauen geschaffen. Aber aufs Neue stutzte er. „Was Teufel tue ich mit ihr? Sie hat ja einen Mann! – Aber halt! das ist ihre Sache! Was sie befiehlt, das tu ich! Will sie's, so sprech ich nie ein Wort zu ihr!" Endlich überlas er in der späten Dämmerung nochmals das Briefchen; es schien ihm doch etwas kurios und töricht geschrieben zu sein. „Ach!", sagte er lächelnd vor sich hin, „auch bei einem geschenkten Herzen heißt es: Dem geschenkten Gaul sieh nicht ins Maul! Ich will die Antwort in ihrer Weise schreiben, da sie es so liebt und versteht!"

Also zündete er ein Lichtstümpfchen an, suchte ein Blatt Papier hervor und schrieb darauf eine Antwort auf Viggis Brief, wie sie dieser nur wünschen konnte, nicht ohne Geist, aber dazu noch mit aller herzlichen Glut durchwärmt, welche er in diesem Augenblicke empfand. Er faltete das Blatt zusammen und trug es hinaus in die Hecke. Sodann ging er zurück und zu seiner Wirtin, um seine Abendsuppe zu essen; aber siehe da! Er war ganz erstaunt, dass er nur wenige Löffel hinunterbrachte, so gesättigt fühlte er sich von allen guten Dingen, während er sonst bei seinen geträumten Liebesverhältnissen allzeit die größte Esslust empfunden hatte. Darum legte er sich ungesäumt zu Bett, und so dachte er denn auch, gewissermaßen hinterrücks, an die schöne Frau, bis der Morgen anbrach und er fest einschlief.

Diese hatte inzwischen seinen Brief richtig gesucht und gefunden und noch während der Nacht abgeschrieben mit den nötigen Veränderungen. Hierbei begegneten ihr zwei Dinge: Erstens klopfte ihr das Herz ziemlich bang und ungestüm, als sie gar wohl die Wärme fühlte, welche in Wilhelms Worten glühte, und sie dieselben so bedächtig abschrieb; zweitens aber fiel es ihr diesmal im Traume nicht ein, in der befohlenen geschäftlichen Nachschrift oder auch im Briefe selbst eine jener munteren Redensarten einfließen zu lassen, und das Verbot ihres Mannes erwies sich als ganz überflüssig. Aber auf beide Dinge gab sie nicht weiter acht, da die Sorge, ihren Mann zufriedenzustellen, sie zu sehr beschäftigte. Ihre Nachschrift aber lautete: „Unser Schreiber ist heute gleich zu Müllers an der Burggasse gegangen und hat den Ölsamen gekauft; aber kaum zwei Minuten nachher, noch ehe wir ihn herbringen konnten, ließen sie für den Betrag 100 blaue Wetzsteine holen. Derweil müssen sie die Nachricht von ihrem Sohne bekommen haben, dass er von Dir 40 Franken entlehnt; denn als man hierauf den Ölsamen holen wollte, ließen sie sich entschuldigen, die Frau habe ohne Wissen des Mannes denselben schon vor zwei Tagen an einen Bauer verhandelt. So haben sie nun die 40 Franken und die Wetzsteine dazu. Gebe Gott, dass Dir mein Brief nicht gänzlich missfallen möge; er hat mich ziemliche Anstrengung gekostet, jedoch nicht allzu große, und ich merke, dass das Ding schon gehen kann."

Mit der ersten Post versandte sie den Brief und erhielt schon nach zwei Tagen eine Antwort von vier Seiten mit folgendem Beizettel: „Hier wäre der zweite Brief von mir, liebe Frau! Ich bin ordentlich stolz darauf, dass ich nun endlich das richtige Verfahren eingeschlagen; denn, ohne Schmeichelei, Du hast Dich vortrefflich gehalten! Aber nun nicht locker gelassen! Du siehst, dass ich schon tüchtig ins Zeug mit Dir gehe und vier Seiten mit lauter energischen Gedanken und Bildern angefüllt habe. Ich sage abermals nichts weiter als: mach Dich dahinter! Die Müllers soll der Teufel holen, wenn ich nach Hause komme! Es hat mich gekränkt, was sie taten, und mir einen schönen Tag verbittert, wo ich die interessantesten Bekanntschaften gemacht!

Ich habe vergessen, den ersten Brief zu unterzeichnen, schreibe doch darunter, aber genau: Kurt v. W. Oder lass es lieber bleiben, ich werde doch die ganze Sammlung nachher durchgehen."

Während der letzten zwei Tage hatte Gritli sich die Sache ernstlicher überlegt und beschlossen, mit Wilhelm abzubrechen. Sie wollte ihm noch zu rechter Zeit sagen, dass es sich um einen Scherz gehandelt habe, den sie ihm auf irgendeine Weise schon noch zu erklären gedenke; auch hatte sie durch das Abschreiben der beiden Briefe etwas Mut geschöpft und hoffte, am Ende allein zurechtzukommen. Als sie aber das neue Geschreibsel in Händen hielt, ward es ihr rot und blau vor den Augen, und wenn sie bedachte, dass das nun fortschreitend immer toller werde, so gab sie jede Hoffnung auf und beeilte sich in ihrer erneuten Angst, die vier Seiten nur wieder abzuschreiben und an den bewussten Ort zu tun.

Wilhelm, welcher zwei schlimme Tage zugebracht hatte, weil er von seiner Dame nichts hörte oder sah, stürzte sich wie ein Habicht auf die Beute und stellte in weniger als einer Stunde eine Antwort her, welche an Schwung und Zärtlichkeit Viggis Kunstwerk weit hinter sich ließ. Als Gritli dies abschrieb, fühlte sie sich tief bewegt und es fielen ihr sogar einige Tränen auf das Papier, denn dergleichen hatte ihr noch niemand gesagt.

Auf diesen Brief erfolgte von Viggis Seiten ein noch größerer mit folgender Beilage: „Die Sache geht gut, liebes Gritli! Wir können nun keck ausschreiten und wollen uns täglich schreiben, hörst Du, täglich! Vielleicht in einiger Zeit zweimal des Tages, um die Dauer meiner Abwesenheit gut zu benutzen und eine ansehnliche Sammlung zustande zu bringen. Ich denke auch schon auf einen idealen Namen für Dich; denn Deinen prosaischen Hausnamen können wir hier nicht brauchen. Wie gefällt Dir Isidora oder Alwine? Ich wünschte, dass Du Dich für den Namen Alwine entscheidest."

Nun ging also die seltsame Briefpost tagtäglich und nach einiger Zeit in der Tat zweimal des Tages. Gritli hatte nun alle Tage vier lange Briefe abzuschreiben, weshalb ihre feinen rosigen Finger fast immer mit Tinte befleckt waren. Sie seufzte reichlich bei diesem ungewohnten Tun, und sie unterschrieb die Briefe an Viggi mit Alwine, diejenigen an Wilhelm mit Gritli, wobei sie dachte: Der ist wenigstens zufrieden mit meinem armen Namen!

In einer Nachschrift bemerkte Viggi: „Ich habe mit Vergnügen gesehen, dass Spuren von vergessenen Tränen zwischen Deinen Zeilen zu sehen sind (wenn Du nicht etwa den Schnupfen hattest!). Aber gleichviel, ich trage mich jetzt mit dem Gedanken, ob solche Tränen zwischen den Zeilen bei einer allfälligen Herausgabe im Druck nicht durch einen zarten Tondruck könnten angedeutet werden? Freilich, fällt mir ein, müsste dann wohl die ganze Sammlung faksimiliert werden, was sich indessen überlegen lässt."

Wilhelm schrieb dagegen in einem Briefe: „O liebes Herz, es ist doch traurig, so unerbittlich getrennt zu sein und immer mit der schwarzen Tinte zu sprechen, wo man das rote Blut möchte reden lassen! Ich habe heute schon zweimal einen frischen Bogen nehmen müssen, weil mir Tränen darauf gefallen sind, und soeben konnte ich einen dritten nur dadurch retten, dass ich schnell die Hand darauf legte. Wenn Du mich nur ein wenig liebst, so verachtest Du mich nicht wegen dieser Schwachheit!"

Solche Stellen, welche sie nach ihrer Meinung besonders angingen, merzte sie sorgfältig aus der Abschrift; dafür verwechselte sie manchmal die hochtrabenden Anreden: „Teurer Freund meiner Seele!" und dergleichen in den Sendungen an Wilhelm mit vertraulichen Benennungen, wie „mein liebes Männchen" oder „mein gutes Kind", was sie dann wieder in Reu und Sorgen setzte, während sie die großen, hohlen Worte in den Briefen an den Mann großartig stehen ließ. Kurz, sie wünschte endlich sehnlich die Heimkehr ihres Eheherrn, damit alle Gefährde ein Ende nehmen und zum Schluss gebracht werden möchte. Da schrieb er un-

versehens, seine Geschäfte jeder Art seien nun zu Ende. Allein der Briefwechsel sei nun in einen so glücklichen Zug geraten, dass er noch vierzehn Tage fortbleiben wolle, damit diese Angelegenheit, an welcher ihm sehr viel liege, recht ausgebildet und zur glücklichen Vollendung geführt werden könne. Er werde sich diese zwei Wochen noch ausschließlich damit beschäftigen und ermahne auch sie, getreulich auszuhalten und das Ziel, welches ihr auf immer eine Stelle in den Reihen ausgezeichneter Frauen sichere, bis ans Ende zu verfolgen.

Daher wurde aufs neue geschrieben und geschrieben, dass die Federn flogen. Gritli wurde bleich und angegriffen, denn sie musste schreiben wie ein Kanzlist; und der Schulmeister magerte ganz ab und wusste nicht mehr, wo ihm der Kopf stand, da er dazu noch in voller Leidenschaftlichkeit schrieb und nicht mehr aus alledem klug wurde. Gritli wagte nicht mehr sich im Garten aufzuhalten, um ihn nicht zu sehen, und wenn sie ihn auf der Straße etwa traf, wagte er seinerseits nicht, sie anzusehen, wie wenn er der Übeltäter wäre.

Viggi indessen, soviel er auch schrieb, ließ sich wohl sein und lebte in allen Stücken wie ein echter Weltfahrer, da er überhaupt gewohnt war, nach der Art mancher Leute, seine Geschäftsreisen als Ausnahmezustand zu betrachten und sich von aller häuslichen Ordnung zu erholen. Zuletzt jedoch begab er sich auf den Heimweg, nachdem er noch Gelegenheit gefunden, einen guten Handel in Strohwaren abzuschließen.

Auf der letzten Station stieg er aus; da es ein schöner Herbsttag war, wollte er zu Fuß Seldwyla erreichen, das Notizbüchlein in der Hand, um in der goldenen Abendluft einen recht famosen Titel für den Briefwechsel auszudenken. „Im Grunde", sagte er, „braucht es da keinen besonders künstlichen Titel! Das Einfachste wird das Beste sein, etwa, die beiden Namen zusammengezogen, gibt ein famos klingendes Wort: Kurtalwino, Briefe zweier Zeitgenossen! Das ist gut, ganz gut!" […]

Theodor Fontane

1819–1898

Du wirst es nie zu Tücht'gem bringen

Du wirst es nie zu Tücht'gem bringen
Bei deines Grames Träumerein,
Die Tränen lassen nichts gelingen,
Wer schaffen will, muss fröhlich sein.

Wohl Keime wecken mag der Regen,
Der in die Scholle niederbricht,
Doch golden Korn und Erntesegen
Reift nur heran bei Sonnenlicht.

Erfolganbeter

Nie hab' ich ein dummeres Stück gelesen.
„Das Haus ist ausverkauft gewesen."

Farbe, Linien, alles verschwommen.
„Die Jury hat es angenommen."

Ein Skandal ist seine Art zu leben.
„Der Botschafter hat ihm ein Fest gegeben."

Glauben Sie mir: Er ist ein Kujon.
„Hat aber eine Taler-Million."

Aber es bleibt auf dem alten Fleck

„Wie konnt' ich das tun, wie konnt' ich das sagen" –
So hört man nicht auf, sich anzuklagen,
Bei jeder Dummheit, bei jedem Verlieren
Heißt es: „Das soll dir nicht wieder passieren."
Irrtum! Heut traf es bloß Kunzen und Hinzen,
Morgen trifft es schon ganze Provinzen,
Am dritten Tag ganze Konfessionen,
Oder die „Rassen, die zwischen uns wohnen",
Immer kriegt man einen Schreck,
Aber es bleibt auf dem alten Fleck.

Theodor Fontane, am 30. Dezember 1819 in Neuruppin geboren, war als Schriftsteller erst sehr spät erfolgreich. Er sollte die literarische Epoche des poetischen Realismus entscheidend prägen. Doch lange traute er sich nicht, seiner Berufung zu folgen. Zunächst trat er beruflich in die Fußstapfen seines Vaters, der eine Apotheke besaß, und ließ sich in Berlin zum Apothekergehilfen ausbilden. 1847 erhielt er die Approbation als „Apotheker erster Klasse", doch beschloss er nur zwei Jahre später, den Apothekerberuf an den Nagel zu hängen und nur vom Schreiben zu leben. Ein Jahr später heiratete er seine Jugendfreundin Emilie Rouanet-Kummer, und bald musste er eine größere Familie ernähren – von insgesamt sieben Kindern, die zwischen 1851 und 1864 zur Welt kamen, überlebten vier. Die Lage blieb die meiste Zeit seines Lebens finanziell angespannt.

Ein Jahr nach der Hochzeit ging Fontane nach Großbritannien als Auslandskorrespondent, später widmete er sich dem Schreiben von Reiseberichten. 1861 entstand der stimmungsvolle Band „Wanderungen durch die Mark Brandenburg". Ab 1870 schrieb er Theaterkritiken, ein Jahr darauf berichtete er als Kriegsjournalist aus dem Deutsch-Französischen Krieg. Er geriet – fälschlicherweise als Spion verdächtigt – in Kriegsgefangenschaft. Kein Geringerer als Bismarck veranlasste seine Freilassung. 1876 entschloss sich Fontane, ganz als Schriftsteller zu leben – sehr zum Kummer seiner Frau, die sich finanzielle Sicherheit wünschte. Doch davon konnte erst einmal keine Rede sein. Es entstanden etliche bedeutende Romane, wie „Irrungen, Wirrungen" und „Frau Jenny Treibel", außerdem Gedichte, die immer noch Klassiker sind, etwa die berühmten Balladen „John Maynard" und „Herr von Ribbeck auf Ribbeck im Havelland".

Im Jahr 1891 erkrankte er, wohl infolge einer Überdosierung von Morphium, an einer Gehirnischämie, einer Minderdurchblutung des Gehirns. Monatelang litt er an schlimmen Depressionen. Auf Anraten seines Arztes hin schrieb er seine Kindheitserinnerungen nieder, erholte sich, und es folgte sein berühmtes Alterswerk, die „Effi Briest", immer noch eine beliebte Schullektüre, und der altersweise Roman „Der Stechlin". Fontane starb am 20. September 1898 in Berlin.

Wurzels
(Berliner Ehedialoge)

„Wurzel, wir wollen nun an die See,
Heute (als letztes noch) koch' ich Gelee,
Friederike bleibt und sorgt für Torf –
Ich denke: wir gehen nach Heringsdorf."

Ahlbeck.

„Wurzel, mit Hermann wird es nun Zeit,
Alles hier draußen ist freilich so weit,
'S Gymnasium auch (und täglich zweimal),
Aber mit Pferdebahn ist es egal,
Ich denke mir also: Joachimstal."

Steglitz.

„Wurzel, der Winter ist nun bald da,
Mir graut schon vor dem Gesellschaftstrara,
Aber was hilft es (sie reden schon),
Also Scherzers, Kopisch, Liliencron
Und vielleicht die Familie Levysohn …"

Meyers.

„Wurzel, du bleibst doch wie du bist,
Ein Igel an dir verloren ist,
In der Tanzstund', als Bräutigam und nun
   ehlich
Immer gleich aufbäumsch und unausstehlich;
Mag man sich noch so den Kopf zerbrechen,
Du widersprichst, um zu widersprechen,
'Ne Scheidung gibt es schließlich doch!"

„Ich denke mir, du besinnst dich noch."

Wenn man älter wird, so lernt man eben einsehen, dass man von einem Menschen nicht alles verlangen kann und dass man zufrieden sein muss, wenn ein Weinstock Trauben trägt. In jüngeren Jahren verlangt man auch noch Erd- und Himbeeren dazu, womöglich gleich mit Schlagsahne.

Shakespeares Strumpf

*(Bei Gelegenheit eines Leipziger Festes, wo man
mit einer Schillerschen Weste Götzendienst
trieb.)*

Hochgesprungen, lautgesungen!
Wenn verschimmelt auch und dumpf,
Sei's! wir haben ihn errungen,
William Shakespeares wollnen Strumpf.

Sieg! wir haben jetzt die Strümpfe,
Haben jetzt das heil'ge Paar,
Drinnen er trotz Moor und Sümpfe
Sicher vor Erkältung war.

Sieg! wir huld'gen jetzt dem Strumpfe,
Der der Strümpfe Shakespear' ist,
Denn er reicht uns bis zum Rumpfe,
Weil er fast zwei Ellen misst.

Sieg! wir haben jetzt die Strümpfe,
Dran er putzte, wischte, rieb
Manchesmal die Federstümpfe,
Als er seinen Hamlet schrieb.

Drum wer je ein Lied geleiert,
Wenn er sich nicht lumpen lässt,
Singt Oktaven er, und feiert
Unser nächstes Shakespearefest.

Unsren Enkeln wird man melden:
„Euer Ahn, dass ihr es wisst,
War auch einer von den Helden,
Die den Shakespeare-Strumpf geküsst."

Drum herbei was Arm' und Beine,
Unsrer harret schon Triumph,
Und dem Shakespeare-Strumpf-Vereine
Helfen so wir auf den Strumpf.

Bolle reiste jüngst zu Pfingsten

Das Berliner Volkslied „Bolle reiste jüngst zu Pfingsten" entstand um 1900 und wurde das erste Mal 1930 niedergeschrieben. Bis heute ist dieser Gassenhauer beliebt und wurde häufig parodiert und umgedichtet.

Bolle reiste jüngst zu Pfingsten,
Nach Pankow war sein Ziel;
Da verlor er seinen Jüngsten
Janz plötzlich im Jewühl;
Ne volle halbe Stunde
Hat er nach ihm jespürt.
Aber dennoch hat sich Bolle
Janz köstlich amüsiert.

In Pankow jabs kein Essen,
In Pankow jabs kein Bier,
War alles uffjefressen
Von fremden Leuten hier.
Nich mal ne Butterstulle
Hat man ihm reserviert!
Aber dennoch hat sich Bolle
Janz köstlich amüsiert.

Auf der Schönholzer Heide,
Da jabs ne Keilerei,
Und Bolle, jar nicht feige,
War mittenmang dabei,
Hat's Messer rausgezogen
Und fünfe massakriert.
Aber dennoch hat sich Bolle
Janz köstlich amüsiert.

Es fing schon an zu tagen,
Als er sein Heim erblickt.
Das Hemd war ohne Kragen,
Das Nasenbein zerknickt,
Das linke Auge fehlte,
Das rechte marmoriert.
Aber dennoch hat sich Bolle
Janz köstlich amüsiert.

Als er nach Haus jekommen,
Da gings ihm aber schlecht,
Da hat ihn seine Olle
Janz mörderisch verdrescht!
Ne volle halbe Stunde
Hat sie auf ihm poliert.
Aber dennoch hat sich Bolle
Janz köstlich amüsiert.

Und Bolle wollte sterben,
Er hat sich's überlegt:
Er hat sich uff die Schienen
Der Kleinbahn druffjelegt;
Die Kleinbahn hat Verspätung,
Und vierzehn Tage druff,
Da fand man unsern Bolle
Als Dörrjemüse uff.

Und Bolle wurd' begraben,
In einer alten Kist'.
Der Pfarrer sagte „Amen"
Und warf ihn auf den Mist.
Die Leute klatschten Beifall,
Und gingen dann nach Haus.
Und nun ist die Geschichte
Von uns'rem Bolle aus!

Dunkel war's, der Mond schien helle

Der Autor des beliebten Scherzgedichts „Dunkel war's, der Mond schien helle" ist bis heute unbekannt. Sicher ist nur, dass das Gedicht recht alt ist, die erste schriftliche Aufzeichnung stammt aus dem Jahr 1898. Im Laufe der Jahre kamen immer neue Strophen dazu. Die Verse zeichnen sich aus durch ihre widersprüchlichen, irrealen Aussagen. In letzter Zeit wurde das Gedicht auch von Rap-Musikern und anderen modernen Bands vertont.

Dunkel war's, der Mond schien helle,
Schnee lag auf der grünen Flur.

Als ein Wagen blitzeschnelle
Langsam um die Ecke fuhr.

Drinnen saßen stehend Leute,
Schweigend ins Gespräch vertieft,

Als ein totgeschoss'ner Hase
Auf der Sandbank Schlittschuh lief.

Drinnen saß ein holder Jüngling,
Schwarzgelockt mit blondem Haar,

Neben ihm 'ne alte Schachtel,
Zählte kaum ein halbes Jahr,

In der Hand 'ne Butterwecke,
Die mit Schmalz bestrichen war.

Friederike Kempner

1828–1904

Das Vöglein

Vöglein, Vöglein mit den Schwingen,
Mit den Äuglein schwarz und klein,
Lass uns miteinander singen,
Lass uns liebe Freunde sein!

Vöglein hüpfte auf den Bäumen,
Endlich es mit Sang begann:
Du kannst nur von Freiheit träumen,
Dich seh ich als Fremdling an!

Mensch, auch Du hast Deine Schwingen,
Äuglein klar und hell und rein,
Könntest Freiheit Dir erringen,
Dann erst lass uns Freunde sein!

Mein Röselein

Grüß Dich Gott, mein Röselein,
Schön und klein und sanft Du bist:
Wie sie so anmutig ist!

Röselein, gern seh ich Dich!
Bleib so still und lieb und rein:
Bleib so ewig jung und mein!

Röslein mein, o denk an mich!
Purpurrot und grün Dein Stiel:
Geist und Anmut hat sie viel!

Röslein, Dich, Dich liebe ich!
Zart drück' ich Dich an den Mund:
Nehme Abschied, bleib' gesund!

Blättlein klein, o bleibet frisch,
Ihres Zweiges dunkelgrün:
Ach, ich muss von dannen ziehn!

Röslein, nein, es war nur Scherz:
Ewig, ewig bleib ich Dein!
Ewig bleibst Du lieb und fein!

Röselein, o grüß Dich Gott,
Schön und frisch und mein Du bist:
Voll mein Herz vor Freuden ist!

Das rote Blümlein

Ein rotes Blümlein auf grüner Au,
Ein kleines Wölkchen an Himmels Blau,
Ein feines Mägdlein im leichten Kahn,
Es eilet, es eilet die Flut hinan.

Das Blümlein zittert auf grüner Au,
Das Wölkchen am Himmel wird schwarz und grau,
Das Mägdlein bebet im leichten Kahn,
Und mächtiger eilet die Flut hinan.

Das Blümlein zerstoben auf grüner Au,
Das Wölkchen verschwunden am himmlischen Blau,
Das Mägdlein versunken im leichten Kahn,
Es steiget die Flut die Höhen hinan.

Was stürmst Du, Flut, den Himmel hinan,
Was willst Du, gräulicher Wassermann?
O stolzer Knabe, sei ruhig, sei still,
Dein Spiel und Dein Traum und Dein Lieb ich will! –

Mein Spiel ist hin, und mein Traum ist hin,
Was kömmt Dir, Du törichter Mann, in den Sinn?
Mein Lieb lebt unter der brausenden Flut,
Und nimmer verlischt uns're Liebesglut.

Das rote Blümlein, das war mein Spiel,
Dem Wölkchen am Himmel traut' ich so viel,
Dem Mägdlein folgte mein ganzes Herz,
Durch Hütte und Kerker und Not allerwärts.

Und schlägt die Woge auch über ihm her,
Das Mägdlein erstehet aus Nacht und Meer,
Ich seh es behalten so wohl auf dem Grund
Als wie es mir nah vor den Augen stund.

Friederike Kempner war zu Lebzeiten eine Berühmtheit. Wahlweise wurde sie mit „schlesische Nachtigall" oder „schlesischer Schwan" betitelt – eine zweifelhafte Ehrung, denn die Autorin wurde vor allem wegen der unfreiwilligen Komik ihrer Dichtkunst geschätzt.

Kempner kam am 25. Juni 1828 in der preußischen Provinz Posen zur Welt, ihre Eltern waren jüdische Verwalter eines Gutshofes und so gut situiert, dass der Vater in Schlesien ein Rittergut erwerben konnte, wohin die Familie 1844 zog. Das Mädchen wurde von der Mutter, die sich für Toleranz und die Gleichberechtigung von Juden stark machte, auch in jüdischer Aufklärung unterrichtet. Die Autorin blieb unverheiratet, bezog 1864 ihr eigenes Rittergut und widmete sich, zum Kummer der Familie, weiterhin der Dichtkunst.

Denn Kempner schrieb seit 1850 und setzte sich auch für humanistische Ziele ein. Sie veröffentlichte eine Streitschrift gegen die Einzelhaft und engagierte sich für die Einrichtung von Leichenhallen – eine sehr vernünftige Forderung in einer Zeit, in der es gar nicht so selten vorkam, dass Menschen lebendig begraben wurden. Sie schrieb etliche Dramen und Novellen, die sich an historischen Stoffen orientierten. Schlagartig bekannt wurde die Autorin durch ihre Lyrik. 1873 erschien eine erste Zusammenstellung ihrer Gedichte im Selbstverlag, die in immer neuen Auflagen erschien. Das Gerücht, ihre Familie habe die Bände, um der Lächerlichkeit zu entgehen, immer kurz nach Erscheinen aufgekauft, ist wohl ins Reich der Legenden zu verweisen – die Dichterin hatte in Schlesien durchaus einen gewissen Bekanntheitsgrad. 1880 wurde der Schriftsteller Paul Lindau auf das Büchlein aufmerksam und stellte Kempners literarische Missgriffe in der Wochenschrift „Die Gegenwart" scharfzüngig einem breiten Publikum vor. Nun gingen nicht nur ihre Lyrikbände weg wie warme Semmeln, nein, es erschienen zudem etliche Bände mit Parodien auf ihre Gedichte.

Ihre plötzliche Popularität nutzte sie übrigens, um sich weiter für ihre Anliegen einzusetzen. Kaiser Wilhelm I. beugte sich ihrem Engagement und führte eine Wartefrist für Beerdigungen ein. Am 23. Februar 1904 starb die Autorin und hinterließ ein Werk, das bis heute seinen Lesern gute Laune schenkt.

Amerika

Amerika, das Land der Träume,
Du Wunderwelt so lang und breit,
Wie schön sind Deine Kokosbäume,
Und Deine rege Einsamkeit!

Mit Deinen blau und roten Vöglein,
Mit Deinem stolzen Blumenheer,
Mit Deinen tausend Schiff' und Segeln,
Von denen voll Dein weites Meer.

Mit Deinen smaragdgrünen Blättern,
Mit Deiner duftig kühlen Nacht,
Zu nah'n Dir auf des Schiffes Brettern,
Dran hab' als Kind ich schon gedacht!

Trotz Deiner prächtig bunten Schlangen,
Trotz Deiner heißen Sonnenglut,
Gilt Dir mein eifriges Verlangen,
Das mächtig nun und nimmer ruht! –

Das Wäldchen

Ein Wäldchen sich erhebt,
Sprosst fröhlich himmelan,
Ob unsereins noch lebt,
Wenn einst die Axt daran?

Man pflanzt den Berg mit Wein,
Der Muskateller bringt;
Ob wir noch lebend sein,
Wenn er im Becher blinkt?

Ein Rosenknöpfchen blüht,
Und morgen auf es bricht,
Ob es mein Aug' noch sieht,
Weiß Gott, ich weiß es nicht!

Natur und Mensch

Es blinken die Sterne hinab auf das Moos,
Es regt sich das Blättlein im Moose,
Im Schatten der Palme dort riesengroß,
Dort wächst eine purpurne Rose:
O Blättlein mein, so frisch und so klein,
O duftiges, purpurnes Röselein!

Es blinken die Sterne hinab auf das Moos,
Es hüpfet ein Vöglein im Moose,
Im Schatten der Palme dort riesengroß,
Erblühet die Wundermimose:
O Röslein mein, Mimöslein mein,
Und lustiges, hüpfendes Vögelein.

Es blinken die Sterne hinab auf das Moos,
Es birgt ein Gesicht sich im Moose,
Ein weinend Gesicht und riesengroß
Die Träne, allüberall große:
Und Träne und Blut bis zum Himmel reicht
Und alle die Schönheit verschwindet, erbleicht.

Sympathie und Antipathie

O, menschliche Wohlfahrt und menschliche Freiheit,
Euch beide die Seele mit Liebe umfasst,
O menschliches Elend und menschliche Bosheit,
Wie seid ihr mir beide so tief doch verhasst.

Und sollt' ich die Ersten auch niemals erblicken,
Und schlügen die Letzten mir stets ins Gesicht
Ich häng' an den Ersten mit ew'gem Entzücken,
Im Leben verlocken die Letzten mich nicht! –

Wilhelm Busch

1832–1908

Peinlich berührt

Im Dorfe wohnt ein Vetter,
Der gut versichert war
Vor Brand und Hagelwetter
Nun schon im zehnten Jahr.

Doch nie seit dazumalen
Ist ein Malheur passiert,
Und so für nichts zu zahlen,
Hat peinlich ihn berührt.

Jetzt, denkt er, überlasse
Dem Glück ich Feld und Haus.
Ich pfeife auf die Kasse.
Und schleunig trat er aus.

O weh, nach wenig Tagen
Da hieß es: „Zapperment!
Der Weizen ist zerschlagen
Und Haus und Scheune brennt."

Ein Narr hat Glück in Masse,
Wer klug, hat selten Schwein.
Und schleunigst in die Kasse
Trat er halt wieder ein.

Die Affen

Der Bauer sprach zu seinem Jungen:
Heut in der Stadt, da wirst du gaffen.
Wir fahren hin und seh'n die Affen.
Es ist gelungen
Und um sich schief zu lachen,
Was die für Streiche machen
Und für Gesichter
Wie rechte Bösewichter.
Sie krauen sich,
Sie zausen sich,
Sie hauen sich,
Sie lausen sich,
Beschnuppern dies, beknuppern das,
Und keiner gönnt dem andern was,
Und essen tun sie mit der Hand,
Und alles tun sie mit Verstand,
Und jeder stiehlt als wie ein Rabe.
Pass auf, das siehst du heute.
O Vater, rief der Knabe,
Sind Affen denn auch Leute?
Der Vater sprach: Nun ja,
Nicht ganz, doch so beinah.

90

Die Liebe war nicht geringe

Die Liebe war nicht geringe.
Sie wurden ordentlich blass;
Sie sagten sich tausend Dinge
Und wussten noch immer was.

Sie mussten sich lange quälen,
Doch schließlich kam's dazu,
Dass sie sich konnten vermählen.
Jetzt haben die Seelen Ruh.

Bei eines Strumpfes Bereitung
Sitzt sie im Morgenhabit;
Er liest in der Kölnischen Zeitung
Und teilt ihr das Nötige mit.

Der Knoten

Als ich in Jugendtagen
Noch ohne Grübelei,
Da meint ich mit Behagen,
Mein Denken wäre frei.

Seitdem hab ich die Stirne
Oft auf die Hand gestützt
Und fand, dass im Gehirne
Ein harter Knoten sitzt.

Mein Stolz, der wurde kleiner.
Ich merkte mit Verdruss:
Es kann doch unsereiner
Nur denken, wie er muss.

Wankelmut

Was bin ich alter Bösewicht
So wankelig von Sinne.
Ein leeres Glas gefällt mir nicht,
Ich will, dass was darinne.

Das ist mir so ein dürr Geklirr;
He, Kellnerin, erscheine!
Lass dieses öde Trinkgeschirr
Befeuchtet sein von Weine!

Nun will mir aber dieses auch
Nur kurze Zeit gefallen;
Hinunter muss es durch den Schlauch
Zur dunklen Tiefe wallen. –
So schwank' ich ohne Unterlass
Hinwieder zwischen beiden.
Ein volles Glas, ein leeres Glas
Mag ich nicht lange leiden.

Ich bin gerade so als wie
Der Erzbischof von Köllen,
Er leert sein Gläschen wuppheidi
Und lässt es wieder völlen.

Wanderlust

Die Zeit, sie orgelt emsig weiter,
Sein Liedchen singt dir jeder Tag,
Vermischt mit Tönen, die nicht heiter,
Wo keiner was von hören mag.

Sie klingen fort. Und mit den Jahren
Wird draus ein voller Singverein.
Es ist, um aus der Haut zu fahren.
Du möchtest gern woanders sein.

Nun gut. Du musst ja doch verreisen.
So fülle denn den Wanderschlauch.
Vielleicht vernimmst du neue Weisen,
Und Hühneraugen kriegst du auch.

Ich wusste, sie ist in der Küchen,
Ich bin ihr leise nachgeschlichen.
Ich wollt' ihr ew'ge Treue schwören
Und fragen: „Willst du mir gehören?"
Auf einmal aber stutzte ich.
Sie kramte zwischen dem Gewürze;
Dann schnäuzte sie und putzte sich
Die Nase mit der Schürze.

Wilhelm Busch

Der große Humorist Wilhelm Busch wurde am 14. April 1832 im niedersächsischen Dorf Wiedensahl geboren. Seine Mutter Henriette war bereits verwitwet und hatte in zweiter Ehe den unehelichen Bauernsohn Friedrich Wilhelm Busch geheiratet – zu einer Zeit, als eine uneheliche Herkunft noch einen echten Makel darstellte. Wilhelm Busch war das erste Kind von sieben, und er verbrachte in den ersten Jahren eine glückliche Kindheit, wuchs in einem Bauernhaus auf; seine Eltern führten ein kleines Geschäft und erwirtschafteten bescheidenen Wohlstand. Im Alter von neun Jahren zog Busch zum Onkel mütterlicherseits nach Ebergötzen, 165 km entfernt. Sein Elternhaus war für die große Familie zu klein geworden, außerdem sollte er auf eine weiterführende Schule gehen können. Sein Onkel gab ihm und Buschs besten Freund Erich Bachmann, dem Sohn eines Müllers, Privatunterricht – und die kleinen Abenteuer der beiden gingen später in die legendäre Bildergeschichte „Max und Moritz" ein.

Im September 1847 studierte Busch auf Wunsch des Vaters in Hannover Maschinenbau, wechselte aber kurz vor dem Abschluss auf die Kunstakademie nach Düsseldorf. Besonders bei der Mutter fand er dabei Unterstützung. In Antwerpen studierte er die alten Meister, und es gehört zu den Tragödien seines Lebens, dass er für seine lustigen Bildergeschichten berühmt wurde, sich als ernsthafter Maler aber selbst im Wege stand. Viele seiner Ölgemälde blieben unfertig oder wurden gar von ihm vernichtet, erst nach seinem Tod gab es einige Ausstellungen seines malerischen Werks.

1853 erkrankte er schwer an Typhus und kehrte mittellos in sein Elternhaus zurück. Hier verbrachte er die kommenden Monate mit dem Sammeln von Volksmärchen und Balladen, die er bebilderte. Einen Verlag fand er hierfür nicht, und schließlich ging er nach München, um sein Kunststudium zu vollenden – was das Zerwürfnis mit dem Vater zur Folge hatte. Ab 1859 verfasste Busch Beiträge zu den „Fliegenden Blättern" und anderen Publikationen;

seine erste selbstständige Veröffentlichung, das Kinderbuch „Bilderpossen", erschien 1864. Wie fast alle seine Bildergeschichten sind die Geschichten darin nichts für zartbesaitete Gemüter. Es werden rohe Gewalt, Tod und Häme thematisiert und gezeigt, auch wird die Gewalt an Kindern, die damals üblich war, durchaus drastisch vorgeführt.

1856 erschien sein bekanntestes Werk, „Max und Moritz", und machte ihn schlagartig berühmt. Bis heute wird es immer wieder neu aufgelegt, und mittlerweile wurde es in mindestens 280 Sprachen übersetzt. Reich machte dieses Buch aber erst einmal nur seinen Verleger, doch Busch zeichnete weiter in schneller Folge – und mit schnellem, pointierten Strich – Bildergeschichten wie „Die fromme Helene" und „Hans Huckebein". In seinen Werken kombinierte er Text und skizzenartige Bilder als fortlaufende Erzählung, weswegen er zu Recht als Gründungsvater des modernen Comics gilt. Hinzu kommen sein derber Witz, sein Hang zur Groteske und seine nicht selten brutalen, satirischen Überspitzungen. Ebenso gibt es antiklerikale Tendenzen in seinem Werk – die 1864 geschaffene Bildergeschichte „Der Heilige Antonius von Padua", in dem Busch über Bigotterie spottete, durfte erst sechs Jahre nach ihrem Entstehen erscheinen.

1872 kehrte er nach einigen Jahren in Frankfurt nach Wiedensahl zurück und lebte, als ewiger Junggeselle, im Haus seiner Schwester. 1874 veröffentlichte er mit „Kritik des Herzens" eine Sammlung meist ernsthafter Gedichte, stieß aber bei seinem Lesepublikum auf Unverständnis. Erst nach seinem Tod wurde auch sein lyrisches Werk gewürdigt. Seine letzte große Bildergeschichte, „Maler Klecksel", publizierte Busch 1884. In den 90er-Jahren des 19. Jh. wandte er sich mit den Erzählungen „Eduards Traum" und „Der Schmetterling" einem ganz anderen Genre zu: der Fantastik. Und 1893 schrieb er augenzwinkernd und selbstironisch seine „Autobiografie", die nur einige Seiten umfasst. Wilhelm Busch starb überraschend und friedlich am 9. Januar 1908 im Haus seines Neffen in Mechtshausen.

Individualität

Es ist mal so, dass ich so bin.
Weiß selber nicht warum.
Hier ist die Schenke. Ich bin drin
Und denke mir: Dideldum!

Dass das so ist, das tut mir leid.
Mein Individuum
Hat aber mal die Eigenheit,
Drum denk' ich mir: Dideldum!

Und schaut die Jungfer Kellnerin
Sich auch nach mir nicht um;
Ich weiß ja doch, wie schön ich bin,
Und denke mir: Dideldum!

Und säße einer da abseit
Mit Knurren und Gebrumm
Und meint, ich wäre nicht gescheit,
So denk' ich mir: Dideldum!

Doch kommt mir wer daher und spricht,
Ich wäre gar nicht frumm
Und hätte keine Tugend nicht,
Das nehm' ich krumm. – Dideldum!

Verzeihlich

Er ist ein Dichter; also eitel.
Und, bitte, nehmt es ihm nicht krumm,
Zieht er aus seinem Lügenbeutel
So allerlei Brimborium.

Juwelen, Gold und stolze Namen,
Ein hohes Schloss, im Mondenschein
Und schöne, höchstverliebte Damen,
Dies alles nennt der Dichter sein.

Indessen ist ein enges Stübchen
Sein ungeheizter Aufenthalt.
Er hat kein Geld, er hat kein Liebchen,
Und seine Füße werden kalt.

Das Lied von der roten Nase

Meine schöne rote Nase
Kommt mir gar nicht übel für,
Und dass ihr darüber spottet,
Freunde, das verbitt' ich mir.

Diese Nase ist mein eigen,
Ist in manchem Sturm erprobt,
Und wenn andre sie nicht loben,
Sei sie von mir selbst gelobt.

Ja, ich trage sie mit Stolze
Auf dem Meer und auf dem Land,
Denn ich hab', ihr könnt mir's glauben,
Manchen Gulden dran gewandt.

Treulich hat sie mich begleitet,
Bald zum Schnaps und bald zum Wein,
Darum glänzt sie auch so prächtig
Wie ein roter Edelstein. –

Und wenn erst die Stürme sausen
Durch das Land zur Winterszeit,
Dann erst steht sie recht im Glanze
Und in voller Herrlichkeit.

Dann will sie mir oft erscheinen,
Wenn ich sie im Spiegel schau,
Wie die schönste Purpurrose,
Frisch benetzt vom Morgentau.

Eine Rose, die symbolisch
Meinem ahnungsvollen Geist
Nach den rauen Winterstürmen
Frühlings Wiederkehr verheißt.

Eine Rose, nicht wie andre,
Die, von rascher Glut erregt,
Bald verblühen und verblassen,
Wenn man sie zum Ofen trägt.

Nein! Sie ist die Wunderrose,
Die gepriesen oft im Lied!
„Jene Rose ohne Dornen,
Die zu allen Zeiten blüht."

Der Virtuos

Neujahrskonzert

Zum neuen Jahr begrüßt euch hier
Ein Virtuos auf dem Klavier.
Er führ' euch mit Genuss und Gunst
Durch alle Wunder seiner Kunst.

Silentium.

Introduzione.

Scherzo.

Adagio.

Adagio con sentimento.

Piano.

Smorzando.

Maëstoso.

Passagio chromatico.

Capriccioso.

Fuga del diavolo.

Forte vivace.

Fortissimo vivacissimo.

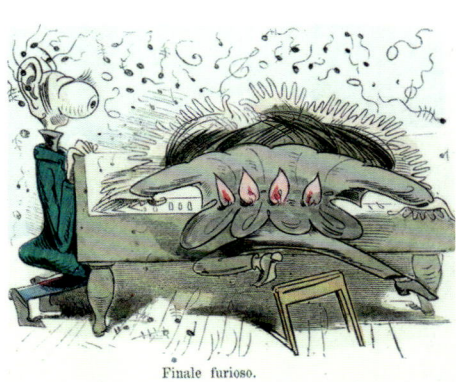

Finale furioso.

Bravo-bravissimo.

Vater werden ist nicht schwer

Vater werden ist nicht schwer,
Vater sein dagegen sehr.
Ersteres wird gern geübt,
Weil es allgemein beliebt.
Selbst der Lasterhafte zeigt,
Dass er gar nicht abgeneigt;
Nur will er mit seinen Sünden
Keinen guten Zweck verbinden,
Sondern, wenn die Kosten kommen,
Fühlet er sich angstbeklommen.
Dieserhalb besonders scheut
Er die fromme Geistlichkeit,
Denn ihm sagt ein stilles Grauen:
Das sind Leute, welche trauen. –
So ein böser Mensch verbleibt
Lieber gänzlich unbeweibt. –
Ohne einen hochgeschätzten
Tugendsamen Vorgesetzten

Irrt er in der Welt umher,
Hat kein reines Hemde mehr,
Wird am Ende krumm und faltig,
Grimmig, gräulich, ungestaltig,
Bis ihn dann bei Nacht und Tag
Gar kein Mädchen leiden mag.
Onkel heißt er günst'gen Falles,
Aber dieses ist auch alles. –
Oh, wie anders ist der Gute!
Er erlegt mit frischem Mute
Die gesetzlichen Gebühren,
Lässt sich redlich kopulieren,
Tut im Stillen hocherfreut
Das, was seine Schuldigkeit,
Steht dann eines Morgens da
Als ein Vater und Papa
Und ist froh aus Herzensgrund,
Dass er dies so gut gekunnt.

Früher, da ich unerfahren

Früher, da ich unerfahren
Und bescheidner war als heute,
Hatten meine höchste Achtung
Andre Leute.

Später traf ich auf der Weide
Außer mir noch mehre Kälber,
Und nun schätz ich, sozusagen,
Erst mich selber.

Heinrich Zille

1858–1929

In der kleinen Bar
sitzt in jeder Loge ein zärtliches Paar.
In der kleinen Bar
kann man ruhig küssen – ganz ohne Gefahr.

„Mutta, heiratste nich bald wieda?" – „Wozu'n?"
„Det ick endlich aus Vatan seine olle Badehose rauskomme!"

Hier gibt's Pferdewurscht!

„Bertha, du bist 'ne Noble, du hast Pferd und Wagen!"

Auf der Oberspree „Welcher is denn nu dein Bräutijam?" – „Lass se man erst wenden;
so kenn' ick mir noch nich aus."

„Wollt ihr machen, det ihr wegkommt! Ick habe bloß Pferdewurscht!"

Peter Altenberg

1859–1919

Aus dem Tagebuch eines süßen Mädels in Wien

Ich hab den Peter so gern, wenn er nicht da ist. Da hab ich ihn lieber wie alle anderen. Aber wie er da ist, mag ich ihn nicht mehr. Er ist so beschwerlich für uns, wie wenn ein Fisch in der Luft atmen müsste!

Ich weiß nicht, was das ist.

Man kennt sich nicht aus in ihm.

Hat er uns gern, hat er uns nicht gern?!?

In seinen Briefen, da ist er wirklich der einzige Peter, wie er leibt und lebt! Seine geschriebenen Worte glaubt man ihm aufs Wort, aber nicht seine gesprochenen …

Er ist aber auch nur als Geschriebener der Peter! Da ist er so, dass man gerührt ist, wenn man an ihn denkt! Aber wenn er kommt, ist alles aus.

Er verlangt zum Beispiel in einem Briefe ein lila Strumpfband, das ich lange Zeit getragen habe.

Wenn man diese begeisterten Worte liest, möchte man sofort das Strumpfband ausliefern, in Freude und Glück.

Aber wenn er persönlich kommt, sagt man ihm sogleich: „Nein, ich gebe das Strumpfband nicht her. Wie komme ich dazu?! Und übrigens, was hast du davon?! Es ist ein Unsinn. Und überhaupt, es passt mir nicht …"

„Bitte sehr", sagt er, „ich dachte, du könntest es entbehren. Ich hätte dir ein wunderschönes neues Paar gegeben …"

„Ich brauche keine neuen. Ich behalte lieber meine alten … Mach mich nicht nervös …"

Kaum ist er draußen, möchte man ihn zurückrufen, ihm das Strumpfband mit tausend Freuden schenken.

Aber man ruft ihn nie zurück, schenkt ihm nie das Strumpfband. Sondern man fühlt: „Er wird traurige Stunden haben *meinethalben* … Der arme Peter …"

Zwei angeblich „uninteressante" Tiere

Was diese „wilden Kaninchen" für merkwürdig starke Nerven haben müssen, man kann es sich gar nicht vorstellen! Ein Nervenarzt müsste direkt erstaunt sein! Alle Funktionen des Lebens ausführen können, in ununterbrochener Todesgefahr und Todesangst! Der organische und endlose Verfolgungswahn! Der Irrsinn eine Realität im Dasein! Furchtbar! Während des Essens Todesgefahr! Während des Schlafens Todesgefahr! Während des Spielens auf Waldlichtungen Todesgefahr! In Hochzeitsnächten Todesgefahr! Immer lauert der Fuchs, der

Der österreichische Schriftsteller **Peter Altenberg** wurde am 9. März 1859 in Wien geboren. Eigentlich war sein Name Richard Engländer, Peter Altenberg lautete sein späteres Pseudonym. Sein Vater war der jüdische Kaufmann Moritz Engländer, und er verzweifelte fast an seinem Sohn: Erst begann er Jura zu studieren, dann Medizin, beide Studiengänge brach er genauso ab wie eine Lehre als Buchhändler. Man stellte ihm ein Attest aus, wonach er aufgrund seines empfindsamen Nervenkostüms keinem bürgerlichen Beruf nachgehen könne.

Altenberg versuchte sich im Geigenspiel, doch auch das gab er nach kurzer Zeit wieder auf. Also saß er vor allem in Wiener Caféhäusern, residierte in billigen Hotels, war ein stadtbekannter Flaneur, Bohemien und ein Original: mit seinem überdimensionalen Schnauzbart und in eigenwilliger bunter Kleidung, dabei hochgebildet und redegewandt. Bis an sein Lebensende war er abhängig von den Spenden, die ihm Gönner und Freunde zusteckten, denn von seiner Prosa – kurze flüchtige Skizzen und andere Gelegenheitstexte, die er gesammelt als Bücher herausgab – konnte er nicht leben. Dennoch hatten seine Texte einen größeren Bekanntheitsgrad, einige wurden von Hanns Eisler und Alban Berg vertont.

In seinen letzten Lebensjahren kämpfte Altenberg mit seiner Alkoholsucht, häufiger musste er eine Nervenheilanstalt besuchen. Am 8. Januar 1919 starb er in einem Wiener Krankenhaus – doch sitzt eine lebensgroße Statue von ihm, fast wie ehedem er selbst, heute an einem Cafétisch im Wiener Café Central.

Sperber, ja sogar die Krähe. Nie ein Augenblick innerer Rast! Und dabei gehen sie dem Gesetze ihres Lebens nach, als wäre überall Friede und Sicherheit! Das sind „gesunde" Nerven, gewappnet für den Kampf ums Dasein, wie ein Ritter in seinem Stahlpanzer! Sie können das Leben genießen, wie es sich gerade darbietet, während es im Busche bereits verdächtig raschelt! Können wir das?! Lebenskünstler sind es, Nervenkünstler! Äsen können, während der Sperber ungesehen in den Lüften bereit sein kann! Sich erst vor ihm fürchten, wenn es zu spät ist, bis zum kurzen Todesschrei; bis zum letzten Augenblicke das Dasein genießen dürfen und dann rasch: „Ade, du schöne Welt!" Das sind gesunde und haltbare Nerven! Von einem besonders widerstandsfähigen Organismus müsste es heißen: „Er hat Kaninchennerven!"

Ein zweiter Held, die Beutelratte, Opossum! In Lebensgefahr stellt sie sich tot. Wenn die Behändigkeit der zierlichen Füßchen nichts mehr nützt, wenn die scharfen Zähnchen nichts mehr nützen, wenn alle Waffen im „Kampf ums Dasein" versagen, dann stellt sie sich tot. Das heißt, sie streckt die Waffen rechtzeitig! Eine Genialität! Nicht länger kämpfen, nicht länger sich erwehren wollen, als es möglich ist! Passives Heldentum! Der Sieg des Besiegtseins! Bei dem Opossum ist es nicht ein letzter geschickter Trick, sondern eine ernste schreckliche Angelegenheit! Denn wenn es einmal sich totgestellt hat, verbleibt es in dieser Rolle sogar bei dem Erschlagenwerden! Es antizipiert die unentrinnbare Realität! Also ein genialer Organismus! Es liegt direkt etwas „Christliches" im heldenmütigen „Sichunterwerfen" einem tückischen unentrinnbaren Verhängnis! Die Opossume unter den Menschen sind selten. Am ehesten sind es noch die, die die Browningpistole stets auf ihrem Nachtkästchen liegen haben … Sie kämpfen, und können eigentlich nie besiegt werden! Sie haben ihren Sieg über das blöde Leben auf ihrem Nachtkästchen liegen …

Der Spazierstock

Ich gebe es zu, dass ich einen Fanatismus für besonders aparte Spazierstöcke besitze, vielleicht sogar der Beginn eines kommenden Irrsinns, wobei man dann an schönen Spazierstöcken seine *ganze Lebensfreude* hat! Der Wald, der See, Frühling und Winter, die Frau, die Kunst versinken, und es bleibt dir als einzig Lebenfüllendes: der schöne Spazierstock! Obzwar ich diese heimtückische Entwicklung einer Vorliebe nicht bei mir befürchte, kann dennoch *jede Lieblingsempfindung* leider in unserem Nervensystem zu einer fixen Idee auswachsen, sich organisieren. Nun, ich kenne sämtliche Spazierstöcke in den Wiener Geschäften, habe überall meine ausgesprochenen Lieblinge, die merkwürdigerweise am seltensten weggekauft werden. Wundert Sie das, Herr Peter Altenberg, bei Ihrem verschrobenen Geschmack?! Eine junge Dame schenkte mir einst einen solchen tief ersehnten Spazierstock, der zwei Jahre lang in der Auslage stand. Er bestand aus hellgrauem Kapziegenhorn und Zuckerrohr. Es war ein äußerst gelungenes Wiener Fabrikat nach englischem Muster und kostete nur 11 Kronen. Zuerst nähte mir die junge Spenderin ein Futteral aus dünner Rehhaut, mit brauner Seide, für den Griff.

Aber da sagten alle im Café und im Restaurant: „Was fehlt Ihrem Herrn Stock?! Hat er sich verkühlt bei der schlechten Witterung?!?"

Einer sagte: „Peter Altenberg, Sie sind gerade auffallend genug. Lassen Sie diese gewaltsamen Anstrengungen, sich lächerlich zu machen. Es geht auch von selbst!"

Mein Spazierstock wurde oft umgeworfen. Einmal sagte mir ein Herr: „Schauen Sie nicht so vorwurfsvoll, glauben Sie, ich habe es *absichtlich* getan?!?"

„Nein", erwiderte ich, „das glaube ich nicht; denn welchen Grund sollten Sie haben, meinen armen Spazierstock *absichtlich* umzuwerfen?!"

„No also, sehen Sie, nur ein bissel vernünftig sein", sagte der Herr und verzieh mir.

Infolge dieser peinlichen Ereignisse trug ich in jeder Woche meinen geliebten Spazierstock in die kleine Handlung, wo er gekauft war, und bat, die Schäden durch Politur usw. usw. wieder auszugleichen. Der Verkäufer sagte immer liebenswürdiger: „In zwei bis drei Tagen! Für die Reparatur ist nichts zu bezahlen!" Allmählich merkte ich es, dass er mich für einen „Stock-Narren" hielt und den Stock niemals auch nur dachte in die Reparatur zu geben. Er sagte immer: „Soeben ist der Stock aus der ‚Fabrik' gekommen! Wie wenn Sie es erraten hätten!" Einmal merkte ich mir eine kleine Abschürfung.

„Diese kleine Abschürfung ist aber noch immer vorhanden", sagte ich bescheiden.

„Ja, das geht eben bereits in die organische Struktur des Ziegenhornzellgewebes, das kann selbst unsere Fabrik nicht mehr herausbekommen …"

Ich dachte: Hättet ihr ernstlich gefeilt, geschabt, politiert, so wäre von meinem wunderbaren Kapziegenhorngriff heute nichts mehr vorhanden. Wie danke ich euch daher für eure fürsorgliche Weisheit: „Er ist ein *Stock-Narr*! Man muss ihn schonen!"

O. E. Hartleben

1864–1905

Ich bin rasiert und trage keine Locke

Ich bin rasiert und trage keine Locke,
sogar die Bürste gönn ich meinem Rocke.
Ich bin durchaus kein lyrischer Tenor,
nur was ich heiß durchlebt, trag ich euch vor.

Nicht zart allein ins schwelgende Gefühl
verlier ich mich – auch in der Welt Gewühl.
Und seh das Schöne nicht und Edle nur,
ich kenne der Gemeinheit breite Spur.

Ich seh den Schmutz am Lumpenrock des Sklaven,
ich seh den Schmutz im Herzen manches Braven.
Und sprech es aus, was Kopf und Herz empört,
und freue mich, wenns euch die Ruhe stört.

Und ob ihr Klugen auch mein Wollen höhnt –
und ob ihr Frommen mich entsetzt verpönt –
und ob ihr Zarten meine Worte flieht –
hart ist das Leben, hart sei auch mein Lied!

Der bunte Vogel

Das letzte Haus auf der Landspitze, das schon ganz in der Nähe des Leuchtturms lag, bewohnte ein alter graubärtiger Seemann, der von den andern Seeleuten der Gegend nicht anders als der Weise benannt wurde. Er hatte sein ganzes Leben stets so klug eingerichtet, dass er jetzt, wo er bereits ein schönes Alter erreicht hatte, einesteils doch noch ein rüstiger und gesunder Mann war und andernteils auch ein gutes Stück Geld als Erspartes hinter sich liegen hatte. So konnte er sich seines Alters ruhig erfreuen.

Weib und Kind hatte er nie gehabt; seine liebste Beschäftigung und sein eigentliches Glück war immer das Denken gewesen. Er sagte sich: Entweder ist ein Weib meinem Denken förderlich, dann ist es unnötig, sie zu ehelichen, denn was ich von ihr gewinnen will, vermag ich auch so mühelos aus ihrem Gespräche zu ziehen – oder aber sie ist meinem Denken nicht förderlich, dann hieße es eine Torheit, sie zum Weibe zu nehmen, denn sie möchte mich leicht von meinen Gedanken abbringen und mir mein Glück zerstören.

Sein Glück war es aber, an schönen Tagen, wenn das Meer ruhte, sein Boot zu besteigen und langsam hinauszufahren, ganz allein mit seinen klugen und geliebten Gedanken. Er führte weder Waren an die nächste Küste, noch warf er das Netz nach Fischen aus; er saß still am Steuer und dachte in einem fort. – Da geschah es eines Tages, als die Sonne schon tiefer am Himmel stand und ihre Lichter auf den Wellen lagen, wie Goldflitter auf einem dunklen Maskenkleide, dass sich ein großer, doch zierlicher Vogel, etwa von der Gestalt eines Reihers, vorn auf das Schiff des weisen Seemanns niedersetzte. Dieser bemerkte zuerst den Schatten, den der Vogel vor ihm auf den Boden des Schiffes warf und sah dann auf.

Nach einem langen Nachsinnen, währenddessen er den Vogel unverwandt betrachtete, sagte der Seemann: Du scheinst mir ein Vogel zu sein, denn du hast zwei Beine und zwei Flügel und bist am ganzen Körper mit Federn bedeckt.

Der Vogel erwiderte: Deine Gedanken haben dich zu einer richtigen Erkenntnis geführt, ich bin allerdings ein Vogel und bitte dich, mich gastlich auf deinem Schiffe aufzunehmen.

Der Seemann wunderte sich, dass der Vogel reden konnte und sprach: Gern begrüß ich dich als meinen Gast. Ich habe bisher noch keine Gelegenheit gehabt, einen Vogel reden zu hören, und vermute daher, dass ein Gespräch mit dir meinem Denken wohl förderlich sein möge. Nur mache ich dich darauf aufmerksam, dass du als ein Gast meines Schiffes dich auch der Ordnung wirst fügen müssen, die auf ihm herrscht und die ich als ein Ergebnis meines vielfältigsten, Jahre, lange Jahre währenden Nachdenkens hochhalten muss.

Der Vogel nickte mit dem Kopfe: Sprich nur, sagte er, was gehört zu dieser Ordnung? Zu ihr gehört, dass man sich nicht auf ein Bein stelle, wie du das tust, denn wollte ich ein Gleiches versuchen, so würde ich alsbald in dem schwankenden Boote umfallen oder wohl gar über Bord in das Meer hinausstürzen. Da ich es aber nicht kann, sollst auch du es nicht tun: denn es sieht wie eine Überhebung aus.

Der Vogel streckte geduldig das zweite Bein hervor und setzte es auf den Schiffsrand: Weshalb soll ich nicht auch einmal auf zwei Beinen stehn?

Nachdem der Seemann den Vogel wieder eine Zeit lang betrachtet und beobachtet hatte, sagte er: Du hast zwar einen weißen Bauch wie viele andere Vögel und wie ihn von Natur auch die Menschen meistens besitzen, aber was ich sonderbar finde und keineswegs begreifen kann, ist, dass du auf dem Rücken ganz bunt, grün, rot und golden gefiedert bist, sodass die Sonne sich ordentlich zu freuen scheint, wenn sie auf deinen Flügeldecken blinkt und schillert und einen gelben Saum um deine Gestalt zieht. Die Menschen, die doch das klügste Geschlecht auf der Erde sind, pflegen sich mit einem schwarzen oder grauen oder braunen oder sonst einem schwach gefärbten Rocke zu bekleiden, und die Vögel sind im allgemeinen wenigstens so gescheit, es den Menschen nachzutun. Wenn du nun dahingegen in einem so fremdartig bunten und auffallend scheckigen Aufzuge daherkommst, so scheinst du mir damit wider die gemeine Bescheidenheit aller Kreatur gröblich zu verstoßen, und mich dünkt, du tätest besser, wenn du solcherlei törichten und hochmütigen Firlefanz von dir legtest. Bedenke wohl, dass selbst der Vogel Strauß, mit dessen Federn doch ein so großer und schwunghafter Handel betrieben wird, nur in zwei oder drei höchst einfachen Farben umherläuft. Bedenke auch ferner, ob es wohl klug und besonnen sei, also durch sein Äußeres vor den anderen hervorzustechen und bald den Neid, bald den Spott, immer aber eine besondere Aufmerksamkeit auf sich zu lenken! –

Otto Erich Hartleben wurde am 3. Juni 1864 in Clausthal geboren. Die Eltern starben früh, und so wuchs der Junge bei seinem Großvater in Hannover auf. Nach dem Abitur studierte er auf Wunsch seines Großvaters Jura. Doch schon während der Referendariatszeit wurden erste Gedichte von ihm in Zeitungen abgedruckt. 1887 erschien sein erster Gedichtband „Studententagebuch", weitere Publikationen folgten. 1889 hängte er die juristische Laufbahn an den Nagel, und ein Jahr später ging er als freier Schriftsteller nach Berlin. Hier war er, zusammen mit Arno Holz und anderen, ein engagierter Mitstreiter der naturalistischen literarischen Bewegung. Mit einem Schlag berühmt wurde er durch die Aufführung seiner Offizierstragödie „Rosenmontag" im Jahr 1900. Hartleben, der heute als Dichter fast vergessen ist, gehörte zu Lebzeiten zu den prominentesten Schriftstellern, um den sich viele Anekdoten rankten. Hierzu trug auch sein reges soziales wie literarisches Leben bei: Er gründete einige zur damaligen Zeit legendäre Literaturkreise. Sein schmales Œuvre besteht aus Dramen, lakonischen wie humorvollen Erzählungen und Gedichten. Hartleben starb am 11. Februar 1905 in seiner Villa Halkyone zu Salò am Gardasee.

Der Vogel riss den langen, spitzen Schnabel weit auf – aber ohne ein Wort zu sagen, klappte er ihn wieder zu. Seine kleinen, grauen Augen leuchteten wie vor innerem Vergnügen, er legte den Kopf etwas auf die Seite und blinzelte den alten Seemann freundlich an.

Dieser fuhr fort: Und ganz besonders verdreht erscheinen mir nun noch diese beiden langen, dünnen, gewundenen Federn, die auf deinem Kopfe hin und her schwanken, als wollten sie alles, was feststeht, verhöhnen! Diese wirst du dir jetzt zu allererst einmal schleunigst abschneiden lassen.

Meinst du? fragte der Vogel. Und was müsste ich dann wohl tun?

Das will ich dir sagen. Ich habe hier einen guten und nützlichen Teer, mit dem ich die Bretter meines Schiffes überziehe, damit sie nicht faulen. Mit dem will ich deine Flügel bestreichen und so ihre leuchtenden Farben auslöschen. Du hast dann die Farbe des Raben – so magst du mir dann als Gast auf meinem Schiffe bleiben, denn noch manches hätte ich mit dir zu bereden.

Da sprach der Vogel: Habe Dank für deinen guten Willen und klugen Rat! Ich bin ein höflicher und friedsamer Vogel und würde mich gewiss gern der Ordnung fügen, die hier auf deinem Schiffe und in deinem nachdenksamen Kopfe herrscht – wenn ich es nötig hätte und darauf angewiesen wäre. Doch bedarf ich deiner Gastfreundschaft länger nicht mehr. Schon, dieweil wir uns so klug miteinander besprachen – hab ich genug gerastet, und zu neuem Fluge sind meine Kräfte gesammelt. Leb wohl!

Und mit einem übermütigen Krählaut dehnte der bunte Vogel seine langen, schimmernden Flügel aus, schwang sich auf und flog in den blauen Abendhimmel hinaus. –

Der Seemann war ganz verdutzt. Er wollte dem Vogel nachschauen, aber er vermochte es nicht: Die Sonne blendete seine Augen.

Da legte er den Finger an seine Nase und nachdem er heftig nachgedacht hatte, sprach er zu sich: Merkwürdig, wie leichtfertig diese Vögel sind. – Ich denke mir aber: Es wird das davon kommen, dass sie fliegen können.

Blaue Lyrik

Was klingeln matte Lichter
Ob meiner Seele Sumpf –
Was züngeln Quergesichter
Um meiner Hoffnung Stumpf?
O Schlingel ihr und Wichter,
Benagt nur meinen Rumpf –
Ich fühl's, ich bin ein Dichter:
Heut ist Meschugge Trumpf!

Revolverle

Sei still, mein Kind, ich schieße mich nicht tot,
ich schlafe lieber diese Nacht bei dir.
Ich scherzte nur, mein Mund ist frisch und rot:
Geh, bring mir lieber noch ein Krügel Bier!

Was hast du denn? Hab ich dich so erschreckt?
Das war nicht recht von mir, ich sehs jetzt ein.
Hab dich, mein süßes Mädel nur geneckt,
ich leb doch noch: ich kneif dich ja ins Bein.

Siehst du, nun lachst du wieder. Das ist nett!
Das Wort Revolverle vergessen wir
und gehen heut besonders früh zu Bett …
So! Komm! Nun bring mir noch ein Krügel Bier!

(Auszug)

Die Dummheit spricht aus deinem zarten Antlitz

Die Dummheit spricht aus deinem zarten Antlitz,
die Dummheit schaut aus deinen tiefen Augen,
und öffnest du das rote, süße Mündchen,
so ists, als öffne sich der Quell der Dummheit!
Drum, wie mich auch dein wunderschöner Leib
berauscht und immer wieder noch berauscht,
einmal muss ich dir doch den Abschied geben:
denn deine Dummheit ist nicht zu ertragen.

– Du glaubst, dem Schmerz der Trennung zu erliegen?
O tröste dich, mein liebes, gutes Mädchen:
den Schmerz zu fühlen, bist du auch zu dumm.

Frank Wedekind

1864–1918

Stallknecht und Viehmagd

Die Bärin wohnt im tiefen Walde,
Im tiefen Wald wohnt auch der Bär,
Und an demselben Aufenthalte,
Da wohnen Bären bald noch mehr.

Und im Olymp, da wohnen Götter,
Darunter Venus und Apoll;
Dort hat man ewig schönes Wetter
Und jeder Gott ist liebevoll.

Auf ödem Felde schafft die Viehmagd,
Tut ob der Arbeit manchen Schrei,
Jedoch Cupido, der sich nie plagt,
Wälzt sich im Grase nebenbei.

Nun kommt der Stallknecht mit den Kühen;
Auch Ochsen ziehen an dem Pflug,
Doch muss er selbst das meiste ziehen,
Dann geht es eben flott genug.

Cupido duckt sich listig nieder,
Er legt den Bogen an mit Lust
Und schießt die Viehmagd durch das Mieder
In ihre ahnungslose Brust.

Der Stallknecht kommt herbeigesprungen,
Auf dass er rasch ihr Hilfe bringt;
Cupido trifft den guten Jungen,
Dass er mit ihr zu Boden sinkt.

Da liegen Stallknecht nun und Viehmagd
Und schauen sich verwundert an,
Und nachher tun sie, was man nie sagt,
Doch was man leicht erraten kann.

Der Zoologe von Berlin

Hört ihr Kinder, wie es jüngst ergangen
Einem Zoologen in Berlin!
Plötzlich führt ein Schutzmann ihn gefangen
Vor den Untersuchungsrichter hin.
Dieser tritt ihm kräftig auf die Zehen,
Nimmt ihn hochnotpeinlich ins Gebet
Und empfiehlt ihm, schlankweg zu gestehen,
Dass beleidigt er die Majestät.

Dieser sprach: „Herr Richter, ungeheuer
Ist die Schuld, die man mir unterlegt;
Denn dass eine Kuh ein Wiederkäuer,
Hat noch nirgends Ärgernis erregt.
Soweit ist die Wissenschaft gediehen,
Dass es längst in Kinderbüchern steht.
Wenn *Sie* das auf Majestät beziehen,
Dann beleidigen *Sie* die Majestät!

Vor der Majestät, das kann ich schwören,
Hegt ich stets den schuldigsten Respekt;
Ja, es freut mich oft sogar zu hören,
Wenn man den Beleidiger entdeckt;
Denn dann wird die Majestät erst sehen,
Ob sie majestätisch nach Gebühr.
Deshalb ist ein Mops, das bleibt bestehen,
Zweifelsohne doch ein Säugetier.

Ebenso hab vor den Staatsgewalten
Ich mich vorschriftsmäßig stets geduckt,
Auf Kommando oft das Maul gehalten
Und vor Anarchisten ausgespuckt.
Auch wo Spitzel horchen in Vereinen,
Sprach ich immer harmlos wie ein Kind.
Aber deshalb kann ich von den Schweinen
Doch nicht sagen, dass es Menschen sind.

Viel Respekt hab ich vor dir, o Richter,
Unbegrenzten menschlichen Respekt!
Lässt du doch die ärgsten Bösewichter
In Berlin gewöhnlich unentdeckt.
Doch wenn hochzurufen ich mich sehne
Von dem Schwarzwald bis nach Kiautschau,
Bleibt deshalb gestreift nicht die Hyäne?
Nicht ein schönes Federvieh der Pfau?"

Also war das Wort des Zoologen,
Doch dann sprach der hohe Staatsanwalt;
Und nachdem man alles wohl erwogen,
Ward der Mann zu einem Jahr verknallt.
Deshalb vor Zoologie-Studieren
Hüte sich ein jeder, wenn er jung;
Denn es schlummert in den meisten Tieren
Eine Majestätsbeleidigung.

Der Reisekoffer

Bei Tafel saßen in bunter Reih
Damen und Herren; auch saß dabei
Ein junger Mann von blassem Gesicht,
In Haltung und Ausdruck ernst und schlicht,
Durchaus bescheiden, zwar etwas gefräßig,
Aber schweigsam verhältnismäßig.

Und wie ein Bach in der Sonne Blinken
Glitt das Gespräch zwischen Scherzen und Trinken.
Man sprach über dieses, man sprach über jenes,
Man sprach über Nützliches, über Schönes,
Und kam über Unfälle und Verbrechen
Schließlich auf Reisekoffer zu sprechen.

Da waren nun, wie das so geht hienieden,
Urteil und Ansichten sehr verschieden;
Die Damen lobten die großen, schweren,
Bequem zu packen und rasch zu leeren,
Ohne dass dabei die Toilette
Jemals Schaden genommen hätte.

Den Herren hingegen wollte es scheinen,
Angenehmer wären die kleinen,
Die leichten, zusammengeklappten Dinger;
Man könne sie heben mit einem Finger –
Unser Jüngling in guter Ruh
Kaut seinen Bissen und schweigt dazu.

Und wie im Schilfe der schaukelnde Nachen
Glitt das Gespräch zwischen Scherzen und Lachen
Von Reisekoffern auf ferne Gefilde
Im schönen Italien, auf Kunstgebilde
Und dann auf das Glück, auf das Glücklicherscheinen
Sowie auf die Liebe im allgemeinen.

Unser Jüngling kaut wacker fort,
Hört von dem allen kein Sterbenswort;
Seine Gedanken, begreiflicherweise
Dämmern so weiter im alten Gleise.
Und wie er sich abmüht mit düstrer Stirn,
Löst sich ein Etwas in seinem Hirn
Und klettert herab, und erreicht seine Zung

Und wird nun allmählich zur Äußerung.
Und er tut den Mund auf, er winkt mit der Hand –
Die Damen im Kreise lauschen gespannt,
Die Herren verstummen von Reminiszenzen
Aus schwülen Garderoben mit welkenden Kränzen;
Alles starrt in verhaltenem Grimme,
Und er flötet mit süß melodischer Stimme,
Und dabei leuchtet sein Antlitz hell:
„Ich habe einen von Seehundsfell."

Zur Verlobung

Das Herz so voll, der Kopf so leer,
Ich finde nichts als Worte;
Sie tanzen auf, sie taumeln her,
Und stets am falschen Orte.

Das findt sich nicht, das reimt sich nicht;
Nur wirre Klagetöne.
Das gibt mir ewig kein Gedicht
An dich, du schlanke Schöne.

Du siehst, ich red auch nur von mir,
Statt deiner zu gedenken,
Wünsch weder Glück noch Segen dir,
Ich wollte dich beinah kränken.

Ich wollt … o Gott, nun geht's nicht mehr,
Mein Aug' quillt mächtig über:
Ich wollt, dass ich ein andrer wär
Und dir ein wenig lieber.

Albumblatt

Sei er noch so dick,
Einmal reißt der Strick.
Freilich soll das noch nicht heißen,
Dass gleich alle Stricke reißen.

Nein, im Gegenteil,
Mancher Strick bleibt heil.

Tiefer Friede

Die Tage verblassen, die Stunden zergehn,
Die Waffen rasten und rosten;
Ich bin von vorn und von hinten besehn
Ein armer verlorener Posten.

Es kreisen die Dohlen, es kriecht das Gewürm,
Die Menschen hassen und lieben;
Ich bin wie ein alter Regenschirm
In Gedanken stehengeblieben.

Staub deckt meine Falten, es wackelt der Knauf,
Es wankt das Skelett unterm Knaufe;
Ich wollte, des Schicksals Hand spannte mich auf
Und hielte mich unter die Traufe.

Der Schriftsteller, Dramaturg und Schauspieler **Frank Wedekind** – eigentlich Benjamin Franklin Wedekind – wurde am 24. Juli 1864 in Hannover geboren. Seine Eltern hatten sich in San Francisco kennengelernt, der Vater war dort zu Zeiten des Goldrauschs zu Geld gekommen. 1872 emigrierte die Familie aus Protest gegen die Gründung des Deutschen Kaiserreichs in die Schweiz. In der Schule war Wedekind aufmüpfig und interessierte sich vor allem für Literatur, auch schrieb er damals schon erste Gedichte. Der Vorgabe des Vaters, Jura zu studieren, kam er zwar anfangs nach, brach aber das Studium ab, was zum Zerwürfnis mit ihm führte. Wedekind arbeitete danach als Journalist sowie in der Werbeabteilung von Maggi. Er schrieb für die satirische Zeitschrift Simplicissimus und musste wegen Majestätsbeleidigung ins Gefängnis. Nach dem Tod des Vaters 1888 widmete er sich ganz dem Schreiben – und wurde rasch zum Enfant terrible seiner Zeit. Besonders seine Dramen, in denen er sich kritisch mit der Gesellschaft und Prüderie der wilhelminischen Epoche auseinandersetzte, waren Publikumsmagnete. „Frühlings Erwachen" und „Lulu" sind noch heute häufig aufgeführte Theaterstücke. Am 9. März 1918 starb Wedekind an den Folgen einer missglückten Blinddarmoperation.

Mein Käthchen

Mein Käthchen fordert zum Lohne
Von mir ein Liebesgedicht.
Ich sage: Mein Käthchen verschone
Mich damit, ich kann das nicht.

Ob überhaupt ich dich liebe,
Das weiß ich nicht so genau.
Zwar sagst du ganz richtig, das bliebe
Gleichgültig; doch, Käthchen, schau:

Wenn ich die Liebe bedichte,
Bedicht ich sie immer vorher,
Denn wenn vorbei die Geschichte,
Wird mir das Dichten zu schwer.

Wir versaufen unsrer Oma ihr klein Häuschen

Der Schlager „Wir versaufen unsrer Oma ihr klein Häuschen" traf bei seinem Erscheinen den Nerv der Zeit: 1922 herrschte Hyperinflation, das Geld war das Papier nicht wert, auf dem es gedruckt war. Das Lied von **Robert Steidl** war so beliebt, dass es häufig umgedichtet und viele neue Strophen hinzugefügt wurden. Dabei hat sich im deutschen Liedgut nur der Refrain erhalten. Heute bekannt und immer wieder neu aufgelegt ist die scherzhafte Neudichtung „Meine Oma fährt im Hühnerstall Motorrad".

Ich war als kleiner Junge so dick wie eine Wurscht
Und hatte, so wie heute, stets einen Riesendurscht
Schuld war daran mein Vater, der hat ja ein' getutscht
Und als ich in der Wiege am Fläschchen hab gelutscht
Da tutscht er mit, und voll Gemüt
Sang er das schöne Lied

In der Jugend tut es wohl
In der Jugend tut es wohl
Im Alter tut es auch noch wohl
Jawoll, jawoll, jawoll, jawoll
In der Jugend tut es wohl
In der Jugend tut es wohl
Im Alter tut es auch noch wohl
Jawoll, jawoll, jawoll
Wir versaufen unsrer Oma ihr klein Häuschen
Ihr klein Häuschen, ihr klein Häuschen
Wir versaufen unsrer Oma ihr klein Häuschen
Und die erste und die zweite Hypothek

Dann hatt ich auch ne Amme, die's jut mit mir jemeint
Wie ruhte sich's da mollich, ick war ihr Busenfreund
Und drückt mich heut die Sorge, und frisst am Herz der Harm
Dann flücht ich mich so gerne in einen weichen Arm
S brauch keine alte Amme sein
S kann kann ja ne junge stramme sein

In der Jugend tut es wohl
…

Ludwig Thoma

1867–1921

Gretchen Vollbeck

Von meinem Zimmer aus konnte ich in den Vollbeckschen Garten sehen, weil die Rückseite unseres Hauses gegen die Korngasse hinausging.

Wenn ich nachmittags meine Schulaufgaben machte, sah ich Herrn Rat Vollbeck mit seiner Frau beim Kaffee sitzen, und ich hörte fast jedes Wort, das sie sprachen.

Er fragte immer: „Wo ist denn nur unser Gretchen so lange?", und sie antwortete alle Tage: „Ach Gott, das arme Kind studiert wieder einmal."

Ich hatte damals, wie heute, kein Verständnis dafür, dass ein Mensch gerne studiert und sich dadurch vom Kaffeetrinken oder irgendetwas anderem abhalten lassen kann. Dennoch machte es einen großen Eindruck auf mich, obwohl ich dies nie eingestand.

Wir sprachen im Gymnasium öfters von Gretchen Vollbeck, und ich verteidigte sie nie, wenn einer erklärte, sie sei eine ekelhafte Gans, die sich bloß gescheit mache.

Auch daheim äußerte ich mich einmal wegwerfend über dieses weibliche Wesen, das wahrscheinlich keinen Strumpf stricken könne und sich den Kopf mit allem möglichen Zeug vollpfropfe.

Meine Mutter unterbrach mich aber mit der Bemerkung, sie würde Gott danken, wenn ein gewisser Jemand nur halb so fleißig wäre wie dieses talentierte Mädchen, das seinen Eltern nur Freude bereite und sicherlich nie so schmachvolle Schulzeugnisse heimbringe. Ich hasste persönliche Anspielungen und vermied es daher, das Gespräch auf dieses unangenehme Thema zu bringen.

Dagegen übte meine Mutter nicht die gleiche Rücksicht, und ich wurde häufig aufgefordert, mir an Gretchen Vollbeck ein Beispiel zu nehmen.

Ich tat es nicht und brachte an Ostern ein Zeugnis heim, welches selbst den nächsten Verwandten nicht gezeigt werden konnte.

Man drohte mir, dass ich nächster Tage zu einem Schuster in die Lehre gegeben würde, und als ich gegen dieses ehrbare Handwerk keine Abneigung zeigte, erwuchsen mir sogar daraus heftige Vorwürfe.

Es folgten recht unerquickliche Tage, und jedermann im Hause war bemüht, mich so zu behandeln, dass in mir keine rechte Festesfreude aufkommen konnte.

Schließlich sagte meine Mutter, sie sehe nur noch ein Mittel, mich auf bessere Wege zu bringen, und dies sei der Umgang mit Gretchen.

Vielleicht gelinge es dem Mädchen, günstig auf mich einzuwirken. Herr Rat Vollbeck habe seine Zustimmung erteilt, und ich solle mich bereithalten, den Nachmittag mit ihr hinüberzugehen.

Die Sache war mir unangenehm. Man verkehrt als Lateinschüler nicht so gerne mit Mädchen wie später, und außerdem hatte ich begründete Furcht, dass gewisse Gegensätze zu stark hervorgehoben würden.

Aber da half nun einmal nichts, ich musste mit.

Vollbecks saßen gerade beim Kaffee, als wir kamen. Gretchen fehlte, und Frau Rat sagte gleich: „Ach Gott, das Mädchen studiert schon wieder, und noch dazu Scheologie." Meine Mutter nickte so nachdenklich und ernst mit dem Kopfe, dass mir wirklich ein Stich durchs Herz ging und der Gedanke in mir auftauchte, der lieben alten Frau doch auch einmal eine Freude zu machen. Der Herr Rat trommelte mit den Fingern auf den Tisch und zog die Augenbrauen furchtbar in die Höhe. Dann sagte er: „Ja, ja, die Scheologie!"

Jetzt glaubte meine Mutter, dass es Zeit sei, mich ein bisschen in das Licht zu rücken, und sie fragte mich aufmunternd: „Habt ihr das auch in eurer Klasse?"

Frau Rat Vollbeck lächelte über die Zumutung, dass anderer Leute Kinder derartiges lernten, und ihr Mann sah mich durchbohrend an; das ärgerte mich so stark, dass ich beschloss, ihnen eins zu geben.

„Es heißt gar nicht Scheologie, sondern Geologie, und das braucht man nicht zu lernen", sagte ich.

Beinahe hätte mich diese Bemerkung gereut, als ich die große Verlegenheit meiner Mutter sah; sie mochte sich wohl sehr über mich schämen, und sie hatte Tränen in den Augen, als Herr Vollbeck sie mit einem recht schmerzlichen Mitleid ansah.

Der alte Esel schnitt eine Menge Grimassen, von denen jede bedeuten sollte, dass er sehr trübe in meine Zukunft sehe. „Du scheinst der Ansicht zu sein", sagte er zu mir, „dass man sehr vieles nicht lernen muss. Dein Osterzeugnis soll ja nicht ganz zur Zufriedenheit deiner beklagenswerten Frau Mutter ausgefallen sein. Übrigens konnte man zu meiner Zeit auch Scheologie sagen."

Ich war durch diese Worte nicht so vernichtet, wie Herr Vollbeck annahm, aber ich

Ludwig Thoma war und ist ein sehr populärer Schriftsteller in Bayern, seine Lausbubengeschichten und sein wunderbares „Ein Münchner im Himmel" wurden aber weit über die Grenzen Bayerns hinaus bekannt. Er schrieb humorvolle, volkstümliche Romane, Gedichte, Erzählungen und Theaterstücke, die eine ironische, lebendige Schreibweise und ein teilweise derber Realismus auszeichnen.

Der Autor wurde am 21. Januar 1867 in Oberammergau geboren. Der Vater starb, als der Junge sieben Jahre alt war. Er wurde von einem Onkel großgezogen, was für Ludwig Thoma sehr schwer war – entsprechend galt er als trotziger, schwieriger Schüler. Diese Erfahrungen gingen wohl auch in die Lausbubengeschichten mit ein. Doch er schaffte mit Hängen und Würgen das Abitur und studierte zunächst Forstwirtschaft – sein Vater war Förster gewesen –, brach dieses Studium aber ab und wandte sich der Juristerei zu. Nach dem Examen arbeitete er in einer Anwaltskanzlei in München, später in eigener Kanzlei in Dachau.

Ab 1898 schrieb er unter wechselnden Pseudonymen satirische Texte für die Zeitschrift Simplicissimus. Seine Texte waren bissig und gesellschaftskritisch, Thoma ließ sich zu dieser Zeit dem linksliberalen politischen Spektrum zuordnen. 1899 verkaufte er seine Kanzlei und wurde Redakteur des Simplicissimus. Und drei Jahre später, nach dem überragenden Erfolg seines Theaterstücks „Die Lokalbahn", konnte er auch vom Schreiben gut leben. Allerdings waren seine Werke durchaus von der Zensur bedroht. Im Jahr 1906 musste Thoma sogar sechs Wochen im Gefängnis Stadelheim in München absitzen, weil er in einem Gedicht die Mitglieder eines Sittlichkeitsvereins verspottet hatte.

Seine politischen Ansichten änderten sich radikal mit Beginn des Ersten Weltkriegs, an dem er freiwillig als Sanitäter teilnahm. Der verlorene Krieg erschütterte ihn tief. In den letzten Jahren seines Lebens schrieb er etliche anonyme Artikel im Miesbacher Anzeiger, die offen antisemitisch, nationalistisch und antidemokratisch waren. In seinem letzten Lebensjahr litt er an schweren Depressionen. Ludwig Thoma starb am 26. August 1921 in seinem Haus in Tegernsee an Magenkrebs.

war doch froh, dass Gretchen ankam. Sie wurde von ihren Eltern stürmisch begrüßt, ganz anders wie sonst, wenn ich von meinem Fenster aus zusah. Sie wollten meiner Mutter zeigen, eine wie große Freude die Eltern gutgearteter Kinder genießen.

Da saß nun dieses langbeinige, magere Frauenzimmer, das mit seinen sechzehn Jahren so wichtig und altklug die Nase in die Luft hielt, als hätte es nie mit einer Puppe gespielt.

„Nun, bist du fertig geworden mit der Scheologie?", fragte Mama Vollbeck und sah mich herausfordernd an, ob ich es vielleicht wagte, in Gegenwart der Tochter den wissenschaftlichen Streit mit der Familie Vollbeck fortzusetzen.

„Nein, ich habe heute Abend noch einige Kapitel zu erledigen; die Materie ist sehr anregend", antwortete Gretchen. Sie sagte das so gleichgültig, als wenn sie Professor darin wäre.

„Noch einige Kapitel?", wiederholte Frau Rat, und ihr Mann erklärte mit einer von Hohn durchtränkten Stimme:

„Es ist eben doch eine Wissenschaft, die scheinbar gelernt werden muss."

Gretchen nickte nur zustimmend, da sie zwei handgroße Butterbrote im Munde hatte, und es trat eine Pause ein, während welcher meine Mutter halb bewundernd auf das merkwürdige Mädchen und bald kummervoll auf mich blickte.

Dies weckte in Frau Vollbeck die Erinnerung an den eigentlichen Zweck unseres Besuches. „Die gute Frau Thoma hat ihren Ludwig mitgebracht, Gretchen; sie meint, er könnte durch dich ein bisschen in den Wissenschaften vorwärtskommen."

„Fräulein Gretchen ist ja in der ganzen Stadt bekannt wegen ihres Eifers", fiel meine Mutter ein. „Man hört so viel davon rühmen, und da dachte ich mir, ob das nicht vielleicht eine Aufmunterung für meinen Ludwig wäre. Er ist nämlich etwas zurück in seinen Leistungen."

„Ziemlich stark, sagen wir, ziemlich stark, liebe Frau Thoma", sagte der Rat Vollbeck, indem er mich wieder durchbohrend anblickte. „Ja, leider etwas stark. Aber mit Hilfe von Fräulein Gretchen, und wenn er selbst seiner Mutter zuliebe sich anstrengt, wird es doch gehen. Er hat es mir fest versprochen, gelt, Ludwig?"

Freilich hatte ich es versprochen, aber niemand hätte mich dazu gebracht, in dieser Gesellschaft meinen schönen Vorsatz zu wiederholen. Ich fühlte besser als meine herzensgute, arglose Mutter, dass sich diese Musterfamilie an meiner Verkommenheit erbaute. Inzwischen hatte die gelehrte Tochter ihre Butterbrote verschlungen und schien geneigt, ihre Meinung abzugeben.

„In welcher Klasse bist du eigentlich?", fragte sie mich.

„In der vierten."

„Da habt ihr den Cornelius Nepos, das Leben berühmter Männer", sagte sie, als hätte ich das erst von ihr erfahren müssen.

„Du hast das natürlich alles gelesen, Gretchen?", fragte Frau Vollbeck.

„Schon vor drei Jahren. Hie und da nehme ich ihn wieder zur Hand. Erst gestern las ich das Leben des Epaminondas."

„Ja, ja, dieser Epaminondas!", sagte der Rat und trommelte auf den Tisch. „Er muss ein sehr interessanter Mensch sein."

„Hast du ihn daheim?", fragte mich meine Mutter, „sprich doch ein bisschen mit Fräulein Gretchen darüber, damit sie sieht, wie weit du bist."

„Wir haben keinen Epaminondas nicht gelesen", knurrte ich.

„Dann hattet ihr den Alcibiades, oder so etwas. Cornelius Nepos ist ja sehr leicht. Aber wenn du wirklich in die fünfte Klasse kommst, beginnen die Schwierigkeiten."

Ich beschloss, ihr dieses „wirklich" einzutränken, und leistete heimlich einen Eid, dass ich sie verhauen wollte bei der ersten Gelegenheit. Vorläufig saß ich grimmig da und redete kein Wort. Es wäre auch nicht möglich gewesen, denn das Frauenzimmer

war jetzt im Gang und musste ablaufen, wie eine Spieluhr.

Sie bewarf meine Mutter mit lateinischen Namen und ließ die arme Frau nicht mehr zu Atem kommen; sie leerte sich ganz aus, und ich glaube, dass nichts mehr in ihr darin war, als sie endlich aufhörte.

Papa und Mama Vollbeck versuchten das Wundermädchen noch einmal aufzuziehen, aber es hatte keine Lust mehr und ging schnell weg, um die Scheologie weiterzustudieren.

Wir blieben schweigend zurück. Die glücklichen Eltern betrachteten die Wirkung, welche das alles auf meine Mutter gemacht hatte, und fanden es recht und billig, dass sie vollkommen breitgequetscht war. Sie nahm in gedrückter Stimmung Abschied von den Vollbeckschen und verließ mit mir den Garten.

Erst als wir daheim waren, fand sie ihre Sprache wieder. Sie strich mir zärtlich über den Kopf und sagte: „Armer Junge, du wirst das nicht durchmachen können."

Ich wollte sie trösten und ihr alles versprechen, aber sie schüttelte nur den Kopf.

„Nein, nein, Ludwig, das wird nicht gehen."

Es ist dann doch gegangen, weil meine Schwester bald darauf den Professor Bindinger geheiratet hat.

(Aus: Lausbubengeschichten)

Der Star

Ich legte meiner Nachbarin noch ein Stückchen Kapaun auf den Teller.

Sie dankte und sagte: „Es ist zu ungeschickt, dass er immer so spät kommt."

Ich nickte ihr beifällig zu und versicherte ihr, dass ich gleichfalls einen gut gebratenen Kapaunen dem besten Fisch vorziehe.

Da sah sie mich verwundert an und brach in ein silberhelles Lachen aus. „Das ist köstlich! Das ist reizend! Dieses Missverständnis! Ich meinte ‚ihn', und Sie denken an gebratene Hühner. Das muss ich Peter Paul erzählen."

„Verzeihung, gnädiges Fräulein, ich wusste nicht, dass Sie verlobt sind."

„Verlobt? Ich spreche doch von Peter Paul!"

Diesmal klang es vorwurfsvoll; und als ich ihr treuherzig versicherte, dass ich niemanden dieses Namens kenne, rückte sie von mir weg.

Sie sprach leise einige Worte mit dem Herrn zu ihrer Rechten; nach kurzer Zeit entstand ringsherum ein Tuscheln und Flüstern; man hörte auf zu essen, und als ich mir eben noch ein Stückchen Geflügel ausbitten wollte, sah ich, dass die Augen aller Anwesenden auf mich gerichtet waren. Ich fuhr mit der Hand nach der Krawatte. Sie saß auf dem rechten Fleck, und auch sonst war nichts in Unordnung.

‚Vielleicht habe ich den Salat mit dem Messer in den Mund geschoben; ich werde mich etwas mehr zusammennehmen‘, dachte ich und nahm mir mit möglichster Unbefangenheit einen fetten Schlegel von der Platte.

Ich sollte ihn nicht mit Ruhe verzehren. Es quälte mich, dass so viele Lorgnons und Zwicker durchbohrend auf mich gerichtet waren. Ich wurde unsicher und stach mit der Gabel daneben. Das Bratenstück wurde förmlich lebendig, ich jagte es auf dem ganzen Teller herum, und als ich es endlich zu fassen kriegte, rutschte ich mit dem Messer so heftig ab, dass die Sauce in die Höhe und meiner Nachbarin auf das Kleid spritzte.

Ich entschuldigte mich und begann den Kampf von Neuem.

Diesmal gedachte ich es besser zu machen und spießte in verhaltener Wut den widerspenstigen Schlegel fest auf das Porzellan. Eben hatte ich ihn und schnitt mit einer energischen Bewegung tief in das Fleisch, als mein Vis-a-vis, ein blonder Herr mit melancholischen Gesichtszügen, das allgemeine Schweigen unterbrach und mich mit vibrierender Bassstimme fragte: „Sie kennen also Peter Paul nicht?"

Ich verspürte einen elektrischen Schlag in der linken Hand und fuhr mit dem durchbohrten Kapaunen gicksend über den Teller

hinaus. Da lag er jetzt auf dem weißen Tischtuch, und ich sah, dass er für mich verloren war.

Zornig wollte ich dem unangenehmen Fragesteller erklären, dass ich auf alle Peter Pauls der Welt pfeife, als die Tafelrunde in große Bewegung geriet.

Alle erhoben sich von den Stühlen, und mehrere Damen eilten auf die Türe zu, in deren Rahmen ein mittelgroßer, fetter Herr erschien.

Man nahm ihm Hut und Überzieher ab; nach geraumer Zeit löste sich der Kreis, welcher sich um ihn gebildet hatte, und er schritt an der Seite unserer Gastgeberin auf seinen Platz zu.

Ich sah, wie alle Anwesenden heftig bemüht waren durch Kopfnicken und Verbeugungen dem neu Angekommenen sich bemerklich zu machen, und ich sah, wie sich die Gesichter derjenigen verklärten, welche einen vertraulichen Gegengruß erhielten.

Ich wurde in meinen Betrachtungen plötzlich gestört. Ein Herr hatte sich hinter mich geschlichen und flüsterte mir erregt ins Ohr: „Blamieren Sie sich nicht länger! Das ist Peter Paul!"

Ich sah ihn so verständnislos an, dass er sich meiner erbarmte und nochmals hervorstieß: „Peter Paul Huber!"

Dabei zog er die Brauen in die Höhe und verdrehte die Augen so, dass man nur mehr das Weiße sah.

Ich begriff, dass ich wohl oder übel verstanden haben musste, und ließ über meine Züge ein Lächeln der Erhellung gleiten. „Ach, pardon! Natürlich! Wie man nur … pardon!"

Dann setzte ich mich und nahm mir vor, an diesem Abend den Mund nur mehr zum Essen aufzutun. Die Verwirklichung dieses Vorsatzes wurde mir sehr leicht, da die Aufmerksamkeit der sämtlichen Tischgäste auf Peter Paul gerichtet war.

Er hatte den dicken Kopf auf die linke Hand gestützt und blickte träumerisch über die Tafel hinweg.

Der Diener, welcher mit der Platte hinter ihm stand, hob bald das eine Bein, bald das andere in die Höhe und verzog sein Gesicht zu einer schmerzlichen Grimasse, da er sich die Finger verbrannte.

Endlich schreckte Peter Paul auf, sah den Servierkellner geistesabwesend an und nahm sich ein Stück Wildpastete.

Während des Tranchierens legte er plötzlich Messer und Gabel zur Seite, verschränkte die Arme wie Napoleon in der *Madame sans gêne* und sagte: „Der Stolz des Weibes ist die Demut vor dem Schicksale."

Dann erst aß er weiter. Die Wirkung des Satzes war eine großartige.

„Haben Sie gehört? Der Stolz des Weibes … ah, kolossal! Welche Tiefe! Und dabei diese Einfachheit!"

Die Herren sahen nachdenklich auf das Tischtuch und wiegten in tiefem Sinnen die Häupter, die Damen wetteiferten, um das bekannte „Aufleuchten" in die Augen zu bekommen. Die Hausfrau sah triumphierend im Kreis herum, und eine bejahrte Matrone ließ sich von ihrem Nachbarn den Satz durch das Hörrohr sagen.

Dann schüttelte auch sie begeistert den Kopf und öffnete den zahnlosen Mund. „Ach wie schön! Das ist ja entzückend! Die Demut des Weibes … ja, ja … ist das Schicksal des Stolzes … äh … äh … Wundervoll! Ganz wundervoll!"

Peter Paul aß inzwischen zwei Pasteten und dann noch eine.

Als er mit der dritten fertig war, versank er wieder in Nachdenken.

Ich hoffte, dass er beim nächsten Gang wieder etwas sagen werde, da ich mir bei der allgemeinen Aufregung öfter servieren lassen konnte.

Meine Erwartung wurde nicht getäuscht.

Als er sah, dass die Gesellschaft sich hinreichend gesammelt hatte, um einen neuen Stoß zu erleiden, strich er seine Haare in die Stirn, und indem er die Hausfrau durchbohrend anblickte, sagte er langsam, jedes Wort betonend: „Die Renaissance ist die Patina der Antike."

Diesmal waren die Folgen besorgniserregend.

Herren und Damen drehten sich auf ihren Sitzen herum und sahen sich minutenlang

in die starr geöffneten Augen. Dann brach es los.

„Also das ist … das ist einfach fabelhaft! Das ist ja … ach Gott … das ist eben Peter Paul!"

Der Gefeierte nahm sich drei Filetstücke heraus; ich beobachtete ihn genau und nahm mir vor, ihn um eines zu schlagen. Ich tat dies auch und war schon lange fertig, als die Matrone sich noch immer den Ausspruch durch das Hörrohr trompeten ließ.

Sie konnte nicht damit zurechtkommen und sagte endlich verdrießlich: „Aber das verstehe ich ja nicht."

Zum Glück für sie erhob sich in diesem Augenblicke Peter Paul und eröffnete den schmerzlich überraschten Gästen, dass er noch eine Wohltätigkeitsvorstellung besuchen müsse.

Als die ganze Schar seiner Verehrer sich zum Abschied um ihn drängte, ließ er sich erweichen und sagte noch: „Eine Wohltätigkeitsvorstellung ist gut, wenn die Wohltätigkeit keine Vorstellung und die Vorstellung eine Wohltätigkeit ist."

Nun konnte er gehen.

So lernte ich den berühmten Schriftsteller Peter Paul kennen.

Die Sau

Eines Tages begab es sich, dass die Sau des Gütlers Peter Salvermoser auf die Wanderschaft ging und durch den Zaun in das benachbarte Anwesen des hochwürdigen Herrn Pfarrers gelangte. Sie nahm ihren Weg über die Blumenbeete, wobei sie achtlos Hyazinthen und Krokus in die Erde trat und auch mehrere Zentifolien knickte.

Nicht weniger roh benahm sie sich auf den Gemüsebeeten. Sie zog so lange Salatstauden aus dem Boden, bis sie den Geschmack derselben als unzulänglich erkannte; hierauf fraß sie verschiedene Sorten Monatrettiche und wollte eben untersuchen, ob in der tiefer gelegenen Erdschicht noch etwas Genießbares gedeihe, als sie von Fräulein Kordelia Furtwengler bemerkt wurde.

Diese war Köchin und Vorsteherin der pfarrlichen Haushaltung. Eine robuste Person mit gut entwickelten Formen und von resolutem Gebaren. Sie griff ohne langes Besinnen nach einem handlichen Stecken und eilte zornig hinaus, um den frechen Eindringling zu treffen. Da sie aber, wie alle Frauenzimmer, in den eigentlichen Kriegslisten wenig bewandert war, hub sie zu früh das Feldgeschrei an, sodass der Feind ihr Nahen von Weitem bemerkte und rechtzeitig die Flucht ergreifen konnte.

Auf derselben richtete die Sau erhebliche Verwüstungen an, da sie das Loch im Zaune nicht alsogleich fand, sondern erst in mehrerem Hin- und Herlaufen suchen musste.

Während sie ärgerlich grunzend heimkehrte, besah Fräulein Kordelia den Schaden und jammerte in so lauten Tönen, dass der hochwürdige Herr seine Morgenandacht unterbrach und sich nach der Ursache der frühen Störung erkundigte. Beim Anblick des Geschädigten wurde die Köchin von Rührung übermannt, und sie konnte nur mühsam unter verhaltenem Schluchzen das Geschehnis berichten.

Der Pfarrer vernahm es mit ersichtlichem Missvergnügen. Zunächst, weil er selbst ein Freund der essbaren Gartenfrüchte war, dann aber, weil die Missetäterin gerade dem Peter Salvermoser gehörte. Mit diesem hatte es seine eigene Bewandtnis. Er war im Pfarrhofe übel angeschrieben als Freigeist und lauer Christ, der im Wirtshause nicht selten über kirchliche Einrichtungen böse Reden führte; ja, es war ruchbar geworden, dass er über die Korpulenz des hochwürdigen Herrn einige unflätige Witze gemacht hatte. Auch als Nachbar benahm er sich gröblich und drohte in geringfügigen Dingen mit Gericht und Advokaten.

Darum beschloss der Pfarrer, in diesem Falle von der christlichen Langmut abzusehen und auf vollen Ersatz des Schadens zu dringen. In dieser Absicht ließ er vom Bürgermeister einen Sühneversuch anstellen und erschien selbst, um seine Beschwerde vorzutragen. Er tat es mit vielem Nachdruck und hätte wohl auch die meisten Pfarrkinder überzeugt, allein auf Salvermoser machten seine Worte keinen Eindruck. Peter war ein Mann von rauen Sitten, dem der Kampf des Lebens wenig Respekt vor der Obrigkeit belassen hatte; überdies las er täglich die Zeitung und wusste deshalb mehr als mancher andere.

„I zahl durchaus gar nix", sagte er, „indem dass i meiner Sau des net ang'schafft hab'."

„Auf diesen Einwurf war ich gefasst", erwiderte der Pfarrer, „allein man haftet auch für den Schaden, den eines Haustier betätiget. Also will es das Gesetz."

„Wos?", schrie Peter mit gehobener Stimme, „wo schteht dös? Des gibt's gor it, dass so was g'schrieben is. Aba i kenn mi scho aus. Der Adel und die Geischtlichkeit ham's Gsetz allemal no so draht, wia s' as braucht ham."

„Du muasst net so reden", mischte sich der Bürgermeister ein, „mir san net do zum Streiten, sondern zum Vergleicha."

„I brauch koan Vergleich. I zahl durchaus gar nix. Wann der Pfarrer was will, nacha soll er mei Sau verklag'n."

„Salvermoser", fiel hier der Diener Gottes ein, „deine Worte sind roh und verraten ein böses Gemüt."

„Soo? Do war mi schlecht, bal mi net zahlt, wos da Herr Pfarra gern möcht! Des glaab i gar net, dass Sie dös sagen derfa. I zahl meine Steuern so guat wia der Adel und die Geischtlichkeit! Des muass i wissen, ob Sie des sagen derfa, Herrschaft Sternsakrament!"

Jetzt bedeckte der Geistliche sein Haupt und sprach im Gehen zu dem Bürgermeister: „Es sei ferne von mir, hier noch länger zu weilen! Ihr sehet selbst, dass gütige Worte an dem Frevler verschwendet wären."

Dann begab er sich stehenden Fußes an die Bahn und fuhr nach München, woselbst er den Rechtsanwalt Samuel Rosenstock aufsuchte. Derselbe war ein vortrefflicher Jurist und mit allen Geheimnissen der Streitkunst gar wohl vertraut. Er nahm sich des Prozesses mit Freuden an und begann ihn sofort durch eine spitzfindige Klage, worin er ausführlich darlegte, dass der beklagtische Gütler für das Benehmen seiner Sau voll und ganz einzustehen habe.

Allein auch Peter Salvermoser fand den Advokaten, welchen er suchte, und dieser sagte in allem das Gegenteil von dem, was Samuel Rosenstock behauptete.

So kam es, dass sich der Prozess in die Länge zog und die Gemüter der Streiten-

den sich immer mehr erhitzten. Sie führten auch außerhalb der Gerichtsschranken einen erbitterten Krieg gegeneinander, und der Pfarrherr sah sich gezwungen, des Öfteren von der Kanzel herunter seine Pfarrkinder eindringlich zur Tugend und Frömmigkeit anzuhalten, auf dass sie nicht würden wie Peter Salvermoser.

Dieser hingegen tat seinem Feinde Abbruch, wo er nur konnte. Er verminderte heimlich die Anzahl der pfarrlichen Hühner und Enten, er streute vergifteten Weizen in den Taubenkobel des hochwürdigen Herrn und sorgte dafür, dass die Forellen in dem Fischkalter des Wassers entbehrten.

Auch die tugendsame Kordelia Furtwengler wurde in Mitleidenschaft gezogen. Ihre Lieblingskatze verschwand auf rätselhafte Weise, und niemand im Dorfe glaubte an den natürlichen Tod des treuen Tieres. Sie selbst wurde gröblich beschimpft von Anna Maria Salvermoser, Ehefrau des mehrgenannten Gütlers, als sie mit derselben im Bäckerladen zusammentraf. Sie erfuhr hierbei, dass sie eine wampete Loas sei und noch mehreres andere aus dem Sprachschatzes unseres Volkes.

So dauerte der Krieg in heftiger Weise fort, bis endlich das Gericht nach zwei Jahren genügendes Material gesammelt hatte, um zu einer Erkenntnis zu gelangen. Es verkündete nunmehr, dass die Sau nicht in den Garten gekommen wäre, es hätte denn der Zaun nicht ein Loch gehabt. Hierfür träfe niemanden das Verschulden, als den Eigentümer des Zaunes. Und damit hatte der Pfarrherr den Prozess verloren. Viele wunderten sich darüber, am meisten Samuel Rosenstock.

Als die Kunde von dem Geschehnisse in das Dorf gelangte, überkam ein tiefer Ingrimm den hochwürdigen Herrn. Er begab sich in die Küche zu Kordelia Furtwengler und erklärte der Erstaunten die ganze bodenlose Schlechtigkeit unseres Staatswesens.

Nicht so Peter Salvermoser. Dieser gewann Vertrauen in die Einsicht der von Gott gesetzten Obrigkeit und freute sich in seinem schlichtem Gemüte.

In fünfzig Jahren ist alles vorbei

Otto Reutter (1870–1931) war ein bekannter deutscher Sänger, Lieddichter und Komödiant. Seinen ersten großen Erfolg feierte er 1898 mit dem Schlager „Ich bin eine Witwe". In der Zeit des Ersten Weltkriegs trat er in sog. „Kriegsrevuen" auf, wo er sich auch kritisch und melancholisch äußerte. In den 1920er-Jahren waren seine Lieder Gassenhauer.

Denk stets, wenn etwas dir nicht gefällt:
„Es währt nichts ewig auf dieser Welt!"
Der kleinste Ärger, die größte Qual
Sind nicht von Dauer, sie enden mal!
Drum sei dein Trost, was immer es sei:
„In fünfzig Jahren ist alles vorbei!"

Und ist alles teuer, dann murre nicht
Und holt man die Steuer, dann knurre nicht
Und nimmt man dir alles, dann klage nicht
Und kriegst du 'n Dalles, verzage nicht –
Nur der, der nichts hat, ist glücklich und frei
Und in fünfzig Jahren ist alles vorbei!

Und geht zu 'nem andern dein Mägdelein
Dann schick ihr noch's Reisegeld hinterdrein
Und bist du traurig, denk in der Pein:
„Wie traurig wird bald der andere sein!"
Dem macht sie's wie dir — die bleibt nicht treu
Und in fünfzig Jahren ist alles vorbei!

Und siehst du 'ne Zeitung, dann schau nicht hin
Es steht ja doch bloß was Schlechtes drin!
Und schafft dir die Politik Verdruss:
Es kommt ja doch alles, wie's kommen muss!
Heut' haben wir die, morgen jene Partei
Und in fünfzig Jahren ist alles vorbei!

Und stehst du nervös an 'nem Telefon
Und du stehst und verstehst da nicht einen Ton
Oder bist beim Zahnarzt – wenn er dich greift
Und dich mit dem Zahn durch die Zimmer schleift
Und er zieht und er zieht und bricht alles entzwei –
Äh, in fünfzig Jahren ist alles vorbei!

Und platzt dir ein Knopf – am Hemd zumeist –
Und hast du ein Schuhband, das stets zerreißt
Und hast 'ne Zigarre du, die nicht zieht
Und hast du ein Streichholz, das gar nicht glüht:
Nimm noch 'ne Schachtel, nimm zwei oder drei –
Äh, in fünfzig Jahren ist alles vorbei!

Und fälscht man dir Schokolade und Tee
Und verspricht man dir echten Bohnen-Kaffee
Und du merkst, dass der Kaffee – wie schauderbar! –
Eine bohnen-lose Gemeinheit war
Dann schließ die Augen und sauf den Brei –
Äh, in fünfzig Jahren ist alles vorbei!

Und sitzt in der Bahn du ganz eingezwängt
Und dir wird noch 'ne Frau auf'n Schoß gedrängt
Und die hat noch 'ne Schachtel auf ihrem Schoß
Und du wirst die beiden Schachteln nicht los
Und die Füße werden dir schwer wie Blei –
Äh, in fünfzig Jahren ist alles vorbei!

Und bist du ein Eh'mann und kommst nach Haus
Halb drei in der Nacht und se schimpft dich aus
Dann schmeiß dich ins Bette und sag: „Verzeih!
Wär' ich zu Hause geblieben, wär's ooch halb drei!"
Und kehr ihr den Rücken und denk: „Nu schrei!
Äh, in fünfzig Jahren ist alles vorbei!"

Und fürchte dich nie, ist der Tod auch nah –
Je mehr du ihn fürcht'st, um so eh'r ist er da!
Vorm Tode sich fürchten, hat keinen Zweck –
Man erleb'n ja nicht, wenn er kommt, ist man weg!
Und schließlich kommen wir all' an die Reih'
Und in fünfzig Jahren ist alles vorbei!

Drum: Hast du noch Wein, dann trink ihn aus
Und hast du ein Mädel, dann bring's nach Haus!
Und freu dich hier unten beim Erdenlicht –
Wie's unten ist, weißt du – wie oben nicht!
Nur einmal blüht im Jahre der Mai
Und in fünfzig Jahren ist alles vorbei –
Du Rindvieh, dann isses vorbei!

Christian Morgenstern

1871–1914

Die Zeit

Es gibt ein sehr probates Mittel,
die Zeit zu halten am Schlawittel:
Man nimmt die Taschenuhr zur Hand
und folgt dem Zeiger unverwandt.

Sie geht so langsam dann, so brav
als wie ein wohlgezogen Schaf,
setzt Fuß vor Fuß so voll Manier
als wie ein Fräulein von Saint-Cyr.

Jedoch verträumst du dich ein Weilchen,
so rückt das züchtigliche Veilchen
mit Beinen wie der Vogel Strauß
und heimlich wie ein Puma aus.

Und wieder siehst du auf sie nieder;
ha, Elende! – Doch was ist das?
Unschuldig lächelnd macht sie wieder
die zierlichsten Sekunden-Pas.

Der Glockenwurm

Der Glockenwurm
Der Glockenwurm
Geht um im Turm
Beim Neumondsturm
  Es klopft
  Und tropft –
  Und rotbezopft
  Sophie dem Wurm
  Die Strümpfe stopft.

Der Glockenwurm
Der Glockenwurm
Geht um im Turm
Beim Neumondsturm
  O Laie geh
  Mit schneller Zeh!
  Wann spaßte je
  Der Glockenwurm?
  . . . . . .
  Und das tut weh.

Der Schaukelstuhl auf der verlassenen Terrasse

Ich bin ein einsamer Schaukelstuhl
und wackel im Winde,
            im Winde.
Auf der Terrasse, da ist es kuhl,
und ich wackel im Winde,
            im Winde.
Und ich wackel und nackel den ganzen Tag.
Und es nackelt und rackelt die Linde.
Wer weiß, was sonst wohl noch wackeln mag
im Winde,
     im Winde,
          im Winde.

Die drei Spatzen

In einem leeren Haselstrauch
Da sitzen drei Spatzen, Bauch an Bauch.

Der Erich rechts und links der Franz
Und mittendrin der freche Hans.

Sie haben die Augen zu, ganz zu,
Und obendrüber da schneit es, hu!

Sie rücken zusammen dicht an dicht.
So warm wie der Hans hats niemand nicht.

Sie hören alle drei ihrer Herzlein Gepoch.
Und wenn sie nicht weg sind, so sitzen sie noch.

Christian Morgenstern

Am 6. Mai 1871 wurde **Christian Morgenstern** in München geboren, sein Vater Carl Ernst Morgenstern war Landschaftsmaler. Seine Kindheit verlief sehr glücklich – bis zu dem Tag im Jahr 1881, an dem Morgensterns Mutter Charlotte an Tuberkulose starb. Noch tragischer: Sie hatte, wie sich herausstellte, den Sohn mit dieser tückischen Krankheit angesteckt.

Nach dem Tod seiner Mutter kam der Junge zunächst zu seinem Patenonkel nach Hamburg, war aber dort so unglücklich, dass sein Vater ihn in einem Internat in Landshut anmeldete. Doch dort kam der sensible Junge vom Regen in die Traufe: Er wurde von Mitschülern aufgrund seiner schwächlichen Statur gemobbt, hinzu kam, dass dort Prügelstrafe als Erziehungsmittel gang und gäbe war.

Zwei Jahre nach dem Tod der Mutter heiratete der Vater erneut, Morgenstern zog mit dem Paar nach Breslau. Er besuchte das Gymnasium und eine Militär-Ausbildungsschule, da sein Vater für ihn die militärische Laufbahn vorgesehen hatte. Da er sich den Anforderungen nicht gewachsen fühlte, wechselte er wieder auf das Gymnasium und studierte nach dem Abitur 1892 Jura. Ein Jahr später brach bei ihm das erste Mal die Tuberkulose aus, er konnte das Studium aufgrund der nötigen Kuraufenthalte nicht fortsetzen. Sein Vater hatte derweil ein drittes Mal geheiratet und weigerte sich nicht nur, den Sohn zu unterstützen, sondern lehnte auch jede finanzielle Hilfe von Freunden ab. Morgenstern beschloss, als Schriftsteller zu leben, denn bereits in seiner Schulzeit hatte er etliche komische und tiefgründige kleine Texte geschrieben. 1894 zog er nach Berlin, schrieb für verschiedene Zeitschriften Literaturkritiken, Kulturberichte und Glossen. Ein Jahr später gab er seinen ersten Lyrikband „In Phantas Schloss" heraus, in denen einige seiner ernsthaften Gedichte gesammelt sind, die bis heute leider wenig Beachtung finden. Es kam zum endgültigen Zerwürfnis mit dem Vater, der seine literarische Laufbahn ablehnte.

Vom Schreiben alleine konnte Morgenstern nicht leben. Ab 1897 arbeitete er sehr erfolgreich als Übersetzer, er

übersetzte Werke von August Strindberg und Henrik Ibsen – hierfür lernte er sogar Norwegisch. Ab 1903 war er Lektor im Verlag seines Freundes Bruno Cassirer, und 1905 brachte er die „Galgenlieder" heraus, die ein großer Erfolg wurden.

In Morgensterns komischer Lyrik wimmelt es von Fantasiewesen und skurrilen Einfällen. Er schrieb das erste deutsche Lautgedicht „Das große Lalulā" und beeinflusste so den Dadaismus, und er nahm mit dem Gedicht „Fisches Nachtgesang" – das nur aus Strichen und Bögen in Form eines Ovals besteht – die Konkrete Poesie vorweg. Dabei war er ein Meister des leichtfüßigen Sprachspiels und der Lautmalerei.

Gesundheitlich ging es dem Autor in der Folgezeit immer schlechter. Er unternahm aus diesem Grund etliche Reisen und Kuraufenthalte, 1905 musste er in ein Sanatorium eingewiesen werden. Vielleicht aus diesen Gründen interessierte er sich verstärkt für Spiritualität und Mystik. 1908 lernte er seine spätere Frau Margareta Gosebruch von Lichtenstein kennen, die sich, ebenso wie er, für die Anthroposophie interessierte. Er wurde ein enger Freund von Rudolf Steiner, dessen Vorträge er regelmäßig besuchte. Zu dieser Zeit schrieb er auch seine „Aphorismen", die einiges über sein Verständnis von Humor verraten: „Es gibt nur eine Rettung: Vor dem Ekel muss man sich durch Lachen schützen."

1910 veröffentlichte Morgenstern den Band „Palmström", den er in der Folgezeit mehrfach bearbeitete. Hier setzte er sich verstärkt, mit dem für ihn typischen Wortwitz, mit der Moderne auseinander. Die Figur Palmström – ein Sonderling, der gegen den Zeitgeist schwimmt – hatte er bereits in früheren Gedichten, unter anderem in den „Galgenliedern", entwickelt.

Morgensterns gesundheitlicher Zustand verschlechterte sich nun stetig. 1911 wurde er im Deutschen Krankenhaus in Rom behandelt. Es folgten Sanatoriumsaufenthalte in Davos und Arosa. Am 31. März 1914 starb er an den Folgen der Tuberkulose in Meran.

Der Seufzer

Ein Seufzer lief Schlittschuh auf nächtlichem Eis
    und träumte von Liebe und Freude.
Es war an dem Stadtwall, und schneeweiß
    glänzten die Stadtwallgebäude.
Der Seufzer dacht an ein Maidelein
    und blieb erglühend stehen.
Da schmolz die Eisbahn unter ihm ein –
    und er sank – und ward nimmer gesehen.

Der Lattenzaun

Es war einmal ein Lattenzaun,
mit Zwischenraum, hindurchzuschaun.
Ein Architekt, der dieses sah,
stand eines Abends plötzlich da –
und nahm den Zwischenraum heraus
und baute draus ein großes Haus.
Der Zaun indessen stand ganz dumm,
mit Latten ohne was herum.
Ein Anblick grässlich und gemein.
Drum zog ihn der Senat auch ein.
Der Architekt jedoch entfloh
nach Afri-od- Ameriko.

Das Nasobēm

Auf seinen Nasen schreitet
einher das Nasobēm,
von seinem Kind begleitet.
Es steht noch nicht im Brehm.

Es steht noch nicht im Meyer.
Und auch im Brockhaus nicht.
Es trat aus meiner Leyer
zum ersten Mal ans Licht.

Auf seinen Nasen schreitet
(wie schon gesagt) seitdem,
von seinem Kind begleitet,
einher das Nasobēm.

Neue Bildungen, der Natur vorgeschlagen

Der Ochsenspatz
Die Kamelente
Der Regenlöwe
Die Turtelunke
Die Schoßeule
Der Walfischvogel
Die Quallenwanze
Der Gürtelstier
Der Pfauenochs
Der Werfuchs
Die Tagtigall
Der Sägeschwan
Der Süßwassermops
Der Weinpintscher
Das Sturmspiel
Der Eulenwurm
Der Giraffenigel
Das Rhinozepony
Die Gänseschmalzblume
Der Menschenbrotbaum.

Das aesthetische Wiesel

Ein Wiesel
saß auf einem Kiesel
inmitten Bachgeriesel.
Wisst ihr,
weshalb?
Das Mondkalb
verriet es mir
im Stillen:
Das raffinier-
te Tier
tats um des Reimes willen.

Die zwei Wurzeln

Zwei Tannenwurzeln groß und alt
unterhalten sich im Wald.

Was droben in den Wipfeln rauscht,
das wird hier unten ausgetauscht.

Ein altes Eichhorn sitzt dabei
und strickt wohl Strümpfe für die zwei.

Die eine sagt: knig. Die andre sagt: knag.
Das ist genug für einen Tag.

Das große Lalulā

Kroklokwafzi? Semememi!
Seiokrontro – prafriplo:
Bifzi, bafzi; hulalemi:
quasti basti bo…
Lalu, lalu lalu lalu la!
Hontraruru miromente
zasku zes rü rü?
Entepente, leiolente
klekwapufzi lü?
Lalu lalu lalu lalu la!

Simarar kos malzipempu
silzuzankunkrei (;)!
Marjomar dos: Quempu Lempu
Siri Suri Sei []!
Lalu lalu lalu lalu la!

Gruselett

Der Flügelflagel gaustert
durchs Wiruwaruwolz,
die rote Fingur plaustert,
und grausig gutzt der Golz.

Die Fingur

Es lacht die Nachtalp-Henne,
es weint die Windhorn-Gans,
es bläst der schwarze Senne
zum Tanz.
Ein Uhu-Tauber turtelt
nach seiner Uhuin.
Ein kleiner Sechs-Elf hurtelt
von Busch zu Busch dahin …
Und Wiedergänger gehen,
und Raben rufen kolk,
und aus den Teichen sehen
die Fingur und ihr Volk …

Tagnachtlampe

Korf erfindet eine Tagnachtlampe,
die, sobald sie angedreht,
selbst den hellsten Tag
in Nacht verwandelt.

Als er sie vor des Kongresses Rampe
demonstriert, vermag
niemand, der sein Fach versteht,
zu verkennen, dass es sich hier handelt –

(Finster wirds am hellerlichten Tag,
und ein Beifallssturm das Haus durchweht.)
(Und man ruft dem Diener Mampe:
„Licht anzünden!") – dass es sich hier handelt

um das Faktum: dass gedachte Lampe,
in der Tat, wenn angedreht,
selbst den hellsten Tag
in Nacht verwandelt.

Fisches Nachtgesang

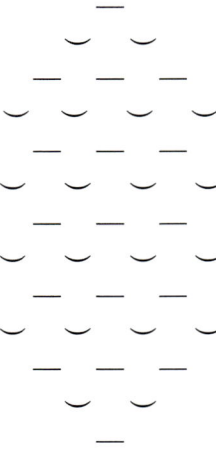

Aus der Vorstadt
(Mit Seele vorzutragen)

„Ich bin eine neue Straße
noch ohne Haus, o Graus.
Ich bin eine neue Straße
und sehe komisch aus.

Der Mond blickt aus den Wolken –
ich sage: Nur gemach –
(der Mond blickt aus den Wolken)
die Häuser kommen noch nach!

Ich heiß auch schon seit gestern,
und zwar Neu-Friedrichskron;
und links und rechts die Schwestern,
die heißen alle schon.

Die Herren Aktionäre,
die haben mir schon vertraut:
Es währt nicht lang, auf Ehre,
so werd ich angebaut.

Der Mond geht in den Himmel,
schließt hinter sich die Tür –
der Mond geht in den Himmel –
ich kann doch nichts dafür!"

Das Fest des Wüstlings
(Zu flüstern)

Was stört so schrill die stille Nacht?
Was sprüht der Lichter Lüsterpracht?
  Das ist das Fest des Wüstlings!
Was huscht und hascht und weint und lacht?
Was cymbelt gell? Was flüstert sacht?
  Das ist das Fest des Wüstlings!
Die Pracht der Nacht ist jach entfacht!
Die Tugend stirbt, das Laster lacht!
  Das ist das Fest des Wüstlings!

Die Stationen

Überall, auf allen Stationen
ruft der Mensch den Namen der Station,
überall, wo Bahnbeamte wohnen,
schallt es „Köpnick" oder „Iserlohn".
Wohl der Stadt, die Gott tut so belohnen:
Nicht im Stein nur lebt sie, auch im Ton!
Täglich vielmals wird sie laut verkündet
und dem Hirn des Passagiers verbündet.

Selbst des Nachts, wo sonst nur Diebe munkeln,
hört man: „Kötzschenbroda", „Schrimm", „Kamenz",
sieht man Augen, Knöpfe, Fenster funkeln;
kein Statiönchen ist so klein – man nennts!
Prenzlau, Bunzlau kennt man selbst im Dunkeln
dank des Dampfs verbindender Tendenz.
Nur die Dörfer seitwärts liegen stille …
Doch getrost, auch dies ist Gottes Wille.

Ukas

Durch Anschlag mach ich euch bekannt:
Heut ist kein Fest im deutschen Land.
Drum sei der Tag für alle Zeit
zum Nichtfest-Feiertag geweiht.

Palmström

Palmström steht an einem Teiche
und entfaltet groß ein rotes Taschentuch:
Auf dem Tuch ist eine Eiche
dargestellt sowie ein Mensch mit einem Buch.

Palmström wagt nicht, sich hineinzuschnäuzen.
Er gehört zu jenen Käuzen,
die oft unvermittelt-nackt
Ehrfurcht vor dem Schönen packt.

Zärtlich faltet er zusammen,
was er eben erst entbreitet.
Und kein Fühlender wird ihn verdammen,
weil er ungeschnäuzt entschreitet.

Franziska zu Reventlow

1871–1918

Die Silberwanze

Eine Erinnerung an Belgrad

Wir waren auch einmal in Belgrad, kamen jedoch nicht dazu, es uns näher anzusehen, weil unser Interesse durch andere Dinge abgelenkt wurde und … aber eben das soll hier erzählt werden.

Man langte gegen Abend an, um am nächsten Tage donauabwärts weiterzufahren. Wir hatten uns alle erst im Speisewagen kennengelernt und wollten bis Bukarest zusammenbleiben.

„Das also ist Belgrad", sagte der Professor, als der Zug hielt, und begann verschiedene Dinge aufzuzählen, die man unbedingt sehen müsse. Aber er wurde gleich unterbrochen, denn nun kam die Gepäckrevision, welche sich sehr umständlich gestaltete. So hatte eben der Professor – er war Zoologe – einen fliegenden Fisch in Spiritus bei seinem Handgepäck, den er am Ägäischen Meer mit anderen fliegenden Fischen vergleichen wollte. Dieser wurde zum Gegenstand endloser Diskussionen, denn die Beamten waren mehr neugierig als bürokratisch und wollten durchaus wissen, was es damit auf sich habe

und wozu er ihn brauche. Ferner war da eine junge Frau, die ein Baby und viele Koffer mit sich führte. Die Verhandlungen waren schon der Sprache wegen schwierig und wären sicher nie zu Ende gekommen, wenn nicht ein Damenimitator aus Budapest russisch gekonnt hätte. Er selbst hatte außer einer Geige nur eine Hutschachtel mit Trikots und Flitterröckchen bei sich. Diese Garderobestücke gaben ebenfalls Anlass zu endlosen Fragen, und während er ihre Berechtigung eingehend darlegte, hatte ein Subjekt, dessen Funktionen uns unklar blieben, sich der Geige bemächtigt und begann eine schwermütige Weise zu spielen. Es war eigentlich ganz stimmungsvoll, aber der Imitator hatte dafür keinen Sinn und brüllte das Subjekt im höchsten Sopran an. Damit und mit seinem Russisch imponierte er uns so, dass wir ihn gewissermaßen zu unserem Oberhaupt erwählten.

Die Revision dauerte eine volle Stunde. Draußen an den Fenstern der Halle lauerte eine Schar von Strolchen auf uns, sie drückten sich die Gesichter an den Scheiben platt und folgten jeder Bewegung mit aufgerissenen Augen. Es waren die Gepäckträger von Belgrad, die sich, als wir den Raum verließen, wie Wahnsinnige auf uns stürzten. Jeder erfasste ein Gepäckstück, einer sogar das Baby, dann stoben sie auseinander, jeder nach einem anderen Wagen. Wir hinterher, jeder seinem Eigentum nach, Frau Pollacek folgte dem Strolch, der ihr Kind trug, der Damenimitator seinen Flitterröckchen und der Professor dem fliegenden Fisch.

Die Kutscher knallten mit der Peitsche und wollten sofort losfahren. Es war entschieden so gemeint, dass auf jedes Stück Gepäck und auf jede Person ein Extrafuhrwerk kommen sollte. Auf diese Weise hätten wir mindestens ein Dutzend Wagen gebraucht. Außerdem wussten wir ja nicht einmal, wohin die Fahrt gehen solle. Man fiel also den Pferden in den Zügel, schrie, gestikulierte, sträubte sich, bis endlich Koffer und Personen in zwei Fiakern untergebracht waren. Nunmehr verlangten wir ein gutes Hotel in der Nähe des Hafens. Die Strolche unternahmen eine nochmalige Sturmattacke und wollten fürstlich belohnt werden. Der, welcher das Kind getragen hatte, verlangte geradezu ein Lösegeld, bekam es aber nicht.

Endlich rollten wir dem Hotel zu, und nach dem Souper wollten wir die Stadt ansehen. Man fuhr endlos durch dunkle Gassen, an Mauern und Zäunen entlang und hielt schließlich vor einer unwahrscheinlichen Spelunke. Der Wirt war in Hemdsärmeln und wenig vertrauenerweckend. Der Professor wurde ängstlich, Frau Pollacek beschwor uns, wieder umzukehren, aber der Damenimitator hatte Mut und fand, bei unserer geringen Ortskenntnis habe es keinen Zweck weiter zu suchen, wir würden nur unsere kostbare Zeit verlieren.

Es gab eine Art Abendessen, von dem wir nur das Notwendigste zu uns nahmen, und dann gingen wir die Stadt betrachten, hatten aber keinen Plan und fanden sie nicht. Es war zu dunkel. Stundenlang irrten wir durch Gassen, an Bretterwänden, Winkeln und Zäunen entlang und kehrten endlich todmüde zurück. Die Haustür stand offen, aber es war niemand zu sehen. Ratlos tappten wir im Dunkeln herum und stießen in einer Ecke des Flurs auf einen schlafenden Hausknecht.

Er wollte durchaus nicht aufstehen und sagte, wir brauchten nur die Treppen hinaufgehen und die Zimmer selbst aussuchen. Der Damenimitator ging mit einem Licht voran, aber in allen Betten lagen schon Leute. Bis wir zuletzt ein unbewohntes Gelass mit vielen Betten und einem zerrissenen Ledersofa entdeckten. Endgültig verzweifelt beschloss man, hier zu biwakieren. Die ganze Sache, vor allem die Leute, die wir in den anderen Zimmern gesehen, wirkte so unheimlich, dass es uns lieber war, zusammenzubleiben. Es wurde eine ungemütliche Nacht. Die einzige Kerze brannte bald herunter, und alle wälzten sich schlaflos. Zuletzt dämmerten

Franziska zu Reventlow wurde am 18. Mai 1871 in Husum geboren. Ihr Eltern waren norddeutsche Adelige, doch die Erziehung zur höheren Tochter misslang gründlich. Reventlow flog wegen ihrer Renitenz von einem Internat und ertrotzte eine Ausbildung zur Lehrerin – absolut unüblich in adeligen Kreisen. Sie überwarf sich bald mit ihrer Familie, und floh, kaum volljährig, zu einer Wandsbeker Freundin. 1894 heiratete sie den Gerichtsassessor Walter Lübke, der ihr den Besuch einer Münchner Malschule finanzierte. Die Ehe scheiterte drei Jahre später. Reventlow wurde eine stadtbekannte Münchner Bohemienne, die sich mit allerlei Gelegenheitsjobs über Wasser hielt. Sie übersetzte Texte aus dem Französischen, schrieb für den Simplicissimus, arbeitete als Glasmalerin und sogar als Prostituierte. Bald galt sie als Schwabings Muse, auch wegen ihrer erotischen Freizügigkeit. Den Vater ihres Sohnes verheimlichte sie, sie blieb alleinerziehend, und im Jahr 1917 half sie ihm sogar, als Soldat zu desertieren. Reventlows eigentliche Ambitionen lagen in der Malerei, doch bekannt wurde sie als Autorin halb-autobiografischer, im Plauderton gehaltener Texte, wie ihren locker-leichten Briefroman „Von Paul zu Pedro" oder die Novellensammlung „Das Logierhaus zur Schwankenden Weltkugel". Reventlow starb am 26. Juli 1918 an den Folgen eines Fahrradunfalls.

wir doch noch ein, und es war schon Morgen, als Frau Pollacek uns mit einem gellenden Schrei weckte. Dann jammerte sie halb im Schlaf vor sich hin – es sei nicht mehr zum Aushalten – hätte sie nur diese unselige Reise nicht unternommen und so weiter …

Ja, um Gottes willen, was denn los sei? – Sie ermunterte sich jetzt völlig: Es habe sie etwas ganz Fürchterliches gestochen … Damit stand sie auf und gebärdete sich wie eine Verzweifelte. Allgemeine Panik. Der Professor sprach von den in den Balkanländern vorkommenden Skorpionarten, die in größerer Anzahl selbst Erwachsenen gefährlich werden könnten. Alle wurden blass vor Schrecken, nur der mutige Damenimitator schritt zur Tat, untersuchte das eben verlassene Bett und konstatierte, nachdem er alle Decken auseinandergeschlagen hatte, Skorpione in größerer Anzahl seien jedenfalls nicht vorhanden. Uns fiel ein Stein vom Herzen.

Die junge Frau hatte sich inzwischen etwas beruhigt und war ebenfalls herangetreten. Plötzlich schrie sie wieder auf:

„Da – schauen Sie her!"

Alles drängte sich um das Bett, und nun erblickte man ein schimmerndes rundes Tier von der Größe einer mittleren Kaffeebohne, welches sich langsam den Bettrand entlang schob, und, als es die vielen forschenden Blicke auf sich gerichtet fühlte, sichtlich betreten stehen blieb.

Der Professor setzte seine Brille auf und suchte mittels eines Stückes Papier seiner habhaft zu werden. Es gelang. Dann betrachtete er es eingehend, schüttelte den Kopf und meinte, er fühle sich versucht, es als die gemeine Bettwanze, *Cimex lectuarius*, anzusprechen, nur was die silbergraue Färbung und die anscheinend durch den Biss hervorgerufene psychische Erregung beträfe, stehe er vor einem Rätsel.

Es folgte nun eine Art naturwissenschaftlicher Sitzung.

Mit dem Schlafen war es sowieso vorbei, man saß fröstelnd herum und besprach das Ereignis, tauschte Reiseabenteuer, Kenntnisse, Beobachtungen und Erlebnisse mit gewöhnlichen Wanzen aus, die ja in den südlichen Ländern keinem erspart bleiben – immerhin, ein Insekt wie dieses dem serbischen Boden entsprossene hatte noch keiner gesehen oder je davon gehört.

Die Sonne stand schon am Himmel, als der Professor sich erhob und in einer längeren Rede erklärte, er danke den verehrten Anwesenden herzlich für ihr Bestreben, an der Lösung des Problems mitzuwirken. Man sei demselben jedenfalls ein gutes Stück näher gekommen, und er beschließe daher, falls es uns recht sei, dem Tier, das seiner Ansicht nach eine wichtige Entdeckung bedeute, den Namen *Cimex argentuus,* zu Deutsch Silberwanze, beizulegen und seiner Fakultät sofort Mitteilung darüber zu machen.

Wir stimmten ihm einmütig bei. Inzwischen war es Zeit zum Aufbruch geworden und zu spät, um Stadt und Festung noch in Augenschein zu nehmen. In diesem Moment hatte auch niemand mehr Interesse dafür.

Während wir nunmehr unser Gepäck zusammensuchten, saßen Frau Pollacek und der Damenimitator immer noch nebeneinander auf dem Bettrand. Sie sprachen leise, und es schien uns, dass sie sich manchmal verstohlen die Hand drückten.

Und das wird wohl so gewesen sein. Wir machten vor Bukarest noch einmal Station, übernachteten in einem normalen Hotel, wo jeder sein Zimmer für sich hatte, aber am nächsten Morgen, als man weiterfahren wollte, waren jene beiden einfach verschwunden und kamen auch nicht mehr zum Vorschein. Wir fuhren also ohne sie, und während der Zug dahinrollte, sannen wir den verschlungenen Fäden des Lebens nach. Hier waren unversehens zwei Menschen, die man flüchtig kannte, glücklich geworden und ein unbekannter Dritter, nämlich der Herr Pollacek, unglücklich – oder auch umgekehrt, wer konnte das wissen? Und das alles war das Werk einer schlichten Silberwanze, die bis dahin in Belgrad ein obskures Dasein fristete und nun berühmt werden sollte.

Der Professor aber lächelte abgeklärt, murmelte vor sich hin „*Cimex argentuus*" und meinte dann, es habe noch jede wissenschaftliche Entdeckung ihre Opfer gefordert.

Alexander Roda Roda

1872–1945

Dieser Jüngling

Dieser Jüngling mit den roten Händen singt allabendlich im Kabarett drei unanständige Lieder; singt so eindrucksvoll, dass die Zuhörer innert zwanzig Minuten mehr als achtmal hell auflachen. – Davon lebt dieser Jüngling.

Architekten haben einen Plan entworfen, Maurer ein Haus geschichtet aus mühsam gebrannten Ziegeln, und der Jüngling wohnt darin.

Man züchtet in Australien Schafe, bringt ihre Wolle auf Dampfern nach Europa, webt zu Chemnitz Tuch daraus, damit der Jüngling seinen Frack bekomme.

Im Hemd aus schlesischem Flachs trägt der Jüngling eine Perle: Malaiische Taucher mussten sie aus Meeres Tiefen holen. Und das Gold für seine Uhrkette haben Kulis in Alaska gewaschen.

Ein holsteinsches Kalb ließ für Jünglings Schuh sein Leben.

Ist das nicht ein bisschen viel Aufwand für drei kleine Liedchen? Die nicht einmal von diesem Jüngling sind?

Ich sage nichts gegen ihn. – Ich bewundere nur die Menschheit, die es aus kleinen Urwaldanfängen mit Werkzeugen von Feuersteinen in ein paar lumpigen Jahrtausenden zu so herrlichem Staatsbau gebracht hat.

Stille Betrachtung

Es gibt Tiere, Kreise und gibt Ärzte.
Es gibt Tierärzte, Kreisärzte und Oberärzte.
Es gibt einen Tierkreis und einen Ärztekreis.
Es gibt auch einen Oberkreistierarzt.
Ein Oberkreistier aber gibt es nicht.

Die Tageszeitung

Einst hatte das Journal so viel Geist wie die Leute, die es schrieben.

Heute hat es so viel Geist wie jene, die es lesen.

Kinder, das ist ein furchtbarer Unterschied.

Seemannsleben

Nicht jeder kann festen Herzens den Gefahren trotzen; nicht jeder erträgt die furchtbare Mühsal solchen Daseins – zum Seemann muss man geboren sein. – Das hab ich auf dem Bodenseedampferli „Suchard"

Alexander Roda Roda wurde am 13. April 1872 unter dem Namen Sándor Friedrich Rosenfeld im mährischen Drnowitz geboren, das damals zur Habsburger Monarchie gehörte. Sein Vater war Gutsverwalter, und die Familie nannte sich, inoffiziell, Roda. In jungen Jahren schrieb der Autor gemeinsam mit seiner Schwester Marie etliche Werke, und sie vereinbarten, dass sie stets unter dem Doppelnamen Roda Roda veröffentlichen würden – was beide auch taten, denn auch sie wurde später Schriftstellerin.

Er studierte Jura in Wien, brach aber das Studium ab und verpflichtete sich zu einem zwölfjährigen Militärdienst. Doch aufgrund seines nonkonformistischen Geistes handelte er sich dort nur Ärger ein. Als auch noch einige seiner Armeesatiren publik wurden, bedeutete dies das Ende seines aktiven Dienstes. Er schrieb nun regelmäßig für den Simplicissimus. Nach einer Liebesaffäre mit einer acht Jahre älteren Tänzerin, die viel Staub aufwirbelte, ging er in die Reserve und widmete sich fortan dem Schreiben. Wegen seiner ständigen Probleme mit der Zensur und Bürokratie in der K.u.K-Monarchie siedelte er schließlich 1904 nach Berlin um. Er war zu dem Zeitpunkt bereits ein bekannter Autor, seine kurzen, prägnanten und satirischen Texte, die punktgenau die Gesellschaft aufs Korn nahmen, waren auch bei einem breiten Publikum beliebt. Er ließ das rote Innenfutter seiner Uniformjacke als Weste umschneidern, dies wurde fortan sein Markenzeichen, er trat in Kabaretts auf und war ein Publikumsmagnet.

Seinen größten Erfolg landete er 1909 mit der Komödie „Der Feldherrnhügel", die in Österreich verboten wurde und zu seinem endgültigen Ausschluss aus der Armee führte. Nach dem Untergang der K.u.K-Monarchie 1918 verlor er jedoch seine geistige Heimat, seine künstlerischen Themen und Reibungspunkte, er wurde gewissermaßen zum lebendigen Fossil. Nach Hitlers Machtergreifung emigrierte er nach Graz, nach dem Anschluss Österreichs in die Schweiz und von dort aus in die USA. Künstlerisch konnte er dort nicht mehr Fuß fassen. Er starb am 20. August 1945 in New York an Leukämie.

der Schweizer Flotte oft beobachten können.

In grausem Schneewehen wie unter glühender Tropensonne heißt es den Fahrplan einhalten: ab Reichenau 3 Uhr 10, an Konstanz 4 Uhr 32.

Im Meridian von Mannenbach sind die tückischen Zackenriffe; da dräut Verderben rechts und links; eine Seemeile zu weit nach Backbord, und das stolze Schiff ist auf der Veranda des Kurhotels gestrandet.

Bei Ermatting gurgeln die schauerlichen Strudel; wenn einem da die Wurststulle hineinfällt, ist sie verloren.

In der Grätsche, auf zwei mächtigen Säulen steht der sturmerprobte Kapitän auf der Kommandobrücke, ein Granitblock; äugt in die Kimmung, ob da nicht ein Flaumwölkchen das Nahen des Orkans verrate; doch auch die geringste Regung auf Deck entgeht seinem Scharfblick nicht.

„Volldampf voraus", ruft er ins Sprachrohr. Brausend peitscht die Schraube die Fluten, die Kielwelle brandet hintennach. – „Jagt's die Hühner aus dem Rauchsalon!" Haushoch wälzen sich die Wogen. „Ein Hundebillett nach Gottlieben? Fünfzehn Räppli – bitte sehr!"

Dann ein Augenblick, der selbst Weltfahrern, Männern von altem Kirsch und Korn, den Atem stocken lässt: Es gilt die flache Petershauser Brücke zu unterfahren.

Lange vorher stand der Kapitän, mit dem Sextanten in einer Faust, dem Fernrohr in der andern; keine Wimper wich vom Kompass und den nautischen Tabellen; aus dem Stand der Gestirne berechnet der Kapitän den Moment, wo er den Schornstein muss umlegen lassen. Eine Sekunde zu spät, und die Brücke wäre beschädigt, der Schornstein oben zertrümmert – ja, wer weiß? – der Ozeanriese selbst bliebe in Seenot stecken; eine Sekunde zu früh, und die roten Plüschmöbel der ersten Klasse sind ein Raub des Kohlenrußes.

So spielt sich zwischen schwerer Verantwortung und Taifunen das Seemannsleben ab. Wie glücklich der Kapitän, wenn er endlich, nach stundenlanger Abwesenheit, heim in den Hafen kehren darf, in die Arme der geliebten Gattin!

Melodie

In acht Tönen – wie sie auch heißen mögen, immer nur acht – ist die Musik eingefangen, aller Klang enthalten, der das Herz rühren kann, befeuern und entmutigen.

Durch Kombination dieser Töne, nur dieser – indem man sie gelegentlich dehnt oder verkürzt, entstehen:
das Gralsmotiv,
Ich küsse Ihre Hand, Madame,
Giovinezza,
die Internationale,
Deutschland, Deutschland über alles –

Hymnen und Gassenhauer, Attackesignale und Liebesseufzer, Walzer und Gebete.

Man kann die Töne zu Akkorden binden, durch Pausen trennen.

Immerhin sind es nur acht – aus acht Steinchen baut sich das ungeheure Gebäude auf einer Kunst – einer blühenden Industrie, die Millionen Hände beschäftigt und ernährt.

Acht Töne – die Zahl der Kombinationen daraus muss beschränkt sein.

Die niedere Mathematik nennt die Zahl: acht zur achten Potenz, das sind nicht einmal 17 Millionen Möglichkeiten.

Überdies kommen viele der 16 oder 17 Millionen mathematisch konstruierbaren Varianten für die Praxis gar nicht in Betracht: weil sie ohrenzerreißend misstönig oder albern klingen, banal und derb.

Ich glaube also, dass die Reihe der angenehmen oder auch nur erträglichen Kombinationen bald erschöpft sein wird. 17 Millionen, so viel Operetten, Verlage, Volkslieder und Tänze gibt es längst.

Ja, ich fühle das Ende der Musik schon nahen. Wir alle werden es noch miterleben. Ich gebe dem ganzen Betrieb nur noch zwei, drei Jahre Zeit.

Man suche mich nicht durch das Beispiel der Literatur zu widerlegen; die Literatur

verfügt immerhin über 25 Elemente, die Buchstaben A bis Z, und das in zahllosen Sprachen: 25 zur 25sten Potenz gibt einen astronomischen Wert.

Der Untergang der Musik lässt sich beschleunigen. Ich erbiete mich, eine Maschine zu entwerfen – und jeder mittelmäßig begabte Ingenieur wird sie nach meinen Angaben verwirklichen können: eine Maschine, die leicht und rasch sämtliche aus acht Tönen überhaupt noch ausstehenden Motive komponiert und auf Pappestreifen stanzt; das gewöhnliche elektrische Klavier kann die Motive abspielen.

Hierauf wird das Musizieren als erfüllt aufzugeben sein.

Die Katzen

Ich habe eine Zeitlang in Innsbruck gelebt. Es war ja nicht überströmend amüsant – doch ich hatte netten Umgang und vor allem meine beiden Katzen; unwahrscheinlich, unsagbar liebe Tiere.

Eines Tages stirbt mein Onkel (na endlich –!), ich muss vom Fleck nach Darmstadt.

Wie aber bringe ich meine Katzen dahin?

Ich tat ihnen Halsbändchen um, nahm sie an die Leine und stieg in den Zug.

Und nun soll ich die Katzen neun Stunden beaufsichtigen? Man muss dreimal umsteigen.

Mit mir im Abteil fuhr eine Dame mit zwei kleinen Kindern.

„Wohin, Gnädigste, wenn man fragen darf?"

„Nach Darmstadt", sagte sie.

„Ah, herrlich. Wollen Sie die Güte haben, Gnädigste, meine Katzen einen Augenblick zu halten? Nur einen Augenblick?"

Sie nahm die Katzen, und ich suchte mir einen andern Wagen.

Und schlief.

Viele, viele Stunden. In München stieg ich um.

In Aschaffenburg stieg ich abermals um und schlief; fast bis Darmstadt.

Eine Station vorher sah ich nach der Frau mit den Katzen.

Sie stand in ihrem Abteil – die Katzen fauchten, die Kinder schrien – die Katzen kratzten, die Kinder pissten – die Frau in vollkommener Hilflosigkeit, umwickelt von den Leinen. Schon seit Stunden, von Innsbruck an. Sie hatte meine Kätzchen nicht aus der Hand gegeben, die Gute.

Ich dankte ihr herzlich. Sie übergab mir meine Tiere und wischte sich ein paar Tränen ab.

Die Post

Eine Treppe unter mir wohnt ein Herr Robert Roder.

Ich aber heiße Roda Roda.

Da geschieht es denn manchmal, dass der Briefträger die Adressen zu flüchtig liest und meine Post unten abgibt. Regelmäßig öffnet dann dieser Robert Roder meine Briefe und schickt sie mit einem Entschuldigungszettel herauf:

Er habe in der Eile den Umschlag aufgerissen, da er aber schon aus den ersten Zeilen ersehen habe, dass der Brief nicht ihm, sondern mir gehört, erlaube er sich … usw.

Gestern wurde mir das zu dumm. Ich bat meinen besten Freund, mir einen Brief mit den Anfangsworten zu schreiben:

„Sie gemeinschädliches Gesinnungskrokodil, Büffelkönig beider Welten und Vorsitzender des Reichsverbandes der Idiotenvereine …"

Diesen Brief also schickte ich geöffnet an Herrn Roder mit einer Karte:

„Ich habe das beifolgende Schreiben im Versehen angenommen – da aber schon aus den ersten Zeilen hervorgeht, dass es für Sie bestimmt ist, hochverehrter Herr … usw."

Robert Roder hat mir über die Treppe zugerufen: Er wolle von nun an scharf auf die Adressen achten.

Meine Eindrücke von Leipzig

Nicht mit Unrecht gilt …

Andrerseits wieder muss man den Leuten zugutehalten, dass …

Kurz: Man kann verstehen.

Ein Mann alleine – Lyrik.
Zwei Männer – Ballade.
Ein Mann und eine Frau – Novelle.
Zwei Frauen und ein Mann – Roman.
Zwei Männer und eine Frau – Drama.
Zwei Männer und zwei Frauen – Lustspiel.

Eishockey

ist ein bezauberndes Kampfspiel. Orgie des Mutes. Verstand, blitzgeschwinde Geistesgegenwart ist alles. Von Kraft, Behendigkeit des Körpers gar nicht zu reden – die sind selbstverständliche Voraussetzung.

Ein Tormann, zwei Verteidiger, drei Stürmer auf jeder Seite mühen sich, den „Pack" in Gegners Goal zu schießen. Der Pack ist eine schwarze Scheibe von Hartgummi, nicht größer als der Handteller.

Wie sie sich bemühen! Gestern habe ich die Kanadier gesehen im Wettbewerb mit den Deutschen. Es war eine Schlacht.

Vor dem kanadischen Tor stand Mr. Puttee, wie ein Ritter gepanzert mit Koller, Harnisch, Kettenhandschuhen und Kürassierstiefeln.

„Herr", fragt' ich ihn, „was ist Ihr Beruf?"

„Nun, ich gebe acht, dass der Pack nicht an mir vorüber ins Tor fliege."

„Und dazu sind Sie aus Manitoba, Mittelkanada, hierhergereist?"

„Ja."

„Hören Sie, Mr. Puttee, ich bin nicht Fachmann, bin ein schlichter Bürger. Verzeihen Sie also, wenn ich dumm fragen sollte: Wir haben so viel Arbeitslose in Deutschland. Ich stelle einen davon hier auf und sage ihm: ‚Sie, Krause, bleiben Sie hier stehen und geben Sie fein Obacht, dass das schwarze Ding da, der abgerissene Stiefelabsatz, nicht in den Drahtkorb hineinkommt! Sie kriegen die Stunde 1,20 – und, wenn Sie Ihre Sache gut machen, 30 Pfennig extra.' – Glauben Sie nicht, Mister Puttee, dass Sie sich dann Ihre kostspielige Reise sparen konnten?"

„Nein."

„Warum nicht?"

„Weil Ihr Krause nicht geübt genug ist; der Pack wird immer wieder an Krause vorbei ins Tor gehen."

„Gut, Mister Puttee! Dann eine andre Idee – bin neugierig, was Sie darauf erwidern wollen: Wenn ich ein gutes Eichenbrett nehme, zwei Meter breit, ein halb Meter hoch, und stelle es hier quer aufgerichtet vor Ihr Tor … Glauben Sie, Mr. Puttee, dass auch dann noch …?"

Darauf wusste er mir keine Antwort.

Erich Mühsam

1878–1934

Schüttelreime

Lesen und Schreiben

Wer dichten will, der täte gut,
Er macht' es so, wie's Goethe tut.

Wird noch vom Dichterwert geschwätzt?
Oh nein! Jetzt wird das Schwert gewetzt.
Es wird sogar schon sehr gewetzt
und sich damit zur Wehr gesetzt.

„Juchhe!", rief Karl, „juchhe, der Falter!
Er sitzt auf meinem Federhalter."

Der Knabe stiehlt am Baume fleißig,
Schon hat er eine Pflaume bei sich.

Der Sänger singt am Weiher leise,
doch singt er etwas leierweise.

Mein kleines Mädchen reibt sich leise
Das Aug', wenn ich nach Leipzig reise.

Mit einem starken Schweden ringen,
Ist nicht so leicht wie Reden schwingen.

Ich bürste in dem Rosenhain
Den Rock mir und die Hosen rein.

Ich sing mein Lied und wander' so,
Bald bin ich hier, bald anderswo.

Man soll sich nicht in Häuschen laben,
Wo die Bewohner Läuschen haben.

Den Menschen vieles gibt das Leben.
Doch nicht ein jeder liebt das Geben.

Man wird in unsern Wahlbezirken
die größte Stimmenzahl bewirken.

Dem Onkel ist zum Sterben elend.
Da sieht man schon die Erben stehlend.

Derweil wir hier von manchem Wert
    geschwätzt,
hat Kutscher draußen schon das Schwert
    gewetzt.

Wenn mein Hund zu bellen droht
geb ich ihm Sardellenbrot.

Komm doch mit mir auf's Land, o Mine,
wir singen dort zur Mandoline.

Liegt einer fest in Rosenketten,
Kann er sich nicht durch Kosen retten.

Vergiss nicht der Husaren wegen
der Münchner Gaudi wahren Segen.
Willst dort Du Dir Dein Glück bereiten,
wer wird Dich einst zurückbegleiten?

Da wieder mal der Bundesrat
das Volk um etwas Rundes bat,
so hoff ich, dass die Hundesteuer
der Magistrat mir stunde heuer.

Indem, wer aus dem Fenster speit,
sich gegen die Gespenster feit.

Zirkusgedicht

Die Künstlerin beritten drang
begeistert in den dritten Rang,
womit sie auch den zweiten Rang
ihr Beifall zu bereiten zwang.

Es trinkt ein ganzes Schock Kamelchen
aus einem kleinen Mokkaschälchen.

Dada

Der Nitter splackt.
Das Splatter nickt,
wenn splitternackt
die Natter splickt.

Rendezvous

Ich bin verdammt zu warten
in einem Bürgergarten
auf das geliebte Weib.
Nun sitz ich hier als Beute
gewissenloser Leute
mit breitem Unterleib.
Sie sind so froh beim Biere,
bald zwei, bald drei, bald viere –
und reden vom Geschäft.
Die Gattin spricht vom Hause,
die Töchter trinken Brause,
und Flock, das Hündchen, kläfft.
Die Kellnerinnen schwirren.
Die Tischgeschirre klirren.
Der Himmel scheint so blau.
Wie süß ist's doch, zu warten
in einem Bürgergarten
auf die geliebte Frau.

Es stand ein Mann am Siegestor

Es stand ein Mann am Siegestor,
der an ein Weib sein Herz verlor.
Schaut sich nach ihr die Augen aus,
in Händen einen Blumenstrauß.
Zwar ist dies nichts Besunderes.
Ich aber – ich bewunder es.

Der deutsche Schriftsteller und Anarchist **Erich Mühsam** wurde am 6. April 1878 als Kind jüdischer Eltern in Berlin geboren. Er wuchs in Lübeck auf, sein Vater war Apotheker und Abgeordneter der Lübecker Bürgerschaft. Mühsams schriftstellerisches Talent zeigte sich schon früh – und seine rebellische Ader: 1896 wurde er wegen „sozialdemokratischer Umtriebe" von der Schule verwiesen. Auf Wunsch des Vaters absolvierte er eine Apothekerlehre und arbeitete auch einige Zeit als Apotheker. Dann zog er nach Berlin, wurde freier Schriftsteller sowie Redakteur der Zeitschrift „Armer Teufel". 1905 veröffentlichte er das witzig-satirische Büchlein „Psychologie der Erbtante".

Im Jahr 1908 übersiedelte er nach München, wurde ein bekanntes Mitglied der Schwabinger Bohème, arbeitete für das Münchner Kabarett und verschiedene satirische Zeitschriften wie den Simplicissimus. In dieser Zeit entstanden auch viele seiner Schüttelreime. 1915 heiratete er Zenzl Elfinger, wie er eine überzeugte Anarchistin und Pazifistin. Als der Erste Weltkrieg ausbrach, war er erleichtert über seine Ausmusterung. Viele antimilitaristische, oft auch satirische Gedichte entstanden. Er gründete mehrere anarchistische Gruppen, organisierte Streiks und gehörte zu den Unterstützern der Münchner Räterepublik. Nach deren Zerschlagung wurde er zu 15 Jahren Festungshaft verurteilt, von denen er aber „nur" fünfeinhalb Jahre absitzen musste. 1924 kehrte er nach Berlin zurück. Er schrieb Spott- und Marschlieder für die Arbeiterschaft und mehrere Bühnenstücke.

Kurz nach der Machtergreifung der Nationalsozialisten 1933 wurde er gefangengenommen. Als Jude, Pazifist und Anarchist entsprach er in jeder Hinsicht dem nationalsozialistischen Feindbild. Am 10. Juli 1934 wurde Erich Mühsam im KZ Oranienburg ermordet.

Der Gesang der Vegetarier
Ein alkoholfreies Trinklied

(Melodie: Immer langsam voran)

Wir essen Salat, ja wir essen Salat
Und essen Gemüse früh und spat.
Auch Früchte gehören zu unsrer Diät.
Was sonst noch wächst, wird alles verschmäht.
Wir essen Salat, ja wir essen Salat
Und essen Gemüse früh und spat.

Wir sonnen den Leib, ja wir sonnen den Leib,
Das ist unser einziger Zeitvertreib.
Doch manchmal spaddeln wir auch im Teich,
Das kräftigt den Körper und wäscht ihn zugleich
Wir sonnen den Leib und wir baden den Leib,
Das ist unser einziger Zeitvertreib.

Wir hassen das Fleisch, ja wir hassen das Fleisch
Und die Milch und die Eier und lieben keusch.
Die Leichenfresser sind dumm und roh,
Das Schweinevieh – das ist ebenso.
Wir hassen das Fleisch, ja wir hassen das Fleisch
Und die Milch und die Eier und lieben keusch.

Wir trinken keinen Sprit, nein wir trinken keinen Sprit,
Denn der wirkt verderblich auf das Gemüt.
Gemüse und Früchte sind flüssig genug,
Drum trinken wir nichts und sind doch sehr klug,
Wir trinken keinen Sprit, nein wir trinken keinen Sprit,
Denn der wirkt verderblich auf das Gemüt.

Wir rauchen nicht Taback, nein wir rauchen nicht Taback,
Das tut das scheußliche Sündenpack.
Wir setzen uns lieber auf das Gesäß
Und leben gesund und naturgemäß.
Wir rauchen nicht Taback, nein wir rauchen nicht Taback,
Das tut nur das scheußliche Sündenpack.

Wir essen Salat, ja wir essen Salat
Und essen Gemüse früh und spat.
Und schimpft ihr den Vegetarier einen Tropf,
So schmeißen wir euch eine Walnuss an den Kopf.
Wir essen Salat, ja wir essen Salat
Und essen Gemüse früh und spat.

Als ich dich fragte ...

Als ich dich fragte: Darf ich Sie beschützen?
Da sagtest du: Mein Herr, Sie sind trivial.
Als ich dich fragte: Kann ich Ihnen nützen?
Da sagtest du: Vielleicht ein andres Mal.
Als ich dich bat: Ein Kuss, mein Kind, zum Lohne!
Da sagtest du: Mein Gott, was ist ein Kuss?
Als ich befahl: Komm mit mir, wo ich wohne! –
Da sagtest du: Na, endlich ein Entschluss!

Karl Valentin

1882–1948

Semmelnknödeln

Liesl Karlstadt: Ja sag einmal, warum bist du denn heute Mittag nicht zum Essen gekommen? Zwei Stunden hab ich auf dich gewartet.

Karl Valentin: Ja, ich hab da draußen gleich gegessen, wo ich zu tun g'habt hab, in der kleinen Wirtschaft, und da isst man sehr gut, fast tadellos.

Liesl Karlstadt: No, so gut, wie ich koche, wirds bestimmt nicht sein.

Karl Valentin: Doch, doch.

Liesl Karlstadt: Aber jetzt ist es neun Uhr abends, wo warst du denn in der langen Zwischenzeit?

Karl Valentin: Nirgends, da hab ich auf das Mittagessen gewartet.

Liesl Karlstadt: Ja ist dir denn das nicht zu langweilig geworden?

Karl Valentin: Nein – in der Zwischenzeit hab ich mit der Kassierin gesprochen.

Liesl Karlstadt: Was, neun Stunden warst du mit der Kassierin beisammen? Über was habt ihr denn da gesprochen?

Karl Valentin: Ja über dös, dass die Semmelnknödel so lange nicht kommen.

Liesl Karlstadt: So lang wartet doch kein vernünftiger Mensch auf das Mittagessen.

Karl Valentin: Da war ich ja nicht vernünftig, ich war ja hungrig.

Liesl Karlstadt: Papperlapapp – wenn man das Essen um zwölf Uhr bestellt und in einer halben Stunde ist es noch nicht da, dann geht man einfach.

Karl Valentin: Freilich, dann frisst's ein anderer für mich …

Liesl Karlstadt: Und ausgerechnet Semmelknödel hat er sich bestellt, wo doch ich heute auch Semmelknödel gemacht habe.

Karl Valentin: Was, dieselben?

Liesl Karlstadt: Ah, dieselben! Unsinn – andere hab ich halt gemacht, aber Semmelknödel sind Semmelknödel.

Karl Valentin: deln.

Liesl Karlstadt: Was deln?

Karl Valentin: Semmelknödeln heißt's.

Liesl Karlstadt: Ich hab ja g'sagt, Semmelknödel.

Karl Valentin: Nein, Semmel*n*knödeln.

Liesl Karlstadt: Nein, man sagt schon von jeher Semmelknödel.

Karl Valentin: Ja zu einem – aber zu mehreren Semmelknödel sagt man Semmelnknödeln.

Liesl Karlstadt: Aber wie tät man denn zu einem Dutzend Semmelknödel sagen?

Karl Valentin: Auch Semmelnknödeln – Semmel ist die Einzahl, das musst Ihnen merken, und Semmeln ist die Mehrzahl, das sind also mehrere einzelne zusammen. Die Semmelnknödeln werden aus Semmeln gemacht, also aus mehreren Semmeln, du kannst nie aus einer Semmel Semmelnknödeln machen.

Liesl Karlstadt: Warum nicht? Machen kann mans schon.

Karl Valentin: Ja ja, machen schon, aber wenn du aus einer Semmel zehn Semmelnknödeln machen tätst, dann würden die Semmelknödeln so klein wie Mottenkugeln. Dann würde das Wort Semmelknödeln schon stimmen. Weils bloß aus einer Semmel sind. Aber solang die Semmelnknödeln aus mehreren Semmeln gemacht werden, sagt man unerbitterlich: Semmel*n*knödeln.

Liesl Karlstadt: Du, da hast du es aber auch nicht richtig ausgesprochen, jetzt hast grad g'sagt Semmel*n*knödeln.

Karl Valentin: Schon recht, ich hab g'sagt Semmel*n*knödeln.

Liesl Karlstadt: Richtig muss es eigentlich *Semmel*nknödeln heißen, die Semmel muss man betonen, weil die Knödel aus Semmeln gemacht sind – überhaupt das Wichtigste ist der Knödel – Semmeln*knödeln* müsst es ursprünglich heißen.

Karl Valentin: Nein, das Wichtigste ist das „n" zwischen Semmel und Knödeln.

Liesl Karlstadt: Ja wie heißt es dann bei den Kartoffelknödeln?

Karl Valentin: Dasselbe „n", Kartoffel-n-knödeln!!!

Liesl Karlstadt: Und bei den Schinkenknödeln ah – hahaha –

Karl Valentin: Da ist's genau so – da ist das „n" schon zwischendrin, es gibt keine Knödeln ohne „n".

Liesl Karlstadt: Doch, die Leberknödeln.

Karl Valentin: Ja, stimmt – Lebernknödeln kann man nicht sagen!

Der Radfahrer

(*Personen: Der Radfahrer Karl Valentin, ein Schutzmann.*)

Schutzmann: Halt!

(Valentin blinzelt den Schutzmann an.)

Schutzmann: Was blinzeln Sie denn so?

Valentin: Ihre Weisheit blendet mich, da muss ich meine Schneebrille aufsetzen.

Schutzmann: Sie haben ja hier eine Hupe, ein Radfahrer muss doch eine Glocke haben. Hupen dürfen nur die Autos haben, weil die nicht hupen sollen.

Valentin (drückt auf den Gummiball): Die meine hupt nicht.

Schutzmann: Wenn die Hupe nicht hupt, dann hat sie doch auch keinen Sinn.

145

Valentin: Doch – ich spreche dazu! Passen Sie auf, immer wenn ich ein Zeichen geben muss, dann sage ich Obacht!

Schutzmann: Und dann haben Sie keinen weißen Strich hinten am Rad!

Valentin: Doch! (Zeigt seine Hose.)

Schutzmann: Und Rückstrahler haben Sie auch keinen.

Valentin: Doch! (Sucht in seinen Taschen nach.) Hier!

Schutzmann: Was heißt in der Tasche – der gehört hinten hin.

Valentin (hält ihn auf die Hose): Hier?

Schutzmann: Nein – hinten auf das Rad – wie ich sehe, ist das ja ein Transportrad – Sie haben ja da Ziegelsteine, wollen Sie denn bauen?

Valentin: Bauen – ich? Nein! – warum soll ich auch noch bauen? Wird ja so so viel gebaut.

Schutzmann: Warum haben Sie dann die schweren Steine an Ihr Rad gebunden?

Valentin: Damit ich bei Gegenwind leichter fahre, gestern in der Frühe zum Beispiel ist so ein starker Wind gegangen, da hab ich die Steine nicht dabei gehabt, ich wollt' nach Sendling nauf fahren, daweil bin ich nach Schwabing nunter kommen.

Schutzmann: Wie heißen Sie denn?

Valentin: Wrdlbrmpfd.

Schutzmann: Wie?

Valentin: Wrdlbrmpfd …

Schutzmann: Wadlstrumpf?

Valentin: Wr – dl – brmpfd!

Schutzmann: Reden S' doch deutlich, brummen S' nicht immer in Ihren Bart hinein.

Valentin (zieht den Bart herunter): Wrdlbrmpfd.

Schutzmann: So ein saublöder Name! – Schaun S' jetzt, dass Sie weiterkommen.

Valentin (fährt weg – kehrt aber nochmal um und sagt zum Schutzmann): Sie, Herr Schutzmann …

Schutzmann: Was wollen Sie denn noch?

Valentin: An schönen Gruß soll ich Ihnen ausrichten von meiner Schwester.

Schutzmann: Danke – ich kenne ja Ihre Schwester gar nicht.

Valentin: So eine kleine stumpferte – die kennen Sie nicht? Nein, ich habe mich falsch ausgedrückt, ich mein, ob ich meiner Schwester von Ihnen einen schönen Gruß ausrichten soll?

Schutzmann: Aber ich kenne doch Ihre Schwester gar nicht – wie heißt denn Ihre Schwester?

Valentin: Die heißt auch Wrdlbrmpfd …

Der Hasenbraten

Mann: Elisabeth! – Ich hab doch Hunger, was is denn heute mit dem Hasenbraten?

Frau: Der ist noch nicht ganz fertig, aber die Suppe steht schon am Tisch.

Mann schlürft: Na, die Suppe ist heut wieder ungenießbar.

Frau: Wieso? Dös is sogar heut eine ganz feine Suppn.

Mann: Das sagt ja auch niemand, dass die Suppn nicht fein ist, ich mein nur, sie ist ungenießbar, weil s' so heiß ist.

Frau: Eine Suppe muss heiß sein.

Mann: Gewiss! Aber nicht zu heiß.

Frau: Alle Tag und alle Tag das gleiche Lied, entweder ist ihm d' Suppn z' heiß oder sie ist ihm zu kalt; jetzt will ich dir amal was sagn: Wenn ich dir nicht gut genug koch, dann gehst ins Wirtshaus zum Essen.

Mann: Dös is gar net notwendig, die Suppn is ja gut, nur zu heiß.

Frau: Dann wartest halt so lang bis kalt is.

Mann: Eine kalte Suppn mag ich auch nicht.

Frau: Dann – jetzt hätt ich bald was gsagt.

Mann: Ich weiß schon – nachm Essen.

Frau: Jeden Tag und jeden Tag muss bei uns gestritten werden, anders gehts nicht.

Mann: Na ja, du willst es ja nicht anders haben.

Frau: So, bin ich vielleicht der schuldige Teil?

Mann: Na, wer denn, hab ich die Suppn gekocht?

Frau: Eine kochende Suppe ist immer heiß.

Mann: Ja, vielleicht kochst du s' zu lang!

Frau: Zu lang? Nein, nein, morgn häng i an Thermometer in Suppentopf nei, damit der Herr Gemahl a richtig temperierte Suppn bekommt.

Mann: Eine gute Köchin braucht kein Thermometer zum Suppn kochen.

Frau: Ja ja, jetzt kommt die spöttische Seite, so gehts ja jeden Tag bei uns, zuerst nörgelt er, und dann kommt der Spott auch noch dazu.

Mann: Was heißt nörgeln. Ich habe doch als Mann das Recht zu sagen, die Suppe ist mir zu heiß.

Frau: Jetzt fangt er wieder mit der heißen Suppen an; es ist wirklich zum Verzweifeln.

Mann: Du brauchst nicht zu verzweifeln, du sollst die Suppe so auf den Tisch stellen, wie sie sein soll, nicht zu kalt und nicht zu heiß.

Frau: Aber jetzt ist sie doch nicht mehr zu heiß!

Mann: Jetzt nicht mehr, aber wie du sie hereingetragen hast, war sie zu heiß.

Frau: Schau, schau, er hört nicht mehr auf, er bohrt immer wieder in dasselbe Loch hinein.

Mann: Wieso, was soll denn das heißen?

Frau: Weil du immer wieder mit der heißen Suppn daherkommst.

Mann: Du bist doch mit der heißn Suppn dahergekommen, nicht ich, du drehst ja den Stiel um.

Frau: Du bist und bleibst ein Streithammel. *Zwischenreden.* Du – nein du – Horch – *schnüffelt* – Was riecht denn da so komisch?

Mann: Ich hör auch was – da brandelt was –

Frau: Hast vielleicht wieder eine brennende Zigarette auf den Teppich geworfen?

Mann: Ich hab ja heute noch nicht geraucht, und wenn ich geraucht hätt, dann hätt ich die Zigarette nicht auf den Teppich, sondern in den Aschenbecher geworfen.

Frau: Ich hab's ja auch nicht behauptet, ich hab ja nur gemeint, und meinen werd ich noch dürfen. Um Gotteswillen, der Rauch kommt ja aus dem Gang!

Mann: So, so geh halt naus und schau, was los ist.

Frau: Mein Gott! – Die ganze Küche ist voll Rauch – macht die Ofentüre auf. Jessas, der Has ist verbrannt!

Mann: So, so. Ja ja, bei uns muss ja immer was los sein!

Frau: So! – kommt aus der Küche auf den Mann zu und zeigt ihm den Braten. Da schau her, da schau her, da haben wir jetzt die Bescherung! Mit deiner ewigen Streiterei ist unser ganzes Essen verbrannt.

Mann: Mahlzeit! – Und drinnen waltet die tüchtige Hausfrau!

Frau: Wer ist denn schuld? Du! Mit deinem ewigen Streiten und Nörgeln!

Mann: Ich habe nicht gestritten und genörgelt, ich hab ja nur gesagt, dass die Suppe zu heiß ist!

Frau: Jetzt fangt er wieder an mit der heißen Suppn, ich lauf noch auf und davon!

Mann: Auf brauchst du gar nicht laufen, nur davon! – Genügt mir vollständig.

Frau: Mit lauter Streiten hab ich ganz drauf vergessen, und der arme, arme Hase ist jetzt im glühenden Ofenrohr jämmerlich verbrannt. – Essen kannstn nimmer!

Mann: Das tu ich auch nicht! Aber dem Tierschutzverein sag ichs!

Karl Valentin wurde am 4. Juni 1882 in München geboren. Mit 15 Jahren begann er eine Schreinerlehre. Bis 1901 arbeitete er als Geselle, trat aber schon gelegentlich, wenn auch wenig erfolgreich, als Komiker auf. 1907 tourte er mit einem von ihm selbst entwickelten Musikapparat namens „Orchestrion" durch die Lande. Leider zerstörte er den Apparat später in einem Wutanfall – dennoch blieb Musik für seine Kunst wesentlich. 1905 und 1910 wurden seine Töchter geboren, die Mutter Gisela Royes, ein Dienstmädchen aus dem elterlichen Hause, heiratete er ein Jahr später. Im selben Jahr lernte er auch Liesl Karlstadt kennen. Die beiden wurden privat und beruflich ein Paar und blieben 26 Jahre lang eines der bekanntesten Komikerduos. Valentin eröffnete ein Filmstudio und erhielt 1926 sogar eine Einladung nach Hollywood, die er aber ablehnte. Karl Valentin entwickelte nicht nur eine typische groteske Körpersprache. Auch sein Sprachwitz, der Sprache allzu wörtlich nimmt und zugleich menschliche Kommunikation persifliert, ist eigenwillig und grotesk. Während der Zeit des Nationalsozialismus blieb er weitgehend unpolitisch. In der Nachkriegszeit konnte der Humorist nicht mehr Fuß fassen, sein Humor galt als antiquiert. Er starb am 9. Februar 1948 infolge einer Unterkühlung an einer Lungenentzündung – man hatte ihn nach einem Auftritt versehentlich in der Garderobe eingesperrt. Erst in den 60er-Jahren wurde sein Werk wiederentdeckt.

Joachim Ringelnatz
1883–1934

Gedicht in Bi-Sprache

Ibich habibebi dibich,
Lobittebi, sobi liebib.
Habist aubich dubi mibich
Liebib? Neibin, vebirgibib.

Nabin obidebir febirn,
Gobitt seibi dibir gubit.
Meibin Hebirz habit gebirn
Abin dibir gebirubiht.

Bumerang

War einmal ein Bumerang;
War ein weniges zu lang.
Bumerang flog ein Stück,
Aber kam nicht mehr zurück.
Publikum – noch stundenlang –
Wartete auf Bumerang.

Aus

Nun geh ich stumm an dem vorbei,
Wo wir einst glücklich waren,
Und träume vor mich hin: Es sei
Alles wie vor zehn Jahren.

Und du bist schön, und du bist gut
Und hast so hohe Beine.
Mir wird so loreley zumut,
Und ich bin doch nicht Heine.

Ich klappe meine Träume zu
Und suche mir eine Freude.
Auf dass ich nicht so falsch wie du
Mein Stückchen Herz vergeude.

Wie mag er aussehen?

Wer hat zum Steuerbogenformular
den Text erfunden?
Ob der in jenen Stunden,
da er dies Wunderwirr gebar,
wohl ganz – oder total – war?

Du liest den Text. Du sinnst. Du spinnst.
Du grinst – „Welch Rinds" – Und du beginnst
wieder und wieder. Eisigkalt
kommt die Vision dir „Heilanstalt".

Für ihn? Für dich? – Dein Witz erblasst.
Der Mann, der jenen Text verfasst,
was mag er dünkeln oder wähnen?
Ahnt er denn nichts von Zeitverlust und Tränen?

Wir kommen nicht auf seine Spur.
Und er muss wohl so sein und bleiben.
Auf seinen Grabstein sollte man nur
den Text vom Steuerbogen schreiben.

Dickhäuter

Ein Elefant von vorn sieht fast
So aus wie ein Nilpferd von rückwärts.
Sie tragen beide schwere Last,
Manchmal pechwärts und manchmal glückwärts.

Sie tragen unter zementiger Haut
Viel Weiches und viel Zartes.
Wer richtig in ihren Rachen schaut,
Gewahrt es.

Sie lassen von Leuten, die außen weich,
Innen hart sind, sich erschießen.
Ich glaube: Ihr kommt ins Himmelreich,
Ihr Riesen!

Der Flieger, der die Erde umkreist,
Kriegt Ähnliches in Sicht.
Wie die Fliege, die euch belästigt, nicht beißt,
Beißen kann sie euch nicht.

Es lebe die Mode!

Für die Mode, nicht dagegen
Sei der Mensch! – Denn sie erfreut,
Wenn sie sich auch oft verwegen
Vor dem größten Kitsch nicht scheut.

Ob sie etwas kürzer, länger,
Enger oder anders macht,
Bin ich immer gern ihr Sänger,
Weil sie keck ins Leben lacht.

Durch das Weltall sei's gejodelt
Allen Schneidern zum Gewinn:
Mode lebt und Leben modelt,
Und so haben beide Sinn.

Das Schlüsselloch

Das Schlüsselloch, das im Haupttor saß,
Erlaubte sich nachts einen Spaß.
Es nahten Studenten
Mit Schlüsseln in Händen.
Da dachte das listige Schlüsselloch:
Ich will mich verstecken,
Um sie zu necken!
Worauf es sich wirklich seitwärts verkroch.
Alsbald nun tasteten die Studenten
Suchend,
Fluchend;
Mit Händen
An Wänden.
Und weil sie nichts fanden, zogen sie weiter.
Schlüsselloch lachte heiter.

(Die Herren erreichten ihr Zimmer nimmer.
Eigentlich war die Sache noch schlimmer.
Ich selbst war nämlich bei den Studenten –
Doch lassen wir es dabei bewenden.)

Ernster Rat an Kinder

Wo man hobelt, fallen Späne.
Leichen schwimmen in der Seine.
An dem Unterleib der Kähne
Sammelt sich ein zäher Dreck.

An die Strähnen von den Mähnen
Von den Löwen und Hyänen
Klammert sich viel Ungeziefer.
Im Gefieder von den Hähnen
Nisten Läuse; auch bei Schwänen.
(Menschen gar nicht zu erwähnen,
Denn bei ihnen geht's viel tiefer.)

Nicht umsonst gibt's Quarantäne.

Allen graust es, wenn ich gähne.
Ewig rein bleibt nur die Träne
Und das Wasser der Fontäne.

Kinder, putzt euch eure Zähne!!

Ohrwurm und Taube

Der Ohrwurm mochte die Taube nicht leiden.
Sie hasste den Ohrwurm ebenso.
Da trafen sich eines Tages die beiden
in einer Straßenbahn irgendwo.

Sie schüttelten sich erfreut die Hände
und lächelten liebenswürdig dabei
und sagten einander ganze Bände
von übertriebener Schmeichelei.

Doch beide wünschten sie sich im Stillen,
der andre möge zum Teufel gehn,
und da es geschah nach ihrem Willen,
so gab es beim Teufel ein Wiedersehn.

Joachim Ringelnatz

Der Dichter, Maler und Kabarettist Joachim Ringelnatz wurde – unter dem Namen Hans Gustav Bötticher – am 7. August 1883 im sächsischen Wurzen geboren. Er entstammte einer Künstlerfamilie: Seine Mutter zeichnete und stellte kunstvolle Perlenstickereien her, der Vater war zunächst Musterzeichner für Tapeten und lebte später hauptberuflich als Schriftsteller, der durchaus erfolgreich Kinderbücher und Gedichte publizierte. Als der Junge vier Jahre alt war, zog die Familie nach Leipzig. Die Schulzeit war für ihn ein Graus. Er galt als schwierig, und als er sich, 14-jährig, von einer Samoanerin in einer Vielvölkerschau ein Tattoo stechen ließ, wurde er von der Schule geworfen. „Ein Schulrüpel ersten Ranges", sei er gewesen, so vermerkte es ein Lehrer später auf seinem Abschlusszeugnis von einer privaten Realschule, die er nach der kurzen Gymnasialzeit besucht hatte.

Sein Berufswunsch war Seemann, und mithilfe seines Vaters erfüllte er sich auch diesen Traum. Er wurde Schiffsjunge auf einem Segelschiff und bereiste die halbe Welt, wurde aber aufgrund seines Aussehens Opfer von Gewalt und Schikane. In Britisch Honduras – dem heutigen Belize – floh er, verirrte sich im Urwald und wurde wieder aufgegriffen. Es wechselten sich Episoden von Arbeits- und Obdachlosigkeit, Gelegenheitsarbeiten wie die Aushilfe bei einer Schlangenbude in Hamburg sowie weitere Fahrten zur See ab. Zur selben Zeit veröffentlichte er kleinere Texte in „Auerbachs Deutschem Kinderkalender". Wegen seiner Kurzsichtigkeit konnte er nicht Matrose werden, sodass er nach einer Ausbildung zum Bootsmaat 1903 in Hamburg eine kaufmännische Lehre begann. In München schließlich arbeitete er 1909 als Buchhalter in einem Reisebüro, verlor aber diese Stelle schnell wieder. Doch hatte er erste Auftritte in der Künstlerkneipe „Simpl" und veröffentlichte Gedichte in der Zeitschrift Simplicissimus. Auch malte und verkaufte er seine ersten Gemälde. 1910 erschien sein erster Gedichtband. 1912 dann wurde „Die Schnupftabaksdose" publiziert, eine Sammlung seiner ersten Nonsensgedichte, die so typisch für sein Schaffen sind.

Bei Ausbruch des Ersten Weltkriegs wurde der Autor vom allgemeinen Kriegstaumel angesteckt und meldete sich als Freiwilliger zur Kriegsmarine. Sein Enthusiasmus verflog jedoch schnell. Er galt als Querulant und komischer Kauz und wurde auf einen Sonderposten in Cuxhaven verlegt.

Ab Ende 1919 publizierte er unter dem Pseudonym, unter dem er auch bekannt werden sollte: Joachim Ringelnatz. Seine Lyriksammlungen „Turngedichte" und „Kuttel Daddeldu" von 1920 wurden zu großen Erfolgen. Während die Turngedichte Parodien zum Thema Sport darstellen und voller fantasievoller Wortschöpfungen stecken, handelt es sich bei dem Band „Kuttel Daddeldu" um Seemannsgarn des gleichnamigen Seebärs, Erzählgedichte voller witziger, unerwarteter Pointen und gespickt mit schwarzem Humor. Das Jahr 1920 war für Ringelnatz auch privat erfolgreich, heiratete er doch seine Freundin Leonharda Pieper, von ihm zärtlich „Muschelkalk" genannt.

In den Folgejahren versuchte sich Ringelnatz auch in der Prosa, schrieb allerhand Autobiografisches in eher sachlich-kühlem Stil, einige Erzählungen und zwei Romane, einer davon ein Großstadtroman, in dem er früh die Montagetechnik verwendete. Hinzu kamen fünf Kinderbücher, zwei davon tragen seine ganz besondere Handschrift. Besonders beliebt ist auch heutzutage noch das 1931 erschienene, witzig-freche „Geheime Kinder-Verwirr-Buch". Inwieweit die oft satirischen Texte dieses Buches tatsächlich kindgerecht sind, wird heute noch diskutiert.

Während der 1920er- und frühen 1930er-Jahre war Ringelnatz sowohl als Buchautor als auch als Kabarettist recht erfolgreich. Auch seine Bilder wurden in wichtigen Galerien und Museen ausgestellt. Doch während der Nazizeit wurden seine Bücher verboten, seine Gemälde verbrannt – nur wenige sind noch erhalten –, und er erhielt Auftrittsverbot. Nur ein Jahr nach der nationalsozialistischen Machtergreifung starb er am 17. November 1934 völlig entkräftet in Berlin an Tuberkulose.

Kuttel-Daddeldu und die Kinder

Wie Daddeldu so durch die Welten schifft,
Geschieht es wohl, dass er hie und da
Eins oder das andre von seinen Kindern trifft,
Die begrüßen dann ihren Europapa:
„Gud morning! – Sdrastwuide! – Bong Jur, Daddeldü!
Bon tscherno! Ok phosphor! Tsching-tschung! Bablabü!"
Und Daddeldu dankt erstaunt und gerührt
Und senkt die Hand in die Hosentasche
Und schenkt ihnen, was er so bei sich führt,
– Whiskyflasche,
Zündhölzer, Opium, türkischen Knaster,
Revolverpatronen und Schweinsbeulenpflaster,
Gibt jedem zwei Dollar und lächelt: „Ei, ei!"
Und nochmals: „Ei, ei!" – Und verschwindet dabei.

Aber Kindern von deutschen und dänischen Witwen
Pflegt er sich intensiver zu widmen.
Die weiß er dann mit den seltensten Stücken
Aus allen Ländern der Welt zu beglücken.
Elefantenzähne – Kamerun,
Mit Kognak begoss'nes malaiisches Huhn,
Aus Friedrichroda ein Straußenei,
Aus Tibet einen Roman von Karl May,
Einen Eskimoschlips aus Giraffenhaar,
Auch ein Stückchen versteinertes Dromedar.

Und dann spielt der poltrige Daddeldu
Verstecken, Stierkampf und Blindekuh,
Markiert einen leprakranken Schimpansen,
Lehrt seine Kinderchen Bauchtanz tanzen
Und Schiffchen schnitzen und Tabak kauen.
Und manchmal, in Abwesenheit älterer Frauen,
Tätowiert er den strampelnden Kleinchen
Anker und Kreuze auf Ärmchen und Beinchen.

Später packt er sich sechs auf den Schoß
Und lässt sich nicht lange quälen,
Sondern legt los:
Grog saufen und dabei Märchen erzählen;
Von seinem Schiffbruch bei Helgoland,
Wo eine Woge ihn an den Strand
Auf eine Korallenspitze trieb,
Wo er dann händeringend hängenblieb.
Und hatte nichts zu fressen und saufen;
Nicht mal, wenn er gewollt hätte,

Einen Tropfen Trinkwasser,
Um seine Lippen zu benetzen.
Und kein Geld, keine Uhr zum Versetzen.
Außerdem war da gar nichts zu kaufen;
Denn dort gab's nur Löwen mit Schlangenleiber,
Sonst weder keine Menschen als auch keine Weiber.
Und er hätte gerade so gern einmal wieder
Ein kerniges Hamburger Weibstück besucht.
Und da kniet Kuttel nach Osten zu nieder.
Und als er zum drittenmal rückwärts geflucht,
Da nahte sich plötzlich der Vogel Greif,
Und Daddeldu sagte: „Ei wont ä weif."
Und der Vogel Greif trug ihn schnell
Bald in dies Bordell, bald in jenes Bordell
Und schenkte ihm Schlackwurst und Schnaps und so weiter. –
So erzählt Kuttel Daddeldu heiter,
Märchen, die er ganz selber erfunden.
Und säuft. – Es verfließen die Stunden.
Die Kinder weinen. Die Märchen lallen.
Die Mutter ist längst untern Tisch gefallen,
Und Kuttel – bemüht, sie aufzuheben –
Hat sich schon zweimal dabei übergeben.
Und um die Ruhe nicht länger zu stören,
Verlässt er leise Mutter und Gören.

Denkt aber noch tagelang hinter Sizilien
An die traulichen Stunden in seinen Familien.

Im Park

Ein ganz kleines Reh stand am ganz kleinen Baum
Still und verklärt wie im Traum.
Das war des Nachts elf Uhr zwei.
Und dann kam ich um vier
Morgens wieder vorbei,
Und da träumte noch immer das Tier.
Nun schlich ich mich leise – ich atmete kaum –
Gegen den Wind an den Baum,
Und gab dem Reh einen ganz kleinen Stips.
Und da war es aus Gips.

Kuttel Daddeldu erzählt seinen Kindern das Märchen vom Rotkäppchen und zeichnet ihnen sogar was dazu

Also Kinners, wenn ihr mal fünf Minuten lang das Maul halten könnt, dann will ich euch die Geschichte vom Rotkäppchen erzählen, wenn ich mir das noch zusammenreimen kann. Der alte Kapitän Muckelmann hat mir das vorerzählt, als ich noch so klein und so dumm war, wie ihr jetzt seid. Und Kapitän Muckelmann hat nie gelogen.

Also lissen tu mi. Da war mal ein kleines Mädchen. Das wurde Rotkäppchen angetitelt – genannt heißt das. Weil es Tag und Nacht eine rote Kappe auf dem Kopfe hatte. Das war ein schönes Mädchen, so rot wie Blut und so weiß wie Schnee und so schwarz wie Ebenholz. Mit so große runde Augen und hinten so ganz dicke Beine und vorn – na kurz, eine verflucht schöne, wunderbare, saubere Dirn.

Und eines Tages schickte die Mutter sie durch den Wald zur Großmutter; die war natürlich krank. Und die Mutter gab Rotkäppchen einen Korb mit drei Flaschen spanischen Wein und zwei Flaschen schottischen Whisky und einer Flasche Rostocker Korn und einer Flasche Schwedenpunsch und einer Buttel mit Köm und noch ein paar Flaschen Bier und Kuchen und solchen Kram mit, damit sich Großmutter mal erst stärken sollte.

„Rotkäppchen", sagte die Mutter noch extra, „geh nicht vom Wege ab, denn im Walde gibts wilde Wölfe!" (Das Ganze muss sich bei Nikolajew oder sonstwo in Sibirien abgespielt haben.) Rotkäppchen versprach alles und ging los.

Und im Walde begegnete ihr der Wolf. Der fragte: „Rotkäppchen, wo gehst du denn hin?"

Und da erzählte sie ihm alles, was ihr schon wisst. Und er fragte: „Wo wohnt denn deine Großmutter?"

Und sie sagte ihm das ganz genau: „Schwiegerstraße dreizehn zur ebenen Erde."

Und da zeigte der Wolf dem Kinde saftige Himbeeren und Erdbeeren und lockte sie so vom Wege ab in den tiefen Wald.

Und während sie fleißig Beeren pflückte, lief der Wolf mit vollen Segeln nach der Schwiegerstraße Nummero dreizehn und klopfte zur ebenen Erde bei der Großmutter an die Tür.

Die Großmutter war ein misstrauisches, altes Weib mit vielen Zahnlücken.

Deshalb fragte sie barsch: „Wer klopft da an mein Häuschen?"

Und da antwortete der Wolf draußen mit verstellter Stimme: „Ich bin es, Dornröschen!"

Und da rief die Alte: „Herein!"

Und da fegte der Wolf ins Zimmer hinein. Und da zog sich die Alte ihre Nachtjacke an und setzte ihre Nachthaube auf und fraß den Wolf mit Haut und Haar auf.

Unterdessen hatte sich Rotkäppchen im Walde verirrt. Und wie so pissdumme Mädel sind, fing sie an, laut zu heulen.

Und das hörte der Jäger im tiefen Wald und eilte herbei. Na – und was geht uns das an, was die beiden dort im tiefen Walde miteinander vorgehabt haben, denn es war inzwischen ganz dunkel geworden, jedenfalls brachte er sie auf den richtigen Weg.

Also lief sie nun in die Schwiegerstraße. Und da sah sie, dass ihre Großmutter ganz dick aufgedunsen war.

Und Rotkäppchen fragte: „Großmutter,

warum hast du denn so große Augen?" Und die Großmutter antwortete: „Damit ich dich besser sehen kann!"

Und da fragte Rotkäppchen weiter: „Großmutter, warum hast du denn so große Ohren?"

Und die Großmutter antwortete: „Damit ich dich besser hören kann!"

Und da fragte Rotkäppchen weiter: „Großmutter, warum hast du denn so einen großen Mund?"

Nun ist das ja auch nicht recht, wenn Kinder so was zu einer erwachsenen Großmutter sagen.

Also da wurde die Alte fuchsteufelswild und brachte kein Wort mehr heraus, sondern fraß das arme Rotkäppchen mit Haut und Haar auf. Und dann schnarchte sie wie ein Walfisch. Und draußen ging gerade der Jäger vorbei.

Und der wunderte sich, wieso ein Walfisch in die Schwiegerstraße käme. Und da lud er seine Flinte und zog sein langes Messer aus der Scheide und trat, ohne anzuklopfen, in die Stube.

Und da sah er zu seinem Schrecken statt einen Walfisch die aufgedunsene Großmutter im Bett.

Und – diavolo caracho! – da schlag einer lang an Deck hin! – Es ist kaum zu glauben! – Hat doch das alte gefräßige Weib auch noch den Jäger aufgefressen. –

Ja, da glotzt ihr Gören und sperrt das Maul auf, als käme da noch was. – Aber schert euch jetzt mal aus dem Wind, sonst mach ich euch Beine.

Mir ist schon sowieso die Kehle ganz trocken von den dummen Geschichten, die doch alle nur erlogen und erstunken sind.

Marsch fort! Lasst euren Vater jetzt eins trinken, ihr – überflüssige Fischbrut!

Rätselhaftes Ostermärchen
(nur mit Ei und Eier aufzulösen)

Der FrackverlOher HOnrich OstermOO kehrte am ersten OsterfOOtage sehr betrunken hOm. SOne Frau, One wohlbelObte klOne Dame, betrieb in der KlOsterstraße Onen OOrhandel. Sie empfing HOnrich mit den Worten: „O O, mOn Lieber!" DabO drohte sie ihm lächelnd mit dem Finger. Herr OstermOO sagte: „Ich schwöre Onen hOligen Od, daß ich nur ganz lOcht angehOtert bin. Ich war bO Oner WOhnachtsfOer des VerOns FrOgOstiger FrackverlOher. Dort hat Ones der Mitglieder anlässlich der Konfirmation sOner Tochter One Maibowle spendiert, und da habe ich denn sehr viel RhOnwOn auf das Wohl des verehrten JubelgrOses trinken müssen, wOl man ja nicht alle Tage zwOundneunzig Jahre alt wird." Frau OstermOO schenkte diesen Beteuerungen kOnen Glauben, sondern sagte nochmals: „O O, mOn Lieber!" Worauf ihr PapagO die ersten zwO Worte „O O" wohl drOßigmal laut wiederholte. Über das GeschrO des PapagOs geriet HOnrich in solche Wut, dass er On BOl ergriff und sämtliche OOOO zerschlug. Frau OstermOOwurde krOdeblOch und lief, triefend von Ogelb, zur PolizO. Ihr Mann aber ließ sich erschöpft auf Onen Stuhl nieder und wOnte lOse vor sich hin. Bis ihm der PapagO von oben herab On OsterO in den Schoß warf. Da war alles vorbO.

Die Schnupftabaksdose

Es war eine Schnupftabaksdose
Die hatte Friedrich der Große
Sich selbst geschnitzelt aus Nussbaumholz.
Und darauf war sie natürlich stolz.

Da kam ein Holzwurm gekrochen.
Der hatte Nussbaum gerochen
Die Dose erzählte ihm lang und breit.
Von Friedrich dem Großen und seiner Zeit.

Sie nannte den alten Fritz generös.
Da aber wurde der Holzwurm nervös
Und sagte, indem er zu bohren begann
„Was geht mich Friedrich der Große an!"

Morgenwonne

Ich bin so knallvergnügt erwacht.
Ich klatsche meine Hüften.
Das Wasser lockt. Die Seife lacht.
Es dürstet mich nach Lüften.

Ein schmuckes Laken macht einen Knicks
Und gratuliert mir zum Baden.
Zwei schwarze Schuhe in blankem Wichs
Betiteln mich „Euer Gnaden".

Aus meiner tiefsten Seele zieht
Mit Nasenflügelbeben
Ein ungeheurer Appetit
Nach Frühstück und nach Leben.

Heimatlose

Ich bin fast
Gestorben vor Schreck:
In dem Haus, wo ich zu Gast
War, im Versteck,
Bewegte sich,
Regte sich
Plötzlich hinter einem Brett
In einem Kasten neben dem Klosett,
Ohne Beinchen,
Stumm, fremd und nett
Ein Meerschweinchen.
Sah mich bange an,
Sah mich lange an,
Sann wohl hin und sann her,
Wagte sich
Dann heran
Und fragte mich:
„Wo ist das Meer?"

Nach dem Gewitter

Der Blitz hat mich getroffen.
Mein stählerner, linker Manschettenknopf
ist weggeschmolzen, und in meinem Kopf
summt es, als wäre ich besoffen.

Der Doktor Berninger äußerte sich
darüber sehr ungezogen:
Das mit dem Summen wär' typisch für mich,
das mit Blitz wär' erlogen.

Antiwitze

Auch wenn immer mal wieder Witzesammlungen in Buchform erscheinen – die erste ihrer Art stammt übrigens aus der Antike – und es inzwischen viele Webseiten über Witze im Internet gibt: Witze entstammen normalerweise einer oralen Erzähltradition und sind entsprechend kurzlebig. Wann genau die Antiwitze aufkamen, lässt sich nicht mehr rekonstruieren. Aber eins ist sicher: Sie sind nicht im herkömmlichen Sinne komisch, sondern weil sie mit der Erwartungshaltung des Hörers spielen und klassische Witzmuster ad absurdum führen. Sie verweigern eine Pointe, geben Nonsens-Antworten auf unsinnige Fragen und stellen manchmal sogar physikalische Gesetzmäßigkeiten infrage.

Treffen sich zwei Leute. Einer kommt nicht.

Nachts ist es kälter als draußen.

Rollt ein Ball um die Ecke und fällt um …

Was hängt an der Wand, macht ticktack
und wenn es runterfällt, ist die Uhr kaputt?

Treffen sich zwei Parallelen …

Was ist grün und hüpft durch den Wald? – Ein Rudel Gurken.

Was ist der Unterschied zwischen einem Krokodil? –
Je grüner, desto schwimm.

Ein Mann stellt sein Fahrrad an der Laterne ab.
Als er wiederkommt, ist die Laterne weg.

Geht ein Mann um die Ecke, ist der Bus weg. Fährt der Bus um die Ecke,
ist der Mann weg. Kommen beide um die Ecke, ist die Ecke weg.

Hugo Ball

1886–1927

Bagatelle

Vor meinem Fenster,
Im Sonnenschein
Sitzen Engelein.
Eins, zwei, drei Engelein
Und äugeln herein.
Sie hauchen an die Scheiben
Und kichern sich an,
Und schreiben

Deinen Namen hin.
Und kichern sich an
Und verwischen ihn.
Und blinzeln gar boshaft
Und neckisch herein,
Und flattern fort
Die drei Engelein.

Der Rasta-Querkopf
(Ein Lied für die Trommel)

Es ging ein Mann im Syrerland,
Hielt einen Querkopf in der Hand,
Den tät der Baas bestaunen.
Rasta kreuz und Rasta quer,
Wo hat der Mann den Querkopf her?
Rasta Rasta Rasta Rasta
Rasta Bry Trumm Baas.

Es liegt ein Tier am Wüstenrand,
Das frisst Kritiken aus dem Sand
Und hat verfluchte Launen.
Rasta kreuz und Rasta quer,
Wo hat der Bry das Querschiff her?
Rasta Rasta Rasta Rasta
Rasta Bry Trumm Baas.

Hing auch ein Bild an einer Wand.
Viel nacktes Pferd beim Jüngling stand.
Das wollen wir beclownen.
Rasta kreuz und Rasta quer,
Cubismus ist kein Schießgewehr.
Rasta Rasta Rasta Rasta
Rasta Bry Trumm Baas.

War eine Stadt in Bayerland,
Da hingen vier am Leierband.
Die hörten Odins Raunen.
Rasta kreuz und Rasta quer,
Schon waren es drei Querköpf mehr.
Basta Basta Basta Basta
Basta Bry Trumm Baas.

(Ha Hu Baley)

Ick bin in Tempelhof jeboren

Ick bin in Tempelhof jeboren
Der Flieder wächst mich aus die Ohren.
In meinem Maule grast die Kuh.

Ick geh zuweilen sehr und schwanger
Auf einem Blumen-i-o-anger
Mein Vater, was sagst Du dazu?

Wir gleichen sehr den Baletteusen,
Pleureusen – Dösen – Schnösen – lösen.
Gewollt zu haben – selig sein.

Verehrte Herrn, verehrte Damen,
Die um mich hören herzu kamen
Dies widmet der Gesangverein.

Und Jungfraun kamen wunderbar
Geschmeide scheidegelb im Haar
Mit schlankgestielten Lilien.

Der Kakagei und Papadu
Die sahen auch dabei dazu
Und kamen aus Brasilien.

(Klarinetta Klaball)

Karawane

jolifanto bambla ô falli bambla
grossiga m'pfa habla horem
égiga goramen
higo bloiko russula huju
hollaka hollala
anlogo bung
blago bung
blago bung
bosso fataka
ü üü ü
schampa wulla wussa ólobo
hej tatta gôrem
eschige zunbada
wulubu ssubudu uluw ssubudu
tumba ba- umf
kusagauma
ba – umf

159

Die roten Himmel

Die roten Himmel, mimulli mamei,
Gehen im Magenkrampf mitten entzwei.
Die roten Himmel fallen in den See,
Mimulli mamei, und haben Magenweh.

Die blauen Katzen, fofolli mamei,
An einem rotzackigen Wellblech kratzen.
O lalalo lalalo lalala!
Da ist auch die schnurrende Tante da.

Die schnurrende Tante hebt aus Schnee
Ihre trällernden Hosen und Röcke in d' Höh.
O lalalo lalalo lalalo!
Da sagte der Flötenbock: „Sowieso."

Die tönerne Taube fällt vom Dach.
Der doppelte Johann springt ihr nach.
O lalalo und mimulli mamei!
Auf eisernen Geigen kratzen zwei.

Das Pferd und der Esel schauten schief
Auf den Schneehahn, der aus der Tiefe rief
Die blaue Tuba krachte sich eins –
Da sangen sie alle das Einmaleins.

O lalalo lalalo lalalo,
Der Kopf ist aus Glas und die Hände aus Stroh.
O lalalo lalalo lalalo!
Zinnoberzack, Zeter und Mordio!

1 Stern und 7 kazamogipuffel
macht 13 zakopaddogei
zubtrahiere 5 franschöse Männlin
macht 1 Libanotterbett
nehme 3 Quentlin Klotzpulfer
legs in himmelsdeifelsnamen
dabei, wirst sehen wohinst
kommst wnr bällt wnr heult
wnr pfaucht wnre Daugen däht

Abendblick vom Hochstein

Es deckt mit seidnen Schleiern
Der Tag sein Ölbild zu:
Um Dorf und Acker fledert
Mausgraue Abendruh.

Fichtwald nimmt seinen Mantel
Und brummelt in den Bart.
Des Baches Blindschleich findet
Mehr kaum den Silberpfad.

Fermatenlang gezogen
Klimmt noch ein Bauernchor
Mit Spuk und Nebel kämpfend
Zu meinem müden Ohr.

Die Himmelsleute zünden
Nun blaues Feuerwerk
Und durch die weichen Dunkel
Trippelt Prinz Schlafezwerg.

Der deutsche Schriftsteller **Hugo Ball**, geboren am 22. Februar 1886 in Pirmasens, gilt als einer der wichtigsten Gründer des Dadaismus und bedeutender Pionier der Lautpoesie. Nach einer abgebrochenen Schusterlehre – sein Vater war Schuhfabrikant – und einem abgebrochenen Studium der Germanistik ging er 1910 nach Berlin, wo er eine Ausbildung als Hilfskraft für Regie, Dramaturgie und Verwaltungsfragen machte. Im selben Jahr konnte er seine Tragikomödie „Die Nase des Michelangelo" bei Rowohlt veröffentlichen, und er machte in den Folgejahren rasch Karriere am Theater. 1912 wurde er Dramaturg der Münchner Kammerspiele. 1915 emigrierte er gemeinsam mit seiner Lebensgefährtin, der Schauspielerin und Sängerin Emmy Hennings, in die Schweiz, und bereits ein Jahr später gründete er zusammen mit ihr in Zürich das berühmte Cabaret Voltaire, eine Künstlerkneipe mit kleiner Bühne. Hier fanden jeden Abend Auftritte und dadaistische Performances statt. Das Cabaret Voltaire gilt als Keimzelle des Dadaismus, eine Kunstrichtung, die als radikale Revolte gegen die etablierte Kultur, Kunst und Gesellschaft zu verstehen ist und einen großen Einfluss auf die Kunst und Literatur der Moderne hatte. Im Jahr 1916 entstanden auch Balls erste Lautgedichte. Der Autor kehrte aber schon bald der dadaistischen Bewegung den Rücken. In den 20er-Jahren wandte er sich dem Katholizismus zu. Am 14. September 1927 starb Ball in Montagnola, Schweiz an Magenkrebs.

Der Dorfdadaist

In Schnabelschuhen und im Schnürkorsett
Hat er den Winter überstanden,
Als Schlangenmensch im Teufelskabinett
Gastierte er bei Vorstadtdilettanten.

Nun sich der Frühling wieder eingestellt
Und Frau Natura kräftig promenierte,
Hat ihn die Lappen- und Attrappenwelt
Verdrossen erst und schließlich degoutiert.

Er hat sich eine Laute aufgezimmert
Aus Kistenholz und langen Schneckenschrauben,
Die Saiten rasseln und die Stimme wimmert,
Doch lässt er sich die Illusion nicht rauben.

Er brüllt und johlt, als hinge er am Spieße.
Er schwenkt jucheiend seinen Brautzylinder.
Als Schellenkönig tanzt er auf der Wiese
Zum Purzelbaum der Narren und der Kinder

Heinrich Spoerl

1887–1955

Der Willi und ich

Heute kann man es ruhig erzählen. Es ist schon so lange her und gar nicht mehr wahr, und es hat auch niemand davon erfahren, außerdem war ich damals ein ganz dummer Bengel, und der Willi, der ein volles Jahr älter war, hat mich nicht abgehalten, sondern mitgemacht und ist es eigentlich auch gewesen.

Der dicke runde Turm, der unser Städtchen mit Trinkwasser versorgte, war immer schon der Brennpunkt unserer Neugier. Turm ist Turm und der Inbegriff von Ritter- und Räuberromantik. Besonders wenn er abgeschlossen ist. Das war sein besonderer Reiz. Eines Tages, als wir wieder einmal vorbeistrolchten, stand er offen. Das eiserne Türchen war frisch gestrichen, die Farbe sollte trocknen. Auf Zehenspitzen, mit verhaltenem Atem, schlüpften wir hinein, der Willi und ich, kletterten die schmale Eisentreppe empor und standen dann oben auf der Galerie über der blanken Wasserfläche. Wir beugten uns über das Geländer, lachten über unser Spiegelbild, schnitten Fratzen und streckten uns die Zunge heraus. Damit waren die Möglichkeiten unseres Vergnügens erschöpft. Geheimnisse haben wir nicht entdeckt.

„Warum schließen die immer so sorgfältig ab?"

„Mensch, das ist doch Trinkwasser. Denk' mal, was da alles passieren könnte."

„Du meinst, jemand könnte –"

„Klar. Und alles mögliche."

Ehrfurchtsvoll blicken wir auf das Bassin. Wieviel Kubikmeter mögen das sein? Grundfläche mal Höhe – „Du Willi, hast du für den Molch schon die Strafarbeit?"

Der Molch war unser Mathematiklehrer, und die Strafarbeit hatten wir bekommen, weil wir ihm nasse Bonbons auf den Stuhl gelegt hatten. Aber er konnte uns nichts beweisen, und darum fühlten wir uns zu Unrecht bestraft und hatten eine Mordswut. „Du –" „Was?"

„Der Molch kriegt doch auch hiervon zu trinken?"

„Was soll das? Willst du Gift rein tun?"

„Quatsch. Gift natürlich nicht, aber – du, das wäre fein!"

„Ach so –"

„Denk' mal, wenn die das alle trinken müssen, der Molch und der Pavian und die blöden Affen von der Sekunda und alle."

„Du bist ein Ferkel."

„Also paß mal auf, einer muß unten so lange aufpassen, damit niemand kommt, und der andere –"

Der Willi konnte sich der grandiosen Idee nicht länger verschließen. Ich ging hinunter und stand Schmiere, so lange, wie mir wohl nötig schien, und stieg dann beklommen und neugierig wieder nach oben. Der Willi machte ein dummes Gesicht. Zu sehen war natürlich nichts. Silbern und unschuldig lag der Wasserspiegel.

Dann machten wir uns auf die Beine. Wir waren außer uns vor Begeisterung. Jetzt trinken sie das und wissen es nicht. Unsere ganze Rache gegen die Menschheit war gestillt, für das laufende und kommende Schuljahr. Und wir waren die einzigen, die es wußten, wir konnten uns einrichten, man braucht ja kein Wasser zu trinken. Der Willi meinte das auch.

Zum Abendbrot gab es Tee. Ich hatte nie darüber nachgedacht, aber jetzt fiel es mir ein, daß Tee mit Wasser aufgeschüttet wird. Ich ließ ihn stehen. Tee regt abends so auf.

„Was sind das für neue Ansichten", brummte der Vater. „Meinethalben trink Wasser."

Nein, das wollte ich auch nicht. Schlimm genug, daß es die andern taten.

Das war überhaupt eine faule Geschichte. Ich kam langsam dahinter: Was ich dem Molch und meinen Feinden zugedacht hatte, traf auch die andern. Gewiß, wer es nicht weiß, den macht es nicht heiß. Aber der Molch und die andern, die wußten es ja auch nicht. Und trotzdem war es ein erhabenes Gefühl. Und außerdem eine große Sache. Ich hatte der ganzen Stadt was angetan. Ich und der Willi. Was wird die Klasse dazu sagen?

Auch den Kaffee am nächsten Morgen lehnte ich ab. Ob ich nicht ein Glas Milch haben könnte, wir hätten in der Schule gelernt, das wäre besser für Kinder und so.

„Milch bekommst du in den Kaffee", entschied die Mutter.

Die Butterbrote rutschten nicht, ich ging ungefrühstückt zur Schule.

Inzwischen hatte ich noch eine böse Entdeckung gemacht: Ich durfte von meiner Heldentat gar nichts erzählen. Ich hätte Klassenhiebe, Schulhiebe, Stadthiebe bekommen. Nun machte mir der Wasserturm gar keinen Spaß mehr, wo ich doch nicht damit prahlen konnte.

Um zehn Uhr drängten sich die andern um den Wasserkranen. Ich stand durstig dabei und wußte nicht, ob ich sie beneiden oder bedauern sollte. In der Zwölfuhrpause hielt ich es nicht mehr aus; ich hatte fast vierundzwanzig Stunden nichts mehr getrunken, die Zunge klebte mir am Gaumen. Ich schlüpfte auf die Straße und trank von meinen spärlichen Sonntagsgroschen ein Glas Bier. Milch zu bestellen hätte ich mich geschämt. Bier habe ich bis dahin nicht gemocht, es war mir dumm und bitter vorgekommen. Jetzt schmeckte es famos und ich trank noch eins, weil ich solchen Durst hatte.

Heinrich Spoerl war zu Lebzeiten ein großer Erfolgsautor. Geboren wurde er am 8. Februar 1887 in Düsseldorf. Sein Vater besaß eine Fabrik für Druckmaschinen, da der Sohn aber keinerlei kaufmännischen Ehrgeiz hatte, studierte er Jura, promovierte im Jahr 1919 und war bis 1937 Rechtsanwalt in Düsseldorf. 1915 heiratete er in zweiter Ehe die Konzertsängerin Gertrud Kebben, zwei Jahre später kam sein Sohn Alexander zur Welt, der ihn zu der „Feuerzangenbowle" inspirieren sollte. Spoerl freundete sich mit dem Leipziger Schriftsteller Hans Reimann an, und gemeinsam schrieben sie ein Exposé zu der Verwechslungskomödie „So ein Flegel", das viele Themen der „Feuerzangenbowle" aufgriff. Die Komödie wurde 1933, mit Heinz Rühmann in der Hauptrolle, verfilmt und war recht erfolgreich. Der Roman „Die Feuerzangenbowle" erschien ebenfalls 1933 und wurde 1944 nach Spoerls Drehbuch verfilmt – der Schwarzweißfilm um „Pfeiffer mit drei f", gespielt von Heinz Rühmann, hat bis heute Kultstatus. Wegen der Rechte an dem Buch gab es allerdings nach Spoerls Tod einen jahrelangen Rechtsstreit, da sich Reimann in seiner 1959 erschienen Autobiografie als hauptsächlicher Autor des Buches ausgab. Doch gilt heute Spoerl als alleiniger Urheber des Werkes.

Nach der Schließung seiner Kanzlei zog Spoerl mit seiner Familie nach Berlin, später ins bayrische Rottach-Egern. Er schrieb etliche heitere Erzählungen, Lustspiele sowie die bekannten Romane „Der Gasmann", „Der Maulkorb" sowie „Wenn wir alle Engel wären". Spoerls unpolitischer Humor war auch in der Nachkriegszeit in beiden deutschen Staaten außerordentlich beliebt. In späterer Zeit entstanden außerdem etliche Werke in Koproduktion mit seinem Sohn Alexander. Heinrich Spoerl starb am 25. August 1955 in Rottach-Egern.

Zwei Glas Bier auf einen nüchternen dreizehnjährigen Magen ist nicht das richtige. In der letzten Stunde schlief ich ein, und der Molch machte mir einen furchtbaren Krach. Der hatte gut reden, der hatte Kaffee oder Wasser getrunken. Aber was für Wasser. Der Gedanke entschädigte mich.

Am Mittag ging ich wie gewöhnlich in die Küche und sah, wie die Mutter Wasser an den Braten goß. Nun, man braucht keinen Braten. Aber die Suppe war sicher auch mit Wasser gekocht, bestimmt sogar. Alles wird mit Wasser gekocht. Und da stand auch noch das Wasser vom Spinat. Wasser ringsum!

Ich aß nichts und markierte Kopfschmerzen. Das lernt man in der Schule. Meinem Vater wurde es jetzt zu dumm, er guckte mir in den Hals, und ich mußte ah sagen. Resultat: zwei schallende Backpfeifen. Er mußte wohl das Bier gerochen haben. Also darum hatte ich keinen Appetit. Mein Taschengeld wurde beschlagnahmt, und nun war ich gespannt, ob ich schneller verhungern oder verdursten würde.

Auf den Willi hatte ich eine Wut. Der war es doch eigentlich gewesen. Und er schien sich nichts daraus zu machen und aß und trank, was er wollte. Aber bei ihm war das auch etwas anderes. Allerdings, ich an seiner Stelle – aber er muß es ja wissen.

Nach drei Tagen war ich ausgehungert und ausgedörrt wie ein Fakir. Und dann sah ich meine Mutter an der Wasserleitung und Wasser trinken, viel Wasser, denn sie war eine fleißige Frau und kam leicht in Hitze. – Da hielt es mich nicht länger, und ich ging zum Wasserwerksdirektor. Es war nicht leicht für einen Krott wie ich, den hohen Herrn persönlich zu sprechen. Es ging auch nur, weil ich furchtbar geheimnisvoll und aufgeregt war.

„Herr Direktor. Sie müssen das Wasser ablassen!“

„Nanu? Jemand krank geworden?“

„Das natürlich nicht. Aber das Wasser ist nicht in Ordnung. Das heißt, nicht ganz in Ordnung.“

Als ich es glücklich heraus hatte – es war nicht einfach, mich hier gebildet genug auszudrücken –, war ich knallrot und erwartete, daß der Himmel einfiel. Er tat es nicht, auch der Wasserdirektor sank nicht vom Stuhl, sondern verzog keine Miene. Vielleicht glaubte er mir nicht. Ich gab ihm mein Ehrenwort, aber auch das machte keinen Eindruck.

„Schön, wir können das Wasser ja mal ablassen.“

„Herr Direktor, es muß aber sofort geschehen. Darf ich helfen?“ „Geh schön nach Hause. Aber du brauchst nicht darüber zu reden. Sonst kommst du ins Zuchthaus. Verstanden?“

Ich legte mich auf die Lauer. Aber ich konnte nicht feststellen, ob das Wasser wirklich erneuert wurde. Schließlich lief ich zum Willi. Der verstand gar nicht, warum ich heulte.

„Mensch, du bist ja verrückt! Das soll auch was sein, so ein bißchen Spucke auf so viel Wasser.“

„Wieso Spucke? Hast du da rein gespuckt?“

„Ja, was meinst du denn sonst?“

„Ich? – Och – nichts.“

Was ich zu essen und trinken versäumte, habe ich schnell nachgeholt. Aber wenn ich heute darüber nachdenke, bin ich wirklich im Zweifel, ob er es nicht doch getan hat. Heute ist er Landrat.

Vom Schlafen

Unser Nachtleben findet vorzugsweise im Bette statt.

Tagsüber haben wir anderes. Wir arbeiten oder tun, als ob wir etwas täten, wir verdienen Geld oder geben welches aus.

Nachts aber – und das ist, gering gerechnet, ein Drittel unseres Lebens – tun wir nichts, bringen uns in horizontale Lage und lassen die Zeit an uns vorüberfließen. – Und damit es uns und unseren Gedanken nicht zu langweilig wird, schlafen wir. Im Schlafen spürt man die Langeweile nicht. Manchmal hat man Pech und kommt nicht zum Einschlafen. Dagegen gibt es ein gutes Mittel. Wenn der Wasserkran tröpfelt, nicht Willensstärke üben, sondern Wasser abdrehen, aber sogleich; sonst tut man es nach einer Stunde. Wenn man aus inneren Gründen nicht schlafen kann: Um's Himmels willen nicht einschlafen wollen, nicht mit geballten Fäusten bis siebenund-dreißigtausendvierhundert-undsechsund-achtzig zählen. Sondern aus der Not eine Tugend machen. Man braucht ja nicht zu schlafen. Es ist auch so ganz hübsch. Nur nicht Wollen wollen; der Wille ist der ärgste Widersacher des Schlafes. – Es ist zum Beispiel eine amüsante Unterhaltung, die Geräusche der Nacht zu beobachten und zu analysieren. Es ist geradezu erstaunlich, was nachts alles los ist. Ein Auto würgt; die Zündung springt nicht an. Tut ihm gut. Ich habe keins. Eine Katze schreit. Vor einer Wirtschaft verabschieden sich zwei; sie tun es seit einer Stunde und reden im Kreise. Irgendwo klirrt ein Fenster. Auch einer, der nicht schlafen kann. Im Nebenhause ein schüchternes Hämmern, wie wenn jemand heimlich eine kleine Kiste nagelt. Es sind mehrere Kisten. Mir fehlt jede Deutung. Das Auto ist abgefahren. Die vor der Wirtschaft stehen immer noch. Die Katze erstirbt. Die Nacht rauscht leise. Rhythmisch. – Rirrrr! Mein Wecker. Es ist ein leuchtender Tag. Man hat längst geschlafen und nichts davon gemerkt.

Wenn es durchaus nicht anders geht, greift man zum Schlafmittel. Ich besitze keine Aktien der I. G. Farben, noch einen Apotheker zum Vetter. Ich bin für natürliche Schlafmittel. Das beliebteste und angenehmste möchte ich allerdings an dieser Stelle nicht nennen – das heißt, man kann eigentlich ruhig darüber sprechen: Vor dem Schlafengehen macht man einen kräftigen Spaziergang durch die Stadt. Man darf dabei nur nicht hängenbleiben.

Große Männer kommen mit drei oder vier Stunden Schlaf aus. So steht es in Geschichtsbüchern. Es sind merkwürdigerweise alles Leute, die längst gestorben sind. Vielleicht eben darum.

Ich bin der Überzeugung, daß die meisten Menschen zu wenig schlafen. Wenigstens des Nachts. Durch hunderttausendjährige Übung steht unser Schlafbedürfnis in Einklang mit der Erdumdrehung, und da die Nacht abzüglich Dämmerung im Jahresdurchschnitt etwa zehn Stunden beträgt, so spricht eine biologische Wahrscheinlichkeit dafür, daß dies das normale Maß des Schlafes ist. Und wenn wir die natürliche Nacht durch Elektrizität und Glühlicht an dem vorderen Ende beschneiden, dann müssen wir sie am anderen Ende durch Jalousien und Vorhänge verlängern.

Damit habe ich die Entschuldigung, daß ich kein Frühaufsteher bin.

Die meisten Menschen fühlen sich verpflichtet, beim Schlafen zu träumen. Vielleicht weil schlafen sonst zu uninteressant wäre. Vielleicht weil der phantastische Unsinn des Traumes ein notwendiges Gegengewicht zu unserem logisch geordneten Wachleben ist.

Leider gibt es keine lenkbaren Träume. Man kann sich allenfalls mit später Hummermayonnaise Alpdrücken und Gruseln verschreiben; aber im übrigen muß man annehmen, was kommt. Übrigens eine merkwürdige Feststellung, die ich durch Rundfrage bestätigt finde: Alles mögliche tut man im Traum, laufen, schreien, regieren, kämpfen. Nur lachen tut man nicht. Sind wir im inneren Kern so tierisch ernst? Oder verlangt Lachen ein Minimum an Verstandestätigkeit, die im Traum fehlt?

Wozu träumt man überhaupt? Um zu tun, wozu man keinen Mut hat; um zu erleben, wozu die Möglichkeit fehlt? Im Traum darf man die schönsten Frauen küssen, sie können sich nicht wehren.

Im Traum kann man seinen Todfeind eins in die Fresse hauen, man kommt nicht vor den Schiedsmann. Im Traum ist alles erlaubt und straffrei. Man sollte tüchtig davon Gebrauch machen. Eine besonders feine Sache sind die Halbwach-Träume. Die wenigsten Menschen springen beim Wecken wie eine Rakete in die Luft. Meist hat

man noch ein paar Minuten und räkelt sich langsam wach. In diesem Dämmerdusel hat man mitunter unglaubliche Gedanken, macht welterschütternde Erfindungen, prägt unsterbliche Formulierungen, entwirft gigantische Pläne; man löst Welträtsel mit dem kleinen Finger. Wenn man dann aus Freude darüber vollwach wird und hochspringt, dann ist zweierlei: Entweder hat man den enormen Einfall spurlos vergessen und trauert um die Welt, der ein Genieblitz verlorenging. Oder man kriegt die Sache noch zusammen, faßt sich an den Kopf und stellt fest, daß es ein gottverbotener Blödsinn war, irgendeine sinnlose Wortkette, etwa nach der Art: Die Halbhaftigkeit der Sirene wurzelt in der Armlänge der modernen Wasserkante.

Ich bin kein Spezialist im Träumen. Da ich es tagsüber ausreichend tue, habe ich nachts keinen Bedarf. Außerdem keine Zeit. Nachts will ich meine Ruh haben.

Nur manchmal kommt es vor, daß ich mit meinem Sohn wieder auf die Schule gehe und mir von ihm vorsagen lasse. Weil ich

doch alles vergessen habe. Vergessen habe ich außerdem mein Geschichtsbuch, und da nutzt sein Vorsagen nichts, und ich habe Angst; aber nicht sehr, denn ich weiß, mir kann nicht viel passieren; wenn es mir zu dumm kommt, kann ich jederzeit aufstehen und sagen: Was wollt ihr überhaupt, ich habe längst Abitur und Doktor und alles mögliche, und außerdem ist das alles nur geträumt.

Überhaupt glaube ich nicht an Traumdeutung. Warum soll man im Schlafen klüger sein als im Wachen? Besser vielleicht und tugendsamer – aber wissender?

Als humoristische Lektüre allerdings sind Traumbücher noch nicht genügend gewürdigt. Ich besitze ihrer zwei, ein garantiert echt türkisch-ägyptisch-assyrisch-orientales mit viel Gold und Arabesken und schwülstigen Bildern, und ein nüchtern modernes von La-Marie für die Aufgeklärten, die zeitgemäß von Autopannen und Völkerbund und Jazzmusik und Maschinengewehr träumen. Manche Deutungen sind geradezu imponierend; ich gebe eine Auslese, auf mein Wort wortwörtlich.

Aktiengesellschaft: Du wirst die trübe Entdeckung machen, daß du jemanden nicht allein liebst.

Alimente: Große Unannehmlichkeit.

Atelier: Du verdienst mit wenig Arbeit viel Geld.

Butter: Du willst etwas verheimlichen, es kommt aber heraus.

Einbruch: Du erlebst ein Liebesabenteuer.

Finanzamt: Dauernde Belästigung.

Hotel: Du bist gezwungen, deine Liebe vor andern zu verbergen.

Scheck: Du kannst dich auf eine Enttäuschung gefaßt machen. (Klar, denn geträumte Schecks werden von keiner Bank eingelöst.)

Schlafzimmer: Einer deiner geheimsten Wünsche geht in Erfüllung.

Wahrsagerin: Man bestiehlt dich.

Steckkontakt: Du suchst Anschluß.

Lippenstift: Du wirst eine Frau küssen, und der Kuß wird nicht ohne Folge bleiben.

Nun versuche ich seit Wochen von einem Lippenstift zu träumen, oder wenigstens von einer Steckdose. Es gelingt mir nicht, und so bleibe ich ohne Kuß und Kontakt.

Vom Tanzen

Als ich noch klein war, fragte ich: warum.

Heute kenne ich die Sinnlosigkeit dieser Frage. Aber als kleiner Junge war ich noch von der Logik des Weltgeschehens durchdrungen, wollte alles wissen und alles ergründen. Mit meinem kindlichen Warum spießte ich auf, was mir in die Quere kam, und brachte Eltern und Tanten in Weißglut.

Es war nicht philosophischer Forschungsdrang, sondern Quälsucht. Ich hatte herausbekommen, daß man mit einem hartnäckigen Warum jede menschliche Weisheit aus den Angeln hebt. Sowas macht Spaß:

„Warum muß ich essen?"

„Damit du groß und stark wirst."

„Warum muß ich groß und stark werden?"

„Damit du Geld verdienst."

„Warum muß ich Geld verdienen?"

„Damit du zu essen hast."

„Warum muß ich essen?"

Daraufhin kündigte unser neunzehntes Kindermädchen.

Mein kindliches Gemüt habe ich mir sorgsam erhalten, auch heute noch macht es mir Spaß, ernste, gediegene Menschen durch ein arrogantes Warum auf den Kopf zu stellen. Zum Beispiel: Warum tanzt man?

Die Frage bewirkt eine kleine Revolution und wird verschieden beantwortet:

Der Backfisch: „Sind Sie aber ulkig!"

Der Empfindliche: „Herr, was wollen Sie damit sagen?"

Der Wohlerzogene: „Man kann sich nicht ausschließen."

Der Ästhet: „Verzeihen Sie die Gegenfrage: Wer ist ‚man'?"

Der Korrekte: „Wie soll man sonst mit den Damen bekannt werden?"

Der Genießer: „Man kriegt was Knuspriges in den Arm."

Der Heuchler: „Ich lehne erotische Untergründe ab und tanze aus Freude am Rhythmus."

Sie haben alle recht, die Rhythmischen, die Knusprigen, die Vorwandsuchenden.

Und alle unrecht. Zum Tanzen braucht man keinen Grund, zum Tanzen braucht man nur etwas Süßes im Arm.

Warum rede ich ausgerechnet vom Tanzen?

Auch ein Warum. Aber diesmal hat es einen einzigen, dicken Grund: Man spricht mit Vorliebe von Sachen, die man nicht versteht. Da geht es am besten.

Ich finde Tanzen schön. So schön wie jede andere Arbeit: Ich kann stundenlang zusehen, ohne zu ermüden.

Ich halte es mit dem klassischen Altertum. Die heiteren Griechen malten Pythagorasse in den Sand, die fetten Römer fraßen Nachtigallenzungen. Tanzen taten sie alle nicht. Dafür hatten sie ihre Leute: Wohlgeratene und sparsam verhüllte Sklavinnen aus dem In- und Auslande. Die antike Herrenwelt sah zu und freute sich, daß sie nicht selber zu hüpfen brauchte. Es ist das, was wir im Varieté empfinden.

Wenn andere tanzen, mache ich meine Studien.

Zunächst an den Köpfen. Selig hingegossene Gesichter, wie sie die Dichter dichten und die Maler malen und die Filme filmen, sehe ich selten. Und dann höchstens bei blutjungen Dingern, denen es neu ist, oder bei koketten Frauen, die sich neu stellen. Männer machen nicht in Verzückung. Sie sind zu männlich dazu. Bestenfalls lächeln sie von oben herab oder blicken gleichgültig in die Ferne. Viele tanzen mit tierischem Ernst, rollen die Denkerstirn und sehen aus, als ob sie ihr Manko in der Portokasse nachrechnen. Sie zählen aber nur die Takte.

Noch aufschlußreicher ist die Haltung der Hände. Hände können sich nicht verstellen.

Da ist der Voll-Mann, der das Weib seiner Tanzwahl mit mächtig gespreizter Tatze umfaßt und damit Rücken und umliegende Ortschaften bedeckt: Der Mann mit der Pranke. Man tut gut, ihm nicht ins Gehege zu kommen.

Im Gegensatz dazu der andere, der sanft und sacht die Innenkante seiner gepflegten Schmalhand an das Schulterblatt legt und offensichtlich betrübt ist, daß es nicht ohne Berührung vonstatten geht. Dafür sucht er den geistigen Kontakt. – Pranke ist besser.

Zwischen beiden der schüchterne Schlemmer, dessen lässigmüde Hand die harten Regionen des Rückens meidet und sich gern dort stationiert, wo die Linien Rundung bekommen. Achtung, Kurve!

Was man nicht im Kopf hat, muß man in den Beinen haben. Tanzen entbindet von der Verpflichtung, geistreich zu sein. Der gute Tänzer hat nicht nötig, zu reden; der schlechte hat keine Möglichkeit. Daß keine peinliche Stillte entsteht, dafür sorgt die Musik. Und den erforderlichen Geist spendet der Herr mit dem Megaphon: Nein – nein, das kannst du nicht. Oder: Hollahia-hiahiahollaho! – Es paßt immer.

Nebenher bleibt es jedem unbenommen, diese Geistesblitze durch eigene feingeschliffene Aperçus zu vervollständigen. Lange Ansprachen sind störend, aber feine Bonmots zwischen dem Wechselschritt und der Drehung links finden immer noch ihr Publikum. Etwa: Heiß heute abend.

Darauf die Partnerin: Finden Sie?

Tanz ist nicht für Kopf und Mund. Tanz ist für die Beine.

Außerdem eine unfehlbare Prüfung auf Eheeignung. Wenn ich mit einer getanzt habe, weiß ich, ob ich sie heiraten würde.

Da ist die Sanfte, Fügsame. Sie gibt dem kleinsten Fingerdruck nach und tanzt, wie und was man von ihr will. Ein Käthchen von Heilbronn: Ja, mein hoher Herr. Und wenn man ihr tollpatschig auf die Schühchen tritt, lispelt sie eine leise Entschuldigung.

Das ist nichts für mich. Sanft bin ich selbst.

Das Gegenteil: Die streitbare Walküre. Sie will immer anders. Will man rechts, tanzt sie links, will man vor, geht sie rückwärts. Und hat das Volumen und die Muskelkraft dazu. Man muß sie zu jeder Drehung vergewaltigen. Der Tanz ist ein schreitender Ringkampf, man denkt an Rembrandts Bild: Jacob worstelt met den Engel. Nach zwei Runden ist man groggy, nach der vierten knock out.

So was heiratet man nicht. Von so was wird man geheiratet – wenn man nicht aufpaßt.

Dann die Sparsame: Sie tanzt mit durchgedrücktem Kreuz und rückwärts vorgewölbtem Untergestell, es sieht aus wie Känguruh und geht auf Kosten der Grazie. Ich weiß nicht, was sie dabei hat, offensichtlich will sie ihre neuen Schuhe aus dem Tretbereich ihres Gegners bringen. Ich ahne, zu Hause legt sie Schondeckchen auf.

Auch das ist nichts für mich. Ich mag keine Frauen mit Schondeckchen.

Sie sind alle nichts für mich.

Vielleicht die Nichttanzenden? –

Die sind noch schlimmer.

Tanzen ist – gemäß Lexikon – der rhythmische Ausdruck eines Seelenzustandes.

Der zu tanzende Seelenzustand wird vom Orchester vorgeschrieben: Foxtrott, Walzer, Marsch, Tango.

Der rhythmische Ausdruck ist Kunst wie jede andere. Und verlangt außer Tanzkursus noch Begabung. Niemand mutet uns zu, daß wir malen oder dichten oder Klavier spielen. Bloß tanzen sollen wir alle.

So sieht es auch aus. Auf dem Tanzparkett ist es wie überall in der Welt: Es laufen so viele herum, die nicht können. Sie stolpern und drängen und schwitzen und verstopfen den Betrieb. Jeder will mittun, niemand zuschauen. Und jeder beklagt sich, daß es zu voll ist, und daß er nicht zur Entfaltung kommt.

Man muß nicht alles wollen. Jeder sollte nur den Rhythmus tanzen, der zu ihm paßt. Der Zweiviertel-Takt ist für den erdverwurzelten Tatsachenmenschen. Zwei Taktteile und zwei Beine, die Rechnung stimmt, es kommt immer richtig aus und ist eine ungeheure Beruhigung für Leute, die auf gutes Auskommen Wert legen.

Der Dreiviertel-Takt bleibe den transzendentalen Schwärmern reserviert. Die Zweiheit der Beine geht in der Dreiheit des Taktes nicht auf, es bleibt ein unerlöster Rest, der in den nächsten Takt hineinspielt, ein lustiger Schwebezustand, der nicht zur Ruhe kommen läßt. Wenn der Zweiviertel-Takt ein gerades Ja ist, dann spricht der Dreiviertel-Takt ein kokettes Vielleicht.

Hier liegt das ewige Geheimnis des Walzers und seine Unbesiegbarkeit. Er wurde zeitweilig durch exotische Importware verschüttet. Er ist wieder da und paßt prächtig zu den lang und weit gewordenen Kleidern. Und die Alten tanzen ihn noch, und die Jungen tanzen ihn wieder. Hier versöhnen sich die Generationen, der strebsame Angestellte kann getrost mit der Großmutter seines Chefs durch den Saal schweben. Und keiner fragt, warum.

Kurt Schwitters

1887–1948

Kümmernisspiele
Ein dramatischer Entwurf

a. Mein Herr:
b: Bitte?
a. Sie sind verhaftet.
b. Nein.
a. Mein Herr, Sie sind verhaftet.
b. Nein.
a. Mein Herr, ich werde schießen.
b. Nein.
a. Ich hasse Sie.
b. Nein.
a. Ich werde Sie kreuzigen.
b. Nicht.
a. Ich werde Sie lustmorden.
b. Nicht.
a. Denken Sie an den Winter.
b. Niemals.
a. Ich hasse Sie.
b. Niemals.
a. Ich töte Sie.
b. Wie gesagt, niemals.
a. Ich werde schießen.
b. Das haben Sie schon einmal gesagt.
a. Also bitte kommen Sie.
b. Sie können mich nicht verhaften.
a. Warum nicht?
b. Sie können mich höchstenfalls festnehmen.
a. Dann werde ich Sie also festnehmen.
b. Dann bitte.

b. *lässt sich von a. festnehmen und abführen. Die Bühne verdunkelt sich. Das Publikum fühlt sich fälschlich veräppelt und johlt und pfeift.*

Der Chor schreit: Dof. Dichter rraus! Son Blödsinn!

Zwei Herren

Auf der Straße begegneten sich zwei Herren, die einander nicht kannten. Zufällig streifte der eine den andern mit dem Ärmel. Da sagte der andere leise, aber vernehmlich: „Esel." „Idiot", antwortete der eine. Da sagte der andere wieder: „Sie Lümmel, Lulatsch, Lumich, Schwein, Sie Schwein, Sie gemeines Schwein, Sie Hanswurst, Sie Trottel, Sie blödes Aas, Sie Rindskaffer, Sie Lause-Aas." „Was", antwortete der eine, „und Sie wollen jetzt etwa immer noch ein gegebebebildeter Mensch sein? In meinen Augen sind Sie ein Idiot, Sie Idiot, ein Luffen, Sie Luffen, ein Schwein, Sie Schwein, ein Hund, Sie Hund, ein Affe, Sie Affe." – Plötzlich sagte der andere: „Sie Riesenidiot, Ziffi, Ludwig, Klamottenede, Kastanienfritze, Armloch, Sie Armloch" – „Was", antwortete der eine, Sie sind ein Flohjäger, Sie Flohjäger, Hundeknochen, Hundeblut, saudummes Luder, blöder Hengst, Schnapsnase, Sie Schnapsnase, Buttjer, Sie gemeine Schnapsnase!" Plötzlich sagte der andere wieder: „Dämliches Rindsvieh!" – Darauf antwortete der eine: „Kröppel, Insurgent, Sie Insurgent, Sie, Sie!" – Plötzlich sagte der andere wieder: „Knirps, Insekt, Schurke, wie sich dieser Laubfrosch bläht!" – Darauf antwortete der eine: „Armselige Wage, Beutelschneider du!" – „Was?", sagte der andere plötzlich, „Du, du, du? Bin ich dein Hausknecht? Hört ihn doch, den Kalbskopf, ich platze vor Lachen!" – Darauf antwortete der eine: „Elender Prahlhans!" – Plötzlich sagte der andere: „Feiger Schurke!" – Da sagte der eine: „Pardon, ich habe ganz vergessen, Sie meiner Braut vorzustellen." – Plötzlich sagte der andere: „Dabei fällt mir ein, ich habe meinen Namen noch gar nicht genannt. Ich heiße Meier." – Darauf sagte der eine: „Ebenfalls Meier, Vorsitzender des Vereins zur Veredlung der Hunderassen." Plötzlich sagte der andere Meier: „Wollen Sie nicht in unseren Klub zur Verbesserung der Kultur eintreten? Sie sind unser Mann, Sie sind ein edler Mensch." – Darauf antwortete der eine Meier: „Ich schätze mich außerordentlich glücklich, einen Menschen wie Sie kennengelernt zu haben. Ich und mein Hund treten gern Ihrem Klub bei." Darauf begaben sich beide Herren mit Hund und Braut ins Klublokal *Zur Verbesserung der Kultur.*

Kurt Schwitters wurde am 20. Juni 1887 in Hannover geboren. Er studierte bis 1914 an der Kunstgewerbeschule in Hannover, 1919 belegte er zwei Semester lang Vorlesungen für Architektur. Dieser Input reichte für ein künstlerisches Schaffen, wie es vielseitiger nicht hätte sein können. Schwitters war Maler, Dichter, Raumkünstler und Grafiker. Obwohl seine Kunst weitgehend dem Dadaismus zugeordnet wird, trägt sie auch Merkmale des Konstruktivismus und Surrealismus. Zwar arbeitete er vereinzelt mit Dadaisten wie Hans Arp zusammen, doch wurde sein Werk bei der ersten großen „Dada-Messe" in Berlin 1920 nicht zugelassen.

Schwitters war vor allem ein Meister der Collage, die er aus Abfällen und Zeitungsschnipseln erstellte. Seine Technik nannte er „Merz", das Wort selbst war ein Buchstabenschnipsel aus einer Bankenwerbung: „Kommerz und Privatbank". Er erbaute in seinem Leben vier sog. „Merzbauten", grottenartige, begehbare Skulpturen. Auch seine Dichtung ging eigenständige Wege. 1919 erschien sein eigenwilliges Gedicht „An Anna Blume", das er auch auf Litfaßsäulen veröffentlichte. Auch gilt er als Pionier der Konkreten Poesie und des Klanggedichts. Nach der Machtergreifung der Nazis galt seine Kunst als „entartet". Schwitters floh 1937 erst nach Norwegen, dann nach England, wo er ein Jahr lang interniert wurde. In England arbeitete er auch an seinem letzten Merzbau, der unvollendet blieb. Am 8. Januar 1948 starb Schwitters in Kendal.

Paul Simmel

1887–1933

„Das Gift ist sicher gut, aber werden es denn die Ratten fressen?" –
„Aber wie, die ganze Nachbarschaft wird zu Ihnen ins Haus kommen!"

„Me … Mensch, wat sagste denn zu deiner Ollen, wenn du so getankt hast?" „I-i-ick sage bloß, 'n Abend, det andere sagt sie!"

„Wat, erst zwölf Uhr, da bin i-ick ja viel zu früh nach Hause jejangen!"

173

„Schnell … Schnitzel … nicht so winzig
… jede Kleinigkeit regt mich auf!"

„Kannste kraulen?" – „Klar, uff'n Kopp!"

Richter: „Es bleibt Ihnen übrigens unbenommen, gegen das Urteil
Berufung einzulegen!"
Verurteilter: „So, da sind Sie sich also Ihres Zinnovers doch nich janz
sicher, wat?"

„… wenn du nicht weenen
willst, musste die Zwiebeln unter
Wasser schneiden!"
„Ja, ick kann aber so lange nich
unter Wasser bleiben!"

„Loofen kann er noch nich,
aber Beene hat er schon!"

175

Walter Serner

1889–1942

Letzte Lockerung
Ein Handbrevier für Hochstapler
und solche, die es werden wollen (Auszug)

490. Die Kleidung lässt nur dann einen Rückschluss auf den Träger zu, wenn es überhaupt nicht schwer fällt, diesen zu beurteilen. Wo du also Grund hast, anzunehmen, einen Kerl vor dir zu haben, übersieh vorerst seine Kleidung gänzlich. Hinterher vermag sie dir vielleicht etwas zu sagen.

491. Sage niemals, auch wenn es der Fall ist, dein Smoking stamme aus Piccadilly. Man würde es dir auch nicht glauben, wenn du die Rechnung vorwiesest.

492. Wenn du schon einen Bonjour trägst, so soll er wenigstens ein bisschen abgetragen sein.

493. Die Mode der schwarzen Hornbrillen, welche der Funktion obliegen, Geist anzuschminken, steht durchaus neben jenen Vollbärten, die aus dreißigjährigen Halunken fünfzigjährige Respektspersonen machen. Verzichte auf solche Kindereien, welche dir weniger Vertrauen eintragen als eine gut gewählte und raffiniert gebundene Krawatte.

494. Schmutzig einherzugehen darfst du dir nur in sehr gefährlichen Fällen gestatten.

495. Sei so kokett, wie es nur angeht. Aber sehr darauf bedacht, dass niemand es bemerkt. (Excepté: Unterwäsche und Kenner der großen Groteske.)

496. Bei der Wahl deiner Kleidung lasse dich nur von deinem Privatgeschmack leiten. Er wird dir das Höchstmaß von Wirkung dadurch sichern, dass du dich in deiner Hülle nicht nur auf der Höhe fühlst, sondern überhaupt wohl. Denn auch, was im Allgemeinen nicht gefällt, wirkt, wenn es gut getragen wird.

497. Zu Verkleidungen greife selten. Sie färben stets ein wenig auf dich ab.

498. Lass deiner Stimme nie die Nacht anmerken; deinem Teint ungeniert.

500. Eine Blume im Knopfloch trage nur abends, nachmittags hie und da statt eines Stocks Handschuhe in der Hand und vormittags trachte, überhaupt nicht gesehen zu werden.

501. Nach acht Uhr abends darfst du keinen Spazierstock mehr tragen.

502. Bleibe in deiner Kleidung bei dem dir vorteilhaftesten Grundtypus, den du nur durch jene Modedetails variieren darfst, die für dich sich eignen. Sei lieber ein wenig unmodern als reduziert.

503. Wechsle sehr oft, sowohl der Form als auch der Farbe nach, Kragen und Krawatte.

504. In Salons ziehe es vor, zu stehen. Es wirkt vorteilhafter.

505. Mache wenig Gesten, aber suggestive. Nur angenehm zu sehende unterlasse.

506. Wenn dein Gesicht nichts weiter zu tun hat, wahre darauf stets einen leichten Schimmer angenehmer Unzufriedenheit.

507. Sei Frauen gegenüber galant, aber nur dann, wenn ein anderer in der Nähe ist. Unter vier Augen ist es ratsamer, es nicht zu sein. Jede Frau findet mit Recht Galanterie ein wenig verächtlich.

508. Männern gegenüber sei zuvorkommend, aber so langsam, dass man dir zuvorkommt.

509. Huste oder hüstle nur, wenn du es nicht unterdrücken kannst.

510. Klatsche nie in die Hände.

511. Wippe nicht mit dem übergeschlagenen Bein. Es wirkt, als würde eine ganze Volksschulklasse triumphieren.

512. Auf Bügelfalten lege großen Wert. Tue aber alles, um das Gegenteil zu beweisen.

513. Frauen, die du zu begehren begonnen hast, vermeide, zuzulächeln. Männern, von denen du etwas willst, lege oft die Hand auf den Unterarm.

514. Jeder muss den Eindruck haben, dass du nicht weißt, eine Zigarette zwischen den Fingern zu haben.

515. Lasse nie deine Zunge sehen. Die Frauen macht es neugierig, die Männer dir wohl gesinnt.

516. Spiele nie mit den Fingern, um deine schöne Hand, verlängere nie eine Haltung, um dein interessantes Profil, und beiße vor allem nicht in den Daumen, um deine blitzenden Zähne zeigen zu können.

517. Zeige beim Essen Appetit, aber weder Eile noch übertriebene Langsamkeit. Je routinierter und schöner du isst, desto öfter wirst du eingeladen.

518. Verwende beim Essen stets einige kleine Trucs, die neu sind und vorteilhaft auszuführen. Das kann dich rascher beliebt machen als eine zweistündige Konversation.

519. Wäsche- oder Seifengeruch darf unter keinen Umständen von dir ausgehen.

520. Trage niemals Seidenhemden. Es sei denn, du willst Viehhändler oder Rayonchef sein.

521. Die Grußbewegung deines Hutes sei stets die gleiche. Nur dein Gesicht und deine Augen lasse differieren.

522. Gehst du allein auf der Straße, so muss deine ganze Person (schwach, aber deutlich) ein allgemeines Behagen verraten. Bist du in Begleitung, völlige Neutralität.

523. Bleibe nur vor Auslagen stehen, die Damen- oder Luxusartikel enthalten.

524. Schaue niemals in den Himmel und niemals zu Boden.

525. Blicke jedem, mit dem du sprichst, ins Gesicht. Ins Auge aber nur, wenn du ihm dein Wohlwollen zeigen willst oder – die Zähne.

526. Überfällt man dich mit einer Frage, einer Äußerung, so sei stets ein wenig verwirrt: als hätte man dich aus Gedanken gerissen.

Walter Serner wurde am 15. Januar 1889 als Walter Eduard Seligmann in Karlsbad – heute Tschechien – geboren. Er war jüdischer Herkunft und trat 1909 zum Katholizismus über, wobei er den Namen „Serner" annahm. Seinem Vater gehörte die „Karlsbader Zeitung", in der auch erste Texte Serners veröffentlicht wurden. Nach dem Abitur studierte er Jura. Seinen Doktortitel verwendete er, um – als Dr. med. – im Jahr 1914 dem desertierten Schriftsteller Franz Jung mit einem Attest zur Flucht zu verhelfen. Um selbst der Inhaftierung zu entgehen, emigrierte er ins neutrale Zürich. Serner wandte sich der Literatur zu, publizierte in der Zeitschrift „Mistral" und gab bald eine eigene Zeitschrift für Literatur und Kunst, „Sirius" heraus. 1918 veröffentlichte er das bahnbrechende dadaistische Manifest „Letzte Lockerung manifest dada", kehrte aber bald der Bewegung den Rücken: Man hatte ihn bei einer Dadaismus-Soiree von der Bühne gejagt, da sein Manifest zu dem des Dadaisten Tristan Tzara große Parallelen aufwies – das allerdings jüngeren Datums war. Serner verlegte sich nun auf das Schreiben von Kriminalgeschichten. 1925 erschien sein Roman „Die Tigerin", der im Rotlicht- und Kleinkriminellen-Milieu spielt und nur aufgrund einer Intervention Alfred Döblins der Zensur entging. Ab 1927 schrieb er gar nicht mehr. 1938 heiratete er seine Lebensgefährtin Dorotea Herz, mit der er in Prag lebte. Seine Versuche, nach Shanghai auszuwandern, schlugen fehl. Am 10. August 1942 wurde er im Prager Ghetto gefangengenommen und nach Theresienstadt, später nach Riga deportiert. Vermutlich am 23. August 1942 wurden seine Frau und er im Wald von Biķernieki ermordet.

Mein Bruder macht im Tonfilm die Geräusche

Charles **Amberg** (1894–1946) war ein Multitalent: Er schrieb in den goldenen 20er-Jahren Schlager- und Operettentexte, war Sänger, Komponist, Choreograf, Grafiker und Kostümbildner. Zu seinen unvergessenen Hits gehört beispielsweise der Evergreen „Wochenend und Sonnenschein" – der Text ist eine sehr freie Übersetzung des amerikanischen Liedes „Happy Days Are Here Again". Viele seiner Schlager wurden von Künstlern wie Zarah Leander, den Comedian Harmonists oder Hans Albers interpretiert. Die Melodie zu „Mein Bruder macht im Tonfilm die Geräusche" stammte von den österreichischen Komponisten Fred Raymond und Luigi Bernauer, das Lied wurde häufig, unter anderem von Max Raabe, gecovert.

Ich find' bei mir zu Hause keine Ruh'
Es klopft, es hämmert, es donnert immerzu
Es schreit „Miau", es bellt „Wau-wau"
Bei mir geht's wie im Irrenhause zu

Des Nachts um vier, mit einem Male
Da hör ich Eisenbahnsignale
Und fragen Sie mich jetzt erstaunt,
woher das kommen kann
Dann, bitte, hören Sie mich an:

Mein Bruder macht im Tonfilm die Geräusche
Das hat er schon als Kind so gut gekonnt
Er macht es so, dass ich mich selber täusche
Es gibt nichts, was mein Bruder nicht vertont

Er macht das Waldesrauschen,
er macht den Wogenprall
Er macht das Küssetauschen
und den Revolverknall
Mein Bruder macht im Tonfilm die Geräusche
Das hat er schon als Kind so gut gekonnt

Er ist im Film die wichtigste Person
Was wär' beim Blitzen ein Donner ohne Ton?
Der schärfste Schuss, der schönste Kuss
Wär' ohne Knall doch keine Sensation!

Und wenn im Mai die Knospen springen
Dann müssen Fink und Lerche singen
Wenn eine Bombe explodiert,
dann hustet er wie toll
Und das klingt nachher wundervoll

Mein Bruder macht im Tonfilm die Geräusche
Das hat er schon als Kind so gut gekonnt
Er macht es so, dass ich mich selber täusche
Es gibt nichts, was mein Bruder nicht vertont

Er macht das Waldesrauschen,
er macht den Wogenprall
Er macht das Küssetauschen
und den Revolverknall
Mein Bruder macht im Tonfilm die Geräusche
Das hat er schon als Kind so gut gekonnt

Klabund

1890–1928

Fabel

Ich stocherte mit meinem Spazierstock in einem Ameisenhaufen herum. Wild und geängstigt liefen die Tiere durcheinander. Plötzlich hob ich ihn heraus und ging davon. Die Ameisen, die den Stock in den Lüften verschwinden sahen, schrien: „Welch ein seltsamer Vogel!" – Eine besonders kecke Ameise war am Stock emporgeklettert. Ich musste sie abschütteln. Ganz aufgeregt kam sie bei den anderen an. Atemlos stieß sie hervor: „Er hatte einen Menschen in den Klauen, er frisst Menschen!" – Darauf ging sie hin, fiel in Tiefsinn, schrieb ein Buch, „Art, Abstammung und Organismus des neu entdeckten Stockvogels", und wurde zum ordentlichen Professor der Zoologie an der Ameisenuniversität Przmnldtbk ernannt.

Der Journalist

Nichts leichter als dies, dachte ein brünetter, aber unsympathischer Jüngling und schickte ein Schreiben folgenden Inhaltes an die Chefredaktion des „Generalanzeigers":

„Gestern kam in den Mittagsstunden auf der wenig belebten Schwanthalerstraße infolge des Glatteises ein lahmer Greis zu Fall. Er ritzte sich seine Wange, sodass in Kürze der Schnee sich im Umfange von 1 cm blutrot färbte, konnte aber ohne ärztliche Hilfe, infolge Eingreifens eines Passanten, seinen Weg fortsetzen."

Diese Notiz erschien am nächsten Tage unter der Rubrik „Innerpolitisches" im „Generalanzeiger", und der Jüngling, welcher sie entworfen hatte, empfing nach einem halben Jahr 60 Pfennig Honorar per Postanweisung. Dieser unerwartete Erfolg ließ seinen Stolz und seine magere Hühnerbrust beträchtlich schwellen. Er setzte sich in eine Gartenwirtschaft und bestellte sich ein paar Würstchen mit Salat nebst einem halben Hellen. Darauf schrieb er:

„Die Terrainspekulationen des Kommerzienrates Z. haben sich als im weitesten Umfang als unlauter und verfehlt herausgestellt. Die unsauberen Machenschaften sind enthüllt. Der Übeltäter sieht seiner Bestrafung entgegen. So soll es allen ergehen, welche am Mark des Volkes saugen."

Dieses Skriptum, ordentlich kuvertiert, sandte der strebsame junge Mann an das „Schreiende Unrecht", ein Druckblatt zweifelhafter Observanz, in dem es am übernächsten Tage auf der ersten Seite in Fett- und Sperrdruck erschien unter der Marke „Enthüllungen aus der Finanzwelt, Großstadtkavaliere".

Nach knapp drei Monaten empfing unser junger Mann ein Honorar von 1,30 Mk. in Briefmarken. Er hatte wieder ein halbes

Jahr zu leben. Nachdem diese Summe aufgebraucht war, beschloss er, an eine Aktion großen Stiles zu gehen. Er sandte ein Telegramm an die „Tägliche Berliner Kohlrübe":

„Glänzend verlaufenes Gastspiel des Berliner Intimen Theaters in unserer Stadt. Applaus über Applaus. Kränze über Kränze. Direktor Gummiballon siebenunddreißigmal gerufen. Einige unverbesserliche Enthusiasten wurden am nächsten Morgen noch unter den Kleidern der Schauspielerinnen gefunden. Der Eindruck des Gastspiels ist ein unvergesslicher."

Umgehend erhielt unser junger Mann eine telegrafische Postanweisung von 100 Mk. von der Direktion des Intimen Theaters. Er legte sie in Munitionsaktien an und setzte sich zur Ruhe. Aus seiner Hühnerbrust wurde ein Fettbauch. Er lässt sich nur noch „Herr Doktor" nennen. Seiner geschätzten Feder begegnet man nur noch selten in den Spalten unserer führenden Blätter. Er hat es nicht mehr nötig zu schreiben. Er hat sich auf indische Philosophie geworfen. Anstelle des Nabels betrachtet er seine dicke, goldene Uhrkette.

Klabund wurde am 4. November 1890 als Alfred Henschke in Crossen an der Oder geboren. Im Alter von 16 Jahren erkrankte er der Tuberkulose – diese Krankheit, der er viel zu früh erlag, sollte sein Leben prägen.

Nach dem Abitur studierte er zunächst auf Wunsch des Vaters Pharmazie und Chemie, später in Lausanne und Berlin Theaterwissenschaften und Philosophie. 1912 brach er das Studium ab und publizierte unter dem Pseudonym Klabund erste Texte. Der Name, so erklärte er, sei aus den Begriffen „Klabautermann" und „Vagabund" entstanden – beides passt auf sein Leben und seine am Bänkelsang angelehnte Lyrik. Sein Humor war schwarz mit einem Hang zur Groteske. 1913 erschien Klabunds erster Gedichtband. Bei Ausbruch des Ersten Weltkriegs war er, wie die meisten Künstler seiner Generation, kriegsbegeistert – später wurde er zum Kriegsgegner. Er siedelte in die Schweiz um, forderte in der Neuen Zürcher Zeitung die Abdankung Kaiser Wilhelms II. und musste ein Verfahren wegen Vaterlandsverrat über sich ergehen lassen. Erst in jüngerer Zeit wurde bekannt, dass er zu dieser Zeit als Informant für den deutschen Militärnachrichtendienst arbeitete. 1918 starb seine Frau Brunhilde Heberle im Kindbett, das Kind starb wenig später. Diese persönliche Katastrophe überschattete einen großen literarischen Erfolg: Klabunds 1918 erschienener Schelmenroman „Bracke" wurde zum Bestseller.

1925 heiratete er die bekannte Schauspielerin Carola Neher. Sie war bei ihm, als er am 14. August 1928 in Davos an einer Lungenentzündung starb. Der heute fast in Vergessenheit geratene Autor hinterließ ein Œuvre von 14 Romanen, 25 Dramen, etlichen Nachdichtungen, Novellen und Gedichten.

Bauz

Bauz schwingt zierlich den Zylinder,
Bauz entstellt sich hiermit vor.
Bauz hat 45 Kinder
Und nen Bruch im Wasserrohr.

Bauz ist ohne alle Frage,
Bauz ist geradezu direkt,
Bauz macht jede Nacht zum Tage,
Bauz hat einen Schlauchdefekt.

Bauz ist jeder Krone Gipfel,
Bauz ist jedes Ärmels Loch,
Bauz ist auf dem I das Tipfel,
Bauz kroch, wo noch keiner kroch.

Bauz ist wiederum hingegen,
Bauz ist zwecks zu dem Behuf,
Bauz ist andernteils deswegen,
Bauz ist ohne Widerruf!

Ironische Landschaften

Brauner Äcker welliger Zug

Brauner Äcker welliger Zug,
Draus zweiarmig eine Mühle wächst.
Ein paar Pflaumenbäume, wahllos hingekleckst,
Ruhn auf eines Hügels schlankem Bug.
In der Ferne seh ich ein paar Föhren,
Stolzen Wuchses, mit Giraffenbeinen,
Und sie scheinen
Mir dem Fiskus zu gehören.

Gleich einem Zuge grau zerlumpter Strolche

Gleich einem Zuge grau zerlumpter Strolche
Bedrohlich schwankend wie betrunkne Särge
Gehn Abendwolken über jene Berge,
In ihren Lumpen blitzen rote Sonnendolche.
Da wächst, ein schwarzer Bauch, aus dem Gelände
Der Landgendarm, dass er der Ordnung sich beflisse,
Und scheucht mit einem bösen Schütteln seiner Hände
Die Abendwolkenstrolche fort ins Ungewisse.

Komische Elegie

Der Himmel ist heute ein dicker weißer Sack
Von Mehl oder Kleie.
Die Luft riecht nach Ammoniak,
Und es sieht aus, als ob es bald schneie.

Ich denke, dass an dem
Tage, der – vor einem Jahre – diesem heutigen
Tage voranging,
Ich zwei Marktweiber sah, welche Tandem
Fuhren, und einen Herrn, trotz des winterlichen
Wetters bekleidet mit Nanking.

Zum Zwecke eines tröstenden Blutgeschwüres
Kauf ich verschiedene Flaschen Schnäpse. Wo misch
Ich sie? Wo sauf ich sie? Oh, rühr es
Den Himmel doch, wie meine Seele heute traurig zugleich und komisch.

Ich baumle mit de Beene

Meine Mutter liegt im Bette,
Denn sie kriegt das dritte Kind;
Meine Schwester geht zur Mette,
Weil wir so katholisch sind.
Manchmal troppt mir eine Träne
Und im Herzen pupperts schwer;
Und ich baumle mit de Beene,
Mit de Beene vor mich her.

Neulich kommt ein Herr gegangen
Mit 'nem violetten Schal,
Und er hat sich eingehangen,
Und es ging nach Jeschkenthal!
Sonntag war's. Er grinste: „Kleene,
Wa, dein Port'menée ist leer?"
Und ich baumle mit den Beene,
Mit de Beene vor mich her.

Vater sitzt zum 'zigsten Male,
Wegen „Hm" in Plötzensee,
Und sein Schatz, der schimpft sich Male,
Und der Mutter tut's so weh!
Ja, so gut wie er hat's keener,
Fressen kriegt er und noch mehr,
Und er baumelt mit de Beene,
Mit de Beene vor sich her.

Manchmal in den Vollmondnächten
Is mir gar so wunderlich:
Ob sie meinen Emil brächten,
Weil er auf dem Striche strich!
Früh um drei krähten Hähne,
Und ein Galgen ragt, und er …
Und er baumelt mit de Beene,
Mit de Beene vor sich her.

An die Natur
Gedicht des Lehrers

Natur! Natur! Du Götterwelt!
Wie bist du prächtig aufgestellt
Mit Bergen groß und Tälern klein,
Es hat wohl müssen also sein.

Und mittendrin in der Natur
Dehnt sich die grüne Wiesenflur,
Im Winter ist sie weiß beschneit,
So hat ein jedes seine Zeit.

Auch du, auch du, o Menschenkind,
Bedenke, wie die Zeit verrinnt.
Heut rauscht sie mächtig noch daher,
Und morgen sieht man sie nicht mehr.

Frisch auf, frisch auf, mit Hörnerklang
Durch das verschneite Tal entlang,
Die Glöckchen klingen am Geläut:
Gestern war gestern, morgen wird morgen sein, heute ist heut.

Philosophie

Ein Philosoph schlug einen Kreis.
Wer weiß,
Was er damit bedachte.

Und siehe da – wie hingeschnellt
Hat sich ein zweiter zugesellt.
Da war es eine Achte.

So gehts den Philosophen meist,
Dass sie zwei nackte Nullen dreist
Zu einer Acht erheben.

Doch sehn sie das Exempel ein?
Nein!
Wo bliebe sonst ihr Leben?

Der Romanschriftsteller

Graugelb ist sein Gesicht. Die Nase
Steigt klippenspitz empor. Die Augen liegen fleckig,
Misstrauisch von den Wimpern tief beschattet,
Geduckt zum Sprung wie Panther in der Höhlung.
Der rechte Arm mit der Zigarre steht
Steif wie ein Schwert, als wolle er damit
Sich von den andern sondern, die ihm widerwärtig
Und dennoch so sympathisch sind.
Schlägt er die Asche ab,
So fällt wie Hohn sie aufs Gespräch.
Ein kurzes „Ja", ein scharfes „Nein"
Wirft er zuweilen in die Unterhaltung.
Mit diesem spitzen „Ja" und „Nein"
Spießt er die Leute wie auf Nadeln auf
Und nimmt sie mit nach Hause
Für seine Käfersammlung.
– Schlägt man das nächste Buch des Dichters auf.
O Gott! Schon ist man selber drin verzeichnet,
Und wer sich in gerechter Selbsterkenntnis
Für ein libellenähnlich Wesen hielt,
Der findet sich erstaunt als Mistbock wieder.

Kurt Tucholsky

1890–1935

Berliner Fasching

Nun spuckt sich der Berliner in die Hände
und macht sich an das Werk der Fröhlichkeit.
Er schuftet sich von Anfang bis zu Ende
durch diese Faschingszeit.

Da hört man plötzlich von den höchsten Stufen
der eleganten Weltgesellschaft längs
der Spree und den Kanälen lockend rufen:
„Rin in die Escarpins!"

Und diese Laune, diese Grazie, weißte,
die hat natürlich alle angesteckt;
die Hand, die tagshindurch Satin verschleißte,
winkt ganz leschehr nach Sekt.

Die Dame faschingt so auf ihre Weise:
gibt man ihr einmal schon im Jahr Lizenz,
dann knutscht sie sich in streng geschlossnem Kreise,
fern jeder Konkurrenz.

Und auch der Mittelstand fühlts im Gemüte:
er macht den Bockbierfasshahn nicht mehr zu,
umspannt das Haupt mit einer bunten Tüte
und rufet froh: „Juhu!"

Ja, selbst der Weise schätzt nicht nur die hehre
Philosophie: auch er bedarf des Weins!
Leicht angefüllt geht er bei seine Claire.
Berlin radaut, er lächelt …
      Jeder seins.

Es reut das Lottchen

„Gar nichts. Ich habe gar nichts. Ich? Nichts. Nein …

Frag nicht so dumm – man kann ja auch mal nicht guter Laune sein, kann man doch, wie? Ich habe gar nichts.

Nichts. Ach, lass mich. Na, ich denke eben nach. Meinst du, bloß ihr Männer denkt nach? Ich denke nach. Nein, kein Geld – meine Rechnungen sind alle bezahlt. Alle! Ich habe keinen Pfennig Schulden. Was? Keinen Pfennig. Bloß die Apotheke und das Aquarium, das ich mir neulich gekauft habe, und die Schneiderin und bei Kätchen. Sonst nichts. Na ja, und die fünfzig Mark bei Vopelius. Nein, wegen dem Geld ist es auch nicht. Wegen des Geldes! Was du bloß immer mit der Grammatik hast – die Hauptsache ist doch, dass ich Geld habe. Ich habe aber keins.

Ach, der Kerl, der … Na, nichts. Na, dieser Kerl. Der Seemann, von dem ich dir neulich erzählt habe. Er war doch ein bisschen täto-wiert wie ein Seemann und sah aus wie ein holsteinischer Bauernjunge. Nein, ich war nie in Holstein – ich denk mir das so. Was mit dem ist? Ach, lass mich.

Natürlich, doch, ja! Seemann ist er. Nein, er war nicht mehr hier. Ich dachte immer, er würde mal kommen. Wieso? Wieso! Weil er mich angepumpt hat! Wieso ist das die Höhe? Das ist gar keine Höhe! Ich pump dich doch auch manchmal an. Aber ich sag wenigstens nicht, dass ichs dir wieder-gebe! Nein, nicht viel. Ist ja, egal. Ach … ich weine gar nicht. Viel nicht. Einmal fünf-zig Mark und einmal achtundsechzig. Na und –?

Na und? Ich hab doch gedacht, er wär zwei Jahre auf See gefahren. Das hat er mir erzählt. Bitte, meine Freunde lügen nicht … wenn die was erzählen, dann ist es wahr, meistens ist es sogar wahr. Die lügen eben nicht alle wie du neulich mit Micky. Hast du die Person wiedergesehn?

Er war gar nicht auf See. Auf dem Land natürlich. Ach, lass mich.

Na, er hat eben gesessen.

Anderthalb Jahre. Ich weiß nicht warum. Wo? Das ist doch egal. In Plötzensee.

Ich weiß nicht, weswegen – lass mich in Ruhe. Es hat mir einer erzählt. Da war ein Mann, der holt sich hier immer alte Kinder-sachen ab, die geb ich ihm, und der hat für einen Freund gebeten, den haben sie grade entlassen, und da sind wir ins Gespräch gekommen, und da hat er auf einmal den Namen von dem gesagt, von dem Seemann. Und da ist es rausgekommen. Die kannten sich alle zusammen. Anderthalb Jahre. Mir hat er gesagt, er war in Bali. Und dabei war er in Plötzensee.

Ich weiß nicht, warum – lass mich in Frieden! Darauf kommt es auch gar nicht an! Mein Geld …? Ich war gleich auf der Kriminalpolizei. Du, da war aber so ein netter Mann, der mich da empfangen hat, den habe ich gefragt. Ich habs ihm alles erzählt. Sah sehr gut aus, der Mann – ein Kriminalrat oder so. Wie ich rausgehn will, sagt er zu mir: Frau Laßmann, sagt er, Sie haben zu schöne Augen! Das Weiße da drin: ganz blau! Hat er gesagt! Und dann war ich nochmal da, und da hat er mir Gedichte vorgelesen, der Mann macht nämlich Ge-dichte. Na, meinste, du machst bloß alleine Gedichte?

Sollen sie sich vielleicht vorne reimen – natürlich haben sie sich hinten gereimt! Sehr schöne Gedichte. Und er hat gesagt: Das ist ja glatter Betrug! Glatter Betrug ist das! Vor-spielung falscher Tatsachen, sagt er. Und er wird da hinterhaken. Und dann hat er mir noch ein Gedicht vorgelesen. Ob ich so zu meinem Geld komme? Daddy, ich werd dir mal was sagen:

Mein Geld will ich gar nicht wiederha-ben! Der Kerl ist bei mir gestrichen. Ich, mit einem Seemann? Nie wieder. Ist das eigent-lich ein höherer Beamter, ein Kriminalrat?

Und hier ist noch eine Rechnung, die kannst du auch bezahlen. Warum sagst du Ahoi? Und ich werde dir mal sagen, woher das alles kommt:

Ich habe viel zu wenig Geld, und viel zu viel Herz. Und bei dir ist es eben umgekehrt. Ahoi –!"

Ehekrach

„Ja –!"
„Nein –!"
„Wer ist schuld?
       Du!"
„Himmeldonnerwetter, lass mich in Ruh!"
– „ Du hast Tante Klara vorgeschlagen!
Du lässt dir von keinem Menschen was sagen!
Du hast immer solche Rosinen!
Du willst bloß, ich soll verdienen, verdienen –
Du hörst nie. Ich red dir gut zu …
Wer ist schuld –?
       Du."
„Nein."
„Ja."

– „Wer hat den Kindern das Rodeln verboten?
Wer schimpft den ganzen Tag nach Noten?
Wessen Hemden muss ich stopfen und plätten?
Wem passen wieder nicht die Betten?
Wen muss man vorn und hinten bedienen?
Wer dreht sich um nach allen Blondinen?
Du –!"
„Nein."
„Ja."
„Wem ich das erzähle …!
       Ob mir das einer glaubt –!"
– „Und überhaupt –!"
    „Und überhaupt –!"
      „Und überhaupt –!"

Ihr meint kein Wort von dem, was ihr sagt:
Ihr wisst nicht, was euch beide plagt.
Was ist der Nagel jeder Ehe?
Zu langes Zusammensein und zu große Nähe.

Menschen sind einsam. Suchen den andern.
Prallen zurück, wollen weiterwandern …
Bleiben schließlich … Diese Resignation:
Das ist die Ehe. Wird sie euch monoton?

Zankt euch nicht und versöhnt euch nicht:
Zeigt euch ein Kameradschaftsgesicht
und macht das Gesicht für den bösen Streit
lieber, wenn ihr alleine seid.

Gebt Ruhe, ihr Guten! Haltet still.
Jahre binden, auch wenn man nicht will.
Das ist schwer: ein Leben zu zwein.
Nur eins ist noch schwerer: einsam sein.

Die arme Frau

Mein Mann? mein dicker Mann, der Dichter?
Du lieber Gott, da seid mir still!
Ein Don Juan? Ein braver, schlichter
Bourgeois – wie Gott ihn haben will.

Da steht in seinen schmalen Büchern,
wie viele Frauen er geküsst;
von seidenen Haaren, seidenen Tüchern,
Begehren, Kitzel, Brunst, Gelüst …

Liebwerte Schwestern, lasst die Briefe,
den anonymen Veilchenstrauß!
Es könnt ihn stören, wenn er schliefe.
Denn meist ruht sich der Dicke aus.

Und faul und fett und so gefräßig
ist er und immer indigniert.
Und dabei gluckert er unmäßig
vom Rotwein, den er temperiert.

Ich sah euch wilder und erpichter
von Tag zu Tag – ach! lasst das sein!
Mein Mann? mein dicker Mann, der Dichter?
In Büchern: ja.
Im Leben: nein.

Kurt Tucholsky

Kurt Tucholsky wurde am 9. Januar 1890 in Berlin geboren. Er war einer der bekanntesten Journalisten und Schriftsteller der Weimarer Republik, und bis heute erfreut sich sein Werk ungebrochener Beliebtheit. Sein Vater war der jüdische Bankdirektor Alex Tucholsky, den Kurt Tucholsky sehr liebte. Das Verhältnis zur Mutter blieb dagegen ein Leben lang angespannt. 1905 starb der Vater qualvoll an Syphilis, für den Jungen eine persönliche Katastrophe. 1909 begann er ein Jurastudium in Berlin. Sein Hauptinteresse galt aber damals schon der Literatur – auch war er ein scharfsinniger politischer Beobachter. Ab 1911 publizierte er regelmäßig im Magazin „Vorwärts", auch engagierte er sich im Wahlkampf für die SPD. Ein Jahr später erschien sein Kurzroman „Rheinsberg – ein Bilderbuch für Verliebte", der autobiografische Züge trägt. Bereits dieses Werk ist in einem heiter-ironischen Plauderton geschrieben, der sich oft in seiner Prosa findet. Das Büchlein wurde ein großer Erfolg – wohl auch wegen des originellen Marketings: Tucholsky verkaufte es eigenhändig auf dem Kurfürstendamm und gab jedem Käufer einen Schnaps aus. Ab 1913 veröffentlichte Tucholsky regelmäßig in der Theaterzeitschrift „Schaubühne" (später „Weltbühne"). Direkt nach der Promotion zum Dr. jur. wurde er 1915 zum Kriegsdienst eingezogen. Hier war er die meiste Zeit als Kompanieschreiber tätig. Nach Kriegsende kehrte er zurück nach Berlin – als überzeugter Pazifist.

Er arbeitete als Chefredakteur der Zeitschrift „Ulk" und schrieb wieder für die „Weltbühne" – unter verschiedenen Pseudonymen, die den Rubriken der Wochenschrift geschuldet waren: Ignaz Wrobel, Theobald Tiger, Kaspar Hauser und Peter Panter. Tucholsky war ungemein produktiv und vielseitig, er schrieb politische Leitartikel, Reportagen, Glossen, Satiren und Gedichte. Auch politisch war er aktiv, wurde Mitglied der neu gegründeten USPD und kommentierte mit beißendem Spott die Politik der Weimarer Zeit. 1920 heiratete er Else Weil. Die Ehe hielt nur vier Jahre, kurz nach der Scheidung 1924 heiratete er seine

große Liebe Mary Gerold. Doch Tucholsky und die Frauen – das ist ein eigenes, schwieriges Kapitel. Er war notorisch untreu, litt unter Bindungsangst, und keine seiner Liebesbeziehungen war von Dauer.

1920 lebte Tucholsky eine Weile als Korrespondent in Paris. Die Inflation ebenso wie seine Depressionen, die ihn immer wieder in Selbstzweifel stürzten, zwangen ihn zwischenzeitlich zu einem bürgerlichen Broterwerb als Sekretär bei einem Berliner Bankhaus. Dennoch wurde er zu einem der gefragtesten Journalisten der Weimarer Zeit. In den Folgejahren pendelte er, wie sein Vorbild Heinrich Heine, zwischen Frankreich und Deutschland; 1927 erschien sein heiterer und geistreicher Reisebericht „Ein Pyrenäenbuch".

Tucholsky hatte schon früh und eindringlich vor dem Aufstieg der Nationalsozialisten gewarnt. 1929 erschien in Zusammenarbeit mit dem Künstler John Heartfield die gesellschaftskritische, provokante Satire „Deutschland, Deutschland über alles", das Buch wurde ein Riesenerfolg. Im selben Jahr bereiste er mit seiner Geliebten Lisa Mattias Schweden, wenig später entstand der heiter-unbeschwerte Liebesroman „Schloss Gripsholm". Er sollte Tucholskys letzte größere Veröffentlichung werden. 1929 emigrierte er nach Schweden. „Ein kleiner dicker Berliner, der mit seiner Schreibmaschine eine Katastrophe aufhalten wollte" – so charakterisierte Erich Kästner einmal Tucholsky. In Schweden resignierte Tucholsky vor den deutschen Zuständen – und verstummte als Publizist. Die Nazis verbrannten seine Bücher, er wurde offiziell ausgebürgert. Tucholsky wurde chronisch krank und abhängig von Schlafmitteln. Am 21. Dezember 1935 starb er im schwedischen Hindås an den Folgen einer Überdosierung – ob es sich um einen Suizid handelte, ist bis heute ungeklärt. Seine Exfrau Mary Tucholsky, der er kurz vor seinem Tod einen schmerzlichen Liebesbrief schrieb, wurde Alleinerbin und unermüdliche Verwalterin seines literarischen Nachlasses.

Die Kunst, falsch zu reisen

*Wem Gott will rechte Gunst erweisen, den
schickt er in die –
„Alice! Peter! Sonja! Legt mal die Tasche hier
in das Gepäcknetz, nein, da! Gott, ob einem die
Kinder wohl mal helfen! Fritz, iss jetzt nicht alle
Brötchen auf! Du hast eben gegessen!"
in die weite Welt!*

Wenn du reisen willst, verlange von der
Gegend, in die du reist, *alles*: schöne Natur,
den Komfort der Großstadt, kunstgeschicht-
liche Altertümer, billige Preise, Meer, Ge-
birge – also: vorn die Ostsee und hinten die
Leipziger Straße. Ist das nicht vorhanden,
dann schimpfe.

Wenn du reist, nimm um Gottes willen
keine Rücksicht auf deine Mitreisenden – sie
legen es dir als Schwäche aus. Du hast bezahlt
– die andern fahren alle umsonst. Bedenke,
dass es von ungeheurer Wichtigkeit ist, ob du
einen Fensterplatz hast oder nicht; dass im
Nichtraucher-Abteil einer raucht, muss sofort
und in den schärfsten Ausdrücken gerügt
werden – ist der Schaffner nicht da, dann ver-
tritt ihn einstweilen und sei Polizei, Staat und
rächende Nemesis in einem. Das verschönt
die Reise. Sei überhaupt unliebenswürdig –
daran erkennt man den *Mann*.

Im Hotel bestellst du am besten ein Zimmer und fährst dann anderswohin. Bestell
das Zimmer nicht ab; das hast du nicht nötig
– nur nicht weich werden.

Bist du im Hotel angekommen, so schreib
deinen Namen mit allen Titeln ein … Hast
du keinen Titel … Verzeihung … ich meine:
wenn einer keinen Titel hat, dann erfinde
er sich einen. Schreib nicht: „Kaufmann",
schreib: „Generaldirektor". Das hebt sehr.
Geh sodann unter heftigem Türenschlagen
in dein Zimmer, gib um Gottes willen dem
Stubenmädchen, von dem du ein paar Klei-
nigkeiten extra verlangst, kein Trinkgeld, das
verdirbt das Volk; reinige deine staubigen
Stiefel mit dem Handtuch, wirf ein Glas entzwei (sag es aber keinem, der Hotelier hat so
viele Gläser!), und begib dich sodann auf die
Wanderung durch die fremde Stadt.

In der fremden Stadt musst du zuerst
einmal alles genauso haben wollen, wie es
bei dir zu Hause ist – hat die Stadt das nicht,
dann taugt sie nichts. Die Leute müssen also
rechts fahren, dasselbe Telefon haben wie
du, dieselbe Anordnung der Speisekarte und
dieselben Retiraden. Im Übrigen sieh dir *nur*
die Sehenswürdigkeiten an, die im Baedeker stehen. Treibe die Deinen erbarmungs-
los an alles heran, was im Reisehandbuch
einen Stern hat – lauf blind an allem andern
vorüber, und vor allem: Rüste dich richtig
aus. Bei Spaziergängen durch fremde Städte
trägt man am besten kurze Gebirgshosen,
einen kleinen grünen Hut (mit Rasierpinsel),
schwere Nagelschuhe (für Museen sehr
geeignet), und einen derben Knotenstock.
Anseilen nur in Städten von 500 000 Einwoh-
nern aufwärts.

Wenn deine Frau vor Müdigkeit umfällt,
ist der richtige Augenblick gekommen, auf
einen Aussichtsturm oder auf das Rathaus zu
steigen; wenn man schon mal in der Fremde
ist, muss man alles mitnehmen, was sie einem
bietet. Verschwimmen dir zum Schluss die
Einzelheiten vor Augen, so kannst du voller
Stolz sagen: Ich habs geschafft.

Mach dir einen Kostenvoranschlag, bevor
du reist, und zwar auf den Pfennig genau,
möglichst um hundert Mark zu gering – man
kann das immer einsparen. Dadurch nämlich, dass man überall handelt; dergleichen
macht beliebt und heitert überhaupt die Reise auf. Fahr lieber noch ein Endchen weiter,
als es dein Geldbeutel gestattet, und bring
den Rest dadurch ein, dass du zu Fuß gehst,
wo die Wagenfahrt angenehmer ist; dass
du zu wenig Trinkgelder gibst; und dass du
überhaupt in jedem Fremden einen Aasgeier
siehst. Vergiss dabei nie die Hauptregel jeder
gesunden Reise:

Ärgere dich!

Sprich mit deiner Frau nur von den kleinen Sorgen des Alltags. Koch noch einmal
allen Kummer auf, den du zu Hause im Büro
gehabt hast; vergiss überhaupt nie, dass du
einen Beruf hast.

Wenn du reisest, so sei das Erste, was du
nach jeder Ankunft in einem fremden Ort zu

tun hast: Ansichtskarten zu schreiben. Die Ansichtskarten brauchst du nicht zu bestellen: Der Kellner sieht schon, dass du welche haben willst. Schreib unleserlich – das lässt auf gute Laune schließen. Schreib überall Ansichtskarten: auf der Bahn, in der Tropfsteingrotte, auf den Bergesgipfeln und im schwanken Kahn. Brich dabei den Füllbleistift ab und gieß Tinte aus dem Federhalter. Dann schimpfe.

Das Grundgesetz jeder richtigen Reise ist: *Es muss was los sein* – und du musst etwas „vorhaben". Sonst ist die Reise keine Reise. Jede Ausspannung von Beruf und Arbeit beruht darin, dass man sich ein genaues Programm macht, es aber nicht innehält – hast du es nicht innegehalten, gib deiner Frau die Schuld.

Verlang überall ländliche Stille; ist sie da, schimpfe, dass nichts los ist. Eine anständige Sommerfrische besteht in einer Anhäufung derselben Menschen, die du bei dir zu Hause siehst, sowie in einer Gebirgsbar, einem Oceandancing und einer Weinabteilung. Besuche dergleichen – halte dich dabei aber an deine gute, bewährte Tracht; kurze Hose, kleiner Hut (siehe oben). Sieh dich sodann im Raume um und sprich: „Na, elegant ist es hier gerade nicht!" Haben die andern einen Smoking an, so sagst du am besten: „Fatzkerei, auf die Reise einen Smoking mitzunehmen!" – hast *du* einen an, die andern aber nicht, mach mit deiner Frau Krach. Mach überhaupt mit deiner Frau Krach.

Durcheile die fremden Städte und Dörfer – wenn dir die Zunge nicht heraushängt, hast du falsch disponiert; außerdem ist der Zug, den du noch erreichen musst, wichtiger als eine stille Abendstunde. Stille Abendstunden sind Mumpitz; dazu reist man nicht.

Auf der Reise muss alles etwas besser sein, als du es zu Hause hast. Schieb dem Kellner die nicht gut eingekühlte Flasche Wein mit einer Miene zurück, in der geschrieben steht: „Wenn mir mein Haushofmeister den Wein so aus dem Keller bringt, ist er entlassen!" Tu immer so, als seist du aufgewachsen bei …

Mit den lächerlichen Einheimischen sprich auf alle Fälle gleich von Politik, Religion und dem Krieg. Halte mit deiner Meinung nicht hinterm Berg, sag alles frei heraus! Immer gib ihm! Sprich laut, damit man dich hört – viele fremde Völker sind ohnehin schwerhörig. Wenn du dich amüsierst, dann lach, aber so laut, dass sich die andern ärgern, die in ihrer Dummheit nicht wissen, worüber du lachst. Sprichst du fremde Sprachen nicht sehr gut, dann schrei: Man versteht dich dann besser.

Lass dir nicht imponieren.

Seid ihr mehrere Männer, so ist es gut, wenn ihr an hohen Aussichtspunkten etwas im Vierfarbendruck singt. Die Natur hat das gerne.

Handele, Schimpfe. Ärgere dich. Und mach Betrieb.

Die Kunst, richtig zu reisen

Entwirf deinen Reiseplan im Großen – und lass dich im Einzelnen von der bunten Stunde treiben.

Die größte Sehenswürdigkeit, die es gibt, ist die Welt – sieh sie dir an.

Niemand hat heute ein so vollkommenes Weltbild, dass er alles verstehen und würdigen kann: Hab den Mut, zu sagen, dass du von einer Sache nichts verstehst.

Nimm die kleinen Schwierigkeiten der Reise nicht so wichtig; bleibst du einmal auf einer Zwischenstation sitzen, dann freu dich, dass du am Leben bist, sieh dir die Hühner an und die ernsthaften Ziegen, und mach einen kleinen Schwatz mit dem Mann im Zigarrenladen.

Entspanne dich. Lass das Steuer los. Trudele durch die Welt. Sie ist so schön: Gib dich ihr hin, und sie wird sich dir geben.

An das Baby

Alle stehn um dich herum:
Fotograf und Mutti
und ein Kasten, schwarz und stumm,
Felix, Tante Putti …
Sie wackeln mit dem Schlüsselbund,
fröhlich quietscht ein Gummihund.
„Baby, lach mal!", ruft Mama.
„Guck", ruft Tante, „eiala!"
Aber du, mein kleiner Mann,
siehst dir die Gesellschaft an …
Na, und dann – was meinste?
Weinste.

Später stehn um dich herum
Vaterland und Fahnen;
Kirche, Ministerium,
Welsche und Germanen.
Jeder stiert nur unverwandt
auf das eigne kleine Land.
Jeder kräht auf seinem Mist,
weiß genau, was Wahrheit ist.
Aber du, mein guter Mann,
siehst dir die Gesellschaft an …
Na, und dann – was machste?
Lachste.

Denkmalsschmelze

Da steht nun Gustav der Verstopfte,
aus Eisenguss, die Hand am Knauf.
Jedwedes brave Herze klopfte
und schlug zu jenem Standbild auf.

Und da –? Er wackelt auf dem Sockel
man gab ihm einen kräftigen Schub.
Die Adler, seine Ruhmesgockel,
das kommt nun alles hin zu Krupp.

Ein kleiner Hund ist der Entennte
vermutlich brüderlich gesinnt.
Er schnuppert an dem Postamente
und hebt das Bein. Die Träne rinnt.

Doch plötzlich sieht sein Aug nach oben.
Der Fürst ist weg! Wer weiß da Rat?
Sein Hinterbein bleibt zwar erhoben,
doch tut er nicht mehr, was er tat.

Du kleiner Hund, sei nicht verwundert.
Man kanns verstehn. Du bist verdutzt.
Denn seit dem Jahre Siebzehnhundert
hat Er zum ersten Mal genutzt.

Der Mensch

Der Mensch hat zwei Beine und zwei Überzeugungen: eine, wenns ihm gut geht, und eine, wenns ihm schlecht geht. Die Letztere heißt Religion. Der Mensch ist ein Wirbeltier und hat eine unsterbliche Seele, sowie auch ein Vaterland, damit er nicht zu übermütig wird.

Der Mensch wird auf natürlichem Wege hergestellt, doch empfindet er dies als unnatürlich und spricht nicht gern davon. Er wird gemacht, hingegen nicht gefragt, ob er auch gemacht werden wolle.

Der Mensch ist ein nützliches Lebewesen, weil er dazu dient, durch den Soldatentod Petroleumaktien in die Höhe zu treiben, durch Bergmannstod den Profit der Grubenherren zu erhöhen, sowie Kultur, Kunst und Wissenschaft. Der Mensch hat neben dem Trieb der Fortpflanzung und dem, zu essen und zu trinken, zwei Leidenschaften: Krach zu machen und nicht zuzuhören. Man könnte den Menschen geradezu als ein Wesen definieren, das nie zuhört. Wenn er weise ist, tut er damit recht: Denn Gescheites bekommt er nur selten zu hören. Sehr gern hören Menschen: Versprechungen, Schmeicheleien, Anerkennungen und Komplimente. Bei Schmeicheleien empfiehlt es sich, immer drei Nummern gröber zu verfahren als man es gerade noch für möglich hält. Der Mensch gönnt seiner Gattung nichts, daher hat er die Gesetze erfunden. Er darf nicht, also sollen die anderen auch nicht.

Um sich auf einen Menschen zu verlassen, tut man gut, sich auf ihn zu setzen; man ist dann wenigstens für diese Zeit sicher, dass er nicht davonläuft. Manche verlassen sich auch auf den Charakter.

Der Mensch zerfällt in zwei Teile:

In einen männlichen, der nicht denken will, und in einen weiblichen, der nicht denken kann. Beide haben sogenannte Gefühle: Man ruft diese am sichersten dadurch hervor, dass man gewisse Nervenpunkte des Organismus in Funktion setzt. In diesen Fällen sondern manche Menschen Lyrik ab. Der Mensch ist ein pflanzen- und fleischfressendes Wesen; auf Nordpolfahrten frisst er hier und da auch Exemplare seiner eigenen Gattung; doch wird das durch den Faschismus wieder ausgeglichen. Der Mensch ist ein politisches Geschöpf, das am liebsten zu Klumpen geballt sein Leben verbringt. Jeder Klumpen hasst die anderen Klumpen, weil sie die anderen sind, und hasst die eigenen, weil sie die eigenen sind. Den letzteren Hass nennt man Patriotismus.

Jeder Mensch hat eine Leber, eine Milz, eine Lunge und eine Fahne; sämtliche vier Organe sind lebenswichtig. Es soll Menschen ohne Leber, ohne Milz und mit halber Lunge geben; Menschen ohne Fahne gibt es nicht. Schwache Fortpflanzungstätigkeit facht der Mensch gern an, und dazu hat er mancherlei Mittel: den Stierkampf, das Verbrechen, den Sport und die Gerichtspflege.

Menschen miteinander gibt es nicht. Es gibt nur Menschen, die herrschen, und solche, die beherrscht werden. Doch hat noch niemand sich selber beherrscht; weil der opponierende Sklave immer mächtiger ist als der regierungssüchtige Herr. Jeder Mensch ist sich selber unterlegen.

Wenn der Mensch fühlt, dass er nicht mehr hinten hoch kann, wird er fromm und weise; er verzichtet dann auf die sauren Trauben der Welt. Dieses nennt man innere Einkehr. Die verschiedenen Altersstufen des Menschen halten einander für verschiedene Rassen: Alte haben gewöhnlich vergessen, dass sie jung gewesen sind, oder sie vergessen, dass sie alt sind, und Junge begreifen nie, dass sie alt werden können.

Der Mensch möchte nicht gern sterben, weil er nicht weiß, was dann kommt. Bildet er sich ein, es zu wissen, dann möchte er es auch nicht gern; weil er das Alte noch ein wenig mitmachen will. Ein wenig heißt hier: ewig.

Im Übrigen ist der Mensch ein Lebewesen, das klopft, schlechte Musik macht und seinen Hund bellen lässt. Manchmal gibt er auch Ruhe, aber dann ist er tot.

Neben den Menschen gibt es noch Sachsen und Amerikaner, aber die haben wir noch nicht gehabt und bekommen Zoologie erst in der nächsten Klasse.

Flüsterwitze

Unter Flüsterwitzen versteht man politische Witze in totalitären Staaten und Diktaturen. Sie werden nur Vertrauten und auch nur hinter vorgehaltener Hand erzählt. Denn sie sind gefährlich, und wer sie verbreitet und dabei erwischt oder verraten wird, muss mit seiner Verhaftung rechnen - ja, schlimmstenfalls sogar um sein Leben fürchten. In den Flüsterwitzen aus der Zeit des Nationalsozialismus zeigt sich die widerständige, subversive Kraft des Humors - eines schwarzen, sarkastischen Humors, der von den Machthabern gnadenlos verfolgt wurde.

Treffen sich ein Internist und ein Psychiater.
Der Psychiater grüßt: „Heil Hitler!" Antwortet der
Internist: „Heil du ihn doch! Wer ist hier der Irrenarzt?"

Hans: „Was gibt es für Witze?" –
Otto: „Sechs Monate Dachau."

„Wann gibt es endlich wieder
Schlagsahne?" – „Wenn alle Hitler-Bilder
entrahmt sind."

„Wie schnell doch die Zeit vergeht! Schon sind tausend Jahre vorbei."

„Alle Kinderwagen werden jetzt beschlagnahmt." – „Wieso?" –
„Der Jahrgang 1943 wird an die Front gefahren."

„Was ist eine Ironie der Weltgeschichte?" –
„Dass der Scharfrichter der Hölle Himmler heißt."

Hitler, Göring und Goebbels sitzen im Unterstand.
Wer wird gerettet, wenn der Unterstand einen Volltreffer erhält? –
Antwort: Deutschland.

Goebbels eröffnet das Winterhilfswerk: Keiner soll hungern, ohne zu
frieren. (Das eigentliche Motto lautete: Keiner soll hungern! Keiner soll frieren.)

Das letzte Hemd hat leider keine Taschen

Das Lied „Das letzte Hemd hat leider keine Taschen" wurde in der Interpretation von **Hans Albers** zum Gassenhauer, der es in der Fassung von Rudi Bohn in dem beliebten Film „Das Herz von Sankt Pauli" (1957) sang. Der Song wurde ursprünglich komponiert von Michael Jary, der Text stammt von Hanns Stani.

Johnny ist pleite, so sagen die Leute
Und er hat doch so gespart
Denn seine Kasse ist leer mangels Masse
Und jetzt hat er so'n Bart
Als man um Rat mich mal gefragt
Hab ich nur lächelnd gesagt:

Das letzte Hemd
Hat leider keine Taschen
Man lebt nur einmal, einmal,
einmal auf der Welt.
Drum lasst uns schnell
Den kleinen Rest vernaschen
Im Himmel braucht der Mensch
bestimmt bestimmt kein Geld.

Das war schon früher so.
Das ist aber auch noch heute so
Im Himmel braucht
Der Mensch bestimmt kein Geld.

Das letzte Hemd
Hat leider keine Taschen
Man lebt nur einmal, einmal,
einmal auf der Welt
Drum lasst uns schnell
Den kleinen Rest vernaschen
Im Himmel braucht der Mensch,
bestimmt, bestimmt kein Geld!

Hans Fallada

1893–1947

Fridolin der freche Dachs (Auszug)

Der Dachs Fridolin verbrachte den langen, langen Tag und den größten Teil der Nacht in dem dunklen Winkel hinter dem Holz, sehr belästigt von all den Gerüchen, die ihn peinigten. Denn außer Ratten- und Mäusedreck und Hühnermist, der hier haufenweise lag, drangen alle möglichen fremdartigen Gerüche auf ihn ein, am meisten von diesen Zweibeinen, aber auch von Schweinen, Kühen, Katzen, von Bratkartoffeln und von Kinderwäsche. Mehr denn je war Fridolin davon überzeugt, dass er in die schlechteste aller Welten geraten war und dass der Schöpfer sie grade, um Fridolin zu ärgern, so schlimm eingerichtet hatte.

Erst als es tiefe Nacht geworden war, als alle Menschen schliefen und als sogar die Kettenhunde ihr Gebell eingestellt hatten, kroch Fridolin aus seinem Winkel hervor. Wohin er sich nun wenden sollte, darüber war er ganz ungewiss.

Er lief zuerst zur Rechten, aber das rauschende Wasser des Dorfflusses, die enge Brücke über ihn fort und die vielen Häuser des Dorfes scheuchten ihn wieder zurück. So wandte er sich nach links, folgte erst der Straße und geriet dann in Ditzens Kartoffelfeld. Da gefiel es ihm schon besser, es roch nicht mehr so zweibeinig, und zu seiner Rechten rauschte das Schilf, und die schmale Mondsichel streute Millionen von Silberfunken in den Carwitzer See. Das mutete ihn nach all den Häusern und nach der wüsten, sandigen Einöde der vergangenen Nacht schon ganz heimatlich an.

Nach einem kurzen Weg über den Kartoffelacker stieß Fridolin auf einen Drahtzaun, der ihm aber wenig Beschwer machte. In einem Augenblick hatte er sich darunter durchgegraben und befand sich nun in einem sauber gehaltenen Gemüsegarten, der so groß war, dass man den Hollerbuschgarten dagegen für einen reinen Dreck erachten konnte. Auch die Güte der Gemüse befriedigte Fridolin, und als er gar unten am Seeufer, an den dieser Gemüsegarten grenzte, noch ein paar fette Tauwürmer fand und gleich darauf einige Frösche fing, war Fridolin für seine Griesgram-Verhältnisse fast ganz zufrieden.

„Das haben die Zweibeine mal ganz ordentlich eingerichtet", sprach er zu sich. „Für Zweibeine sind die gar nicht so dumm. Die Rüben hätten etwas zarter sein können, und am Erbsenbusch hingen überhaupt keine Schoten mehr. Aber wo in dieser verkehrten Welt findet man alles Gute beisammen? Dumm ist es natürlich wieder, dass sie diesen Steinbau von einem Hause so nahe an den Garten gesetzt haben; aber das muss ich wieder loben, dass hier kein blöder Kettenhund lärmt. Wirklich ein hübscher Fressplatz; die Erdbeeren haben mir natürlich auch hier die Leute alle abgefressen, aber im Ganzen bin ich zufrieden. Wenn ich nur bloß eine passende Wohnung in der Nähe fände!"

Damit machte sich Fridolin wieder auf den Weg, immer dem Seeufer folgend. Er stieß auf einen andern Drahtzaun und kurz darauf auf einen dritten, unter denen er sich hindurchgraben musste. Aber nicht einmal das ärgerte den Dachs. Er fand es im Gegenteil lobenswert, dass die Leute „seinen" Garten so gut gegen fremde Eindringlinge gesichert hatten.

Recht schön satt bereits setzte Fridolin seinen Weg fort, nun über einen langen am See hingestreckten Acker, auf dem die verschiedensten Feldfrüchte wuchsen. Und hier hatte Fridolin plötzlich das größte Erlebnis seines Daseins, er begegnete einem Gewächs, das bestimmt war, sein ganzes Leben und vielleicht sogar seine Todesart zu beeinflussen – aber das Letztere wissen wir noch nicht.

Wie vom Blitz getroffen blieb Fridolin plötzlich sitzen und roch an einer Pflanze, von der viele, viele Geschwister auf einem unendlich langen Beet standen. Schon der Geruch dieser bisher nie erlebten Pflanze war Fridolin so angenehm, dass sein Glaube, er sei in die verkehrteste aller Welten geraten, zu wanken anfing. Er schnupperte an der Pflanze, der saftige, volle Stängel streifte sanft seine empfindliche Schnauze, er nahm die ganze Nase voll, er wurde fast närrisch vor Entzücken. Wonneschauer durchbebten seinen Leib – dass es so etwas Herrliches auf dieser schlimmen Welt gab! In diesem Augenblick war Fridolin sogar dem stinkenden Fuchs Isolein dankbar, dass er ihn aus der heimatlichen Höhle und damit aus dem Hollerbusch vertrieben hatte, um dieses Prachtgewächs zu entdecken!

Fridolin lehnte sich mit der Schulter gegen die Pflanze, mit einem leisen krachenden Geräusch brach sie ab und fiel, rauschend mit den Blättern gegen ihre Geschwister streifend, zu Boden. Er biss in den Stängel, der reichlich strömende Saft erfüllte des Dachsen Maul – nie hatte er noch in seinem ganzen Leben

etwas so Delikates geschmeckt! Dies ging weit über Ringelnattern, über junge Karotten, ja, dieser Saft übertraf sogar an Güte die Erdbeere und den süßen Bienenhonig. Es war ein einfach himmlischer Geschmack, besonders vom Schöpfer für die Dachse erschaffen!

Fridolin war wie berauscht, in einem Wonnetaumel stürzte er sich auf die nächsten Maisstauden, er brach sie um, er biss in den Stängel; vor Entzücken fast vergehend ließ er den Saft durch die Kehle rinnen, in den Magen hinein, der ihn mit erfreutem Gluckern empfing. Und bei diesem trunkenen Umbrechen machte der Dachs noch eine zweite Entdeckung, die seine erste fast in den Schatten stellte: Es gab noch etwas viel, viel Besseres als den Saft aus dem Stängel dieser Pflanze! Etwa in der halben Höhe des Stängel saß ein dickes, spindelförmiges Gebilde, ein kräftiger Kolben, in viele feine Blätter gehüllt, die nach innen zu immer zarter und wohlschmeckender wurden. Aber am besten schmeckte doch das Innerste dieses Kolbens, die Spindel selbst, die mit vielen Kernen besetzt war, größer als junge Erbsen und viel süßer und zarter schmeckend. Dies konnte man nicht nur schlürfen wie den Saft der Stängel, dies konnte man auch kauen, essen, fressen, damit konnte man den Wanst bis zum Platzen füllen – und das tat der Dachs auch!

Pflanze auf Pflanze fiel unter seinem gierigen Stoß. Schon kümmerte ihn nicht mehr der eben noch gepriesene Geschmack der Stängel, nur das Zarteste nahm er: die Spitze der Kolben. Als der Dachs endlich seine Fressgier gestillt hatte, war in dem langen, langen Maisbeet ein freier Platz, groß wie eine geräumige Stube entstanden. Auf ihm lagen die niedergebrochenen Pflanzen in wildem Durcheinander, wie von einem Sturmwind verheert. Schon begannen sie zu sterben, die welkenden Blätter strömten einen wehen, bitterlichen Geruch aus. Im Licht der schmalen Mondsichel leuchteten geisterhaft die weißlichen Lieschblätter, die zuinnerst die Körner tragende Spindel umhüllt hatten!

Der Dachs Fridolin aber ließ einen glücklichen Blick über das lange, lange Beet streifen, auf dem noch Maisstaude neben Maisstaude in vollem Saft stand. Da war Nahrung – und mehr als Nahrung, da war Genuss für viele, viele Nächte, für eine Ewigkeit, für ein ganzes, endloses Dachsenleben, wie Fridolin meinte, der sich nicht vorstellen konnte, dass sein Leben je enden würde.

Vor Rührung und Glück und zu vielem Gefress bekam der Dachs den Schluckauf, und von vielen, kräftigen Rülpsern unterbrochen, sprach er also: „Köstliche Pflanze Süßwachs, die allein für mich erschaffen wurde, meinen Wanst mit süßem Safte zu füllen – ich lobe dich! – Widerwärtig riechendes Zweibein, dessen Spuren ich überall um dieses schöne Beet erschnobere – auch dich lobe ich diesmal, weil du dieses Beet für mich angelegt, bestellt und gepflegt hast! – Und auch dich lobe ich, Schöpfer aller Tiere! Unerträgliches hast du uns Dachsen auferlegt, viel Schweres müssen wir durchmachen: den harten Winter mit den langen Fastentagen, die mühsame Nahrungssuche, den viel zu kurzen Schlaf. Wir müssen die widerlichen Gerüche von Hunden, Zweibeinern und Füchsen ertragen, und du hast in deiner Gedankenlosigkeit übersehen, uns wenigstens

die stolze, brandrote Rute eines Fuchses zu verleihen. Aber ich verzeihe dir heute alle diese Ungerechtigkeit, Schöpfer, und ich lobe dich sogar, denn du hast als Entschädigung für all diese Unbilden den Dachsen die köstliche Pflanze Süßwachs verliehen. Um des Süßwachs willen soll dir verziehen sein!"

Als der Dachs Fridolin so seinen Lobgesang beendet hatte, lief ein leiser Wind über die Maisstauden dahin. Ihre Blätter rieben sich mit einem leichten Rascheln aneinander, zugleich fingen alle Silberflecke unten auf dem See zu tanzen an.

Auch den Dachs durchschauerte es geheimnisvoll: Er hatte das Gefühl, als sei ihm der große Schöpfer ganz nahe und werde gleich zu ihm aus dem Mais hervortreten. Es war aber nur ein einzelner Windstoß gewesen. Das Rascheln der Blätter verstummte, und ruhig blinkten wieder die glitzernden Mondlichtflecken auf dem See.

Mit einem Seufzer wandte sich der Dachs, um seine Wanderung fortzusetzen. Vorher aber sprach er noch folgende Worte: „Freilich, ich sehe es schon: In dieser verkehrten Welt werde ich die allergrößten Schwierigkeiten haben, mich dieser schönen, doch

allein für mich erschaffenen Pflanze Süßwachs zu erfreuen. Es wird gleich wieder mit der Wohnungsnot losgehen, bestimmt finde ich in der Nähe dieses Gartens kein passendes Quartier. Es ist eben eine verkehrte Welt, und ich als Dachs hätte sie bestimmt vernünftiger eingerichtet!"

Damit schüttelte der Dachs griesgrämig den Kopf und wanderte weiter, immer am Seeufer entlang. Sein übervoller Bauch schleppte dabei fast am Boden, und es geschah ihm wegen seiner Überfressenheit das Unglück, dass er am Ende des Feldes über ein kleines Steinmäuerchen fiel.

„Da haben wir es", sprach er, während er, noch halb vom Sturze betäubt, am Boden lag und mit seinen kleinen Augen vorwurfsvoll zum Himmel emporstarrte. „Schon fängt das Unheil an. Nicht ein bisschen Gutes darf man sich gönnen. Kaum habe ich eine Kleinigkeit, um nur den schlimmsten Hunger zu stillen, zu mir genommen, gleich wird mir das Gehen so sauer, dass ich über jeden Stein falle. Eine verkehrte Welt ist das! Ja, wenn mir die schlanken Läufe des Fuchses verliehen wären! Aber an nichts hat der Schöpfer bei meiner Erschaffung gedacht, einfach an gar nichts!"

Fridolin hatte so lange hinter dem Holzstoß gelegen, und er hatte so viel Zeit bei der Erforschung des Gemüsegartens und bei seinem Maismahl verbracht, dass der Morgen mit kühlem Wind und Tau schon nahe war, als er seinen Weg von Neuem unter die Füße nahm. Er musste sich beeilen, wenigstens einen Notunterschlupf für den kommenden Tag zu finden. Dass es den am hier ganz flachen Seeufer nicht geben würde, sah er, so wandte sich Fridolin landeinwärts.

Langsam stiegen die Felder zu einer kleinen, dürren Kuppe auf, langsam keuchte Fridolin die geringe Steigung empor, seinen vollen Wanst verdammend und ganz vergessend, mit welchem Vergnügen er ihn gefüllt hatte. Er fühlte sich matt und übermüdet nach den letzten, so oft schlaflos verbrachten Tagen und achtete kaum noch auf seinen Weg …

Plötzlich wich der Boden unter seinen Füßen, und Fridolin stürzte zum zweiten Mal in dieser Nacht, nämlich in eine mäßig große Grube, aus der gewöhnlich Ditzens und Schönfelds ihren feinen Sand holen. Der Dachs war einen reichlichen Meter tief gefallen, aber nicht hart, denn auch den Boden der Grube bedeckte feiner, weicher Sand. Aber griesgrämig betrachtete er die recht steilen Wände der Grube um sich und beschloss, dieses ihm vom Schicksal unter den Füßen geöffnete Loch nicht wieder zu verlassen. Wer konnte sagen, wie lange er sonst noch nach einer Schlafstelle umhersuchen musste? Und der helle Morgen war nahe …

Lässig und mühsam scharrte sich der Dachs ein notdürftiges Loch in die Wand der Sandgrube, kroch hinein und war im Augenblick darauf auch schon eingeschlafen.

Die liebe Sonne erhob sich im Osten über dem großen Carwitzer See und sandte ihre erleuchtenden und wärmenden Strahlen auf die Welt hinab; ein leichter Wind erhob sich, wurde langsam stärker und ließ die Blätter der Erlen und das Schilf am See rauschen. Ein Hase kam über den Sandberg gehoppelt, er stutzte beim ungewohnten Geruch der Dachsenspur, er beschnoberte sie vorsichtig und bedachte den Fall eine Weile. Dann schlug er vorsichtshalber einen Haken und begab sich hinunter auf Schönfelds Wiese, um sein Morgenfrühstück einzunehmen.

Der Dachs Fridolin aber schlief.

Jetzt kamen zwei Zweibeine des Weges daher, der vom Dorf auf den Baumwerder führt, es waren der junge Güldner aus der Erbschmiede und der Maurer Studier, die auf den Konower Werder zum Holzschlagen wollten. Grade bei der Sandgrube blieben sie stehen, Güldner zündete ein Streichholz an, um seine Pfeife in Brand zu setzen, der Wind blies es ihm aber stets wieder aus. So sprang er in die Sandgrube hinunter und stand direkt am Schlupfloch des Dachses, als er endlich wirklich Feuer bekam. „Kiek mal", rief er zu Studier hinauf. „Das sieht ganz so aus, als hätte hier ein Tier gescharrt!"

„Mach man ein bisschen zu", antwortete Studier. „Wir sind schon so zu spät daran!"

Güldner kletterte aus der Grube, und kurz vor dem Baumwerder setzten sich die beiden in einen am Ufer liegenden Kahn und ruderten zum Konower Werder hinüber.

Der Dachs Fridolin aber schlief.

Nun verging eine lange Zeit, fast zwei Stunden, bis wieder jemand des Weges kam. Es war ein Arbeiter, der die Kuh von Fräulein Schröder, die man im ganzen Dorfe nur Tante Minna nannte, am Strick vorbeileitete. Er führte die Kuh auf Tante Minnas Lupinen, die direkt an Schönfelds Wiesenstück angrenzen, von dem der Hase schon wieder verschwunden war, tüderte sie fest und ging wieder in das Dorf zurück.

Der Dachs Fridolin aber schlief.

Nun geschah eine lange Zeit gar nichts. Die Sonne stieg immer höher, und die Luft wurde immer wärmer, Schmetterlinge flatterten von einer Blume zur andern; die Vögel zwitscherten in ihren Zweigen, flogen auf, pickten ein Korn oder zwei und zwitscherten dann wieder in anderen Zweigen. Ab und zu sprang ein Fisch aus dem See und fiel mit einem leichten Klatschen wieder ins Wasser zurück. Die Kuh in den Lupinen fraß und muhte leise.

All diese Zeit schlief der übersättigte, übermüdete Dachs Fridolin friedlich weiter.

Nun aber kamen drei Menschen vom Dorfe her gegangen. In der Mitte schritt der Vater Ditzen, an seiner einen Seite die große, artige Tochter Mücke, an der andern aber der blondlockige Achim. Die Mücke trug ein kleines Spankörbchen in der Hand, das jetzt noch leer war.

Als sie auf den Hügel vor dem Sandbergbuckel gekommen waren, nahmen sie den Achim in die Mitte, sie fingen an zu laufen und auf Eins! Zwei! Drei! ließen sie ihn ein weites Stück durch die Luft fliegen, wobei sie alle sehr vergnügt lachten. Als sie auf diese Weise den Hügel hinuntergekommen waren und es zum Sandgrubenberg wieder aufwärts ging, hielten der Vater und die Mücke aufatmend inne, denn es war ihnen heiß geworden beim eilenden Tragen und Schwingen des Achim. Der Junge aber, der zeigen wollte, dass er noch kein bisschen müde war, lief eilig hügelan. Dann entdeckte er die Sandkuhle, blieb an ihrem Rande stehen und rief bittend: „Springen, Papa, bitte, springen!"

Es war nämlich ein beliebtes Spiel bei den Kindern, vom Rande der Grube hinab in den tiefen Sand zu springen. Der Achim aber konnte es noch nicht allein, sondern musste dabei angefasst werden.

„Nachher!", antwortete der Vater. „Nachher! Erst wollen wir doch Steinchen werfen, Achim!"

Damit gingen sie vorüber, und der Dachs Fridolin schlief ungestört weiter.

Tante Minnas Kuh hob den Kopf und muhte die drei Spaziergänger auffordernd an. Sie wollte nämlich gerne weiter getüdert werden, weil sie die besten Lupinen schon abgefressen hatte. Das durften die drei aber nicht, weil die Lupinen noch lange reichen mussten. Sie gingen rechts auf einen kleinen, steinigen Acker, der auch Tante Minna gehörte und fingen an, das Körbchen mit Steinen zu füllen.

Das war schnell geschehen, und nun hatten sie nur noch ein paar Schritte bis zu der kleinen Brücke, die den Baumwerder mit dem Festlande verbindet. Einen Werder nennt man nämlich dort in der Gegend eine kleine Insel, und der Baumwerder war eben solche Insel, die nur durch einen schmalen Seearm vom Festlande getrennt ist.

Über diesen Seearm führt nun eine kleine Brücke, und auf diese Brücke stellten sich die drei und fingen an, die gesammelten Steine in das Wasser zu werfen. Das heißt, der Werfer war eigentlich der kleine Achim, die Mücke ließ als artiges Kind ihrem Bruder gerne das Vergnügen und warf nur ab und an einen Stein zur Gesellschaft mit, der Vater aber warf keinen einzigen. Als Achim endlich genug geworfen hatte, machten sich die drei auf den Rückweg. Wieder kamen sie an Tante Minnas Kuh vorüber, und diesmal muhte die Kuh schon lauter, denn so weit ihre Kette reichte, hatte sie bereits alle Lupinen abgefressen oder in den Sand getreten. Aber wieder gingen sie, ohne die Kuh umzuketten, an ihr vorüber, weil sie es eben nicht durften.

Dann kamen sie an die Sandgrube, und der Achim rief laut: „Papa, springen! Jetzt springen – du hast es versprochen!" Und er stellte sich an den Rand der Sandgrube.

Hans Fallada wurde am 21. Juli 1893 als Rudolf Ditzen in Greifswald geboren. Sein Pseudonym leitet sich von zwei Figuren aus Grimms Märchen ab: „Hans im Glück" und dem Pferd Fallada aus „Die Gänsemagd". Der Künstlername war Programm, denn das Leben des Autors verlief in extremen Bahnen: Schon früh wurde Fallada kriminell, alkohol- und morphiumsüchtig. Aufenthalte in Suchtkliniken und Gefängnissen wechselten sich ab. Sein Roman „Wer einmal aus dem Fressnapf frisst" von 1934 verarbeitete diese Erlebnisse. Den ersten bahnbrechenden Erfolg aber hatte Fallada bereits 1932 mit dem Roman „Kleiner Mann – was nun?", der sich mit der Weltwirtschaftskrise beschäftigt. Fallada gilt als Schriftsteller der Neuen Sachlichkeit – und der lakonische Humor macht seine Bücher trotz der ernsten Themen unterhaltsam. Weniger bekannt sind seine Kinderbücher, die heiteren „Geschichten aus der Murkelei" und „Fridolin der freche Dachs", das Fallada 1944 für seine Tochter schrieb. Trotz seines Erfolgs als Schriftsteller erlitt der Autor privat Schiffbruch. Seine Ehe wurde 1944 geschieden, kurz darauf bedrohte er seine geschiedene Frau mit einer Pistole. Seine Heirat mit der suchtkranken Ursula Losch führte erneut in die Drogenabhängigkeit. 1946 brach er zusammen und wurde in die Berliner Charité eingeliefert, wo er seinen letzten großen Roman schrieb, eine Abrechnung mit dem Nationalsozialismus: „Jeder stirbt für sich allein". Dieses Buch wurde 2010 in den USA zum Bestseller. Fallada starb am 5. Februar 1947 an den Folgen seiner Morphinsucht.

Der Vater sah unschlüssig darein, denn die Zeit zum Mittagessen musste ganz nahe sein. Aber versprochen ist nun einmal versprochen, und so reichte der Vater dem Jungen die eine Hand, und die Mücke reichte ihm auch eine Hand …

In diesem Augenblick war der Schlaf des Dachses Fridolin in großer Gefahr …

Da fing die Glocke im Dorfe an, die Mittagstunde zu bimmeln, und der Vater rief ganz erschrocken: „Du lieber Himmel, schon so weit! Wir kommen ja zu spät zum Essen! Los, Achim, jetzt springen wir den ganzen Weg bis nach Haus!"

Und schon rannten der Vater und die Mücke mit dem Achim zwischen sich den Berg hinunter und auf Eins! Zwei! Drei! schwangen sie ihn durch die Luft, und sie liefen und schwangen so schnell, dass die Füße des

Achim kaum den Boden berührten! Sie liefen und liefen, hügelabwärts und hügelan und dann den ebenen Weg am Ditzenschen Acker entlang, bis in die Küche hinein, wo die Mutter grade die Suppe in die Terrine füllte.

Der Dachs Fridolin aber schlief friedlich immer weiter in seiner Sandgrube.

Den ganzen langen Nachmittag geschah gar nichts auf dem Wege zum Baumwerder, bei der Sandgrube und auf dem Werder. Die Luft wurde noch immer heißer, und die Kuh von Tante Minna brüllte immer häufiger und lauter, aber das war nichts, was Fridolins Schlaf stören konnte. Die Vögel hatten in der Nachmittagshitze fast ganz mit Zwitschern aufgehört, dafür sprangen die Fische im See immer häufiger, und die Bienen beflogen mit eifrigem Gesumm den reichlich wachsenden Hederich.

Erst gegen Abend zeigte sich wieder Leben in diesem stillen Winkel. Zuerst kam ein Arbeiter und holte Tante Minnas Kuh zum Melken nach Hause, und die Kuh, die sich ganz heiser gebrüllt hatte, suchte rechts und links vom Wege noch schnell ein Maul voll saftigen Futters zu schnappen. Sehr viel später – die Sonne war schon im Untergehen – kam das Boot mit den beiden Waldarbeitern Güldner und Studier über den See gefahren. Sie gingen wieder nahe an der Sandgrube vorüber, und Güldner sah auch nach ihr hin. Er hatte aber vergessen, dass er dort eine Stelle gesehen hatte, die so aussah, als hätte ein Tier gescharrt, und ging achtlos vorüber.

Alle diese Gefahren, die seine Ruhe und sein Leben gar bedrohten, verschlief Fridolin. Er wachte erst auf, als die ersten Sterne am Himmel funkelten und die etwas breiter gewordene Mondsichel über den Rosenbergen stand. Er kroch aus seinem Loch hervor, nieste ein paarmal kräftig und sprach zu sich: „Dies scheint endlich einmal eine ruhige Gegend zu sein, ich habe wirklich seit Tagen nicht mehr so gut geschlafen. Nun will ich doch sehen, dass ich sofort eine passende Wohnung finde. Der Pflanze Süßwachs werde ich dann später einen Besuch abstatten."

Damit macht sich der Dachs auf die Suche, und für dächsische Verhältnisse war er wirklich sehr tätig und rasch. Leider aber war seine Suche gänzlich erfolglos, nach allen Seiten hin stieß er entweder auf Wasser oder auf die Häuser des Dorfes. Er war nämlich auf seiner Flucht auf eine sich in den Carwitzer See erstreckende Halbinsel geraten, an deren äußerster Spitze das Baumwerder noch wie das Tüpfelchen auf dem I saß. Und diese Halbinsel war ganz mit Feldern und mit Wiesen bedeckt, nur die einzige Sandgrube lag als Unland dazwischen, und die erschien dem Fridolin als Dauerquartier doch zu unsicher.

In das Dorf wollte er keinesfalls wieder; mit Schaudern dachte er an seine Erlebnisse dort, nachdem er einen ruhigen Tag verschlafen hatte, erschienen sie ihm noch schlimmer, als sie gewesen waren. Nur schwer entschloss sich Fridolin, auf den Baumwerder hinüberzuwechseln; die kleine Brücke über den Seearm war nämlich aus Zement gemacht, und die wilden Tiere scheuen sich, den gewachsenen Boden der guten Mutter Erde zu verlassen. Außerdem roch diese Brücke von dem Besuch der Ditzens sehr zweibeinig.

Als er die Brücke aber endlich überschritten hatte, war Fridolin sehr zufrieden. Hier roch es nämlich überhaupt nicht nach Zweibeinen, obwohl es auch hier Felder gab. Vor allem aber war hier ein Berg, fast so hoch wie der Hauptmannsberg, über den ihn die Leitkuh Rosa im Galopp getragen hatte. Der Hang dieses wohl hundert Meter hohen Berges fiel nach Süden ab, und unten plätscherte das Wasser des Sees, genau wie daheim.

Wald gab es hier freilich nicht, aber an einem kleinen, seitlichen Steilhang standen doch eine alte Kiefer, ein paar Birken, Erlen und Vogelbeerbäume, außerdem gab es hier manches Gestrüpp. An diesem Hang entdeckte Fridolin einen alten, halb verfallenen und liederlich angelegten Bau. Ursprünglich hatten ihn Kaninchen angelegt, aber die Kaninchen waren von den harten Wintern ausgerottet. Dann hatte ein Fischotter diesen Bau fast ein Jahr lang bewohnt, davon stank er noch immer sehr nach faulen Fischen. Der Otter war dem Fischer Bruno Hase ins Netz

geraten und war mit einem Ruder erschlagen worden; seitdem stand der Bau vernachlässigt und leer.

Der Dachs besichtigte ihn gründlich, seine empfindliche Nase rümpfte er zwar wieder einmal sehr über den Fischgestank, aber schließlich entschloss er sich doch, hier einzuziehen. In der ganzen Gegend schien es wirklich keine passendere Wohnung zu geben. Er sagte: „Ich will dieses erbärmliche Loch erst einmal nehmen, bis sich etwas Besseres findet!" Er wusste nicht, als er so sprach, dass „dies erbärmliche Loch" seine Wohnung für Lebzeiten werden würde.

Er sah gleich, er würde noch eine Masse Arbeit mit diesem Quartier haben, und es würde doch nie ein so schöner, von riesigen Buchen geschützter Bau wie im Hullerbusch daraus werden. Der niedere Hang, das Ackerland, das an seine obere Kante grenzte, verbot schon von vornherein die Anlage einer wirklich vornehmen Wohnung mit sechs bis acht Notröhren und Luftschächten.

Hier fehlte vorläufig so gut wie alles: eine anständige Wohnhöhle, Schlupf- und Notausgänge, eine Vorratskammer, ein Klosettchen, Ventilation – du lieber Himmel, in welcher beklagenswerten Verwahrlosung hatte dieser Fischotter gelebt! Dass anständige Tiere – Tiere, die sich für anständig hielten – in solchen Quartieren des Elends leben mochten, war tief beklagenswert!

Und Fridolin machte sich an die Arbeit, und es muss gesagt werden, dass er dieses Mal wirklich arbeitete – das einzige Mal in seinem Leben. Er gönnte sich kaum den nötigsten Schlaf, kaum vierzehn Stunden schloss er täglich die Augen, und über eine Woche lang passierte er nicht ein einziges Mal die kleine Brücke, die vom Baumwerder den Weg zu der Pflanze Süßwachs freigab. Er nährte sich kümmerlich und eilig von rohen Wurzeln, einigen Muscheln, die er am Seeufer fand, und von Fröschen. Ein einziges Mal nur kam ihm ein fetter Bissen in Gestalt eines Maulwurfes in den Weg!

Aber am Schluss dieser arbeits- und entbehrungsreichen Zeit konnte Fridolin auch mit Stolz sagen, dass er für die kümmerlichen Carwitzer Verhältnisse eine wirklich vornehme Wohnung besaß. Seine Wohnhöhle war grade geräumig genug, um ihm Platz und Wärme zu bieten, die Entlüftung war vorzüglich, und er besaß ganze drei Notröhren: eine tief unten am Wasser, zwischen Steinen und kleinem Gewächs endend; die zweite seitlich an der Mitte des Hanges mündete in einem dichten Holundergebüsch, und die dritte, die ihn am meisten Arbeit gekostet hatte, versteckte ihren Ausgang dicht an der Abhangkante in einem Gestrüpp alter Reiser und Dornen, das schon dort seit Jahren lag und langsam vermoderte.

Fridolin hatte das stolze Gefühl, durch seinen vorzüglichen Bau diese fehlerhafte Welt erheblich verbessert zu haben, und mit diesem Gefühl legte er sich zwar überanstrengt und ausgehungert, aber doch zufrieden schlafen.

Nun sind wir endlich soweit, die Lage ist nun so, wie wir sie am Beginn unserer völlig wahrhaftigen Geschichte geschildert haben: Die Leute, nämlich die Ditzens, wohnten in dem Haus am Seeufer, und der Dachs, nämlich der Fridolin, hauste in seiner Höhle am Südhang des Baumwerders.

Zuerst merkten beide Parteien kaum etwas voneinander, das heißt, sie wussten eigentlich gar nichts von des andern Dasein. Wohl hatte der Knabe Achim den Dachs einmal im Dunkeln hinter den Holzhaufen liegen gesehen, aber das hatte der Achim längst wieder vergessen, denn er war ja noch ein sehr kleiner Junge und lebte immer nur für den Tag, der grade da war, ohne Erinnerung an das Gestern und ohne Gedanken an das Morgen.

Was aber den Dachs Fridolin anging, so hatte er zwar sowohl die Mücke wie den Achim, vor allem aber den schrecklichen Teddyhund gesehen, und Fridolin hatte sie bestimmt nicht vergessen. Aber bei Fridolin war es nun so, dass ihm ein Zweibein genau so wie das andere aussah, er machte da keine Unterschiede und hatte nicht die geringste Ahnung davon, wie himmelweit der Abstand zwischen einer artigen Mücke Ditzen und einer unartigen Ursel Hartig war. Das

waren für ihn alles die gleichen stinkerigen Zweibeine. Und Hunde waren eben Hunde, widerliche, lärmende, bissige Bestien – fast so schlimm wie Füchse!

Im Übrigen war Fridolin ja ein Nachttier, und die Zweibeine und ihre Hunde sind meist Tagtiere, wenn es nicht gerade wildernde Hunde sind, und zu denen konnte man die Teddy trotz ihrer Leidenschaft für das Gänsejagen nicht rechnen. Sie war sogar ein Stubenhund, kam höchstens strafweise mal ein paar Stunden an die Kette und verbrachte ihre Nächte brav auf einem alten Samtvorhang im Flur des Ditzenschen Wohnhauses.

So war also die Gelegenheit, einander kennenzulernen, vorläufig nur gering. Natürlich muss man hier an das lange, lange Beet mit dem Mais denken, den Fridolin Süßwachs getauft hatte – eigentlich hätte der Vater Ditzen doch die ständig zunehmenden Verwüstungen in seinem Maisfeld bemerken müssen!

Aber wieso musste er eigentlich –? Das Maisfeld lag ab vom Wege und vom Hofe, und wenn es seine dritte Hacke gegen das Unkraut erhalten hatte, und wenn der letzte Stickstoffdünger gestreut worden war, so war der Mais in jedem Jahre ohne große Aufsicht weitergewachsen. Der Vater war ein vielbeschäftigter Mann, er hatte mehr zu tun, als jeden Tag seinem Maisfeld einen Besuch abzustatten.

Natürlich kam eine Zeit, zu der die Elstern und die Spatzen anfingen, sich sehr für den Mais zu interessieren – dann ging der Vater zwei- oder dreimal täglich zum Mais hinaus und gab aus seinem Tesching ein paar Schüsse auf die räuberische Vogelwelt ab. Es half zwar nichts, denn er traf nie etwas, aber er hatte doch das Gefühl, seine Pflicht getan zu haben. Aber diese Zeit war noch weithin, die kam erst, wenn der Mais reif zu werden anfing und die jetzt so fest und prall um den Kolben liegenden Lieschblätter trocken wurden und nur lose um den gelben Körnersegen lagen.

Die Verwüstungen im Mais blieben also vorläufig noch unentdeckt.

Nein, die erste Ahnung von der Existenz des Dachses Fridolin bekamen die Ditzens durch etwas ganz anderes, nämlich durch die Löcher, die ständig unter dem Zaun gegraben waren. Solche Zaunlöcher sind nicht nur höchst unordentlich, widersprachen also ganz dem Geiste, in dem der Ditzensche Haushalt geführt wurde, sondern sie sind auch in hohem Maße Schaden bringend. Denn durch sie kamen von der einen Seite aus dem Geflügelauslauf die Ditzenschen Hühner in den Ditzenschen Gemüsegarten, und von der anderen Seite taten die Güldnerschen Hühner aus der Erbschmiede dasselbe, und es gab in sorgsam gehaltenen Gemüsebeeten eine wüste Scharrerei und Wurmpickerei – also Unordnung und Schaden.

Wollte man die Hühner aber wieder aus dem Garten jagen, so fanden die unvernünftigen Tiere die Löcher, die sie beim Einschlüpfen so gut zu finden wussten, überhaupt nicht wieder. Aufgeregt und flügelflatternd rasten sie hin und wider durch den Garten, sahen ihnen freundlich geöffnete Türen und Tore grundsätzlich nicht, und es war kein Ende des Gejachers und des Beetezertretens.

Es kam eine schreckliche Zeit im Hause Ditzen, da man bei keinem Mahle, bei keiner Beschäftigung mehr friedlich sitzen konnte. Schon ertönte der Schrei: „Die Hühner sind im Garten!" Und ein wildes Gerenne begann. Es half nichts, dass man die Löcher nach gesäubertem Garten fleißig durch Spaten und Schaufel verschloss – über Nacht wuchsen sie wieder nach, und immer entdeckten die Hühner sie schneller als die Menschen.

Bei dieser Sachlage konnte es nicht ausbleiben, dass sich eines Tages die nicht unklugen Ditzens die Frage vorlegten: „Ja, wer ist denn dieser infame Schurke, der immer neue Löcher unter den Gartenzaun gräbt? Dem Burschen müssten wir doch das Handwerk legen!"

Es ist bezeichnend, dass es auf diese Frage nur eine Antwort bei allen Ditzens groß und klein gab, nämlich die: „Das ist natürlich die Teddy gewesen."

Natürlich die Teddy – dieser Spielhund, dem nie genug Steinchen geworfen werden konnten, die sie dann stolz im Maule spazierentrug und um keinen Preis wieder hergeben wollte. Natürlich die Teddy, der nie genug spazierengegangen wurde, die so oft die heiß geliebten Gänsejagden entbehren musste. Natürlich hatte nur die Teddy diese Löcher gegraben: In einem unbewachten Augenblick war sie vom Hofe gewutscht und hatte einen ihrer beliebten Ausflüge ins Dorf gemacht, wobei mit jedem Hunde Freundschaftsbezeigungen getauscht und in jeden Hof hineingerochen wurde. Bei der Rückkehr hatte sie dann das Hoftor verschlossen gefunden; von schlechtem Gewissen oder von der Sehnsucht nach der Futterschüssel geplagt, hatte sie sich rasch ein Loch unter dem Gartenzaun durchgegraben und war auf diesem – verbotenem! – Wege wieder heimlich ins Haus gelangt!

So war es und nicht anders! Mit finsterer Miene verhängte der Vater ein völliges Ausgehverbot über die Teddy und ordnete strenge Aufsicht über sie an. Dieser verflixte Allerweltshund, die Teddy, sollte sich doch nur nicht einbilden, dass sie mit ihren lasterhaften Herumtreibermanieren aus Ditzens Gemüsegarten einen Hühnerhof machen konnte!

Es ist bezeichnend für die Kurzsichtigkeit und Ungerechtigkeit, zu denen die Menschen nun einmal neigen, dass dieses Urteil über die Teddy einstimmig verhängt wurde, dass nicht eine Stimme für den unseligen, unschuldigen Hund, der jetzt unverdient so schwere Strafe leiden musste, laut wurde. Niemand dachte daran, dass durch die Annahme, Teddy sei die Schuldige, wohl die Zaunlöcher vom Wege in den Gemüsegarten, aber nicht die zur Hühnerkoppel und erst recht nicht die von der Koppel zum Acker erklärt waren. Teddy war die Schuldige, als Strafe musste sie die geliebte Freiheit entbehren – und damit war die Sache fertig. Der weise Urteilsspruch der Menschen war gefällt.

Zufällig traf es sich nun so, dass kurz nach diesem Urteil die Teddy ein paarmal im Gemüsegarten betroffen wurde, der ihr streng verboten war. Mit fliegenden Ohren und eingeklemmtem Schwanz jagte sie dann über die Freitreppe oder durch die Veranda in das Haus zurück, voll schlechten Gewissens, weil sie auf verbotenem Grund erwischt worden war. Die Menschen aber sagten triumphierend: „Da haben wir es ja! Sie sieht den Gemüsegarten schon als ihr Privatrevier an! Nein, was für ein Schweinehund!"

Unterdes ging der Dachs Fridolin, der mit dem Ausbau seiner Wohnung fertig geworden war, mit verstärktem Eifer der Nahrungssuche nach, denn nun war der Hochsommer gekommen, und Fridolin hatte infolge der erlittenen Verfolgungen noch immer keine Speckschwarte auf den Rippen und auch kein wohlgemästetes Bäuchlein. Wenn er nicht ganz unterernährt in den Winter kommen und dann schweren Hunger leiden wollte, musste er sich daranhalten. Und Fridolin hielt sich daran! Fast allnächtlich stattete er dem Ditzenschen Garten einen Besuch ab und nahm dort einen von allen Beeten gewählten Imbiss, ehe er sich zu seiner geliebten Pflanze Süßwachs begab.

Infolgedessen blieb es bei den Zaunlöchern und den aufregenden und beeteverwüstenden Hühnerjagden. Aber es war nun nicht so, dass die Ditzens, wie vom Blitze getroffen, stehengeblieben wären, sich mit der Hand an den Kopf gefasst hätten und erleuchtet ausriefen: „Du lieber Himmel, das kann ja unmöglich unsere so streng beaufsichtigte, süße, unschuldige Teddy gewesen sein, der arme Hund! Hier muss ein anderer, noch geheimnisvollerer Löchermacher vorliegen!" Nein, ganz im Gegenteil: Die Tatsache, dass immer noch Löcher gegraben wurden, bestärkte die Ditzens nur in ihrem falschen Urteil.

Inzwischen war der Vater doch wieder von seinem Gedanken abgekommen, sich den Teddyhund ständig ans Bein zu binden. Dafür hatte er einen anderen Einfall gehabt. Er ging ins Dorf zu einem alten Manne, den die Leute nur den „Opa Lewerrenz" nannten. Dieser Opa war dafür bekannt, dass er ganz ausgezeichnet Feldsteine mit seinem Hammer zerschlagen und daraus das festeste und haltbarste Mauerwerk aufführen

konnte. Mit diesem alten Opa sprach der Vater Ditzen, und infolge dieses Gespräches zerschlug der Opa in den nächsten Tagen viele, viele Felsblöcke in schöne, schwere, rechtwinklige Steine. Der Arbeiter Lindenberg und sein Gehilfe Matthä gruben dann die Steine unter dem Gartenzaun ein.

Es war Fridolins Gewohnheit, sich in jeder Nacht einen anderen Durchschlupf zu machen, er wusste selbst nicht warum: Es war eine ihm angeborene Vorsicht. Aber wie erstaunte er, als sich kräftige Feldsteine seinem Durchgraben widersetzten! Er versuchte es weiter rechts, er versuchte es mehr links: überall das Gleiche! Fridolin setzte sich hin und richtete das Auge anklagend zum dunklen Himmel. „Überall Neuerungen!", sprach er klagend. Er fand nun heraus, dass er sich unschwer unter den Steinen durchgraben konnte, und das tat er auch. Vorsichtig grabend unterwühlte er die Steine, bis zwei von ihnen umfielen, und durch die so entstandene Lücke schlüpfte er in den Garten. Hier speiste er genauso reichlich, wie er es sich vorgenommen hatte und begab sich dann, ein zweites Loch machend, auf den Acker zur Pflanze Süßwachs, unter der er wieder gewaltig aufräumte. Nun wanderte er, gut vollgefressen, nach Hause.

Weniger zufrieden war freilich der Vater Ditzen am folgenden Morgen. Stumm und gedankenvoll setzte er sich an den Tisch; ohne es zu merken, aß und trank er. Die anderen hatten ihren so ungewöhnlich schweigsamen Vater stumm angeschaut, niemand hatte es so recht gewagt, ihn in seinen Gedanken zu stören. Schließlich hielt es aber die Mücke nicht mehr aus, sie sagte: „Papa, es ist wieder ein Loch im Zaun, zwei von den großen, schweren Steinen sind umgeworfen."

Der Vater hob den Kopf und sah in die Runde. Sein Blick war fast triumphierend, als er sagte: „Es ist nicht nur ein Loch, es sind zwei Löcher im Zaun. Und unser halber Mais ist abgefressen. Jetzt weiß ich aber endlich, wer dieser Schadenstifter ist. Kinder, wir haben einen Dachs! Ein infamer, nichtsnutziger Dachs hat all diesen Schaden und diese Unruhe gestiftet."

Fritzchen und Klein Erna: Kinderwitze

Witze werden von Mund zu Mund weitergetragen, manchmal verändert, manchmal halten sie sich über Generationen. So etwa die Fritzchen-Witze, über die schon unsere Großeltern als Kinder lachten. Eine Figur wie Fritzchen gibt es in zig anderen Ländern und Sprachen: In Frankreich heißt sie zum Beispiel Toto, in Mexiko Pepito, in England Johnny.

Der Lehrer fragt Klein Fritzchen: „Was ergibt sieben mal sieben?"
Klein Fritzchen antwortet: „Feinen Sand."

Der Geschichtslehrer fragt Fritzchen: „Wo wurde der Friedensvertrag von 1806 unterschrieben?" – Nach längerem Nachdenken sagt Fritzchen: „Unten rechts."

Sagt der Lehrer zu Fritzchen: „Hast du deine Hausaufgaben gemacht? Nein? Das werde ich deinem Vater erzählen." Fritzchen antwortet: „Das nützt nichts, er macht sie auch nicht."

Während Fritzchen wahrscheinlich eine fiktive Figur ist, gab es Klein Erna wirklich. Ihr Name war Erna Nissen, und sie wurde Anfang des 20. Jh. in Schleswig-Holstein geboren. Auf einer Schiffstaufe passierte ihr das Missgeschick, dass die Flasche nicht zerschellte. Als die Familie 1906 nach Hamburg zog, erzählten erst ihre Brüder Klein-Erna-Anekdoten – die sich dann im Hamburger Raum verselbstständigten. In den 30er-Jahren sammelte und veröffentlichte Vera Möller die „Döntjes".

Klein Erna sitzt mit Heini auf der Treppe. Kommt die Mutter und fragt: „Was macht ihr denn schon wieder da?" Sagt Heini: „Ich zeig Klein Erna bloß, wie man Kinder macht." Sagt die Mutter: „Ach so, ich dacht, ihr raucht schon wieder."

Im Tierpark Hagenbeck: „Klein Erna, geh nich so nah ran an die Eisbären – bist sowieso schon erkältet!"

Erich Kästner

1899–1974

Rezitation bei Regenwetter

Der Regen regnet sich nicht satt.
Es regnet hoffnungslosen Zwirn.
Wer jetzt 'ne dünne Schädeldecke hat,
dem regnet's ins Gehirn.

Im Rachen juckt's. Im Rücken zerrt's.
Es blöken die Bakterienherden.
Der Regen reicht allmählich bis ans Herz.
Was soll bloß daraus werden?

Der Regen bohrt sich durch die Haut.
Und dieser Trübsinn, der uns beugt,
wird, wie so Manches, subkutan erzeugt.
Wir sind porös gebaut.

Seit Wochen rollen Wolkenfässer
von Horizont zu Horizont.
Der Neubau drüben mit der braunen Front
wird von dem Regen täglich blässer.
Nun ist er blond.

Die Sonne wurde eingemottet.
Es ist, als lebte sie nicht mehr.
Ach, die Alleen, durch die man traurig trottet,
sind kalt und leer.

Man kriecht ins Bett. Das ist gescheiter,
als dass man klein im Regen steht.
Das geht auf keinen Fall so weiter,
wenn das so weiter geht.

Frühling auf Vorschuss

Im Grünen ist's noch gar nicht grün.
Das Gras steht ungekämmt im Wald,
als sei es tausend Jahre alt.
Hier also, denkt man, sollen bald
die Glockenblumen blühn?

Die Blätter sind im Dienst ergraut
und rascheln dort und rascheln hier,
als raschle Butterbrotpapier.
Der Wind spielt überm Wald Klavier,
mal leise und mal laut.

Doch wer das Leben kennt, der kennt's.
Und sicher wird's in diesem Jahr
so, wie's in andern Jahren war.
Im Walde sitzt ein Ehepaar
und wartet auf den Lenz.

Man soll die beiden drum nicht schelten.
Sie lieben eben die Natur
und sitzen gern in Wald und Flur.
Man kann's ganz gut verstehen, nur:
sie werden sich erkälten!

Im Auto über Land

An besonders schönen Tagen
ist der Himmel sozusagen
wie aus blauem Porzellan.
Und die Federwolken gleichen
weißen, zart getuschten Zeichen,
wie wir sie auf Schalen sahn.

Alle Welt fühlt sich gehoben,
blinzelt glücklich schräg nach oben
und bewundert die Natur.
Vater ruft, direkt verwegen:
„'n Wetter, glatt zum Eierlegen!"
(Na, er renommiert wohl nur.)

Und er steuert ohne Fehler
über Hügel und durch Täler.
Tante Paula wird es schlecht.
Doch die übrige Verwandtschaft
blickt begeistert in die Landschaft.
Und der Landschaft ist es recht.

Um den Kopf weht eine Brise
von besonnter Luft und Wiese,
dividiert durch viel Benzin.
Onkel Theobald berichtet,
was er alles sieht und sichtet.
Doch man sieht's auch ohne ihn.

Den Gesang nach Kräften pflegend
und sich rhythmisch fortbewegend
strömt die Menschheit durchs Revier.
Immer rascher jagt der Wagen.
Und wir hören Vatern sagen:
„Dauernd Wald, und nirgends Bier."

Aber schließlich hilft sein Suchen.
Er kriegt Bier. Wir kriegen Kuchen.
Und das Auto ruht sich aus.
Tante schimpft auf die Gehälter.
Und allmählich wird es kälter.
Und dann fahren wir nach Haus.

Hamlets Geist

Gustav Renner war bestimmt die beste
Kraft im Toggenburger Stadttheater.
Alle kannten seine weiße Weste.
Alle kannten ihn als Heldenvater.

Alle lobten ihn, sogar die Kenner.
Und die Damen fanden ihn sogar noch schlank.
Schade war nur, dass sich Gustav Renner,
wenn er Geld besaß, enorm betrank.

Eines Abends, als man „Hamlet" gab,
spielte er den Geist von Hamlets Vater.
Ach, er kam betrunken aus dem Grab!
Und was man nur Dummes tun kann, tat er.

Hamlet war aufs Äußerste bestürzt.
Denn der Geist fiel gänzlich aus der Rolle.
Und die Szene wurde abgekürzt.
Renner fragte, was man von ihm wolle.

Man versuchte hinter den Kulissen
ihn von seinem Rausche zu befrein,
legte ihn langhin und gab ihm Kissen.
Und dabei schlief Gustav Renner ein.

Die Kollegen spielten nun exakt,
weil er schlief und sie nicht länger störte.
Doch er kam! Und zwar im nächsten Akt,
wo er absolut nicht hingehörte!

Seiner Gattin trat er auf den Fuß.
Seinem Sohn zerbrach er das Florett.
Und er tanzte mit Ophelia Blues.
Und den König schmiss er ins Parkett.

Alle zitterten und rissen aus.
Doch dem Publikum war das egal.
So etwas von donnerndem Applaus
gab's in Toggenburg zum ersten Mal.

Und die meisten Toggenburger fanden:
Endlich hätten sie das Stück verstanden.

Die Fabel von Schnabels Gabel

Kannten Sie Christian Leberecht Schnabel?
Ich habe ihn gekannt.
Vor seiner Zeit gab es die vierzinkige,
die dreizinkige
und auch schon die zweizinkige Gabel.
Doch jener Christian Leberecht Schnabel,
das war der Mann,
der in schlaflosen Nächten die einzinkige Gabel
entdeckte, bzw. erfand.

Das Einfachste ist immer das Schwerste.
Die einzinkige Gabel
lag seit Jahrhunderten auf der Hand.
Aber Christian Leberecht Schnabel
war eben der Erste,
der die einzinkige Gabel erfand!

Die Menschen sind wie die Kinder.
Christian Leberecht Schnabel
teilte mit seiner Gabel
das Schicksal aller Entdecker, bzw. Erfinder.

Einzinkige Gabeln,
wurde Schnäbeln
erklärt,
seien nichts wert.

Sie entbehrten als Teil des Bestecks
jeden praktischen Zwecks,
und man könne, sagte man Schnäbeln,
mit seiner Gabel nicht gabeln.

Die Menschen glaubten tatsächlich, dass Schnabel
etwas Konkretes bezweckte,
als er die einzinkige Gabel
erfand, bzw. entdeckte!
Ha!

Ihm ging es um nichts Reelles.
(Und deshalb ging es ihm schlecht.)
Ihm ging es um Prinzipielles!
Und insofern hatte Schnabel
mit der von ihm erfundenen Gabel
natürlich recht.

Erich Kästner

Erich Kästner wurde am 23. Februar 1899 in Dresden geboren. Der Vater Emil war Sattlermeister, doch nach dem Bankrott seines Geschäfts in Döbeln arbeitete er fortan als Fabrikarbeiter. Die Mutter Ida, die aus gutbürgerlichen Verhältnissen stammte, empfand diesen gesellschaftlichen Abstieg als schmerzlich, ihre Liebe kam fast ungeteilt ihrem einzigen Sohn Erich zu – das Verhältnis blieb so innig, dass sie sich auch lange nach seinem Auszug noch fast täglich Briefe schrieben.

Kästner besuchte ab 1913 ein Lehrer-Seminar in Dresden, wurde aber 1917 zum Militärdienst eingezogen. Durch den brutalen Drill in der Einjährig-Freiwilligen-Kompanie zog er sich eine Herzschwäche zu, er war fortan bis zu seinem Lebensende antimilitaristisch und pazifistisch eingestellt. Ein Jahr später machte er das Abitur, bekam ein Stipendium und begann 1919 ein Studium der Geschichte, Philosophie, Germanistik und Theaterwissenschaften in Leipzig. Aufgrund der Inflation reichte das Stipendium bald nicht mehr für die nötigsten Ausgaben, Kästner verdiente sich seinen Lebensunterhalt durch allerhand Gelegenheitsarbeiten und schrieb gelegentlich Zeitungsartikel – aufgrund einer Glosse für die „Neue Leipziger Zeitung" wurde er aus dem Stand 1922 als Redakteur dieses Blattes angestellt.

1925 promovierte er – doch zwei Jahre später endete seine Leipziger Zeit: Ein erotisches Gedicht Kästners zog einen kleinen Skandal nach sich, er verlor seine Anstellung bei der „Neuen Leipziger Zeitung". Kästner zog nach Berlin – und es begann eine hochproduktive Zeit. Als Publizist war er ein gefragter Mann. Er veröffentlichte in sämtlichen renommierten Zeitschriften dieser Zeit Gedichte, Artikel sowie Essays zu politischen und kulturellen Themen. 1928 erschien sein erster Gedichtband „Herz auf Taille". Kästners lakonische Gedichte, die der Neuen Sachlichkeit zugeordnet werden, waren auch in der Folgezeit sehr erfolgreich. Melancholie, Satire und Gesellschaftskritik zeichnet seine Lyrik aus, die in vordergründig schlichten Reimen gehalten ist. 1929 veröffentlichte

Kästner den Kinderbuchklassiker „Emil und die Detektive". Der Band wurde zum Bestseller, auch die UFA-Verfilmung von 1930 wurde ein Riesenerfolg. Andere erfolgreiche Kinderbücher folgten, 1931 etwa das wunderbare „Pünktchen und Anton". Das Besondere an Kästners Kinderbüchern war zu dieser Zeit, dass ganz gewöhnliche Kinder die Helden der Geschichten waren.

Bei der öffentlichen Bücherverbrennung am 10. Mai 1933 – er selbst war Zeuge – wurden viele seiner Werke, etwa „Herz auf Taille" oder der satirische Roman „Fabian", verbrannt. Er wurde von der Gestapo verhört und erhielt fortan das Verbot, unter eigenem Namen zu publizieren. Auch in den Folgejahren kam es immer wieder zu Verhaftungen, aber anders als die meisten verfolgten Schriftsteller seiner Generation verließ Kästner Deutschland nicht. Er wollte als Chronist des nationalsozialistischen Schreckens weiterhin in Berlin leben. Der bis heute erfolgreiche Band „Erich Kästners lyrische Hausapotheke" erschien in der Schweiz. 1942 schrieb er unter Pseudonym das Drehbuch für den UFA-Film „Münchhausen". Angeblich soll Hitler einen Tobsuchtsanfall gehabt haben, als er davon erfuhr – jedenfalls erhielt Kästner 1943 ein absolutes Publikationsverbot. Zwei Jahre später wurde seine Berliner Wohnung bei Bombenangriffen total zerstört, er zog zu seiner Lebensgefährtin Luiselotte Enderle, die später Patin stand für die Mutter in „Das doppelte Lottchen".

Nach Ende des Zweiten Weltkriegs wurde Kästner in München Feuilletonleiter der „Neuen Zeitung" und brachte die Kinder- und Jugendzeitschrift Pinguin heraus. Zudem gründete er das literarische Kabarett „Die Schaubude". Er konnte nahtlos an seine literarischen Erfolge vor dem Krieg anknüpfen, viele seiner Kinderbücher wurden erfolgreich verfilmt. 1957 wurde sein Sohn Thomas geboren, mit der Mutter Friedhilde Siebert in Berlin und Luiselotte Enderle in München führte er jahrelang offiziell eine Dreiecksbeziehung. Am 29. Juli 1974 starb Kästner in Berlin an Magenkrebs.

Modernes Märchen

Sie waren so sehr ineinander verliebt,
wie es das nur noch in Büchern gibt.
Sie hatte kein Geld. Und er hatte keins.
Da machten sie Hochzeit und lachten sich eins.

Er war ohne Amt. So blieben sie arm.
Und speisten zweimal in der Woche warm.
Er nannte sie trotzdem: „Mein Schmetterling."
Sie schenkte ihm Kinder, so oft es nur ging.

Sie wohnten möbliert und waren nie krank.
Die Kinder schliefen im Kleiderschrank.
Zu Weihnachten malten sie kurzerhand
Geschenke mit Buntstiften an die Wand.

Und aßen Brot, als wär's Konfekt,
und spielten: Wie Gänsebraten schmeckt.
Dergleichen stärkt wohl die Fantasie.
Drum wurde der Mann, blitzblatz! ein Genie.

Schrieb schöne Romane. Verdiente viel Geld
und wurde der reichste Mann auf der Welt.
Erst waren sie stolz. Doch dann tat's ihnen leid,
denn der Reichtum schadet der Heiterkeit.

Sie schenkten das Geld einem Waisenkind.
Und wenn sie nicht gestorben sind …

Atmosphärische Konflikte

Die Bäume schielen nach dem Wetter.
Sie prüfen es. Dann murmeln sie:
„Man weiß in diesem Jahre nie,
ob nun raus mit die Blätter
oder rin mit die Blätter
oder wie?"

Aus Wärme wurde wieder Kühle.
Die Oberkellner werden blass
und fragen ohne Unterlass:
„Also, raus mit die Stühle
oder rin mit die Stühle
oder was?"

Die Pärchen meiden nachts das Licht.
Sie hocken Probe auf den Bänken
in den Alleen, wobei sie denken:
„Raus mit die Gefühle
oder rin mit die Gefühle
oder nicht?"

Der Lenz geht diesmal auf die Nerven
und gar nicht, wie es heißt, ins Blut.
Wer liefert Sonne in Konserven?
Na, günstigen Falles
wird doch noch alles
gut.

Es ist schon warm. Wird es so bleiben?
Die Knospen springen im Galopp.
Und auch das Herz will Blüten treiben.
Drum, raus mit die Stühle
und rin mit die Gefühle,
als ob!

Klassenzusammenkunft

Sie trafen sich, wie ehemals,
im ersten Stock des Kneiplokals.
Und waren zehn Jahr älter.
Sie tranken Bier. (Und machten Hupp!)
Und wirkten wie ein Kegelklub.
Und nannten die Gehälter.

Sie saßen da, die Beine breit,
und sprachen von der Jugendzeit
wie Wilde vom Theater.
Sie hatten, wo man hinsah, Bauch.
Und Ehefrau'n hatten sie auch.
Und fünfe waren Vater.

Sie tranken rüstig Glas auf Glas
und hatten Köpfe bloß aus Spaß
und nur zum Hütetragen.
Sie waren laut und waren wohl
aus einem Guss, doch innen hohl,
und hatten nichts zu sagen.

Sie lobten schließlich haargenau
die Körperformen ihrer Frau,
den Busen und dergleichen.
Erst dreißig Jahr, und schon zu spät!
Sie saßen breit und aufgebläht
wie nicht ganz tote Leichen.

Da, gegen Schluss, erhob sich wer
und sagte kurzerhand, dass er
genug von ihnen hätte.
Er wünsche ihnen sehr viel Bart
und hundert Kinder ihrer Art
und gehe jetzt zu Bette. –

Den andern war es nicht ganz klar,
warum der Kerl gegangen war.
Sie strichen seinen Namen.
Und machten einen Ausflug aus.
Für Sonntag früh. Ins Jägerhaus.
Doch dieses Mal mit Damen.

e. o. plauen

1903–1944

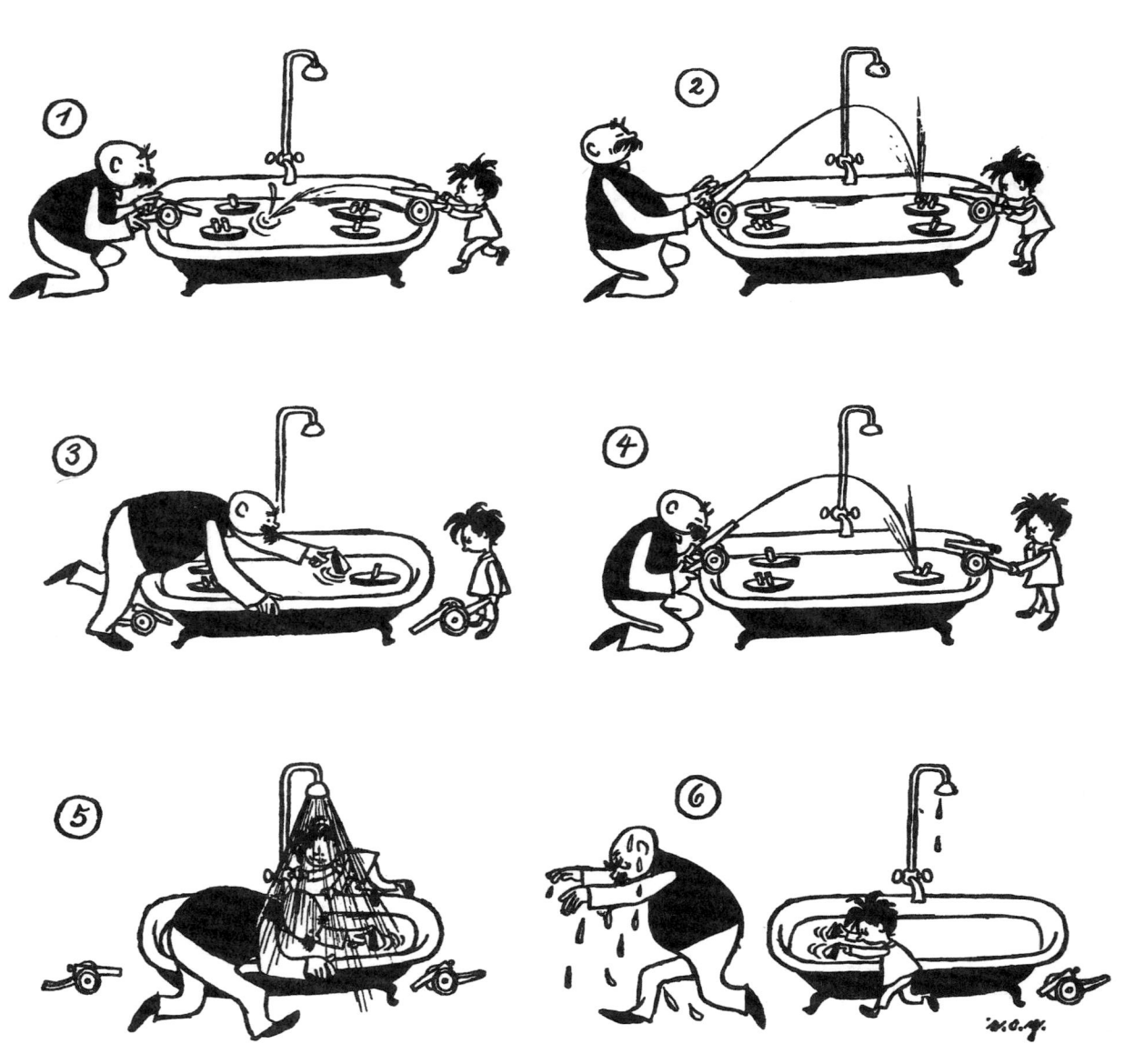

Im Krieg sind alle Mittel erlaubt

Hoffnungsloser Fall

Weihnachten mit lieben Gästen

Das fesselnde Buch

Mascha Kaléko

1907–1975

Lenz
Nachdenkliches Gedicht

Die Heckenrose greift nicht zum Kalender,
Um festzustellen, wann der Lenz beginnt.
Die Schwalben finden heim in ihre Länder,
Ihr „Reiseführer" ist der Maienwind.

Der kleinste Käfer rüstet sich im Grase
Und weiß auch ohne Weckeruhr Bescheid.
Die Frösche kommen pünktlich in Ekstase,
Und auch die Schmetterlinge sind bereit.

Im Stalle blöken neugeborne Schafe,
Und junge Entlein tummeln sich im Bach.
Die Welt erwacht aus ihrem Winterschlafe
Ganz ohne Kompaß oder Almanach.

– Ein Badehöschen flattert von der Stange.
Es riecht nach Maitrank, Bohnerwachs und Zimmt:
Die Kaffeegärten rüsten zum Empfange.
Der Lenz beginnt. – Es dauert ziemlich lange,
Bis ihn das Menschenherz zur Kenntnis nimmt
Und Blüten treibt … (Sofern das Datum stimmt.)

Mutter sein dagegen sehr

Manchmal, nach verhängter Strafe
– Sonntags nicht ins Kino gehn –
Seh ich mich, das heißt, im Geiste,
Vor dem armen Sünder stehn.

Lieber Sohn, hör ich mich sagen,
Strafe, heißt es zwar, muß sein!
Doch mir leuchten ein paar Zeilen
Meiner Rolle nicht ganz ein:

Muß es „Elternstrenge" geben
In der Welt des Achsobald?
Einmal nur in diesem Leben
Ist man dreizehn Jahre alt!

Achsobald, und arm an Haaren,
Bist auch du ein Herr mit Wanst.
– Flegel in den Flegeljahren,
Flegle dich so lang du kannst!

… Kam Sokrates immer pünktlich nach
   Hause?
Wusch Holbein sich täglich vom Kopf bis
   zur Zeh?
Aß Gandhi sein Frühstücksbrot brav in
   der Pause?
War Napoleon höflich zu seiner Armee?

Ob Äschylus fleißig sein Verb konjugierte,
Etcetera, – bleibe dahingestellt.
Ob Hafis sich seine Sandalen polierte?
War Byron stets sparsam mit Taschengeld?

– Sag, Liebster: Ob wir nicht zu streng mit ihm sind?
Gewiß, die Prinzipien. (Ach, hol sie der Wind!)
Und kommenden Sonntags marschiert unser Sünder
Ins Kino. Wie alle verzogenen Kinder.

Mascha Kaléko gilt als bedeutende Dichterin der Neuen Sachlichkeit. Am 7. Juni 1907 wurde sie als Golda Malka Aufen in Chrzanów, Galizien geboren. Bereits mit sieben Jahren wurde sie zur Emigrantin: 1914 floh die jüdische Familie vor Pogromen nach Deutschland und siedelte sich vier Jahre später in Berlin an. Hier begann die Autorin 1925 eine Bürolehre, besuchte aber nebenher Abendkurse in Philosophie. 1928 heiratete sie den Philologen Saul Kaléko, ein Jahr später publizierte sie ihre ersten Gedichte, die für das Kabarett vertont und dort auch aufgeführt wurden. Sie handelten vom Alltag der Menschen, von Liebesleid und -freude, waren heiter-melancholisch und damit Gebrauchslyrik im besten Sinne. Der 1933 erschienene Lyrikband „Das Lyrische Stenogrammheft" verkaufte sich gut – und entging zunächst der Bücherverbrennung. 1936 wurde ihr Sohn geboren, sie ließ sich von ihrem Ehemann scheiden und heiratete den Vater des Kindes, ihre große Liebe Chemjo Vinaver, einen Musikwissenschaftler. Nach dem Verbot ihrer Bücher emigrierte die Familie 1938 in die USA. 1945 erschien ihr Lyrikband „Verse für Zeitgenossen", in dem sie die Erfahrungen der Emigration verarbeitete und der in Deutschland ein großer Erfolg wurde. 1968 ereilte sie ein schlimmer Schicksalsschlag: Ihr Sohn Steven, ein erfolgreicher Dramaturg, verstarb plötzlich. Zwei Jahre später zog sie mit ihrem Mann nach Israel, wurde dort aber nie richtig heimisch. Als 1973 auch ihr Mann starb, war ihre Lebenskraft fast erloschen. Am 21. Januar 1975 starb sie in Zürich auf einer Lesereise an Magenkrebs.

Damen unter sich

… Ist Ihnen schon einmal aufgefallen,
Was geschieht,
Wenn eine alternde Hyäne
Eine jugendliche Schöne sieht?

Ein Schlangenbiß ist ein Kinderkuß
Gegen diesen Blick!
Meine Damen, das stimmt Sie verdrießlich?
– Anwesende ausgenommen. Ich meine ausschließlich
Jene neidischen alten Scharteken.

Doch kommen wir zurück
Auf besagten Blick –
Der Blick spricht Bibliotheken.

Werte Hyänen! Gönnet dem Kind
Die flüchtigen Jahre. Vergänglich sind
Schönheit und Jugend. Und, wie ihr wißt,
Schwindet die karg bemessene Frist.
Achtzehn und Dreißig –
Am Schluß, mit Verlaub,
Bleibt von uns allen
Ein Döschen voll Staub.

– Auch ohne den Dolchblick
Und ohne das Gift,
Wenn eine Hyäne die andere trifft.

Die „Kleine Angina"

Als ich noch im Halswehalter war
Und ziemlich stolz auf mein Fieber,
– Mama stand Wacht, und das Haus stand Kopf,
Und es roch nach Jelängerjelieber –

Da kam der Doktor Rosenpracht
Und zwinkerte hinter der Brille:
„Was, Schule? – Kommt nicht in Betracht!"
Und verschrieb mir ne Hustenpastille.

Nun gab es Biscuits und Apfelpüree …
Wie die Eiskompresse mich schreckte!
Und ich trank unentwegt den verordneten Tee,
Der, wie Weihrauch, nach Kirche schmeckte.

Zum Kaffee um vier erschien Tante Lou
Und von nebenan Frau Professor.
Sie sprachen dem Napfkuchen ordentlich zu
Und wußten alles viel besser.

Ich versäumte das „Klassische Altertum"
Und die Verben bis Seite dreißig.
Ich dachte mir: Gott, sind Erwachsene dumm!
War faul und gurgelte fleißig.

Sooft ich mehr Bücher hatte als Zeit,
– Es klappte fast automatisch –
War die „kleine Angina" auftrittsbereit.
Heut nennt man das „psychosomatisch".

– Als ich noch im Halswehalter war,
Das ist hundert Jahr her, mein Lieber.
Und das Halsweh ist fort. Doch das „Alter", wie's scheint,
Ist noch immer nicht restlos vorüber.

Heinz Erhardt

1909–1979

Die Katze

Die Katze hat ein gelbes Fell
und sitzt auf meinem Schoße.
Sie mag gern Fisch und eventuell
auch Schmorbraten mit Soße.

Auch fängt sie Mäuse dann und wann
und ab und zu – was seh ich! –
mal einen Vogel, doch nur dann,
wenn er des Flugs nicht fähig.

Oft bleibt sie meiner Kate fern;
dann weilt sie gegenüber.
Sie hat zwar meine Kate gern;
doch ist ihrn Kater lieber.

Bilanz

Wir hatten manchen Weg zurückgelegt,
wir beide, Hand in Hand.
Wir schufteten und schufen unentwegt
und bauten nie auf Sand.
Wir meisterten sofort, was uns erregt,
mit Herz und mit Verstand.
Wenn man sich das so richtig überlegt,
dann war das allerhand.

Ente gut, alles gut

Eine Ente sitzt im Schilfe
und im Boot der Jägersmann.
Gibts denn niemand, der da Hilfe
unsrer Ente bringen kann?
Schon sieht man den Hahn ihn spannen,
bums!, das Schrot kracht mit Getöse,
und – die Ente fliegt von dannen.
Sie ist heiter, er ist böse.

Gedanken an der Ostsee

Wie wär die Welt so wunderbar,
umspült vom blauen Meere,
wenn diese Welt, wies einstmals war,
ganz ohne Menschen wäre.
Dann gäbs kein Hoffen, kein Verzicht,
kein Hassen und kein Morden,
und wär bestimmt auch dies Gedicht
nicht hingeschrieben worden.

Der Berg

Hätte man sämtliche Berge der ganzen Welt
zusammengetragen und übereinander gestellt,
und wäre zu Füßen dieses Massivs ein riesiges Meer,
ein breites und tief's,
und stürzte dann unter Donnern und Blitzen
der Berg in dieses Meer – na, das würd spritzen!

Der Spatz

Es war einmal ein grauer Spatz,
der saß ganz oben auf dem Dache,
und unten hielt die Miezekatz
schon seit geraumer Weile Wache.
Da sagte sich das Spätzlein keck:
„Mich kann das Biest nicht überlisten!"
Bums, kam ein Habicht um die Eck
und holte sich den Optimisten. –
So kann es allen denen gehn,
die glauben, nur sie wär'n die Schlauen.
Man darf nicht nur nach unten sehn,
man muss auch mal nach oben schauen!

Der Kabeljau

Das Meer ist weit, das Meer ist blau,
im Wasser schwimmt ein Kabeljau.
Da kömmt ein Hai von ungefähr,
ich glaub von links, ich weiß nicht mehr,
verschluckt den Fisch mit Haut und Haar,
das ist zwar traurig, aber wahr. –
Das Meer ist weit, das Meer ist blau,
im Wasser schwimmt kein Kabeljau.

Kolumbus

Als Kolumbus von seiner Amerikafahrt
nach Spanien heimkam mit Gold und mit Bart
und, hoch geehrt und umjubelt, schritt
durch die Hauptstadt des Landes, nämlich Madrid,
entdeckte er plötzlich da drüben rechts
eine hübsche Person femininen Geschlechts.
Bei ihrem Anblick – was war schon dabei –
entschlüpfte ihm was und zwar das Wort „ei" …

Seitdem sind die Forscher sich darüber klar,
dass das das „Ei" des Kolumbus war!

Das Steckenpferd

Der eine liebt Konkretes nur,
der andre das Abstrakte,
der Dritte schwärmt für die Natur
und deshalb für das Nackte.
Der Vierte mag nur Fleisch vom Schwein,
der Fünfte Milch und Eier,
der Sechste liebt den Moselwein,
der Siebte Fräulein Meier.
Für jeden gibt es was von Wert,
für das er lebt und streitet,
und jeder hat sein Steckenpferd,
auf dem er immer reitet.

Historisches

Vom Alten Fritz, dem Preußenkönig,
weiß man zwar nicht viel, doch viel zu wenig.

So ist es zum Beispiel nicht bekannt, dass er die Bratkartoffeln erfand!
Drum heißen sie auch – das ist kein Witz –

Pommes Fritz!

An die Bienen

Bienen! Immen! Sumseriche!
Wer sich je mit euch vergliche,
der verdient, dass man ihn töte!
Dass zumindest er erröte!
Denn, wie ihr in Tal und Berg
schafft ohne Zutun der Gewerkschaft,
ohne dass man euch bezahle,
ohne Streik und Lohnspirale,
täglich, stündlich drauf bedacht,
dass ihr für uns Honig macht,
ihr seids wert, dass man euch ehre!
Wobei vorzuschlagen wäre –
ob nun alt ihr, ob Novizen –
euch von heute ab zu siezen!

Unser Dank, unser Applaus
säh in etwa dann so aus:
„Sehr geehrte Honigbienen!
Wir Verbraucher danken Ihnen!"

Birnen

Birnen sind die schönsten Früchte,
die ein Denkerhirn erfunden;
denn mit ihrem weißen Lichte
schenken sie uns Tagesstunden
wieder, die wir sonst versäumen –
doch sie stören uns beim Träumen.
Deshalb Schluss, wir drehn am Schalter!
Und die Sonne seines Lebens
sucht der arme graue Falter
in der Finsternis vergebens …

Der am 20. Februar 1909 in Riga geborene **Heinz Erhardt** war ein Multitalent. Er arbeitete - bis zur Erschöpfung - als Dichter und Musiker, Komiker und Schauspieler, Komponist und Entertainer. Bis heute gehört er zu den beliebtesten Komikern Deutschlands. Sein Leben begann unstet: Als Sohn einer russischen Mutter und eines deutschen Vaters, die sich früh trennten, lebte er mal bei der Mutter in Russland, mal bei seinem Vater, meist aber bei den Großeltern in Riga. Die vielen Orts- und Schulwechsel kompensierte er mit dem Klavierspiel, das zu seiner Leidenschaft wurde. Er stieg in das Musikaliengeschäft seiner Großeltern ein, widmete sich aber lieber der Komposition und dem Klavierspiel, das er in Leipzig studiert hatte. Eigentlich wollte er Komponist und Pianist werden, doch er erkannte sein Talent für das Komische und trat mehr und mehr als Alleinunterhalter auf. 1935 heiratete er die Italienerin Gilda Zanetti, die er mit den Worten „Wollen Sie auch nach oben?" in einem Aufzug kennengelernt hatte – der vom Erdgeschoss aus nirgendwo anders hinfahren konnte.

Erhardts Erfolgsgeheimnis war eine Mischung aus gespielter Biederkeit, Tollpatschigkeit, Verschmitztheit und tiefgründigem Sprachwitz. In der Nachkriegszeit traf sein verspielter Humor den Nerv einer Zeit, in der es nicht viel zu lachen gab. Und so wurde er auch als Schauspieler ungemein erfolgreich – in insgesamt 39 Spielfilmen spielte er mit. Als Dichter machte er sich mit seinen witzigen Schüttelreimen und Wortspielen einen Namen. 1963 erschien sein erster Gedichtband „Noch ein Gedicht", das sehr erfolgreich wurde. Weitere folgten. Ein Schlaganfall im Jahr 1971 bereitete seiner Karriere ein jähes Ende – er verlor, zu seinem größten Kummer, seine Sprache. Am 5. Juni 1979 starb er in Hamburg.

Der Bach
(Dem gleichnamigen Komponisten gewidmet)

Tagtäglich fließt der Bach durchs Tal.
Mal fließt er breit, mal fließt er schmal.
Er steht nie still, auch sonntags nicht,
und wenn mal heiß die Sonne sticht,
kann man in seine kühlen Fluten fassen.
Man kanns aber auch bleiben lassen.

Die Nase

Wenngleich die Nas',
ob spitz, ob platt, zwei Flügel – Nasenflügel – hat
so hält sie doch nicht viel vom Fliegen;
das Laufen scheint ihr mehr zu liegen.

Die Kuh

Auf der saftig grünen Wiese
weidet ausgerechnet diese
eine Kuh, eine Kuh.

Ach, ihr Herz ist voller Sehnen
und im Auge schimmern Tränen
ab und zu, ab und zu.

Was ihr schmeckte, wiederkaut se
mit der Schnauze, dann verdaut se
und macht Muh, und macht Muh.

Träumend und das Maul bewegend
schaut sie dämlich in die Gegend
grad wie du, grad wie du.

Radio Eriwan

„Radio Eriwan" – so lautete ein fiktiver Radiosender aus der Hauptstadt Armeniens, früher eine Sowjetrepublik. In der DDR nannte sich der Sender „Radio Jeriwan", in Westdeutschland hatte sich „Eriwan" eingebürgert. Radio-Eriwan-Witze sind immer fingierte Anfragen von Bürgern, die in der Sendung auf so groteske Weise verdreht beantwortet werden, dass die Ursprungsfrage ad absurdum geführt wird. Die politischen Witze nehmen die Misswirtschaft, Korruption und Agitation in den Ostblockstaaten aufs Korn. Sie folgen fast immer demselben Muster – die Antwort des Senders wird mit „Im Prinzip ja" bzw. „Im Prinzip nein" eingeleitet.

Frage an Radio Eriwan: „Ist die Rückkehr vom Mond wirklich so schwer?" – Antwort: „Im Prinzip nein. Technisch ist das Problem gelöst, aber wie sollen wir unsere Kosmonauten zur Rückkehr bewegen?"

Frage an Radio Eriwan: „Stimmt es, dass der Kapitalismus am Abgrund steht?" – Antwort: „Im Prinzip ja, aber wir sind bereits einen bedeutenden Schritt weiter."

Frage an Radio Eriwan: „Wird die Post in der Sowjetunion überwacht?" – Antwort: „In Prinzip nein. Briefe mit antisowjetischem Inhalt werden jedoch nicht befördert."

Frage an Radio Eriwan: „Gibt es einen speziellen armenischen Humor?" – Antwort: „Im Prinzip ja. Und wir haben ihn auch bitter nötig!"

Frage an Radio Eriwan: „Weiß man den genauen Todestag von Genosse Stalin?" – Antwort: „Im Prinzip nein. Aber eines ist sicher – es wird ein Feiertag sein!"

Frage an Radio Eriwan: „Kann man den Sozialismus in einem Land einführen?" – Antwort: „Im Prinzip ja, aber dann sollte man in einem anderen Land leben."

Peter Frankenfeld
1913–1979

Irrtümer

(Fahrendes Auto, innen): „Meine Güte, bin ich müde! Dem da vor mir fahr' ich dicht hinterher. Gute Idee – der Mann fährt sehr umsichtig, sehr zügig. Ein guter Autofahrer. Ich brauche nur auf seine Schlusslichter zu achten und nicht näher als drei Meter an ihn heranzufahren, dann kann nichts passieren." (Krach, schepperndes Blech, Glas splittert.)

„Ja sind Sie denn verrückt? Wie können Sie so unvermittelt bremsen?"

„Erlauben Sie mal – was wollen Sie in meiner Garage? Ich wohne hier!"

Nach 45 Jahren

Nach 45 Jahren treffen zwei Grauköpfe zusammen, die sich das letzte Mal in der Oberprima gesehen haben. Sie gehen einen trinken.

„Wie ist es dir ergangen? Was treibst du?"

„Wir schießen Raketen in die Ionosphäre."

„Ausgerechnet du – in Physik der Schlechteste. Warum schießt ihr Raketen hoch?"

„Von oben machen wir Fotos von der Erde", er kramt in der Brieftasche, „hier ist so ein Foto."

„Das ist ja sensationell – von London bis Moskau – alles drauf."

„Und trotzdem wird es nicht verwendet. Da hat einer gewackelt in Dortmund."

Hokuspokus – Simsalabim

„99" steht auf meinem Ausweis als Zauberer und Mitglied des Magischen Zirkels. Einmal im Jahr treffen wir uns und führen die neuesten Manipulationen, Palmagen, Kunststücke und Illusionen vor, und die Spielkarten-Zauberer lassen Karten ziehen und auf immer wieder neue Art erscheinen.

Da ist einer, der eine Jungfrau in zwei Hälften zersägt, seitdem hat er zwei Halbschwestern. Ein anderer zeigt einen Trick, der mit einem Knall anfängt und oft mit dem Feuerlöscher endet. Sie kommen aus aller Herren Ländern, und ein Grönländer ist dabei, der nur mit Eiswürfeln zaubert.

Ich habe mich auf Spielkarten spezialisiert, zeige in jedem Jahr ein oder zwei neue Tricks, die besonders verblüffend sein müssen, denn Berufs- oder Amateurzauberer applaudieren nur zögernd.

Dann wird es spät, und man trinkt noch ein paar Bierchen in der Kneipe nebenan, verabredet den Treff im nächsten Jahr und verabschiedet sich herzlich. Manche Magier haben einen halben Tag zu tun, ihre umfangreichen Illusionen zu verpacken, Tauben, Kaninchen oder Papageien zu füttern und in Käfigen zu verstauen. Tarlini braucht einen halbstarken Lastwagen, um seine Bühnenausstattung mitzunehmen. Da habe ich es leichter, ich stecke meine zwölf Kartenspiele in die Tasche und sage adieu.

Aber gerade in diesem Augenblick blieb ich noch in dem Lokal als Kiebitz neben einem Tisch stehen, an dem ein zünftiger Skat gedroschen wurde. Kennen Sie das Gefühl, wenn man von einem Skatbruder zum anderen wechselt, sich die Karten der drei Rivalen einprägt und dann den Mund halten muß?

Ich ging zu einem Nebentisch, an dem ein Zeitungsleser vor seinem Bier saß. Er lächelte freundlich und faltete seinen Anzeiger zusammen. Ich angelte ein Kartenspiel aus meiner Rocktasche und sah ihn gewinnend an. „Haben Sie Lust, eine Karte aus diesem Spiel zu ziehen?"

„Danke", sagte er, „ich kenne keine Spiele, weder Skat noch sonst etwas."

„Sie haben mich falsch verstanden, kein Spiel – ein Zauberkunststück. Sie ziehen eine Karte, und ich sage, was Sie gezogen haben."

„Wem wollen Sie das sagen?"

„Ihnen, mein Herr, Ihnen. Also bitte nehmen Sie eine Karte." Ich hielt ihm die gefächerten Karten vor die Nase.

„Irgendeine, die mir gefällt, soll ich nehmen?"

„Ja."

„Egal, welche Farbe? Dann nehme ich mal die – Karo-Neun."

Ich begann noch einmal: „Wir mißverstehen uns. Sie nehmen die Karte, und ich sage, was Sie gezogen haben."

Er griff zu, zog eine Karte und legte sie mit dem Bild nach oben auf den Tisch: „Kreuz-Bube. Ist es so richtig?"

Ich wurde ungehalten: „Aber Sie verderben mir den ganzen Trick. Ich muß doch Ihre Karte raten. Nehmen Sie bitte eine andere."

Diesmal klappte es besser. Er nahm die Karte. Weder zeigte er sie, noch sagte er, was es war, steckte sie ins Spiel zurück, und der Trick begann. Nach einigen Sekunden griff ich die Herz-Dame und fragte triumphierend: „Nun? Ist das Ihre Karte gewesen?"

Der große Entertainer **Peter Frankenfeld** wurde am 31. Mai 1913 in Berlin geboren. Als Schüler lernte er Zaubertricks und schloss sich, nur 16 Jahre alt, einem Zirkus an. Nach dieser Episode arbeitete er als Hotelpage – und wurde entlassen, weil er über dem Direktionszimmer ein WC-Schild für Herren angebracht hatte. Weitere Stationen in seinem Leben waren eine Ausbildung zum Anstreicher und der Aufbau einer Werbeagentur. Gelegentlich trat er auch schon beim Kabarett auf. Als Soldat im Zweiten Weltkrieg geriet Frankenfeld in amerikanische Kriegsgefangenschaft, wo er bald für die Unterhaltung der Truppen sorgte. Nach Kriegsende wurde er für das Radio entdeckt und moderierte eine Musiksendung im Hessischen Rundfunk. Seine fulminante Fernsehkarriere startete 1952 mit der Sendung „Schöne Bescherung". Er wurde der populärste Showmaster seiner Zeit, ein Pionier in vieler Hinsicht. So moderierte er etwa die erste Quiz- und Talentshow „1:1 für Sie". 1956 heiratete er die Schauspielerin und Sängerin Lonny Kellner. Seine von 1964 bis 1970 moderierte Show „Vergissmeinnicht" war zugleich Spielshow und Wohltätigkeitsveranstaltung für die „Aktion Sorgenkind". Besonders erfolgreich war Frankenfelds Musikrevue „Herz ist Trumpf", die er ab 1975 moderierte. Daneben war er als Schauspieler aktiv und ging häufig auf Tournee. Peter Frankenfeld starb am 4. Januar 1979 in Hamburg an einer Virusinfektion. 4000 Menschen erwiesen ihm auf dem Begräbnis die letzte Ehre.

Er nickte und meinte: „Das kann schon sein."

Seine Gleichgültigkeit regte mich auf: „Ja, hatten Sie denn die Karte nicht angesehen?"

„Nein", gestand er treuherzig.

„Aber darauf kommt es doch an! Nehmen Sie eine Karte und behalten Sie, was Sie gezogen haben."

Als er jetzt versuchte, die gezogene Karte zu „behalten", und sie in die Tasche steckte, hätte ich ihm gern das Kartenspiel an den Kopf geworfen. Zumindest legte ich eine drohende Schärfe in meine Aufforderung: „Nehmen Sie eine Spielkarte! Sehen Sie sie an! Merken Sie sich die Karte, und nun stecken Sie sie zurück ins Spiel!"

Mein Gegenüber zeigte Wirkung: „Wenn Sie mich so ansehen, dann spiel' ich überhaupt nicht mehr mit und gehe nach Hause."

„Sie gehen nicht! Sie bleiben, bis ich Ihre Karte gefunden habe."

„Warum sollen wir uns aufregen", sagte er, „wenn Sie die Karte gefunden haben, schicken Sie sie mir nach Hause. Hier meine Adresse." Er zwinkerte mir zu: „Bin gespannt, ob Sie die Pik-Sieben finden."

Sommernachtsball

Es ist Jahr für Jahr dasselbe – zum Sommernachtsball braucht meine Frau ein neues Abendkleid. In meinem Beruf sind Smoking und Frack Arbeitskleidung oder – wie meine Frau sagt – „Overall eins und zwei". Ich entschied mich diesmal für den Frack.

„Und was ziehst du an, mein Schatz?" fragte ich sie, aber da stand sie auch schon vor mir im neuen Abendkleid. Während ich sie nicht ohne Stolz betrachtete, holte ich mir mit routiniertem Griff eine Frackschleife aus dem Kleiderschrank.

Wir trafen mit viertelstündiger Verspätung zum Sommernachtsball ein. Am Eingang prüfte ein livrierter Zerberus die Ankömmlinge. Er erkundigte sich, ob ich ein Hütchen haben wolle und ob die Gnädigste nicht eine Boa erwerben möchte. Er drückte mir einen Papierfez auf den Kopf und warf Lonny die laut raschelnde Seidenpapierboa um den Hals. Sie sah hinreißend aus mit dieser Froufrou-Kreation für nur vierzig Mark – was kostet die Welt, nur einmal im Jahr ist Ball!

Meine Papiermütze hatte ein veitstanzender Derwisch gleich am Eingang wieder abgerissen. Da standen wir nun und sahen hinein in diesen Hexenkessel, einer Art Aufsicht nicht unähnlich.

Als wir ein halbes Dutzend Gläser Schampus intus hatten, waren wir schon weniger kritisch. Wir tanzten gerade, als mir ein Ober den Ellbogen in die Seite stieß: „Mensch, laß das bloß den Chef nicht sehen!"

Wir blieben an der Kante der Tanzfläche stehen, und ich sah ihm betroffen hinterher.

In der nächsten Minute war derselbe Kerl schon wieder da, diesmal mit einem vollen Tablett: „Halt mal, Kollege, Tisch 61 will zahlen!" Sprach's und ließ mich mit dem schweren Tablett einfach stehen.

Jetzt wurde mir die Sache doch zu dumm, ich ging zum nächsten Tisch und stellte das mit Tellern und Braten hochgetürmte Tablett ab.

„Na endlich", sagten ein paar schlechtgelaunte Leute am Tisch; einer gab mir einen Hundertmarkschein in die Hand: „Stimmt so!"

Am Nebentisch bestellten drei Masken Wein bei mir, ein anderer Gast nahm mich beim Ärmel: „Sagen Sie mal, wo sind denn hier die Toiletten?"

Ich schickte ihn zum Ausgang: „Die Toiletten sind links auf dem Hof, nehmen Sie einen Mantel mit."

Zwei Clowns stellten sich mir in den Weg: „Was ist mit unseren Schweinefilets? Wir haben sie schon vor einer halben Stunde bestellt."

Ich nahm sie zur Seite: „Danken Sie Ihrem Schöpfer, daß Sie sie nicht gegessen haben. Die Gesundheitspolizei ist gerade in der Hotelküche eingetroffen."

Vom Tisch 14 rief ein schwitzender Falstaff: „Machen Sie mir die Rechnung, Herr Ober!"

Ich machte ihn darauf aufmerksam, daß alle Speisen und Getränke im Eintrittspreis inbegriffen wären, worauf er wieder Platz nahm und drei Flaschen Champagner bestellte.

Meine Frau stand in diesem Augenblick vor mir und begehrte ein Glas Sekt. Ich ging an die linke Seite der Bar und „orderte" – jetzt schon ohne Hemmungen –: „Zwei Flaschen Schamp und zwei Gläser!" Behende stellte das bildhübsche Mädchen hinter der Theke zwei bereits entkorkte Flaschen Sekt vor mich. „Nicht doch", schob ich die Flaschen zurück, „mein Gast ist noch nüchtern, der will wirklich Champagner!" Wortlos tauschte sie die Flaschen. Nun reizte es mich, weiter zu reizen: „Ich brauche zwei Flaschen Moet & Chandon, aber dalli!"

Sie brachte alles, die Holde, und als ich meinen Hunderter vorzeigte, sagte sie nur lieb lächelnd: „Ist schon alles gebont."

Jetzt hatten wir zu trinken, und Lonny und ich genossen den Abend mit dem leicht abgeänderten Trinkspruch: „Zum Vollsein!"

Doch immer noch hatte ich den fremden Hunderter in der Hand. Verdammt noch mal – ich lasse mir nichts schenken, also ging ich in die Küche, um einfach abzuliefern. Als ich durch die Flügeltür in die Küche kam, umbrauste mich schepperndes Getöse: tausend Kommandos, tausend Bestellungen wurden geschrien, der Alkohol floß aus allen Kanälen – „rush-hour for drinks" es wimmelte von Obern, Tabletts schossen über den Köpfen hin und her, ein Kraftmeier riß schnaubend den Weinflaschen die Pfropfen aus den Hälsen, man schob mich, und ich taumelte zu einem Schalterbrett. Dann drückte man mir einen Rollwagen in die Hand: „Etagenservice, Zimmer 276."

Ich fuhr mit dem Wagen in den Fahrstuhl und hörte meinen Vornamen: „Peter – Peter!" Lonny rief mich. Ich legte meinen Arm um sie, und wir tanzten bis zum frühen Morgen, nahmen auch dort noch das erste Frühstück und waren verliebt wie am ersten Tag.

Mein hochgeschätztes, vom Grunde meines Herzens geliebtes Weib äußerte den Wunsch, nicht nach Hause zu fahren, sondern einfach im Hotel in den Tag zu schlafen, und so machten wir es auch. Während Lonny selig kichernd ins Bett sank, betrachtete ich nachdenklich meine schwarze Frackschleife, die ich einmal in einem Oberkellner-Solo im Fernsehen getragen hatte.

Als wir am Nachmittag unser Hotelzimmer Hand in Hand verließen, stiegen wir in den Fahrstuhl – und da stand noch immer der Rollwagen für Zimmer 276.

Lampenfieber?

Weil ich diese Frage schon hundertmal be-antwortet habe und weil sie immer wieder „im Raum steht", sage ich es nun auch in der Schriftform: „Selbstverständlich habe ich kein Lampenfieber! Das ist etwas, das man Kollegen überläßt." Die armen Menschen! Meine Güte – es packt sie, schüttelt sie, und manche möchten lieber sterben, als gerade nun in diesem Augenblick, da der Text ver-gessen, das Kostüm überhaupt nicht paßt und zu allem Unglück auch noch der Zu-schauerraum zum Bersten ausverkauft ist, auf die Bühne zu treten.

Nehmen wir ein Beispiel. In etwa dreißig Minuten kommt die sogenannte Stationsan-sage aus Wiesbaden, die bildhübsche Ansa-gerin kündigt die Umschaltung zur Übertra-gung der Sendung aus Hamburg an – basta.

Dann beginnt bei uns in der Halle das Orchester mit der Entrade, das Ballett er-öffnet tänzerisch, der Titel der Sendung wird noch einmal kurz eingeblendet, und schon trete ich auf. Das ist alles, und dann gibt es Applaus und so weiter und weiter. Es ist die natürlichste Sache der Welt.

Blicken Sie bitte mit mir in den Saal, sehen Sie die Menschen, wie sie drängen und schieben, achttausend werden es heu-te sein, wir sind bis auf den letzten Platz ausverkauft; unter uns gesagt, das macht einen natürlich ein bißchen stolz. Wenn alles klappt … was soll schon schiefgehen … aha – sehen Sie dort? Das ist der Programmdi-rektor, der Schlanke neben ihm ist der Bür-germeister, Pardon, Oberbürgermeister. Sie entschuldigen, ich habe noch ein paar kleine Vorbereitungen.

Ich bin präpariert. In allen Taschen stecken diese kleinen Wegweiser: Grüße nach Holland, nach Österreich und in die Schweiz, Ehrengäste begrüßen, 1. h. d. K. 4 a., das ist abgekürzt links hinter der Kamera 4 auftreten, ein Liedertext für die Handfläche, da steckt er nachher verborgen, und von da kann ich ihn heimlich ablesen. Nanu? Wo ist die zweite Strophe?? Meine Assistentin soll kommen, ein Text fehlt.

Eben erfahre ich, daß heute – ausgerechnet! – der Intendant im Saal sitzt. Wie bitte?? Mei-ne Uhr geht nach? In fünf Minuten geht's los? Das auch noch! Vor der Garderobentür pfeift einer. Weiß denn dieser Unmensch nicht, daß Pfeifen im Theater Unglück bringt?! Die Assistentin hat den Zettel mit der zweiten Strophe auch nicht gesehen … was ist denn mit meinem Schuh – hat jemand einen schwarzen Schnürsenkel da? Herrschaften – bitte einen Schnür …, der ist braun, ich habe schwarze Schuhe. Einen schwarzen Senkel – hat jemand den Zettel … ich komme ja schon … noch eine Minute! Ich weiß, ich weiß, das ist ja nicht meine erste Sendung. Jetzt ist es zu spät mit dem Schnürsenkel – also los. Ach du liebe Güte – seien Sie doch nicht so empfindlich. Wie bitte? Die Stationsansage läuft? Ich bin noch nicht soweit! Da – bitte!! Ich bin weiß am Ärmel – Bürste bitte – eine Kleider-bürste … der Text ist nicht da … warum muß ausgerechnet ich – mein Gott, warum muß ich jetzt da auf diese Bühne … ich will nicht – laßt mich doch gehen – laßt mich … Guten Abend, meine Damen und Herren.

Quellendes

Herr Wunsiedel, ein großer Gartenfreund, machte eines Tages eine Entdeckung, die eine große Wende in sein zurückgezogenes Leben bringen sollte. Er entdeckte in seinem Garten einen kleinen See von der Größe eines Suppentellers, der vorher noch nicht dagewesen war. Am nächsten Tag war die kleine Quelle schon kräftiger geworden. Nach weiteren drei Tagen sprudelte sie be-reits zehn Zentimeter hoch aus dem Boden, nach noch mal drei Tagen waren es schon fünfzehn Zentimeter. Herr Wunsiedel stand vor einem Rätsel. Er kostete das Wasser und vermochte nichts Nachteiliges zu entdecken, was Geschmack oder Klarheit anbetraf. Wunsiedel war ein Auserlesener, hatte das Glück, eine Quelle, vielleicht sogar eine Naturheilquelle in seinem Garten zu beherbergen. Er machte dem Bürgermeister davon Mitteilung, dem Verschönerungsverein und vor allem dem Verkehrsverein.

Für den zu erwartenden offiziellen Besuch umlegte er die Quelle mit bunten Steinen, schaffte einen klaren Zugang und zog sich seinen schwarzen Anzug an.

Mit ernsten Mienen, doch voll verhaltenen Glücks standen fünf ahnungslose Stadtväter im Garten von Herrn Wunsiedel. Der Stadtrat zeigte in einer vorbereiteten Rede die Nöte und Sorgen der letzten zehn Jahre auf und gab der Möglichkeit Raum, diese Quelle – sie sprudelte heute sogar zwanzig und fünfundzwanzig Zentimeter hoch – zu einer bedeutenden Einnahmequelle zu machen. Der Vorstand des Verkehrsvereins wußte schon den Platz, an dem das Kurhaus gebaut werden müßte. Der Verschönerungsverein wollte sofort weiße Bänke aufstellen, und als Kurdirektor kam natürlich nur Wunsiedel in Frage.

Wenn man mit einem durchschnittlichen Besuch von nur tausend Menschen rechnete, würde die Quelle dem Ansturm nicht mehr gewachsen sein.

Der Trinkbecher machte noch einmal die Runde. Die Würfel waren gefallen: Rumshausen wurde Kurort!

Der Apotheker erhielt den Auftrag, sich hauptamtlich mit der Analyse des Quellwassers zu befassen, und die beiden Ärzte des Dorfes gerieten bereits in kleine Kompetenzschwierigkeiten, wer Chefarzt werden würde. Walter Haubitz, der ehemalige Klarinettist vom Infanterie-Ersatzregiment 384, sollte die Kurkapelle zusammenstellen.

Unter Wunsiedels Leitung wurden Verbesserungen getroffen, die den Quell noch forscher, noch frischer hervorsprudeln lassen sollten. Mit Schippen und Spaten gingen sie daran. Schon nach einem Dreiviertelmeter stieß man auf die erste und endgültige Schwierigkeit. Ein metallenes Klingen des Spatens war der Gongschlag, mit dem alle Illusionen zusammenstürzten. Man fand ein erbsengroßes Loch im Rohr der städtischen Wasserleitung. Es wurde geflickt, und der Verschönerungsverein stellte die

einzige Bank, die als Modell gebaut war, Herrn Wunsiedel in den Garten. Dort sitzt er nun oft in stiller Andacht am Grabe seiner Illusionen.

Taubenvergiften (Frühlingslied)

„Taubenvergiften" ist **Georg Kreislers** (1922–2011) berühmtestes Lied. Es entstand 1956 und durfte eine ganze Weile wegen seines satirischen, bitterbösen Textes nicht im österreichischen Radio gespielt werden. Kreisler, der einer österreichischen jüdischen Familie entstammte, 1938 mit seinen Eltern in die USA emigrierte und ab 1943 amerikanischer Staatsbürger war, wurde durch seinen rabenschwarzen Humor und seinen anarchistischen Sprachwitz im deutschsprachigen Raum sehr populär.

Schatz, das Wetter ist wunderschön,
da leid ich's net länger zu Haus;
heute muß man ins Grüne gehn,
in den bunten Frühling hinaus!
Jeder Bursch und sein Mäderl
mit einem Freßpaketerl
sitzen heute im grünen Klee –
Schatz, ich hab eine Idee:

Schau, die Sonne ist warm
und die Lüfte sind lau,
gehn wir Taubenvergiften im Park!
Die Bäume sind grün
und der Himmel ist blau,
gehn wir Taubenvergiften im Park!
Wir sitzen zusamm' in der Laube,
und ein jeder vergiftet a Taube,
der Frühling, der dringt
bis ins innerste Mark
beim Taubenvergiften im Park.

Schatz, geh, bring das Arsen g'schwind her,
das tut sich am besten bewährn.
Streu's auf a Grahambrot kreuz über quer,
nimm's Scherzel, das fressen's so gern.
Erst verjag mer die Spatzen,
denn die tun ei'm alles verpatzen,
so a Spatz ist zu g'schwind,
der frißt's Gift auf im Nu,
und das arme Tauberl schaut zu.

Ja, der Frühling, der Frühling,
der Frühling ist hier,
gehn wir Taubenvergiften im Park!
Kann's geben im Leben ein größres Plaisir
als das Taubenvergiften im Park?
Der Hanserl geht gern mit der Mali,
denn die Mali, die zahlt's Zyankali,
die Herzen sind schwach
und die Liebe ist stark
beim Taubenvergiften im Park …
nimm für uns was zu naschen –
in der anderen Taschen!
Gehn wir Taubenvergiften im Park!

Ephraim Kishon

1924–2005

Heimkehr

Aus irgendwelchen Gründen sind Heimreisen immer langweilig. Wir verabschiedeten uns herzlich von unseren Verwandten, schüttelten der Freiheitsstatue die freie linke Hand, bestellten zwei gute Plätze in der Nähe des Piloten, zahlten das Übergewicht für unsere zehn Koffer und landeten kurz darauf in Genua.

Hier holten wir nach, was wir bei unserem ersten Besuch versäumt hatten: Wir verbrachten den ganzen Tag im Hafen. Alles lief planmäßig ab, am Abend lagen wir zur rechten Zeit in den Betten unsres nur wenige hundert Schritte von der SS „Jerusalem" entfernten Hotels – als die beste Ehefrau von allen sich plötzlich im Bett aufsetzte und mir ein aschfahles Gesicht zuwandte:

„Um Himmels willen! Wir haben die Geschenke vergessen!" „Na, na, na", murmelte ich verschlafen. „So schlimm wird's nicht sein. Entspann' dich …"

„Sprich keinen Unsinn, Mann!" Jetzt rannte sie bereits im Zimmer hin und her und blieb nur gelegentlich stehen, um die Hände zu ringen. „Wer von einer so langen Reise zurückkommt wie wir, muß jedem einzelnen Verwandten, Bekannten und Freund etwas mitbringen. Das erwartet man, und das gehört sich so."

„Merkwürdig", erwiderte ich. „Alle meine Freunde und Bekannten fahren ununterbrochen in der Welt umher – und mir hat noch niemand etwas mitgebracht."

„Das stimmt nicht. Hast du nicht von Tante Ilka diesen hübschen grünen Pullover aus Dänemark bekommen, mit dem du immer den Wagen wäschst? Und außerdem: wenn andere Leute keine Manieren haben, so heißt das noch nicht, daß wir keine haben müssen."

„Warum eigentlich? Warum heißt es das nicht?"

Die beste Ehefrau von allen saß unterdessen am Bettrand und stellte eine Liste aller Personen zusammen, die Anspruch auf etwas Mitgebrachtes hatten:

Felix Seelig, Tante Ilka, die Eule Lipschitz, der Finanzminister, Jossele, der Milchmann, mein Freund Kurt, ihre Freundin Rebekka, Batscheba Rothschild, der entlassene Zitruspacker Sprotzek, Kitty Goldfinger, die Brüder Großmann, Schultheiß, Podmanitzky, Mundek, Marie-Luise, Professor Großlockner, die Zieglers, Paltiel ben Saish. Ein Glück, daß Sulzbaum in New York war.

„Aber wie sollen wir das alles noch vor der Abfahrt erledigen?" seufzte meine Frau ein übers andere Mal. „Wie, um Himmels willen, sollen wir das machen?"

Ich nahm die Liste an mich und unterzog sie einer scharfen Revision. Kitty Gold-

233

Ephraim Kishon

Der israelische Schriftsteller und Journalist **Ephraim Kishon** wurde am 23. August 1924 als Ferenc Hoffmann in Budapest geboren. Nach seinem Schulabschluss studierte er Kunstgeschichte und schrieb nebenher humoristische Texte für das Theater. 1944 wurde er in das Arbeitslager Jolsva deportiert. Ihn rettete wahrscheinlich seine Leidenschaft für das Schachspiel: Der Lagerkommandant erkannte zufällig seine Begabung für dieses Spiel und spielte häufig eine Partie mit ihm. Auf dem Weg zu einem weiteren Lager überlebte er nur durch Glück: Jeder zehnte Häftling wurde erschossen, er selbst kam mit dem Leben davon. „Sie machten einen Fehler. Sie ließen einen Satiriker am Leben", so sollte er später lakonisch sagen. 1945 konnte Kishon aus einem Gefangenentransport entkommen, der die Häftlinge ins polnische Todeslager Sobibor bringen sollte. Fortan trug er für den Rest des Kriegs den Namen Stanko Andras und gab sich als slowakischer Arbeiter aus. Seine Eltern und seine Schwester Agnes überlebten ebenfalls die Shoah, doch wurde ein Großteil seiner Verwandtschaft in den Gaskammern von Auschwitz ermordet.

Kaum war die nationalsozialistische Gewaltherrschaft vorbei, geriet Kishon – der sich inzwischen den Nachnamen Kishont zugelegt hatte – wiederum in Gefangenschaft und beinahe in einen sowjetischen Gulag. Doch abermals gelang es ihm, zu entkommen. Er begann ein Studium an der Akademie für Metallskulptur an der kunstgeschichtlichen Fakultät der Universität Budapest und machte 1948 sein Diplom als Metallbildhauer und Kunsthistoriker. Er schrieb außerdem regelmäßig satirische Texte für Zeitungen und für das Theater. Doch noch im gleichen Jahr floh er aus dem kommunistischen Land mit seiner Frau Chawa, die er 1946 geheiratet hatte, über Prag, Wien und Italien nach Israel, das er mit einem Flüchtlingsschiff erreichte. Bei der Einreise wurde sein Name wiederum geändert: Kishons bisherigen Vornamen ersetzte der Beamte mit dem Kommentar „gibt es hier nicht" kurzerhand durch „Ephraim".

Kishon lebte mit seiner Frau zunächst in einem Kibbuz, hielt sich mit verschiedenen Jobs über Wasser, lernte Hebräisch und schrieb ab 1952 täglich Kolumnen in der Tageszeitung Ma'ariv. Ein Jahr später wurde sein satirisches Theaterstück „Der Schützling" im Nationaltheater Habima uraufgeführt. Er zog nach Tel Aviv und leitete dort eine Kleinkunstbühne. 1959 heiratete er nach der Scheidung von Chawa die Pianistin Sara Lipovitz, die als „beste Ehefrau von allen" in die Literaturgeschichte eingehen sollte. Kishon wurde zu einem der bekanntesten Humoristen Israels. Der 1960 erschienene Satirenband „Drehn Sie sich um, Frau Lot!" wurde von der New York Times zum Buch des Monats gekürt. Dies war der Startschuss für Kishons internationale Karriere. 1961 erschien „Drehn Sie sich um, Frau Lot!" in Deutschland. Der Band wurde aus dem Stand zum Bestseller. Es folgten Werke wie „Arche Noah, Touristenklasse" sowie „Pardon, wir haben gewonnen", ein satirisches Buch über den Sechstagekrieg und seine Folgen. Besonders beliebt wurde in Deutschland sein Theaterstück „Der Blaumilchkanal" von 1974, in dem er sich über die Bürokratie lustig machte – ein häufiges Thema des Autors.

Die Bücher Kishons wurden in 38 Sprachen übersetzt, über 33 Millionen Bücher gingen allein in Deutschland über den Ladentisch. Die Weltauflage seiner Werke beträgt 43 Millionen. Als sein Übersetzer, der österreichische Autor Friedrich Torberg, 1979 starb, übertrug Kishon die darauffolgenden Bände selbst ins Deutsche. Tatsächlich war er vor allem in den deutschsprachigen Ländern sehr erfolgreich, seine Literatur dürfte maßgeblich zur Versöhnung von Juden und Deutschen beigetragen haben. „Ich verspüre Genugtuung darüber, dass die Enkel meiner Henker in meinen Lesungen Schlange stehen", sagte er einmal. Zu seinem großen Erfolg trug sicherlich sein charakteristischer, trotz satirischem Scharfsinn warmherziger Humor bei, der sich um Politik, die Tücken der Bürokratie und das Familienleben dreht.

Ephraim Kishon starb am 29. Januar 2005 in Appenzell an einem Herzinfarkt. Beigesetzt wurde er in Tel Aviv.

finger, mit der wir seit Jahren nicht mehr verkehrten, wurde sofort gestrichen. Als nächste kamen die Zieglers, die in einem entlegenen Kibbuz im Negev lebten und von unsrer Reise wahrscheinlich nichts gehört hatten. Dann ging's an die Freundinnen meiner Frau – aber sie kämpfte wie eine Löwin um jede von ihnen und beschwor mich, durch willkürliche Auswahl der Beschenkten keine ewigen Feindschaften zu provozieren. Der einzige Geschenkempfänger, auf den sie unter Umständen verzichten wollte, war Paltiel ben Saish: Sie wußte nicht, wer das war, und konnte sich nicht erklären, warum sein Name auf der Liste stand.

Jetzt erhob sich die Frage, womit man diese gierige, auf Geschenke versessene Horde befriedigen sollte.

„Wir müssen", proklamierte die Listenverfasserin, „für jeden etwas Individuelles finden. Eine Kleinigkeit, die er bestimmt noch nicht hat. Und der man die fremde Herkunft anmerkt. Und die teurer aussieht, als sie ist."

„Richtig. Geschenke, die diese Bedingungen nicht erfüllen, haben keinen Wert. Dann bringen wir besser gar nichts." „Also gut. Was kaufen wir?"

Gemeinsam beugten wir uns über die Liste und gingen sie von Anfang an durch. Von Felix Seelig wußten wir, daß er ein Sportfanatiker war und nie ein Fußballmatch versäumte; als Geschenke kamen somit in Betracht: ein Tennisschläger (12 000 Lire), ein Faltboot (104 000), ein Barhocker (21 000 bis 62 000), ein Pullover (520).

Wir dachten lange nach, was seiner Wesensart am besten entspräche.

„Ich bin für den Pullover", entschied ich. „Ein praktischer Gegenstand. Immer griffbereit. Wenn Felix verschwitzt vom Training kommt, wird er sehr froh sein, sofort in einen Pullover schlüpfen zu können."

„Schön … Damit wäre ein Anfang gemacht … alles weitere morgen … beim Einkaufen …"

Die letzten Worte hauchte meine Gattin schon halb aus dem Schlaf, und ich selbst hörte sie nur noch mit halbem Ohr.

Am lichten Morgen zogen wir los. Wir warfen uns auf die Warenhäuser, deren es in Genua viele gibt, erstanden als erstes einen wunderschönen, gelben, schafwollenen, echt italienischen „Santi-Frutti"-Sportpullover um 490 Lire und strichen Felix Seelig von der Liste.

„Aber wenn wir schon für ihn so ein Vermögen ausgeben – was bleibt dann für Tante Ilka?" fragte meine Frau.

Wir verschoben die Lösung dieses Sonderproblems und kauften für unsere Hausgehilfin Rebekka, deren Vorliebe für schreiende Farben wir kannten, einen wunderschönen, gelben, schafwollenen … zwei Nummern kleiner … 450 Lire. Dann analysierten wir die Bedürfnisse der Eule Lipschitz. Was könnte wohl ein wenig Freude und Wärme in sein trübes Dasein bringen? Eine Schweizer Armbanduhr? Ein Radio? Eine Kamera? Sorgfältig schätzten wir Für und Wider gegeneinander ab, faßten neue Möglichkeiten ins Auge und fanden schließlich eine unverhoffte Lösung:

„Alle diese Dinge hat er wahrscheinlich schon. Aber man kann nie genug Pullover haben …"

Es wurde ein schwarzer und langärmeliger, der infolgedessen 580 Lire kostete (und die Problematik des Geschenks für Tante Ilka noch erhöhte). Dafür mußte sich mein Freund Kurt mit einem ärmellosen Pullover begnügen, was für ihn als Hundebesitzer nur von Vorteil war: Wenigstens konnte ihm der bissige Köter die Ärmel nicht zerfetzen … Jossele gab uns einiges aufzulösen, denn er ist ein leidenschaftlicher Briefmarkensammler. Vor einem Schaufenster des nächsten Warenhauses überkam uns die jähe Erleuchtung, daß hellblau die richtige Pulloverfarbe für ihn wäre.

Allmählich arbeiteten wir uns durch die ganze Liste. War's Zufall, war's Fügung – wir entdeckten immer wieder, daß es für den Betreffenden kein passenderes Geschenk gab als einen Pullover, den sie abwechselnd tragen konnten. Finanzielle Schwierigkeiten ergaben sich nicht, da wir uns vom Unterstützungsfonds der Jüdischen Gemeinde in Genua genug Geld ausgeborgt hatten, um auch noch die beiden Koffer bezahlen zu können, die wir für unsere Geschenke brauchten.

Erleichtert und in freudiger Stimmung transportierten wir unser gesamtes Gepäck in den Hafen.

Und dort, schrill über das erste Heulen der Schiffssirene hinweg, ertönte der Aufschrei meiner Gattin: „Entsetzlich! Wir haben Tante Ilka vergessen."

Schon saßen wir im Taxi, schon hielten wir vor einem Warenhaus, schon stürzten wir hinein – und standen vor einer Katastrophe: Alle Pullover waren ausverkauft.

„Es gehen nämlich heute und morgen zwei Schiffe nach Israel ab", erklärte die Verkäuferin. „Aber ein netter kleiner Seismograph wäre noch da. Wird von Touristen viel verlangt." Was sollte Tante Ilka mit einem Seismographen? Sie würde das womöglich für eine Anspielung auf ihr Schnarchen halten. Nein, das kam nicht in Betracht.

Die Sirene der SS „Jerusalem" heulte zum zweitenmal und unmißverständlich.

Wir erreichten sie noch ganz knapp und verstauten den schönen, dunkelroten Pullover, den wir der Verkäuferin vom Leibe weggekauft hatten, in unserem zwölften Koffer.

Der Rest der Geschichte enträt jeder dramatischen Spannung. Aus purer Langeweile begannen wir auf hoher See die einzelnen Pullover zu probieren und stellten fest, daß sie uns wie angegossen paßten. Natürlich kamen wir nicht mehr darauf zu sprechen.

Zwei Stunden vor der Landung in Haifa zupfte mich meine Frau am Ärmel:

„Eigentlich", sagte sie tastend, „eigentlich sehe ich nicht ein, warum wir jedem Schmarotzer, den wir zufällig kennen, ein Geschenk mitbringen müssen. Wo steht das geschrieben?" „Das frage ich mich schon die ganze Zeit. Aber dann dürfen wir keinem von ihnen etwas mitbringen, sonst verfeinden wir uns mit den anderen …"

Niemand hat ein Geschenk von uns bekommen. Wem's nicht paßt, der soll uns klagen. Wir können selbst sehr gut ein paar Pullover brauchen, vielen Dank. Unsere Gar-

derobe bedarf dringend der Auffrischung.

So standen wir an Deck, ich in Josseles hellblauem, meine Frau in Tante Ilkas dunkelrotem Pullover, als die weißen, flachen Häuser von Haifa in Sicht kamen. Es war ein vertrautes Panorama. Es unterschied sich in nichts von hundert anderen Hafenstädten auf der ganzen Welt. Nur daß es eine Hafenstadt des einzigen Landes war, das uns gehörte, des einzigen Landes auf der ganzen Welt.

Die Schiffssirene heulte. Wir verstanden jeden Ton.

Nur keine Rechtsbeugung!

In dieser unserer Zeit, einer Zeit der Umwertung aller Werte, in der sogar Begriffe wie „Gerechtigkeit" allmählich ihren Bedeutungsinhalt verlieren, gibt es eine bewundernswert hartnäckige Gruppe von Menschen, die bis zum letzten Tropfen deines Bluts für die Gerechtigkeit kämpfen. Man nennt sie Anwälte, und sie kennen sich im Labyrinth der Gesetze so gut aus, daß sie nicht einmal merken, wenn sie sich verirren. Hauptsache bleibt, daß dem Gesetz Genüge getan wird.

Eines Tages in den frühen Abendstunden der vergangenen Woche tauchte vor unserer Wohnungstür eine Gestalt auf und nahm alsbald die unverkennbaren Umrisse eines Polizisten an. Er händigte mir eine Vorladung ein, derzufolge ich mich am nächsten Morgen um acht Uhr auf der nächsten Polizeistation einzufinden hatte.

Meine Frau betrachtete die Vorladung und erbleichte.

„Warum laden sie dich so dringend vor?" fragte sie. „Was hast du angestellt?"

„Nichts", antwortete ich.

Meine Frau streifte mich mit einem prüfenden Blick.

„Du solltest nicht allein hingehen. Nimm einen Anwalt mit." „Wozu?"

„Frag nicht so dumm. Damit du jemanden bei dir hast, wofern du in Schwierigkeiten kommst."

Die Tatsache, daß meine Frau zum erstenmal in ihrem Leben das Wort „wofern" gebrauchte, übte eine zutiefst demoralisierende Wirkung auf mich aus. Noch am Nachmittag setzte ich mich mit Dr. Jonathan Shay-Sheinkrager in Verbindung, dem weithin bekannten Juristen, der als einer der gefinkeltsten Rechtsanwälte unseres Landes gilt. Shay-Sheinkrager ließ sich den Fall in allen Details vortragen, überlegte eine Weile und erklärte sich sodann bereit, meine Verteidigung zu übernehmen. Ich unterzeichnete die nötigen Papiere, die sofort in Kraft traten, und ging erleichtert nach Hause.

Am nächsten Morgen verabschiedete ich mich schweren Herzens von meiner Ehefrau und begab mich in Begleitung meines Rechtsanwaltes zur Polizeistation. Der wachthabende Polizeisergeant, ein schnurrbärtiger junger Mann, empfing uns freundlich. Er überflog die Vorladung, die Shay-Sheinkrager ihm einhändigte, griff ohne viel Federlesens in eine Schublade und zog die Aktentasche heraus, die ich vor ein paar Wochen verloren hatte.

„Wir haben Ihre Aktentasche gefunden, Herr Kishon", sagte er mit gewinnendem Lächeln. „Hier ist sie."

„Danke vielmals. Ich weiß Ihre Mühe zu schätzen." Damit griff ich nach der Aktentasche und schickte mich wohlgelaunt zum Verlassen des Lokals an.

Ich hatte die Rechnung ohne meinen Anwalt gemacht.

„Sehr rührend", sagte Shay-Sheinkrager, und seine Lippen kräuselten sich sarkastisch. „Aber darf ich Sie, Herr Inspektor, fragen, woher Sie wissen, daß es sich um die Aktentasche meines Klienten handelt?"

Der Sergeant grinste gutmütig:

„Wir haben in der Aktentasche eine Wäschereirechnung auf den Namen dieses Herrn gefunden."

„Und es ist Ihnen kein Gedanke gekommen", fuhr Shay-Sheinkrager fort, „daß die Aktentasche Eigentum der Wäscherei sein könnte?"

„Aber sie gehört mir", versicherte ich meinem Anwalt. „Ich habe sie an den Joghurtflecken auf der rechten Seite sofort erkannt."

„Bitte enthalten Sie sich jeder Einmischung in ein schwebendes Verfahren", wies Shay-Sheinkrager mich zurecht. „Herr Inspektor, ich bitte um die Ausfertigung eines Protokolls!"

„Was heißt da Protokoll? Nehmen Sie die Aktentasche und gehen Sie."

„Wir sollten wirklich gehen", stimmte ich ein. „Hier haben wir nichts mehr zu tun."

Mein Anwalt trat ans Fenster, verschränkte die Hände hinterm Rücken und sah hinaus. Nach ungefähr einer Minute drehte er sich um:

„Ich werde Ihnen sagen, was wir hier noch zu tun haben, meine Herren. Wir haben den Inhalt der Aktentasche zu überprüfen."

Schweigen. Shay-Sheinkrager hatte natürlich recht. Zu dumm, daß mir das nicht von selbst eingefallen war. Da zeigt sich wieder einmal der Unterschied zwischen einem Laien und einem geschulten Kenner der Materie.

„Dann machen wir sie eben auf", seufzte der Sergeant und griff nach der Aktentasche.

„Ich protestiere!" Wie ein Tiger fuhr Shay-Sheinkrager dazwischen. „Das strittige Objekt muß unbedingt in Anwesenheit eines offiziellen Zeugen geöffnet werden."

Mit einem deutlich sichtbaren Aufwand an Selbstbeherrschung zwirbelte der Sergeant seinen Schnurrbart und ging einen Kollegen holen. Als die beiden eintraten, lag leichte Zornesröte über ihren Gesichtern.

„Herr Kishon", ließ sich mein Anwalt vernehmen, „wollen Sie jetzt bitte eine Liste der Gegenstände anfertigen, die, soweit Sie sich erinnern können, den Inhalt dieser Aktentasche bilden." „Gerne", antwortete ich. „Aber ich kann mich nicht erinnern." „Um so besser", sagte der Sergeant und traf neuerdings Anstalten, die Aktentasche zu öffnen. Aber mein Anwalt hinderte ihn daran:

„Das Eingeständnis meines Klienten, den Inhalt der Aktentasche nicht rekonstruieren zu können, darf amtlicherseits nicht dahin verstanden werden, daß die Aktentasche zur Zeit ihres Verlustes keinerlei Wertgegenstände enthalten hätte."

Die Blicke, mit denen die beiden Sergeanten ihn daraufhin ansahen, ließen sich auch bei äußerster Nachsicht nicht mehr als „liebevoll" bezeichnen. Shay-Sheinkrager schien dergleichen gewohnt zu sein. Ungerührt zog er mich zur Seite.

„Bitte sprechen Sie von jetzt an kein Wort, ohne mich vorher zu fragen", schärfte er mir ein. „Von jetzt an liegt die Sache in meinen Händen!"

Dann begann er in trockenem, aber höchst lichtvollem Fachjargon das Protokoll zu diktieren:

„Auf Grund einer freiwillig gemachten Aussage meines Klienten, und ohne seine Rechte als einziger gesetzlicher Eigentümer des strittigen Fundobjektes im mindesten zu präjudizieren, wird hiermit festgestellt, daß mein Klient infolge einer Erinnerungslücke außerstande ist, verbindliche Angaben über den Inhalt der in Rede stehenden Aktentasche zu machen, die sich zur Zeit der Ausfertigung dieses Protokolls auf der das Protokoll ausfertigenden Polizeistation befindet, deren diensthabendes Organ die in Rede stehende, vor einer bestimmten Anzahl von Tagen aufgefundene Aktentasche nach bestem Wissen und Gewissen als Eigentum meines Klienten bezeichnet und –" „Einen Augenblick", unterbrach der Sergeant und stand auf, um aus dem Nebenzimmer einen Oberinspektor herbeizuholen. Noch ehe der Oberinspektor seine Übellaune in Worten äußern konnte, hatte sich Shay-Sheinkrager ihm vorgestellt und bat ihn, diese mißliche Angelegenheit fair und objektiv zu behandeln. Dann wandte er sich nochmals an mich:

„Ich muß Sie pflichtgemäß darüber belehren, daß von jetzt an jedes Ihrer Worte gegen Sie ausgenützt werden kann."

Ich fragte ihn, ob ich vereidigt werden müßte, aber er beruhigte mich: so weit wären wir noch nicht.

Nachdem alle Anwesenden das Protokoll unterzeichnet hatten, erklärte Shay-Sheinkrager laut und langsam:

„Mein Klient erhebt keine Einwände gegen die Öffnung des strittigen Fundobjektes."

Der Oberinspektor steckte die Hand in die Aktentasche und zog einen Bleistift heraus.

„Herr Kishon", fragte mein Anwalt, wobei er jede Silbe scharf betonte, „ist das Ihr Bleistift?"

Ich sah mir den Bleistift an. Er war kurz und abgenützt, ein ganz gewöhnlicher Bleistift.

„Wie soll ich das heute noch wissen?" fragte ich. „Beschwören kann ich's nicht."

In Shay-Sheinkragers Augen glomm ein heiliges Feuer:

„Meine Herren, jetzt kommt alles darauf an, kühlen Kopf zu bewahren. – Herr Kishon! Sind Sie ganz sicher, daß Sie dieses Schreibinstrument nicht als Bestandteil der von Ihnen ständig gebrauchten Schreibutensilien agnoszieren können?"

„Ich habe Ihnen doch schon gesagt, daß ich das nicht kann." „Dann verlange ich die sofortige Vorladung des Bezirkskommandanten!"

„Des Bezirkskommandanten?" schnaubte der Oberinspektor. „Und warum, wenn ich fragen darf?"

Er durfte fragen. Jede Frage war meinem Anwalt willkommen, weil er auf jede Frage eine Antwort hatte. Diesmal lautete sie:

„Herr Oberinspektor! Wenn der sogenannte ‚ehrliche Finder' einen nicht meinem Klienten gehörigen Bleistift in diese Aktentasche hineinpraktiziert hat, kann er ebensogut ein anderes und möglicherweise wertvolleres Objekt aus dieser Aktentasche entfernt haben."

Nach einer Weile erschien der Bezirkskommandant und prallte bereits in der Türe entsetzt zurück:

„Um Gottes willen! Sie hier, Shay-Sheinkrager? Schon wieder? Das darf nicht wahr sein!"

Auch jetzt ließ sich mein Anwalt im gleichmütigen Auf- und Abgehen nicht stören. Nach einer Weile pflanzte er sich vor dem Bezirkskommandanten auf. Seine Stimme bebte vor Bedeutsamkeit:

„Im Namen meines Klienten erstatte ich hiermit Anzeige gegen den Finder dieser Aktentasche, und zwar a) wegen widerrechtlichen Gebrauchs der meinem Klienten gehörigen Schreibutensilien, und b) wegen möglicher Entfernung von Gegenständen aus der gefundenen Aktentasche."

„Soll das heißen", fragte drohend der Bezirkskommandant, „daß Sie hier einen Diebstahl unterstellen?"

„Allerdings. Mein Klient glaubt mit ausreichender Sicherheit behaupten zu können, daß im Zusammenhang mit der ihm gehörigen Aktentasche ein Diebstahl unbestimmten Ausmaßes begangen wurde."

„Na schön", stöhnte der Bezirkskommandant. „Wer hat die verdammte Aktentasche gefunden?"

Unmutig kramte der Sergeant in seinen Papieren:

„Der Verkehrspolizist vom Dienst. Vorgestern nachmittag."

„Sie wollen einen Polizisten des Diebstahls beschuldigen?" fragte mich der Bezirkskommandant.

„Nicht antworten!" Shay-Sheinkrager war mit einem Satz bei mir und hielt mir den Mund zu. „Sagen Sie kein Wort! Die Kerle wollen Ihnen einen Strick drehen. Ich kenne ihre Tricks. – Herr Bezirkskommandant", fuhr er amtlich fort. „Wir haben dem bereits Gesagten nichts mehr hinzuzufügen. Weitere Aussagen machen wir nur vor dem zuständigen Gerichtshof." „Wie Sie wünschen. Sie sind sich hoffentlich klar darüber, daß Sie soeben eine ehrenrührige Behauptung gegen einen Beamten des öffentlichen Dienstes vorgebracht haben?"

„Ich erhebe Einspruch", brüllte Shay-Sheinkrager. „Das grenzt an Erpressung."

„Erpressung?" Auch die Stimme des Bezirkskommandanten steigerte sich zu imposanter Lautstärke. „Sie beleidigen einen uniformierten Polizisten im Dienst! Paragraph 18 des Strafgesetzbuches!"

„Einspruch! Ich beziehe mich auf Anhang 47 zur Verordnung über Pflichten und Rechte der öffentlichen Sicherheitsorgane, Gesetzblatt Nr. 317!"

„Darüber wird das zuständige Gericht entscheiden", schnarrte der Bezirkskommandant und wandte sich an mich: „Im Namen des Gesetzes erkläre ich Sie für verhaftet."

Shay-Sheinkrager begleitete mich bis an die Zellentür.

„Kopf hoch", sagte er. „Man kann Ihnen nichts anhaben. Es gibt kein Beweismaterial gegen Sie. Wir werden das Alleinverschulden des Polizisten nachweisen und notfalls einen Haftbefehl gegen den Polizeiminister erwirken. Dann soll er uns einmal erklären, warum der ‚ehrliche Finder' nicht verhaftet wurde! Schlafen Sie gut. Ich verständige Ihre Frau." Und er verabschiedete sich mit einem kräftigen, trostreichen Händedruck.

Es hilft nichts: der beste Freund eines einsamen Häftlings ist sein Anwalt. Ich durfte mich glücklich schätzen, einen so brillanten Kopf als Verteidiger zu haben. Vielleicht setzt er es sogar durch, daß ich gegen Kaution entlassen werde.

Die tanzende Großmutter

Die meisten ausländischen Besucher machen sich von der glitzernden Seine-Metropole ein ganz falsches Bild. Für sie ist „Paris" gleichbedeutend mit Liebe und Laster, mit einem Spinnennetz von engen Seitengassen, wo in schwülen, halbdunklen Nachtlokalen der Champagner in Strömen fließt und hüllenlose Tänzerinnen zur Begleitung erregender Musik die ganze Nacht lang Erotik produzieren.

Nun, es gibt noch ein andres Paris!

Dieses andre Paris ist vielleicht weniger schwül und weniger eng, aber wer sich die Mühe macht, es aufzuspüren, wird dennoch reich belohnt. In diesem andern Paris – dem wirklichen, dem ewigen – bieten keine flüsternden Straßenverkäufer „künstlerische Aktaufnahmen" feil, gibt es keine Schlepper, die den naiven Fremdling in halbdunkle Nachtlokale locken, keine Wolken aus Rauch und Champagnerdunst, kein billiges Striptease. Nein! Hier, in diesem andern Paris, gibt es große, prächtige Kunststätten mit luxuriös eingerichteten Zuschauerräumen, wo der Ausländer bequem in geschmackvollen Fauteuils sitzt, während hüllenlose Tänzerinnen zur Begleitung erregender Jazzmusik die ganze Nacht lang Erotik produzieren.

Es ist dieses andre Paris, von dem ich jetzt berichten will.

Das Wunder geschah: Wir bekamen zwei Billetts zu der seit Jahren ausverkauften Mammut-Musical-Show, die auf der ganzen Welt in aller Munde war. Ein lateinamerikanischer Tourist mußte im letzten Augenblick seine vor Jahresfrist gelösten Karten zurückgeben und nach Hause fahren, weil er übersehen hatte, daß das Datum der Vorstellung mit dem allmonatlichen Staatsstreich in seinem Heimatland zusammenfiel. So kam es, daß meine Gattin und ich in der ersten Reihe saßen, buchstäblich zu Füßen der ausgewählt schönen Girls, mit dem denkbar besten Blick auf die Finessen der Choreographie und die reiche Ausstattung der Bühne (Kostüme gab es nicht). Die Girls waren damit beschäftigt, lebende Bilder historischen Charakters zu stellen, aus der Geschichte der Menschheit im allgemeinen und aus der Geschichte unsres eigenen Volkes; zum Beispiel Judith und Holofernes, Josef und seine Brüder, Potiphars Weib und Salomes Schleiertanz. Das schmeichelte uns und hob unser Selbstgefühl. Nicht einmal die hinter uns erklingenden Rufe „Niedersetzen!" konnten uns etwas anhaben. Wir hatten gar nicht gewußt, daß die Geschichte Israels so voll von Glamour war.

Und dann stieg Großmutti herab …

Sie kam in einem eigens konstruierten goldenen Käfig vom Schnürboden der berühmten Music-Hall auf die Bühne geschwebt, und das ganze Ensemble streckte ihr die Hände entgegen, malerisch gruppiert, teils kniend, teils auf Zehenspitzen, zu einer majestätisch anschwellenden Musik der ständig wiederkehrenden Textzeile: „Da kommt sie, da ist sie, die Schönste der Welt!" Bekleidet war sie mit schwarzen Netzstrümpfen, einem eng anliegenden Pantherfell, einer blonden Haarkrone, exquisit verlängerten Wimpern, strahlenden Zähnen und einem gewaltigen Decolleté, das die ganzen Reize ihrer 70 Jahre freigab. (Die beste Ehefrau von allen tippte sogar auf 71, wenn auch nur flüsternd.)

Damit hier kein Irrtum entsteht: Der Begriff „Großmutter" ist mir heilig. Die Großmutter hat meiner Meinung nach eine überaus wichtige Aufgabe im Schoß der Familie zu erfüllen, sei es als Babysitter oder als Verwalterin altehrwürdiger Kochrezepte, die andernfalls verloren gingen. Großmütter, kurzum, dürfen stets auf meine Liebe und Verehrung zählen. Vielleicht ist das der Grund, warum ich so empfindlich reagiere, wenn eine Großmutter plötzlich auf eine Bühne geschwebt kommt und sich im grellen Scheinwerferlicht der gaffenden Menge darbietet. Noch dazu war diese spezielle Großmutter nicht irgendeine Nummer im Programm, sondern der Star der Show, die göttliche Primadonna, die unvergleichliche Allround-Künstlerin, das Nationalheiligtum. Tatsächlich konnte ihre Stimme noch halbwegs mithalten. Aber Großmutti wollte unbedingt auch ihre tänzerischen Fähigkeiten zur Geltung bringen, ließ niemanden mehr an die Rampe, hopste wild umher, stand Kopf, schlug Räder, erzählte zweideutige Witze und benahm sich überhaupt so, wie Großmütter sich nicht benehmen sollen. Entweder war sie die Gattin des Direktors, oder sie hatte ausgezeichnete Beziehungen zur Artistengewerkschaft.

Indessen kam ich bald dahinter, daß sie ihren prominenten Rang einem ganz andern Umstand verdankte: nämlich ihrer Meisterschaft in der Herstellung von „Kontakt mit dem Publikum". Das war es, was ihr keiner nachmachte. Das war ihre Domäne. Die Art, wie sie das Mikrophon in die Hand nimmt … wie sie in den Zuschauerraum steigt … durch die Seitengänge streift … bei einem ausländischen Besucher anhält und mit ihm ein paar Worte in seiner Muttersprache wechselt … wie sie im Vorübergehen ein Scherzwort fallen läßt oder ein schlüpfriges Offert … wie sie einen friedlich dasitzenden Herrn auf die Glatze küßt … es ist einmalig.

An jenem schicksalsschweren Abend hatte sie für irgendwelche Bühnenzwecke drei männliche Besucher eingesammelt, einen baumlangen Amerikaner, einen eher kurzgewachsenen Spanier und einen beleibten Italiener. Nachdem sie den Widerstand der drei überwunden und sie auf die Bühne gezerrt hatte, wo sie von den kichernden Girls empfangen wurden, stemmte Großmutti die Hände in die pantherfellbekleideten Hüften, ließ ihre Blicke durch das Haus schweifen und verkündete:

„Ich brauch noch einen!"

Ohne zu prahlen, darf ich sagen, daß ich mich schon wiederholt in lebensgefährlichen Situationen befunden habe. Ich bin aus mehreren Gefangenenlagern entflohen, habe im israelischen Befreiungskrieg mitgekämpft und einmal sogar an einem Friedenskongreß der „Liga der Völkerverständigung" teilgenommen. Aber noch nie im Leben fühlte ich mich von so panischer Angst durchschüttert wie in dem Augenblick, da Großmutti auf meinen Sitz in der ersten Reihe zusteuerte. Es war entsetzlich. Ich wurde abwechselnd rot und blaß, schrumpfte zusammen und suchte verzweifelt nach Deckung. Vor meinem geistigen Auge zogen blitzartig die schmerzlichsten Erinnerungen an meine unglückliche Kindheit vorbei.

„Schön …", zischte dicht neben mir die Schlange, mit der ich verheiratet bin. „Sie kommt dich holen!"

Im nächsten Augenblick stand Großmutti vor mir. Ich schickte ein Stoßgebet zum Himmel, aber da beugte sie sich schon über mich, und aus dem roten Querschlitz in ihrer erschreckend starren Maske drang die Frage: „Woher kommst du, kleiner Liebling?"

Ich verkroch mich unter den Sitz und blieb stumm. Schließlich bin ich nicht verpflichtet, eine französische Frage zu verstehen.

„Er kommt aus Israel", antwortete an meiner Stelle die Schlange neben mir laut und deutlich, während die Blicke der tausendäugigen Bestie Publikum von allen Seiten auf mich eindrangen.

Großmutti schwenkte die Hüften:

„Israel", wiederholte sie genießerisch. „Oh-la-la. Schalom." Und sie schlang ihre Fangarme um mich.

In diesem Augenblick begriff ich die Ursachen der religiösen Renaissance, die wir heute erleben. Der Mensch ist einsam. Inmitten einer feindlichen Umwelt ist er einsam und ganz auf sich gestellt. Er braucht ein höheres Wesen, an das er glauben kann, bei dem er Schutz findet vor den Fährnissen des Daseins. Ich selbst war ihnen schutzlos ausgeliefert.

Großmutti deutete mit ihrer von blauen Adern durchzogenen Greisinnenhand auf die Schlange und fragte: „Das ist Madame?"

Ich schwieg beharrlich, aber die Schlange nickte freundliche Bejahung. Daraufhin wollte Großmutti wissen, ob Madame eifersüchtig sei.

„Laß den Blödsinn und geh nach Hause", raunte ich hebräisch in Großmuttis Ohr. „Die verlassenen Enkelkinder warten. Sie schreien nach Brot. Kümmere dich nicht um mich und geh …" Krampfhaft versuchte ich, ihrem Klammergriff zu entrinnen. Aber das war nur Wasser auf ihre klapprige Mühle. Unter dem stürmischen Beifall des Hauses drückte sie mich in den Sitz zurück und ließ sich mit unnachahmlichem französischen Chic auf meinen Schoß fallen. Eine detaillierte Schilderung des Vorgangs möchte ich mir ersparen. Genug daran, daß Großmutter meinen heftig widerstrebenden Kopf gegen ihr Decolleté preßte und mit rauher Stimme fragte: „Siehst du gut, mein Kleiner?" „Ich sehe Abscheuliches", preßte ich mühsam hervor und mußte gegen den Hustenreiz ankämpfen, den die aufsteigenden Puderwolken mir verursachten. „Gehen Sie von meinen Knien herunter oder ich rufe um Hilfe …"

„Ah, Cheri!" Großmutti erhob sich mit krachenden Knochen, küßte meine Nase und wollte mich auf die Bühne zerren. Dabei erwies sie sich als erstaunlich muskulös. Ich merkte das daran, daß der Griff, mit dem ich mich an der Armlehne meines Sitzes anklammerte, immer lockerer wurde.

„Mon choux", kicherte sie und forderte das Orchester durch ein Nicken auf, einen

offenem Mund und baumelnden Armen, neben Großmuttis anderen Opfern, ließ mir von einem Girl eine Papiermütze mit wippenden roten Federn auf den Kopf setzen und tanzte, während Großmutti den Takt klatschte, einige Takte Cha-cha-cha.

Als ich auf meinen Platz zurückkehrte, empfing mich die beste Ehefrau von allen sehr unfreundlich:

„Ich schäme mich für dich", sagte sie. „Warum läßt du einen Narren aus dir machen?"

Nach einigen Tagen konnte ich mein Krankenlager verlassen und ein wenig Spazierengehen. Durch Zufall traf ich einen mir befreundeten Volkstanzexperten aus Israel. Im Gespräch erwähnte ich auch Großmutti.

„Ja, die kenne ich", grinste er. „Die kommt schon seit Jahrzehnten mit demselben Trick aus. Holt aus dem Publikum ein paar ‚Touristen' auf die Bühne und läßt sie tanzen. Das Publikum hat natürlich keine Ahnung, daß es bezahlte Komparsen sind."

„Wer?" fragte ich. „Wer ist was?"

„Die angeblichen Touristen. Die werden ja eigens dafür engagiert. Daß sich ein wirklicher Besucher zu diesem Blödsinn hergibt, kommt nur ganz selten vor. Aber warum fragst du? Sag mir nicht, daß sie dich herumgekriegt hat!"

„Mich?!" Mit einem souveränen Auflachen wies ich diese Zumutung glatt von mir. „Bist du verrückt geworden?"

munteren Can-Can zu spielen, indessen hinter meinem Rücken die beste Ehefrau von allen mir scheinheilig zusprach:

„Sei kein Spaßverderber, Ephraim! Sie meint es doch wirklich nett! Alle gehen auf das kleine Spielchen ein, nur du nicht!" Unterdessen hatte Großmutti mit kundiger Hand meine Finger von der Sessellehne gelöst; einen nach dem andern. Das Publikum jauchzte. Aber ich gab mich noch nicht geschlagen. Ich hatte unter meinem Sitz eine eiserne Leiste entdeckt, an der ich meine Füße einhaken konnte.

„Verschwinde, alte Hexe", keuchte ich. „Ich mag dich nicht." „Mon amour", säuselte Großmutti, hob mich mit raschem Untergriff halbhoch und bugsierte mich auf die Bühne.

Was weiter geschah, habe ich nur nebelhaft in Erinnerung. Laut Bericht meiner Gattin stand ich vollkommen groggy, mit

Ernst Jandl

1925–2000

Loch
  loch
  loch doch
so loch doch
so loch doch schon
so loch doch
  loch doch
  loch

üch loch müch kronk

zweierlei Handzeichen

ich bekreuzige mich
vor jeder kirche
ich bezwetschkige mich
vor jedem Obstgarten
wie ich ersteres tue
weiß jeder katholik
wie ich letzteres tue
ich allein

lichtung

manche meinen
lechts und rinks
kann man nicht
velechsern.
welch ein illtum!

fünfter sein

tür auf
einer raus
einer rein
vierter sein

tür auf
einer raus
einer rein
dritter sein

tür auf
einer raus
einer rein
zweiter sein

tür auf
einer raus
einer rein
nächster sein

tür auf
einer raus
selber rein
tagherrdoktor

das fanatische orchester

der dirigent hebt den stab
das orchester schwingt die instrumente

der dirigent öffnet die lippen
das orchester stimmt ein wutgeheul an

der dirigent klopft mit dem stab
das orchester zerdrischt die instrumente

der dirigent breitet die arme aus
das orchester flattert im raum

der dirigent senkt den kopf
das orchester wühlt im boden

der dirigent schwitzt
das orchester kämpft mit tosenden wasser-
    massen

der dirigent blickt nach oben
das orchester rast gegen himmel

der dirigent steht in flammen
das orchester bricht glühend zusammen

Wie man Freunde gewinnt

Sie haben eine Tüte mit
Rosinen bei sich
und erwarten dich
im besten Zimmer bei sich
und laden dich ein: bitte
bedienen Sie sich.

Wenn du gegessen hast
von den Rosinen bei ihnen
und du erkundigst dich:
womit kann ich dienen, bitte?
sagen sie:
wie äußerst aufmerksam von Ihnen –
haben Sie
vielleicht ein paar Rosinen bei sich?

Mußt du nein sagen
wird die Verwandlung groß sein:
wir haben uns leider
sehr getäuscht in Ihnen
wozu tragen Sie
Backentaschen bei sich?
Glauben Sie
wir gaben Ihnen zum Naschen Rosinen?

Aber kannst du ja sagen
wird die Verwandlung groß sein:
mit milden Seifen
werden sie dich abwaschen
auf ihren Schultern
werden sie dich durch alle Zimmer tragen
mit süßen Stimmen
werden sie dich fragen:

und gefallen Ihnen
diese schönen Vorhänge, bitte?
und gefällt Ihnen
diese praktische Beleuchtung, bitte?
und finden Sie
diesen Käse nicht hervorragend?
und du wirst Freunde gewinnen
ja sagend.

Ernst Jandl wurde am 1. August 1925 in Wien geboren. Nach dem Abitur wurde er zum Arbeitsdienst, 1943 dann zum Militär eingezogen. 1945 geriet er in amerikanische Kriegsgefangenschaft, ab 1946 studierte er in Wien Germanistik und Anglistik. Nach dem Examen arbeitete er als Lehrer – schrieb aber nebenher Gedichte, von denen er einige auch in Anthologien unterbringen konnte. Seine Lyrik nahm im Laufe der Jahre an Radikalität zu, wurde experimenteller, musikalischer, avantgardistischer. Dabei waren seine visuellen Gedichte und Lautgedichte beeinflusst von Konkreter Poesie, Dadaismus und Expressionismus. Der Humor seiner Texte ist oft grotesk, doch viele seiner frühen Gedichte, wie das berühmte „schtzngrmm", handelten von Krieg und Tod. Jandls erste Lesungen, bei denen er seine Texte ausdrucksstark vortrug, gerieten oft zu Eklats. Auch sein 1966 veröffentlichter Lyrikband „Laut und Luise" – heute ein Klassiker deutschsprachiger Literatur – zog zunächst einen Eklat nach sich, doch legte er auch den Grundstein für seinen Erfolg. Ernst Jandl starb am 9. Juni 2000 in Wien an Herzversagen.

Hanns Dieter Hüsch

1925–2005

Frieda und die Vorfahren

Wenn die Frieda mal nicht lustig ist und ich deshalb auch nicht lustig bin, wenn wir also ganz böse sind und die Türen knallen, so dass die Leute über uns denken, wir würden die ganze Wohnung abbrechen, und die Leute unter uns denken, es ginge uns wohl zu gut, dann dauert es nicht lange und Frieda sagt:

Kein Wunder, ich brauche bloß deinen Vater anzugucken, dann hab ich dasselbe in grün.

Und ich sage dann: Und deine Mutter will auch immer das letzte Wort haben.

Als ich das neulich wieder einmal sagte, machte es plötzlich: Bruch!!!

Ein Tintenfass flog an mir vorbei, durch die Glastür, direkt ins Wohnzimmer. Eine Scheibe war im Eimer, doch das Tintenfass lag unversehrt auf dem Teppich.

Ich brachte es der Frieda kaltblütig zurück und sagte:

Das nächste Mal besser zielen!

Ich nahm Blech und Kehrbesen, um die Scherben zusammenzufegen; aber die Frieda kam mir zuvor und sagte:

Meine Scherben kehre ich alleine auf!

Und sie kehrte und kehrte. Und als ich sagte, es hat sich schon mal einer totgekehrt, da sagte die Frieda:

Meine Mutter hat immer zu mir gesagt, heirate nur keinen Beamten, nun habe ich einen einen … einen …

… einen Egozentriker, sagte ich …

… einen Egozentriker geheiratet, sagte die Frieda, und bin vom Regen in die … in die …

… in die Scheibe gekommen, sagte ich, und unserer Tochter wirst du jetzt sagen, heirate bloß keinen Beamten, und so geht das weiter bis zum jüngsten Scherbengericht. Was kann ich dafür, dass ich von einem flämischen Spielmann abstamme?

Ach, du immer mit deinem flämischen Spielmann, sagte die Frieda!

Und du, sagte ich, immer mit deinem Großonkel, der Porzellanmaler war oder Glasbläser und nach Sankt Petersburg ging. Ein Großonkel von mir ist wenigstens mit Sack und Pack nach Amerika gegangen, weil er so gut Trompete spielen konnte, und ist drüben Professor geworden. Ich hole mal mein Familienalbum, da kannst du ihn fotografiert im Turnverein von 1903 sehen, und später mit Kreissäge.

Hat mein Vater auch getragen, sagte die Frieda, er soll ein schöner Mann gewesen sein.

Mein Vater auch, sagte ich, soll auch ganz schön gewesen sein; aber meine Mutter hatte ihn am Bändel.

Meine Mutter meinen Vater auch, sagte die Frieda.

Nur, dass mein Vater, sagte ich, die Zügel letztenendes doch in der Hand hatte; er war ja auch Amtmann.

Mein Vater war ja auch Amtmann, sagte die Frieda, und hatte letztenendes auch die Zügel in der Hand; aber meine Mutter bekam das ganze Gehalt als Haushaltsgeld.

Meine Mutter auch, sagte ich, wir hatten auch eine Standuhr.

Hatten wir auch, sagte die Frieda.

Und meine Eltern waren auch im Kegelklub und im Kirchenchor.

Waren meine auch, sagte die Frieda.

Und wenn mein Vater, sagte ich, mal einen über den Durst getrunken hatte, hatte er immer den Hut so im Nacken.

Genau wie mein Vater, sagte die Frieda, und meine Mutter sagte dann immer: Das hast du doch wohl nicht aus eigenem Antrieb gemacht.

Genau wie meine Mutter, sagte ich, und mein Vater war dann auch einmal sehr dienstbeflissen und kaufte ein und trocknete mit ab, Geschirr und dicke Tränen.

Genau wie … sagte die Frieda und räusperte sich.

Genau wie bei uns, sagte ich und räusperte mich auch.

Da nahm die Frieda das Tintenfass in die Hand und sagte: Schnapp!

Sie warf es mir zu, ich schnappte, und dann ließ ich es im letzten Moment doch noch fallen.

Das Tintenfass splitterte in zwölf bis dreizehn Stücke und die Tinte floss seelenruhig in alle Himmelsrichtungen.

In der ersten Aufregung holte ich Löschpapier, später einen Aufnehmer und fuhrwerkte auf dem Fußboden herum, und die Frieda sagte: Ich brauche dir nur zuzusehen, dann kann ich mir deinen Vater in jungen Jahren vorstellen.

Und ich, sagte ich, brauche dich nur genau anzusehen, dann weiß ich heute schon, dass unsere Tochter ihren Mann mal am Bändel haben wird.

Wenn wir aber wie neulich so von unserer Tochter sprechen, dann ist die Frieda auf einmal wieder ganz lustig, und ich bin deshalb auch wieder ganz lustig, und wir knallen keine Türen mehr, so dass die Leute über uns meinen, wir würden am Tage schlafen, und die Leute unter uns meinen, bei uns könne etwas nicht stimmen.

Das geht so lange gut, bis die Frieda wieder ein Tintenfass findet, ich wieder von meinem flämischen Spielmann fasele und die Frieda von ihrem Porzellanonkel aus Petersburg.

Aber Gottseidank, so viel Tinte gibt es auf der Welt gar nicht, um das alles aufzuschreiben, was uns hinterher leid tut.

Frieda und der Wilde Westen

Ohne Frieda gehe ich fast kaum ins Kino. Und wenn, dann gehe ich immer in einen ganz hohen Literaturfilm. Aber wenn ich mit der Frieda gehe, lesen wir im Kino auf der Leinwand immer folgendes:

Als die Armee der Südstaaten unter Andy Jackson sich der Yankeeübermacht beugen musste, führten zahlreiche kleine und große Banden den Bürgerkrieg auf eigene Faust weiter und das oberste Gesetz hieß damals für viele: Schnell schlafen, aber noch schneller schießen. So auch in Dodge City, ein Dorado für Glücksspieler, undurchsichtige Ehrenmänner und durchsichtige Damen …

Als wir diese Zeilen gelesen hatten, sagte die Frieda, du, den Film haben wir doch schon gesehen. Warte doch mal erst ab, sagte ich.

Aber eines Morgens – so lasen wir weiter – blieb in Dureas Saloon die Uhr um neun Uhr siebenunddreißig stehen. Ein Fremder hatte den heißen Boden von Dodge City betreten …

Siehste, sagte die Frieda, und jetzt bindet er sein Pferd fest. Die Frieda hatte recht. Der Fremde band sein Pferd fest und schritt durch die halbe Klapptür in Dureas Saloon. Dort sagte er: Wo kann ich Mister Durea finden?

Yvonne de Carlo, die bekannte Büfettdame, sagte, Mister Durea ist zu seiner Kupfermine geritten.

Dann sagen Sie ihm, sagte der Fremde, Richard Widmark wäre hier gewesen, vielleicht sagt ihm das was. Und der Fremde ging zur Tür zurück, drehte sich aber dort noch einmal um und sagte, es wäre besser für Sie, Madame, wenn Sie für einige Zeit hier verschwänden.

Wäre das nicht besser für Sie, Fremder, sagte Yvonne de Carlo, bevor Sie hier kalte Füße kriegen?

Nun, Madame, sagte da der Fremde, und dabei guckte er schon auf die Straße, ich habe hier noch etwas zu erledigen.

Die beiden kriegen sich, sagte die Frieda.

Ruhe, sagte jemand vor uns.

Guten Tag, sagte nun auf der Leinwand der einzige Redakteur des Dodge-City-Journals, womit kann ich dienen?

Ich bin Richard Widmark, sagte der Fremde, und ich möchte, dass Sie von mir einen Artikel abdrucken.

Der Redakteur wird umgelegt, sagte die Frieda.

Und also geschah's.

Ein kleiner Junge sagte auf der Straße zu seiner Mutti: Ma, wenn Pa mir zum Geburtstag einen Revolver schenkt, dann brauchen wir keine Angst mehr vor Mister Durea zu haben, nicht wahr, Ma?

Der Junge wird schwer verletzt, sagte die Frieda, kommt aber durch.

Hanns Dieter Hüsch wurde am 6. Mai 1925 in Werden geboren und wuchs im niederrheinischen Moers auf. Weil er an Missbildungen der Füße litt, musste er mehrfach Operationen über sich ergehen lassen und wurde in der Schulzeit zum Einzelgänger. Doch blieb ihm auch der Kriegsdienst erspart. „Mein Leben verdanke ich meinen Füßen", erklärte Hüsch später. Nach dem Abitur studierte er zunächst Medizin in Gießen, wechselte aber, mit dem Berufswunsch Opernregisseur, nach Mainz, wo er ein Studium der Theaterwissenschaft und Literaturgeschichte begann, das er ebenfalls abbrach. Bereits während der Studienzeit wurde er Mitglied eines Mainzer Studentenkabaretts. 1949 trat er mit seinem ersten Solo-Programm als Chansonnier auf. Im selben Jahr lernte er seine erste Ehefrau kennen, Marianne Lüttgenau, die Heldin seiner Frieda-Geschichten. 1956 gründete er mit Rudolf Jürgen Bartsch die Arche Nova, ein Kabarettensemble in Mainz. Ende der 50er-Jahre publizierte er seine ersten Bücher, „Frieda auf Erden" und „Von Windeln verweht".

Seine Kabarettprogramme wurden über die Jahre politischer. Ab den 60er-Jahren trat er auch häufiger im Fernsehen auf. 1967 gründete er mit Franz Josef Degenhardt und Dieter Süverkrüp das „Trio 67", das nach dem Beitritt von Wolfgang Neuss in „Quartett 68" umbenannt wurde. Doch der 68er-Bewegung waren Hüschs Texte nicht links genug. 1968 wurde er auf einem Festival ausgebuht, er trat danach eine Weile nur in der Schweiz auf. 1972 erhielt Hüsch den deutschen Kleinkunstpreis und wurde zu einem der bekanntesten deutschen Kabarettisten. Dabei war er, mit seinem feinsinnigen Humor und seiner typischen Wortakrobatik, immer nah dran am Alltag der Menschen. In den 80er-Jahren wandte er sich verstärkt christlichen Themen zu. 2001 erlitt er einen Schlaganfall, der seiner künstlerischen Laufbahn jäh ein Ende setzte. Für sein Lebenswerk, unter anderem 70 Bühnenprogramme, erhielt er bedeutende Ehrungen, so etwa das Bundesverdienstkreuz. Hüsch starb am 6. Dezember 2005 in Windeck-Werfen.

Die Frieda kannte sich aus und sagte: Gib mir deine Hand, dann hab ich nicht so viel Angst.

Ist doch alles nur Kino, sagte ich.

Ja, sagte sie; aber gleich kommt doch die Postkutsche.

Ruhe, sagte jetzt jemand hinter uns.

Tatsächlich sah man nun eine Postkutsche in rasender Fahrt über die Prärie, verfolgt von zwei Reitern, die mit schwarzen Halstüchern maskiert waren. Windy, der alte, ewig unrasierte Postkutscher, hieb auf sein Pferdchen und sagte: Wenn das meine Jenny wüsste, wenn das meinem Jenny wüsste, würde sie euch noch vom Himmel aus mit ihrem Henrystutzen zur Hölle schicken.

Das ganze Kino brüllte vor Lachen.

Aber nicht Jenny vom Himmel, sondern der fremde Richard Widmark schoss von einem Felsen aus die Reiter aus dem Sattel. Gute Fahrt, sagte er.

Alle Achtung, sagte ich. Und die Frieda kniff mich in den Arm und sagte. Bist du noch da?

Ruhe, sagte nun ich und war ganz aufgeregt. Denn soeben war Mister Durea in seinen Saloon zurückgekehrt, stand an der Theke und belud sich mit Whisky.

Aber fünf Meter hinter ihm stand Richard Widmark, und Mister Durea konnte ihn jetzt im Spiegel sehn und sagte sehr langsam: Ich wüsste nicht, warum ich nicht erst noch einen Whisky trinken sollte.

Dann dreht er sich blitzschnell um; aber Richard Widmark war schneller und schoss seelenruhig seinen Colt völlig leer.

Mister Durea machte noch acht Schritte und sagte, bevor er umfiel: Nicht schlecht, Freundchen; aber deine Mine geht in einer Minute in die Luft.

Das schwindelt er, rief die Frieda laut.

Alle Leute im Kino drehten sich um. Auch Richard Widmark drehte sich etwas um … und sagte zu den herumstehenden Cowboys: Noch jemand einen Whisky?

Ich glaube kaum, Sir, sagte da die Büfettdame Yvonne de Carlo, höchstens unser Freund Captain Forrest Tucker, der im letzten Moment mit seinen Soldaten die Mine gerettet hat.

Bravo, jubelte die Frieda.

Mir war das furchtbar peinlich, und ich war froh, als der fremde Richard Widmark nun zu Yvonne de Carlo sagte:

Wie wäre es, wenn wir beide den verletzten Jungen besuchten, er ist auf dem Wege der Besserung und bringt Sie und mich auf andere Gedanken.

Schon möglich, sagte Yvonne de Carlo, und die beiden stiegen in die Postkutsche des alten Windy, der schmunzelnd sagte: Wenn das meine Jenny wüsste, würde sie vor Neid vom Himmel springen.

Ende.

Alle Männer schlugen ihre Kragen hoch und die Damen sahen alle aus wie Yvonne de Carlo. Wildwestdeutschland ging nach Hause.

Männer sind das alles, sagte ich zur Frieda, Männer, wie die alle schon heißen: Richard Widmark, Dan Durea, Forrest Tucker!

An die Frauen denkst du wohl gar nicht, sagte die Frieda.

Nun Madame, sagte ich, jeder denkt an seine Komplexe zuerst.

Soso, sagte die Frieda; nun, das nächste Mal darfst du wieder in einen hohen Literaturfilm gehen, wo die Dialoge immer so stimmen und die Kamera kein Auge zudrückt und immer so die Wirklichkeit einfängt und die Schauspieler gar nicht schön und komischerweise deshalb doch schön sind, und wenn du dann aus dem Kino kommst, weißt du auch, wo die Komplexe herkommen, und du brauchst dich nicht mehr zu schämen, wenn wir einmal dafür zusammen in einen Wildwestreißer geh'n.

Ja, Madame, sagte ich, und die Frieda sagte: Weißt du, manchmal wünsche ich mir, du wärest für mich auch noch mal so ein wildfremder Mann, wie damals, und ich könnte zu dir sagen: Schon möglich, Sir.

Eine Rose aus Papier

Andere Männer schießen ihren Frauen Rosen aus Papier, warum schießt Du mir keine Rose aus Papier, sagte meine Frieda, als wir gerade drei Eis, einen Rollmops, eine Limonade und zwei Stangen Lakritz intus hatten.

Weißt Du, sagte ich, um Zeit zu gewinnen, das mit dem Zielen, mit Kimme und Korn und das alles, das ist genau so, als wenn ich einen Nagel in die Wand schlagen müsste. Aber andere Männer schießen ihren Frauen eine Rose aus Papier, sagte Frieda.

Ich sagte, andere Männer sind eben andere Männer, andere Männer können eben gut zielen, und dann gibt's einen Blattschuss.

Ja, sagte Frieda, Blattschuss, das hab ich schon mal gelesen, Blattschuss, das ist doch, sagte sie …

Ja, Blattschuss ist, sagte ich, wenn … Lass doch die dummen Rosen. Komm, wir spielen mal Großes Los.

Ich hatte verteufeltes Glück. Wir gewannen einen Teddybär.

Ich sagte, Mensch, Frieda, wer hätte das gedacht, mehr wolln wir ja gar nicht. Frieda strahlte, die ganze Welt strahlte.

Was doch so ein Rummelplatz alles aus einem machen kann.

Stell Dir vor, sagte Frieda, wenn wir jetzt noch für den Teddy eine Rose aus Papier schießen würden. Andere Männer würden ihrem Teddy bestimmt eine Rose aus Papier schießen.

Hör doch auf mit den anderen Männern, sagte ich. Andere Männer gehen mich nichts an, andere Männer sollen schießen, so viel, wie sie wollen, ich …

Ich ging also hin und kaufte mir drei Schuss.

Drei Schuss 50 Pfennig, sagte die Dame mit den Mordsohrringen. Vielleicht die rote oder die gelbe, der Herr, oder da oben die große weiße?

Ich sagte gar nichts.

Ein kleiner Mann sagte, nun zeigen Sie mal, was Sie gelernt haben!

Ich hatte nichts gelernt. Ich schoss dreimal daneben. Es regte sich nichts. Die Rosen standen still. Die waren das gar nicht gewohnt.

Wohl noch nicht gefrühstückt, sagte der kleine Mann, Frollein, geben Sie mir mal drei Schuss, jetzt wollen wir Alten den Jungen mal zeigen, wie geschossen wird. Ich hätte vor Wut aus einer Riesenluftschaukel springen können.

Komm, sagte da die Frieda. Komm doch, nun komm schon, das sind doch alles schlechte Gewehre hier, komm, wir gehen zu dem Mann mit dem Schlangenleib, der soll so gut sein.

Ich sagte, Frieda, ich … ich, ich kauf Dir ein paar Rosen, richtige Rosen.

Ja, sagte Frieda, ich hab ja nicht gewusst, dass Schießen so schwer ist, vielleicht auch nur das Abdrücken, sagte sie, aber ich wollte ja nur die Blumen.

Jaja, sagte ich, und wir rannten zu der Bude mit dem Schlangenleibmann, und die anderen Männer hatten alle Rosen aus Papier, aber wir kauften uns richtige Rosen.

Und das war ein verteufeltes Glück.

Hans Traxler

*1929

Darwins Fluch

O Mensch!
Was eine Katze denkt

Das wirst Du niemals raffen

Der Grund:
Sie stammt von Göttern ab

Du aber stammst vom Affen.

251

Ostfriesenwitze

Die Ostfriesenwitze entstanden Anfang der 1960er-Jahre. Tatsächlich lässt sich genau sagen, wann und wo: Die Ersten ihrer Art wurden in einer Schülerzeitung eines Gymnasiums in Ammerland abgedruckt, das auch viele Schüler aus Ostfriesland besuchten. Die harmlosen Frotzeleien wurden bald in ganz Deutschland bekannt – die Ostfriesen selbst ertrugen es mit Fassung, Gleichmut und Humor.

Warum nehmen Ostfriesen ein Messer mit ans Meer? –
Um in See zu stechen.

Die ostfriesische Landesbibliothek musste schließen.
Jemand hat das Buch geklaut.

Warum haben ostfriesische Polizisten immer eine Schere dabei? –
Um den Verbrechern den Weg abzuschneiden.

Warum mögen Ostfriesen keine Brezeln? –
Weil sie den Knoten nicht aufbekommen.

Wie viele Ostfriesen sind nötig, um eine Kuh zu melken? –
11! Einer hält die Zitzen und die anderen 10 heben die Kuh auf und ab.

Was machen Ostfriesen bei Ebbe? –
Sie verkaufen Grundstücke an Österreicher.

Ein Bayer steigt zu einem Ostfriesen in den Fahrstuhl und sagt: „Grüß Gott!" Darauf der Ostfriese: „Tut mir leid, so weit fahre ich nicht."

Warum hat ein Ostfriese zwei Heuballen auf dem Beifahrersitz? –
Hauptsache blond.

Emil Steinberger

*1933

Der Flug

Anfangs der 90er Jahre flog ich sehr oft die Strecke Hamburg–Zürich. Wir drehten damals eine Reihe von Kaffee-Werbespots in einem Hamburger Studio. Das war jedesmal eine sehr anstrengende Arbeit, die große Konzentration erforderte.

Am letzten Drehtag mußte ich das Studio immer schon um 17.30 Uhr verlassen, um das Flugzeug nach Zürich noch pünktlich zu erreichen. Das bedeutete meist zusätzlichen Streß, zuerst im Studio und dann im Taxi Richtung Flughafen.

Als ich wieder einmal einchecken wollte, erklärte mir die Dame am Schalter, das Flugzeug sei noch in München und werde erst mit eineinhalb bis zwei Stunden Verspätung nach Zürich abfliegen können. Das war damals noch im alten Flughafen, wo die Passagiere je nach gebuchtem Flug getrennt warteten. Ich machte es mir, den Umständen entsprechend, im Wartesaal bequem und ordnete mein Hand-Gepäck so an, daß ich mich darauf abstützen konnte. Mit anderen Worten, ich war sehr müde und wollte meine Augen etwas schließen. Und das tat ich dann auch.

Als ich sie wieder öffnete, mußte ich feststellen, daß – nein, mein Gepäck war noch vollständig – aber ich war die einzige Person, die sich noch in der Wartehalle aufhielt.

Wo ist meine Maschine?, schoß es mir blitzartig durch den Kopf. Es war bereits acht Uhr abends.

Ich rannte zum nächsten Beamten, der zwar mit dem Flugplan nichts zu tun hatte, sondern die Leibesvisitationen vornahm, und fragte ihn:

„Wann fliegt die Maschine nach Zürich ab?"

Er guckte mich an und sagte:

„Ach die, die ist schon vor einer halben Stunde abgeflogen."

Ich fragte mich, ob man denn auf diesem Flughafen keine Durchsagen mache. Die konnten doch nicht einfach so weggeflogen sein, ohne daß ich es bemerkt hätte. Ich eilte zurück zum Check-in-Schalter.

„Gibt es heute Abend noch eine Maschine nach Zürich?"

„Nein, die letzte ist gerade vor einer halben Stunde abgeflogen. Aber wir hätten noch einen Swissair-Flug nach Genf."

Genf, dachte ich, nein, Genf ist nicht gut. Da müßte ich ja anschließend noch vier Stunden im Zug nach Zürich fahren, weil mein Auto dort im Parkhaus steht. Soviel ich wußte, ging um diese Zeit sowieso nur noch so ein Lumpensammlerzug, der fast an jedem Bahnhof hält. Wie konnte ich denn nur so tief eingeschlafen sein? Die Frau unterbrach meine Gedankengänge und sagte:

„In fünf Minuten geht noch eine kleine Propeller-Maschine nach Basel."

Basel? Ja, Basel ist besser, dachte ich. Von da aus dauert es nur eine Stunde nach Zürich. Ich buchte meinen Flug um und rannte zur Piste.

Zuvorderst in dem kleinen Flugzeug war noch ein Sitzplatz frei. Ich setzte mich hin. Die Tür wurde gleich hinter mir geschlossen und die Maschine gestartet. Ich rechnete mir aus, daß wir gegen 22 Uhr in Basel ankommen müßten. Somit würde ich, wenn alles gut ging, um Mitternacht in Kloten sein, um mein Auto abzuholen und nach Luzern zu fahren.

Nach einem ruhigen Flug meldete der Kapitän, daß jetzt unser Anflug auf Basel/Mulhouse beginne. Die meisten Passagiere, alles Businessleute, kamen aus Basel. Ihr Baslerdialekt, den ich übrigens sehr gern höre, war unverkennbar.

Die Maschine verlor schnell an Höhe. Die ersten Lichter waren bereits schwach im Nebel erkennbar. Doch plötzlich heulten die Motoren auf, und der Flieger zog wieder in die Höhe. Und schon waren die ersten Kommentare der Passagiere zu hören:

„Was macht jetzt dää Dumms?"

„Wieso landet dann da nit?"

Zehn Minuten später erfolgte ein neuer Landeversuch. Zwischen den vorbeiziehenden Nebelschwaden konnte man bereits die Straßenlaternen sehen. Aber dann – ein weiterer Landeabbruch. Wir starteten nochmals durch.

Der Kapitän sprach zu uns. Er entschuldigte sich für die mißlungenen Landemanöver und erklärte, der Nebel erlaube es nicht, in Basel zu landen. Wir seien gezwungen, nach Zürich zu fliegen. Jetzt ging unter den Passagieren ein richtiges Geschnatter los.

„Nei, das darf doch nit wohr sii! Denn sin mir jo erseht am zwölfi in Basel!"

„Gopfertammi, das chönnd ihr aber nit mit uns mache!"

Der Baslerdialekt entfaltete sich nun in all seinen Schattierungen. Nur ein einziger Passagier schwieg. Vermutlich war ich der einzige, der nach Zürich wollte.

Nach der Landung in Zürich gab man bekannt, daß wir sitzen bleiben sollten, bis der Bus nach Basel uns direkt vom Flugzeug abholen würde. Das war bequem gedacht, aber für mich uninteressant. Ich meldete mich:

„Hallo, ich muß aber hier aussteigen. Ich habe mein Auto in Zürich geparkt."

Alle Blicke richteten sich auf mich. Erst jetzt wurde ich als Emil erkannt.

„Jä waas, het de Staibärger öppe alles arrangiert, daß dä Flug uff Zööri umglaitet worden isch? Wieviel het är ächt müesse zahle?"

Ich schmunzelte, war jedoch nicht in der Stimmung, auf all ihre Fragen Antwort zu geben. Ich nahm mein Gepäck und stieg aus. Hauptsache, ich war in Zürich. An diesem Abend begleitete mich das Glück im Handgepäck.

Die Apfelrösti

Es begegneten sich einmal zwei Herren. Der eine kam aus Baden-Baden, der andere aus Winterthur. Als die beiden sich vorstellten, sagte der eine: „Ich komme aus Baden-Baden", woraufhin der andere meinte: „Und ich aus Winterthur-Winterthur!"

Die Geschichte dieser zwei Männer endet hier bereits, aber die Episode, die ich Ihnen erzählen möchte, beginnt gerade erst und sie spielt in Baden-Baden. Genauer gesagt, im Südwestfunk Baden-Baden. Noch präziser gesagt, in einem romantischen Restaurant, in der Nähe dieses Senders.

Das Fernsehprogramm des Südwestfunks stand damals eine Woche lang unter dem Motto Schweiz. Meine Aufgabe war es, einige der täglichen Sendungen zu moderieren, und außerdem öffnete ich jeden Tag einen geheimnisvollen Schrank, um verschiedene Schweizer Geheimnisse zu lüften. So erzählte ich zum Beispiel, was ein Schweizer Soldat an Militärutensilien zu Hause in seinem Schrank aufbewahrt, oder ich beschrieb die Besonderheiten der Kirche von Wassen, die man von der Gotthardbahn aus dreimal, immer aus einer anderen Höhe und Perspektive, beobachten kann.

Das Gästebuch! Ja, es kam unweigerlich auf mich zu. Sicher erwartete man von mir wieder einmal einen typischen Emil-Spruch oder etwas Schweizerisches.

Ich erinnere mich nicht mehr, ob ich aus Phantasielosigkeit oder aus Müdigkeit entschied, ein Rezept auf die weiße Seite zu schreiben: *Apfelrösti.*

Man schäle die Äpfel und schneide sie in ca. drei Millimeter dünne Scheiben. Auch das Brot schneide man in kleine Möckli. Die Äpfel kurz in Butter und Zucker dünsten. Das Brot ebenfalls, unter ständigem Wenden, goldgelb rösten. Dann die Äpfel zusammen mit dem Brot in einer Bratpfanne weiterrösten. Etwas Zucker dazugeben, damit es leicht karamellisiert. Allein schon bei dem Wort *karamellisieren* läuft einem ja das Wasser im Munde zusammen! Apropos Wasser, man kann noch etwas Wasser dazugießen, denn das zischt so schön und macht das Ganze etwas saftiger. Zum Schluß noch eine Prise Zimt darüberstreuen und das Apfel-Brot-Gnosch heiß servieren.

„En Guete!" schrieb ich noch darunter und meinen Namen.

Der Chef holte das Buch ab und bedankte sich. Eine halbe Stunde später kam er an unseren Tisch zurück und sagte:

„Herr Emil, die Apfelrösti ist fertig!"

Ich guckte ihn erstaunt und fragend an.

„Ja, kommen Sie doch einfach mal mit in die Küche!"

Und dort begegnete ich dann dem weißbekleideten Koch mit seiner großen Kochmütze, der mit einer Pfanne voll Apfelrösti am Herd stand. Ich reichte ihm zur Begrüßung die Hand und sagte „Emil".

Er gab mir zur Antwort:

„Emil."

„Ja, so heiße ich", sagte ich, „und wie lautet Ihr Name?"

Er antwortete wieder mit „Emil".

„Sie heißen auch Emil?"

Als er dies bejahte, konterte ich:

„Gut, dann sage ich eben Steinberger", und dabei gab ich ihm erneut die Hand.

Er schüttelte sie und sagte:

„Steinberger."

Jetzt war ich völlig irritiert und stellte ihm die klare Frage:

„Wie heißen Sie?"

„Emil Steinberger", war seine Antwort.

Das mußte ich erst einmal schlucken. Da begegne ich, zum ersten Mal in meinem Leben, einem Herrn Steinberger, der mit Vornamen auch noch Emil heißt und gleichzeitig am Herd steht, um eine Apfelrösti nach meinem Rezept zu kochen. Kaum war ich wieder an meinen Tisch zurückgekehrt, wurde auch schon für jeden Gast ein Teller Apfelrösti serviert. Als Dessert, vom Hause offeriert! Der Koch Steinberger hatte das Ganze noch mit einer Kugel Vanilleglace verfeinert, und es schmeckte uns allen vorzüglich.

Wochenlang stand daraufhin auf der Dessertkarte dieses Restaurants *Emils Apfelrösti,* worauf ich sehr stolz war. Bis ich einmal jemandem die Geschichte erzählte und es plötzlich Klick in meinem Kopf machte: Mit Emil war ja der Koch gemeint!

Der Schiffskellner

Im Alter von vierzehn Jahren wünschte ich mir sehnlichst ein eigenes Velo. Nur, wie diesen Traum verwirklichen? Mein Taschengeld war dazu einfach zu knapp bemessen.

Ich vertraute diesen scheinbar unerfüllbaren Wunsch meinem Schulkollegen Richard an.

„Emil, das ist doch gar kein Problem!" sagte er lachend. „Komm doch einfach nächsten Sonntag mit mir. Ich arbeite als Kellner auf einem Dampfschiff auf dem Vierwaldstättersee. Das macht Spaß, und ich verdiene dabei auch noch fünf Franken plus Trinkgeld."

Am darauffolgenden Sonntag trafen wir uns um fünf Uhr morgens und gingen zum Hotel Bernerhof, wo bereits zwanzig arbeitswillige Jugendliche auf einen Einsatzbefehl warteten. Pro Schiff wurden zwei bis drei Knaben benötigt. Drei bis fünf Schiffe waren im Einsatz. Ich konnte mir schnell ausrechnen, wie viele von uns ohne Job wieder nach Hause geschickt würden.

„Da habe ich doch keine Chance!" sagte ich entmutigt.

Ein kleiner rundlicher Mann, Chef der Schiffsgastronomie, erschien, stellte sich auf die oberste Stufe im Treppenhaus des Hotels und rief:

„Wer will auf die *Schiller*?"

Zwanzig Hände schnellten in die Höhe und alle riefen im Chor:

„Ich!"

„Du kommst nicht in Frage", sagte er zu einem der Jungen. „Du kannst gleich nach Hause gehen. Du warst letztes Mal frech zu den Köchinnen."

Ohne Zögern traf er seine Auswahl.

„Mit euch beiden war ich sehr zufrieden. Ab auf die *Schiller*!"

Und weiter ging der Kampf um die heißbegehrten Arbeitsplätze.

„Wer möchte auf die *Stadt Luzern*?"

„Wir!" schrie Richard aus voller Kehle und zeigte dabei auf uns zwei.

Der Chef musterte mich kritisch.

„Jooh, bisch no en Suubere!"

Kurz und gut, ich durfte mit Richard auf das stolze Dampfschiff *Stadt Luzern*. Zunächst mußten wir aus dem Depot auf einem Wägelchen Eisstücke, Bier und Mineralwasser holen. Als wir damit auf dem Schiff ankamen, fragte mich eine Frau forsch:

„Wie heißt du?"

„Emil."

„So, einen Emil haben wir also heute auf dem Schiff! Hier hast du eine Jacke."

Die Ärmel meines ersten Arbeitsgewandes waren viel zu lang, aber es war ein gutes Gefühl, in diesen schönen, weißen, gestärkten Servierkittel zu schlüpfen. Ich war richtig stolz.

Im hinteren Teil des Schiffes führte eine steile Treppe hinunter zur Küche, wo auf engstem Raum und bei unerträglicher Hitze das Essen gekocht wurde. Die dicken Köchinnen waren für ihre schlechte Laune bekannt. Kein Wunder, bei den damaligen Arbeitsbedingungen.

Die Schiffspassagiere waren in guter Stimmung. Ich erinnere mich noch an die Wanderer in ihren roten Socken, an ein Jodelchörli, an fotografierende Amerikaner und Kinder, die mit ihren Vätern die Schiffsmaschinen bestaunten oder, zum Ärger der anderen Passagiere, wie wild auf dem Schiff hin und her rannten.

Als wir von Flüelen wieder in Richtung Luzern fuhren, war es meine Aufgabe, die bestellten Menüs aus der Küche zu holen, sie die Treppe hinauf und dann über Deck, mitten durch die Ausflügler hindurch, zu den Tischen im Restaurant zu tragen. Das war gar nicht so einfach. Immer wieder mußte ich laut rufen:

„Exgüsi!!"

Es gab auf diesem Weg auch ein kleines Hindernis zu überwinden. Bevor ich mit den schön dekorierten Fleischplatten das Restaurant betreten konnte, galt es, mit dem Knie eine Pendeltüre aufzustoßen, sie dann gekonnt mit dem Rücken abzufangen und mich schnell hindurchzuschieben.

Es herrschte Hochbetrieb. Das Servierpersonal war nervös, die Buffetdame hektisch und laut. Innert kürzester Zeit sollten an die dreißig Passagiere mit vollen Menüs verpflegt werden.

Ich kam wieder mit einer großen Menüplatte bei der Pendeltür an, stieß sie mit dem Knie auf und fing sie mit dem Rücken ab. Aber genau in diesem Moment schnellte die andere Flügeltüre zurück und schleuderte mir die ganze Fleischplatte mitsamt dem Kartoffelpüree, den Karotten, Erbsen und der Sauce aus der Hand. Mit lautem Geschepper fiel die Platte zu Boden und deckte das ganze Essen unter sich zu. Nur das Kartoffelpüree und die Sauce spritzten seitlich unter der Platte heraus.

Raunen und schadenfreudiges Gelächter ging durch die Menge der Schiffsreisenden. Ich bückte mich sofort und begann, alles von Hand wieder auf die Platte zurückzulegen. Doch dann kam mir glücklicherweise ein Matrose mit einem Besen zu Hilfe und wischte die Speisereste in Richtung See.

Total deprimiert und mit Herzklopfen ging ich zurück in die Küche. Dort gab es einen Aufschrei, und es wurde lautstark geflucht. Letztendlich vertraute man mir aber doch eine neue Fleischplatte an.

„Oooh!" ging es durch die Reihe der fröhlichen Passagiere, als ich versuchte, mir erneut einen Weg durch sie hindurch zu bahnen.

Wieder kam ich bei der Flügeltüre an. Diesmal würde ich vorsichtiger sein. Ich wollte gerade mit dem Knie die Tür aufstoßen, als ich mit dem Standbein auf dem schlecht gereinigten Boden ins Rutschen geriet und mitsamt der Platte zu Boden fiel. Dabei landete das ganze Essen auf mir. Die Passagiere brachen in lautstarkes Gelächter aus. Ich begriff diese Reaktion. Das war

Komik total! Charlie Chaplin hätte es nicht besser inszenieren können. Aber leider gab es für meine ungewollte Slapstickeinlage keine Gage, sondern einen fürchterlichen Anschiß in der Küche, und die Buffetdame meldete den Köchinnen, ich solle mich bloß nicht mehr im Restaurant blicken lassen.

„Chasch go! Mir brauched dich nümme."

Aber ich konnte ja schließlich nicht ins Wasser springen. Und am berühmten *Tellsprung* waren wir auch schon vorbei, sonst hätte ich es, wie Tell, gewagt abzuhauen und wäre zu Fuß nach Luzern zurückgelaufen.

Ich zog die schmutzige Servierjacke aus. So war ich wenigstens neutralisiert. Dann versuchte ich mich möglichst unauffällig zu verhalten und starrte pausenlos aufs Wasser. Kaum waren wir in Luzern angekommen, hatte ich auch schon als einer der ersten das Schiff verlassen. Ich war schon fast wieder zu Hause, als mir einfiel, daß ich meine eigene Jacke auf dem Dampfer vergessen hatte.

Ich mußte also noch einmal zurück aufs Schiff. Als ich bei der Anlegestelle ankam, war es nicht mehr da. Es war schon wieder in der Werft. Auf dem Weg dorthin war mir zum Heulen zumute. In der Werft schlich ich mich auf die *Stadt Luzern* und fand meine Jacke tatsächlich in der Kajüte, wo ich mir am Morgen beim Kaffee-Servieren wenigstens ein paar Franken Trinkgeld hatte verdienen können.

Meine Karriere als Schiffskellner hängte ich noch am gleichen Tag an den Nagel. Ich wurde dann Ausläufer beim Kaffeespezialisten Merkur und brachte vermögenden Damen den bestellten Kaffee nach Hause. Da gab es glücklicherweise keine Pendeltüren. Es standen höchstens einmal bissige Hunde vor dem Hauseingang.

Herbert Rosendorfer
1934–2012

Keine Spur von Kyselack

Mein Großvater war ein glühender Verehrer von Joseph Kyselack. Wissen Sie, wer Joseph Kyselack war? Nein, natürlich nicht. In neueren Lexika nimmt Kybernetik soviel Raum ein, daß kein Platz mehr für die Erwähnung Kyselacks bleibt. Joseph Kyselack, ein frühvollendeter k. k. Registratur-Accessist an der Hofkammer in Wien, daselbst 1795 geboren und 1831 gestorben, machte sich dadurch buchstäblich einen Namen, daß er – wie es in Meyers Konversations-Lexikon von 1896, Band 10, „Kaustik bis Langenau", heißt – „seinen Namen überall, selbst an den höchsten Felsen der von Touristen besuchten Gegenden", anbrachte. Selbstverständlich hatte Kyselack auch Kärnten bereist (zu Fuß, nebenbei bemerkt), und als ich vor vielen Jahren widerwillig mit meinen Großeltern nach Pörtschach fuhr, äußerte mein sachkundiger Großvater im Angesicht der majestätischen Karawanken, daß, wenn irgendwo, Kyselack sich hier an diesen Wänden verewigt haben müsse, an diesen Wänden, die einen – so mein Großvater – förmlich zwingen, seinen Namen in gigantischen Lettern

anzubringen, selbst wenn man nur Rosendorfer und nicht Kyselack heißt. Noch im Zug beschloß mein Großvater, nach Spuren der Kyselackschen Gigantomanie zu suchen, und im Hotel fragte er den Portier, noch ehe er nach den Zimmerschlüsseln verlangte, ob der Portier Kyselack kenne. „Der Herr wohnt nicht bei uns", sagte der Portier.

Mich interessierte Kyselack kaum, und die Aussicht auf langwierige Spaziergänge war denkbar ungeeignet, das Interesse an dem verewigten k. k. Hofkammer-Registratur-Accessisten zu wecken. Mich faszinierte ein Umstand, der für die Erholungsindustrie Kärntens charakteristisch ist: die donnernde Nähe der Eisenbahn am Hotel.

Kärnten hat eine Reihe von Seen, die landschaftlich sozusagen erstklassig liegen. Das müssen auch die Verkehrsexperten früh erkannt haben, denn fast alle Seen sind korsettartig mit einem hautengen Straßengürtel umgeben, und wenn eine Eisenbahnstrecke in die Nähe eines Sees gelangt, so zwängt sie sich womöglich noch zwischen Straße und See. Die Hotels „Seeblick", „Waldesruhe", „Alpenheim" oder „Dreimäderlhaus" liegen dann nochmals entweder zwischen Straße und Bahn oder zwischen Bahn und Straße. Ohne Zweifel ist die Angabe auf dem Prospekt: „Herrlicher Blick auf den Wörther See" richtig. Den Blick hat man auch, wenn nicht grad der Tauernexpreß in Augenhöhe vor der Frühstücksterrasse vorübersaust und kleinere, leichtere Feriengäste durch den Sog ein paar Hotels weit mitreißt.

Nun, ich hielt mich stets am Tisch fest, und meine Großeltern zählten nicht zu den leichtgewichtigen Gästen, im Gegenteil: mein Großvater stand damals in einer Wette um ein Faß Bier, daß er bald 100 kg Lebendgewicht erreichen würde (er schaffte es nie, bei 99 kg brach der Krieg mit seinen Lebensmittelmarken aus, mein Großvater fiel auf 70, 60 Kilo zurück und erholte sich nie mehr davon), und meine Großmutter näherte sich bereits deutlich sichtbar der Kugelform. Diese Kugelform war auch der Grund, warum wir nach Kärnten fuhren. Meine Großmutter wollte abnehmen. Sie glaubte, der bloße Aufenthalt in einem für seine mineralischen Heilkräfte berühmten Landstrich mache schlank.

„Hier muß doch Kyselack", sagte mein Großvater und blickte von der Terrasse aus versonnen über den See hinüber zu den schroffen Abhängen der Gailtaler Alpen, „hier muß doch Kyselack …"

Da rauschte zu meinem Entzücken der Nachmittagsexpreß in Richtung Villach. Die Kellner sprangen den leichteren Gästen nach und fingen sie nach Möglichkeit ein, meine Großmutter schrie auf, ich hielt mich fest, begeistert die Waggons zählend – „… heute sind *zwei* Schlafwagen dabei!" –, das Geschirr rasselte am Tisch, und als der Spuk vorbei war, tupfte mein Großvater mit der Serviette die Rußflecken von seiner weißen Lüsterjacke und fuhr fort: „… muß der Kyselack irgendwo Kyselack hingeschrieben haben."

„Gestatten Sie: Bakosch ist mein Name."

Erstaunt sahen wir, daß ein sehr kleiner alter Herr unter unserem Tisch hervorgekrochen kam. Es handelte sich um einen Gast des Hotels „Jägerfriede", des übernächsten Hauses, und er war vom Eisenbahnsog zu uns geweht worden. Der Kellner erbot sich – entsprechend einer stillschweigenden Übereinkunft zwischen den Hotels – den Herrn Bakosch zurückzutragen. Herr Bakosch lehnte aber dankend ab. „In fünfundzwanzig Minuten kommt aus der anderen Richtung der ‚Panslawia'-Expreß, mit dem gehe ich wieder mit zurück."

Es war dann eine angeregte Unterhaltung, obwohl auch Herr Bakosch Kyselack nicht kannte. Mein Großvater bestellte Wein, Herr Bakosch trank zwei Gläser oder drei, man plauderte über dies und das. Mein Großvater erzählte von seinen 99 Kilo und von Kyselack, und plötzlich kam ein fernes Donnern.

„Gestatten, habe die Ehre", sagte Herr Bakosch, ein mächtiger Luftzug rauschte auf, die schwarzen Räder des Expreß wirbelten vor unseren Augen, ein Flattern, noch ein kurzer Gruß, und Herr Bakosch war wieder weg.

Herr Bakosch kam dann noch öfter, manchmal schon mit dem Morgenschnellzug. Wir erfuhren viele Einzelheiten über sein Darmleiden, über Herrn Kyselack erfuhren wir nichts. Da auch der sonst so genaue Baedeker keine Auskunft gab, beschloß mein Großvater, die Eingeborenen zu befragen. „Man muß sich natürlich an die alten Leute wenden", sagte er, „die sich noch erinnern."

Wir nutzten die Pause zwischen einem Güterzug und dem Mittagstriebwagen und spazierten die Promenade der Bahnstrecke entlang. Da kam uns tatsächlich eine sehr alte Frau in einem bodenlangen Kleppermantel mit einer Tragtasche am Schulterriemen entgegen. Die Frau blickte mißmutig und unfreundlich. „Das ist eine Einheimische", konstatierte mein Großvater. Als er sie anredete, wurde ihr Gesicht noch eine Spur mißmutiger und unfreundlicher: die Dame war eine holländische Sommerfrischlerin. Nach diesem Fehlschlag wollte mein Großvater ganz sichergehen. Er ließ zahlreiche mißmutige und unfreundliche Erscheinungen in bodenlangen Kleppermänteln unangesprochen passieren und wagte eine neuerliche Anrede erst, als eine ganz besonders alte Frau mit einem schier unüberbiet-

259

bar verhärmten und verrunzelten Gesicht, die eine Lodenkotze trug, uns entgegenkam. Aber selbst diese Dame war eine Holländerin. Mein Großvater schloß aus dieser Erfahrung, daß es gar keine Kärntner gäbe.

„Wenigstens nicht in der Saison", sagte Herr Bakosch, der am Spätnachmittag wieder einmal zu uns geweht wurde. Gegen Ende unseres Sommeraufenthaltes in Kärnten rüstete mein Großvater zu einer Expedition nach Kyselacks Spuren auf eigene Faust. Es gelang uns eines Tages, die den See umgebende Straße zu überqueren, und wir marschierten zu dritt in den dicht von Holländerinnen in bodenlangen Kleppermänteln (seltener in Lodenkotzen) bestandenen Wald. Bald ging es aufwärts. Meine Großmutter mußte an einer Bank mit Rundblick auf mindestens drei Eisenbahnknotenpunkte zurückgelassen werden. Mein Großvater und ich stiegen weiter in die immer noch stark von Holländerinnen durchsetzte Einsamkeit hinauf. Nach langem Suchen fanden wir eine, allerdings recht bescheidene, Felsenwand. Bereits recht ermüdet, untersuchte sie mein Großvater ziemlich lustlos. „Keine Spur", sagte er. „Keine Spur von Kyselack. Ist wohl alles schon verwittert."

So fanden wir nichts, das vom k. k. Hofkammer-Registratur Accessisten auf uns gekommen wäre. Aber immerhin hatten wir Herrn Bakosch kennengelernt, der es sich nicht nehmen ließ, als wir abreisend mit dem Zug an seinem Hotel vorbeifuhren, sich zwei, drei Häuser weit mitsaugen zu lassen.

Das Frühlingsgedicht

Bekanntlich geht die Entdeckung Amerikas letztlich auf die Sache mit dem Ei zurück. Columbus neigte, wie fast alle Genueser, zur Albernheit. Aber auch andere welthistorische Ereignisse, bei denen die Urheber oder Vollstrecker durchaus keine albernen Menschen waren, sind oft auf winzige und nichtige Anlässe zurückzuführen. Wenn jener königlich preußische Bahnbeamte – als

sein Name ist Armin Kniephövel überliefert, ob es stimmt, weiß man nicht – den blinden Güterzugpassagier Wladimir Iljitsch Uljanow in Lehnin in der Mark Brandenburg, wo er eigentlich hätte aussteigen wollen, aus dem Zug gelassen hätte, sähe die Welt heute anders aus. So fuhr der Zug weiter nach Rußland, und in Uljanow – der sich von da ab Lenin nannte – reifte der Plan zur Weltrevolution, aus Trotz – man kann es verstehen. Auch das aufsehenerregende Experiment, das Professor Ygdrasilović an der University of Gross Misdemeanour, Ohio, durchführte, erfuhr seinen Anstoß durch nichts als eine Zeitungsumfrage. Alljährlich zum Frühlingsanfang tritt ein großes amerikanisches Boulevardblatt an einige prominente Persönlichkeiten heran mit der Bitte, ein Frühlingsgedicht zu schreiben. Im Jahr 1965 wählte die Zeitung unter anderem Professor Ygdrasilović aus, der damals den Lehrstuhl für Technical Poetry an der genannten Universität innehatte.

Professor Ygdrasilović erinnerte sich bei diesem Ansinnen lächelnd daran, daß er in seiner Jugend einmal fast den Weg gefunden hätte, ein Dichter zu werden, und er schrieb ein vierzeiliges Frühlingsgedicht. Dann zeigte er es einem Assistenten. Der Assistent sagte, es erinnere ihn an ein Frühlingsgedicht von Juan de la Cruz (1542–1591). Ygdrasilović zerriß sein Gedicht und schrieb ein neues. Das neue Gedicht fand ein anderer Assistent einem Frühlingsgedicht Lermontows (1814–1841) ähnlich. Als ein Hilfsassistent in einem dritten Gedicht Ygdrasilovićs eine verblüffende Parallele zu einem Jugendwerk von Johann Peter Uz (1720–1796) feststellte, gab Ygdrasilović auf, aber in den Worten, die er dabei sprach – „Ja, kann man denn in drei Teufels Namen kein neues Frühlingsgedicht mehr schreiben?" –, war sozusagen in nuce der Plan zu dem großartigen Experiment enthalten.

In jahrelanger Arbeit sammelten Ygdrasilovićs Assistenten sämtliche Frühlingsgedichte, die jemals geschrieben wurden: vom anonymsten japanischen Haiku bis zum hinterletzten schlesischen Barockdichter, von Anakreon bis E. E. Cummings; alles, was nach Frühlingsgedicht aussah. Mit diesen Gedichten – es waren knapp achtzig Millionen – wurde der große Computer des Instituts gefüttert. Dann erhielt der Computer den Auftrag, ein neues Frühlingsgedicht zu produzieren. Das Ergebnis lautete:

der Schneemann lacht
derweil das Schneehuhn
im lenzschnee
männchen macht.

„Je, nun", sagte Professor Ygdrasilović, als er dies las, „daß ich mir nicht vorstellen kann, wie ein Schneehuhn Männchen macht, ändert nichts am Wert des Experiments."

Corrida

Der Bürgermeister von Kneitzlwang – gleichzeitig Postwirt – entrollte seinen kühnen Plan und malte dem Gemeinderat eine großartige Zukunftsvision aus:

„– und dann kommen die Picadores, auf die Pferd', mit bunten Bändern an den Lanzen, ein herrliches Bild, der Stier faucht, die Menge jubelt, Zehntausende von Paar Würstl werden verkauft, mit Senf, ein gigantischer Eindruck! Und wenn dann erst der Matador kommt, der Liebling der Frauen, atemberaubende Stille herrscht im Rund der Arena, der Stier schnaubt, und ständig wird frisches Bier angezapft, denn so ein Stierkampf macht Durst. Ich war voriges Jahr in Spanien auf Urlaub: ich hab noch nie so Durst gehabt wie beim Stierkampf. Es war ein gewaltiges Ereignis."

„Na ja", sagte der Lehrer, „was denen in Oberammergau ihr Passionsspiel ist, könnte leicht die Corrida für Kneitzlwang werden."

Der Pfarrer wiegte bedenklich den Kopf, sagte aber dann: „Heiliger Franziskus hin, Heiliger Franziskus her. Ich habe gehört, daß die Toreros vor jedem Stierkampf in die Messe gehen. Diese Belebung des Kirchganges könnte nicht schaden."

Herbert Rosendorfer wurde am 19. Februar 1934 in Bozen geboren. Während des Krieges lebte er in München und bei den Großeltern in Kitzbühel. Nach dem Abitur studierte er Bühnenbildnerei an der Akademie der Bildenden Künste in München, doch entschied er sich nach einem Jahr, stattdessen ein Jurastudium aufzunehmen. „Ich wollte", so sagte er später, „doch etwas Solides machen und habe es nie bereut." 1967 wurde er Amtsrichter in München, von 1993 bis zu seiner Pensionierung 1997 war er Richter am Oberlandesgericht in Naumburg. Rosendorfer hat neben seiner erfolgreichen Karriere als Jurist ein umfangreiches und abwechslungsreiches literarisches Werk geschaffen. Als Schriftsteller bekannt wurde er bereits 1969 mit dem Buch „Der Ruinenbaumeister". Sein Briefroman „Briefe in die chinesische Vergangenheit" von 1983 wurde zum Bestseller.

Doch daneben schrieb er Erzählungen, Theaterstücke, Reiseführer, Libretti und etliches mehr. Seine Texte sind häufig der Fantastik zuzurechnen, doch fließen auch seine Erfahrungen als Jurist vor allem in seine satirischen Werke ein. Sein Humor ist oft satirisch, verschroben, manchmal grotesk – aber immer tiefgründig. Für sein Œuvre wurde der Autor mit etlichen Preisen ausgezeichnet. Zudem lehrte er seit 1990 als Honorarprofessor an der Universität München bayrische Gegenwartsliteratur. Rosendorfer starb am 20. September 2012 nach langer schwerer Krankheit in Bozen.

So wurde einstimmig die Einführung des Stierkampfes in Kneitzlwang beschlossen. Aber noch ehe die Aushubarbeiten für die Arena begannen, stellten sich Schwierigkeiten ein. Ein weithin berühmter hauptberuflicher Tierfreund, ein gewisser Professor G., bekam Wind von der Sache und wetterte im Fernsehen gegen die geplante Corrida in Kneitzlwang. Sowas müsse verboten werden, sagte er.

Die durch Professor G. und den Tierschutzverein alarmierten amtlichen Stellen standen aber vor einem schwierigen Problem: nirgends steht geschrieben, daß Stierkämpfe genehmigungspflichtig sind.

„Tierquälerei!" sagte der Tierschutzverein.

„Ja", sagten die ratlosen Behörden, „da müssen sie in Kneitzlwang erst einmal Tiere quälen, dann!"

Immerhin bewirkte der bundesweite Aufschrei der Tierfreunde, daß das Bundesministerium die Subventionen für die Stierkämpfe in Kneitzlwang nur unter der Auflage unblutiger Kämpfe in Aussicht stellte.

Man war in Kneitzlwang verständlicherweise etwas enttäuscht von dieser Auflage, aber ohne Subventionen war nichts zu machen, also wurden die Espadas der Matadoren unten abgerundet, die Picadores mit Gaspistolen ausgerüstet und überhaupt alles zum Schutz der Stiere eingerichtet.

„Und wer schützt uns?" fragten die Toreros, die sehr rasch eine Gewerkschaft gebildet hatten. „Wir stehen nunmehr mit unseren abgerundeten Espadas den Stieren sozusagen wehrlos gegenüber. Außerdem laufen Stiere auch schneller." Es zeichnete sich ein Torero-Streik ab. Nach zähen Verhandlungen konnte die Streikgefahr gebannt werden. Der Kompromiß: Beibehaltung der abgerundeten Espadas und sonstigen Sicherheitsvorkehrungen; statt Stieren aber Kühe.

Es stellte sich jedoch heraus, daß auch Kühe in der Regel schneller laufen können als Toreros, und beim ersten Training zog sich der Banderillero Hammerbichler Franz, genannt El Andaluzo, einen komplizierten Nasenbeinbruch zu.

Der blessierte Kämpfer äußerte, als er die Arena verließ, ein in Bayern nicht nur unter Toreros übliches Kraftwort und fügte hinzu: „Kia san z'groß."

Man stieg auf die etwas handlicheren Ziegenböcke um, nicht bedenkend, daß aber gerade diese Tiere mit verhältnismäßig langen Hörnern armiert und durch hartnäckige Kampfeslust ausgezeichnet sind – geschlitzte Hosenböden gehörten bald zum alltäglichen Straßenbild in Kneitzlwang.

„Zugestanden", sagte der Lehrer, „es ist ein gewisser Stilbruch, aber wir können uns nicht jede Woche eine komplette Garnitur Torero-Hosen leisten." Die Toreros bekamen also Lederhosen mit aluminiumverstärkten Gesäßpartien. Das bewirkte, daß die Toreros

noch unbeweglicher wurden, die Ziegenböcke noch bösartiger und die Verlustquoten unter den Toreros beim Training eher größer. Außerdem betrachtete die weibliche Dorfjugend die Aluminiumauflage als unschön, der Gebirgstrachten-Erhaltungsverein als Verhöhnung eines typisch alpenländischen Kleidungsstückes, und die Legio Mariae beanstandete die vom Gesundheitsamt vorgeschriebene Schamkapsel als unsittlich. Nach vergeblichen Versuchen, die Aluminiumbeschichtung der Lederhosen innen in denselben anzubringen, beließ man es bei einfachen Lederhosen und nahm von den Ziegenböcken Abstand.

Was aber dann? Hahnenkämpfe? Diese galten in Mitteleuropa als besonders exotisch und verwerflich. Das Bild, das einen Toreador zeigte, wie er eben einen knackwurstförmigen Kampfdackel spaltete, ging zwar durch alle Zeitungen, rief aber sofort den gellenden Protest des Verbandes postklimakterischer Dackelfreundinnen e. V. hervor. Experimente mit Kampfkaninchen verliefen zwar insgesamt günstig, auch erlangten die Toreros rasch Geschicklichkeit darin, ihrerseits in der Erde Gänge zu graben. Die Kämpfe tobten aber somit leider nahezu unter Ausschluß der Öffentlichkeit: der Jubel, wenn ein lehmverkrusteter Matador dem Bau entstieg und im Triumph das besiegte Kaninchen an den Löffeln hochhob, war mäßig. Auch der Verkauf heißer Würstchen mit Senf blieb hinter den Erwartungen zurück.

„Kaninchen sind nichts", sagte der Bürgermeister. „Aber die können doch nicht Fliegen fangen, die Toreadores", sagte der Lehrer. „Wellensittiche fliegen natürlich auf und davon", sagte der Pfarrer. „Frösche?" meinte ein Gemeinderat. „Regenwürmer", sagte ein Dritter, „mit dem Staubsauger."

„Das ist alles nichts", sagte der Bürgermeister. „Man müßte Tiere haben, die langsam sind, pflegeleicht, gutartig, irgendwie gepanzert und eßbar." – „Ameisen", sagte der Lehrer. „Pfui Teufel", sagte der Pfarrer, „wer ißt schon Ameisen?" – „– und vor allem", fügte der Bürgermeister hinzu,

„groß genug, daß man sie sieht." – „Warum gepanzert?" fragte der Lehrer. „Weil uns dann der Tierschutzverein nichts vorwerfen kann." – „Elefanten", warf ein Gemeinderat vorsichtig ein, „werden wiederum zu groß sein?" – „Und Schnecken", sagte ein zweiter, „wohl zu klein?"

„Ja", sagte der Bürgermeister, „Elefanten sind gutartig und pflegeleicht, Schnecken langsam und eßbar, beide quasi gepanzert. Es müßte ein Mittelding zwischen Elefant und Schnecke sein – „Ich hab's", schrie der Lehrer.

Und so lädt schon für den nächsten Sommer Kneitzlwang auch Sie, lieber Leser, zur Schildkröten-Corrida in dieses malerische Voralpenstädtchen ein.

Was trägt der Mann von Welt auf dem Denkmal?

Ich hätte nicht gedacht, daß es so etwas noch gibt. Ich bin selbstverständlich, wie jeder Schriftsteller, von meiner Bedeutung überzeugt. Manche Leute meinen, ich überschätzte mich, andere wieder sind anderer – also meiner – Ansicht. Ich bilde mir ein, daß diejenigen, die mich als bedeutend einschätzen, in der Überzahl sind, aber das kann eine Täuschung sein, weil ich natürlich mit solchen, die nicht meiner Meinung über mich sind, überhaupt nicht oder jedenfalls kein zweites Mal rede. Aber daß es so etwas noch gibt, hätte ich nicht gedacht.

Am Spätnachmittag des 26. Oktober vorigen Jahres läutete es. Vor meiner Tür standen drei Herren. Es handelte sich weder um reisende Handelsvertreter noch um missionierende Mormonen. Die drei Herren waren ein Ausschuß des Gemeinderates meiner Heimatgemeinde Eichkatzlried, unter ihnen der Kultur- und Sportreferent des Ortes, in dem meine Wiege stand. Da ich, seit ich diese Wiege verlassen habe, nur mehr sehr wenig mit Eichkatzlried zu tun hatte, war ich etwas überrascht, bat aber die Herren herein und bot eine Erfrischung an. Der Kultur-

und Sportreferent wählte Kaffee, die beiden
anderen Ausschußmitglieder einen klaren
Obstschnaps.

Sie hätten, sagte nach dem Genusse der
ersten Tasse Kaffee der Kultur- und Sportreferent (Dr. Kranabitter hieß er), die lange
Reise von Eichkatzlried bis hierher zu mir
nach reiflicher Überlegung unternommen.
Man habe, fuhr er fort, in Eichkatzlried von
meinem schriftstellerischen Wirken ver-
nommen, mehr noch: man habe seit einigen
Jahren meinen Werdegang aufmerksam
verfolgt. Ich sei, sagte Dr. Kranabitter, da
Eichkatzlried weder einen Olympiasieger
noch einen Fußballnationalspieler, weder
einen General noch einen Minister hervorge-
bracht habe, bislang der bedeutendste Sohn
Eichkatzlrieds, und im Zuge der verkehrs-
technischen Neugestaltung des Marktplatzes
habe sich eine unschöne leere Ecke neben
dem Rathaus (zwischen der Sparkasse und
dem Gasthof „Roter Adler") ergeben. Dort
wolle man mir ein Denkmal setzen.

Ich habe, wie gesagt, nicht gedacht, daß es
so etwas noch gibt. Die drei Herren nahmen
mein Erstaunen als freudige Zustimmung
zur Kenntnis. Dr. Kranabitter fuhr fort: man
habe einen akademischen Bildhauer der Lan-
deshauptstadt bereits mit der Ausführung
des Denkmals betraut. (Der Bildhauer hieß
auch Kranabitter; er war ein Vetter des Kul-
tur- und Sportreferenten.) Der Sockel mit der
Inschrift sei bereits fertiggestellt. Man habe
sich aber nun vor Anfertigung der Statue
überlegt, daß ich – im Gegensatz zu zahlreichen anderen Dichtern – noch lebe. Man
wolle mir die Wahl lassen.

Dr. Kranabitter legte mir vier Entwürfe
des Bildhauers Kranabitter vor: Rosendorfer
auf einem Pferd, mit der rechten Hand nach
vorn zeigend; dito auf einer Art kurzem
Kanapee sitzend, den Kopf sinnend in die
Hand gelegt; dito aufrecht schreitend, ein
Schriftstück vor sich ausrollend; dasselbe
ohne Schriftrolle, versunken in die Ferne
blickend.

„Ich pflege weder zu reiten noch auf
Rollen zu schreiben", sagte ich, „da mir
das Kanapee überhaupt nicht gefällt, bleibt

wohl nur Entwurf Nummer IV. Nur, meine
Herren, sagen Sie selber, trage ich solche
Hosen?"

Dr. Kranabitter, der die drei verworfenen
Entwürfe schon wieder eingesteckt hatte,
drehte betroffen den vierten Entwurf um,
betrachtete abwechselnd die Zeichnung
und meine Hose. Auch die beiden anderen
Ausschußmitglieder zeigten sich beunruhigt.
„Hm, hm", sagte Dr. Kranabitter.

Auf dem Denkmalsentwurf trug ich ungefähr ein Mittelding zwischen Knickerbocker
und Wickelgamaschen.

„Was hat sich denn Ihr akademischer Bildhauer dabei nur gedacht?" fragte ich.

Eine Spur von Unmut mischte sich in die
Stimmung der drei Herren: „Woher soll Herr
akademischer Bildhauer Kranabitter wissen,
was für Hosen Sie tragen."

„Solche Hosen trägt niemand", sagte ich.
„Das sind keine Hosen, das ist – mit Verlaub
gesagt – ein Strampelanzug. Ich habe noch
nie jemanden mit solchen Hosen gesehen.
Oder trägt vielleicht Herr akademischer
Bildhauer Kranabitter derartige Beinklei-
der?"

„Sie sind also, mein Herr, mit dem Denkmal nicht einverstanden", sagte Dr. Kranabitter.

„Mit dem Denkmal schon, aber nicht mit
der Hose."

„Was wünschen Sie dann für eine Hose?"

Ich bat mir Bedenkzeit aus. Es sei dies,
sagte ich, ein Garderobeproblem, mit dem
ich mich bisher noch nie konfrontiert gesehen habe. Man möge einsehen, daß ich das
nicht so von einer Minute auf die andere
entscheiden könne.

„Gut", sagte Dr. Kranabitter. „Wir kommen morgen wieder. Wir hätten zwar gedacht, daß wir heute noch nach Eichkatzlried zurückfahren können. Aber, na ja. Wir
werden hier übernachten. Diese Spesen wird
der Denkmalfonds auch noch verkraften."
Den akzeptierten Entwurf ließ man mir da.

Ich heftete ihn neben den großen Schrank-
spiegel meiner Frau, zog einen gedeckten
Flanellanzug, getöntes Hemd und eine
rotkarierte Krawatte an und stellte mich in

die entsprechende Positur. Ich war nicht zufrieden. Ich probierte dann den Smoking, danach eine Kombination mit schwarzem Blazer, danach eine leinene Sommerhose und meine wollene Hausjacke. Das gefiel mir noch am ehesten. Da kam aber meine Frau dazwischen.

Sie machte mich darauf aufmerksam, daß die wollene Hausjacke zwar bequem sei, aber nicht unbedingt der Nachwelt übermittelt werden müsse. Die Caritas habe sie bei der letzten Haussammlung schon nicht mehr genommen.

Ich verzichtete also auf die Jacke.

„Das rot-weiß-blau gestreifte Hemd", sagte meine Frau weiter, „ist dir erstens zu eng, und zweitens brauchst du dir über die Farben wohl keine Gedanken zu machen. Ich nehme an, dein Denkmal ist aus Erz oder Stein, also nicht bunt."

Das war zweifellos richtig und vereinfachte die Sache etwas. Dennoch erkannte ich, daß ich die Sache systematisch angehen müsse. Ich fuhr in die Stadt und betrachtete mir alle Denkmäler. Dabei stellte ich fest, daß man auf dem Denkmal entweder Stiefel oder Sandalen trägt. Ich weiß nicht, ob ich gegen Stiefel oder Sandalen eine größere Abneigung habe. In Stiefeln oder in Sandalen in Erz gegossen zu werden, würde mir über den Tod hinaus Unbehagen bereiten. Einige wenige der ehernen und steinernen Herren trugen, soviel ich sehen konnte, Zugstiefeletten mit seitlichem Gummieinsatz. Größere Auswahl gab es unter den Kopfbedeckungen. Ich hatte zwar zunächst gedacht, daß ich mich barhaupt verewigen lassen wollte, meine Frau aber wies mit Recht darauf hin, daß sich häufig Tauben auf Denkmäler setzen. Das sieht weniger komisch aus, wenn man etwas auf dem Kopf trägt. Eine Krone oder ein Helm kam für mich nicht in Frage.

„Du kannst unmöglich deine karierte Schirmmütze tragen", sagte meine Frau. „Nimm den Hut."

Auch der Hut gefiel ihr nicht. Er hatte eine zu schmale Krempe, eigentlich überhaupt fast keine Krempe, es war nur so ein Jägerhütchen.

„Es müßte", sagte meine Frau, „mehr ein weiter, breitkrempiger Schlapphut sein."

Schlapphüte trage ich so wenig wie Sandalen.

„Dann ein Barett."

Ich habe in meinem Leben noch nie ein Barett getragen. Barette und Baskenmützen finde ich lächerlich. Dazu gehört, für meine Vorstellung, unbedingt ein Kleppermantel und Hosen mit Fahrradspangen.

„Ein Mantel –!" sagte meine Frau. „Dann erübrigt sich fast alles andere."

Sehr gut. Ich holte den Mantel. „Nicht den Trenchcoat, den wuzelst du immer so ins Auto, daß er ganz verknittert ist. Hol den Wintermantel."

„Ich kann doch nicht jahraus, jahrein im Wintermantel da oben stehen. Ich weiß, wie heiß es in Eichkatzlried werden kann. Und ich im Wintermantel. Da lachen ja die Hühner."

„Ich wüßte was", sagte meine Frau, „aber das wirst du wohl nicht mögen."

„Und?"

„Ganz einfach: ohne Kleider. Denke an den David von Michelangelo, zum Beispiel."

„Hm", sagte ich. „Irgendwie ist mir das auch nicht recht. So nackt herumstehen. Und in Eichkatzlried sind sie sehr katholisch …"

„Wahrscheinlich bist du nur zu prüde dazu."

„Ich bin überhaupt nicht prüde –"

„Ja, was andere anbelangt, besonders Mädchen."

„Kurz und gut: nein. Ich lasse mich nicht nackt abbilden."

„Dann eine Toga."

Toga … Es hätte den Vorteil, fuhr meine Frau fort, daß dann der Lorbeerkranz auf dem Haupt weniger anachronistisch aussehe als bei einem Straßenanzug.

„Von einem Lorbeerkranz hat niemand etwas erwähnt", sagte ich.

„Willst du vielleicht einen Degen? Wie ein Feldmarschall? Wer was auf sich hält, trägt auf dem Denkmal einen Lorbeerkranz."

„Ich weigere mich, einen Kranz aufzusetzen."

„Das ist nur ungewohnt."

265

„Ich will mich aber nicht daran gewöhnen."

„Eine Leier wäre natürlich ein gewisser Ersatz für den Lorbeerkranz."

„Leier!" schrie ich. „Ja – eine Leier, und zwar so." Ich stellte mich in die Position: ‚Rosendorfer, dem Denkmal-Ausschuß seine Leier nachwerfend'.

„Du darfst die Leute nicht verprellen", besänftigte mich meine Frau. „Sie meinen es gut."

Ich beruhigte mich wieder. Wir sahen gemeinsam noch einmal den Entwurf des akademischen Bildhauers Kranabitter an. Da fiel mir ein, daß die Stadt Erewan im Kaukasus Tschaikowski ein Denkmal gesetzt hat. Das Denkmal stellte Stalin dar, Tschaikowski-Musik hörend. Wäre so etwas Ähnliches nicht eine Lösung? Stalin hat meine ja nun immerhin schon denkmalswürdigen Werke nicht gelesen. Es müßte aber auch nicht Stalin sein. Wer käme in Frage: Mao? Franco? Kennedy? Papst Johannes? „Muß es eine politische Persönlichkeit sein?" wandte meine Frau ein.

„Du hast recht", sagte ich. „Wer weiß, ob Stalin jemals Tschaikowski gehört hat. Ich werde vorschlagen: Goethe, Rosendorfer lesend. Dem Goethe können sie dann eine Toga anziehen." Als die drei Herren des Ausschusses am nächsten Tag wiederkamen, unterbreitete ich ihnen den Vorschlag mit Goethe. Die Herren zeigten sich etwas betroffen. Das wäre nicht in ihrem Sinne, sagte Dr. Kranabitter. Ich sah alle Probleme, die ich weggeräumt gedacht, mit einem Schlag wieder vor mir aufgetürmt. Ich erzählte von den Schwierigkeiten, der Toga, der Leier und von all dem. Dr. Kranabitter lachte:

„Da können Sie ganz erleichtert sein. Das Problem ist längst gelöst: Sie tragen auf dem Denkmal die original Eichkatzlrieder Standschützen-Tracht."

Kniehosen mit großem Latz, Wadenstrümpfe, bestickte Hosenträger und einen kühnen Schlapphut mit Quasten. Ich wagte nicht, es Herrn Dr. Kranabitter ins Gesicht zu sagen: ich habe nie in meinem Leben die originale und dennoch für meinen Begriff unkleidsame Eichkatzlrieder Standschützen-Tracht getragen. Ich käme mir darin vor wie ein Clown.

„Und einen Stutzen über die Schulter", sagte Dr. Kranabitter, „das gehört zur Tracht."

Ich konnte meinen Mund nicht schnell genug halten und fügte hinzu: „– und eine Fahne in der Hand." Ich befürchtete, daß mir Dr. Kranabitter eine Ohrfeige gäbe, er sagte aber nur: „Wenn Sie wollen … nicht schlecht, im Grund genommen. Hier ist übrigens der Entwurf des Herrn akademischen Bildhauers Kranabitter für den Kopf des Denkmals. Wir haben vergessen, Ihnen das Blatt gestern zu zeigen. Aber Sie wissen ja wohl, wie Sie aussehen. Der Kopf ist nach dem Foto gearbeitet, das auf Ihrem letzten Buch hinten drauf ist. Nur der Bart ist Zusatz des Künstlers."

„Wieso einen Bart?"

„Der Bildhauer glaubt, Ihren Kopf ohne Bart künstlerisch nicht vertreten zu können."

„Aha", sagte ich. Einen Schnurrbart hätte ich mir noch eingehen lassen. Aber von dem Entwurf blickte mir ein finsterer Rübezahl mit einer filzigen Matratze bis zum unteren Bildrand entgegen.

„Mit Stutzen und Fahne", sagte ich, „und in der Tracht mit Schlapphut … das ist ja der reinste Andreas Hofer."

Dies hätte ich nicht sagen sollen. Die drei Herren sahen sich an. Nachzutragen wäre hier, daß Eichkatzlried, meine Heimat, in dem schönen Tirol liegt. Die drei Herren sahen sich lange an. Und so bekam Eichkatzlried ein Andreas-Hofer-Denkmal.

Häschenwitze

Mitte der 1970er-Jahre kamen in Deutschland die Häschenwitze auf – in Ost und West. Niemand kann heute sagen, wer den ersten Häschenwitz erzählt hat, doch sicher ist: Häschenwitze stammen aus der DDR und waren ursprünglich politische Witze, in denen man sich, auf scheinbar harmlose Art, über die Mangelwirtschaft und Repression lustig machte. Die Harmlosigkeit war insofern wichtig, als „staatsfeindliche Hetze" in der DDR mit jahrelangem Freiheitsentzug geahndet werden konnte – und hierzu zählten durchaus politische Witze, die sich gegen das System richteten. In Westdeutschland dann entwickelten sich die Witze um das Häschen mit Sprachfehler Ende der 1970er-Jahre zu reinen Kalauern.

Ein Hase kommt in eine Apotheke und fragt: „Hattu Möhrchen?" Die Apothekerin antwortet: „Nein!" Am nächsten Tag kommt der Hase wieder und fragt: „Hattu Möhrchen?" Die Apothekerin antwortet wieder: „Nein." Am dritten Tag hängt ein Schild an der Tür: „Heute keine Möhrchen!" Der Hase beschwert sich bei der Apothekerin: „Hattu doch Möhrchen gehabt!"
(Erster überlieferter Häschenwitz aus DDR-Zeiten)

Häschen ruft beim Metzger an: „Hattu Eisbein?" – „Klar habe ich Eisbein", sagt der Metzger. – „Hattu auch Schweinsohren?" – „Ja, die habe ich auch." – „Muttu aba komisch aussehen!"

Häschen kommt ins Rathaus und fragt den Beamten: „Hattu Vollmacht?" Der Beamte: „Ja, sicher habe ich Vollmacht." – Das Häschen: „Muttu Windeln wechseln!"

Häschen geht zum Bäcker: „Hattu Uhren?" – Der Bäcker: „Nein!" Am nächsten Tag wieder: „Hattu Uhren?" – Der Bäcker: „Nein!" – Am dritten Tag fragt das Häschen wieder: „Hattu Uhren?" – Bäcker: „Ja, heute habe ich Uhren!" – Häschen: „Und wie spät is es?"

Häschen kommt in ein Schallplattengeschäft und fragt den Verkäufer: „Hattu Platten?" – Der Verkäufer antwortet: „Klar habe ich Platten." Das Häschen: „Muttu aufpumpen!"

F. K. Waechter

1937–2005

KNISTERNDE SITUATION NR. 23

Robert Gernhardt

1937–2006

Deutung eines allegorischen Gemäldes

Fünf Männer seh ich
inhaltsschwer –
wer sind die fünf?
Wofür steht wer?

Des ersten Wams strahlt
blutigrot –
das ist der Tod
das ist der Tod

Der zweite hält die
Geißel fest –
das ist die Pest
das ist die Pest

Der dritte sitzt in
grauem Kleid –
das ist das Leid
das ist das Leid

Des vierten Schild trieft
giftignaß –
das ist der Haß
das ist der Haß

Der fünfte bringt stumm
Wein herein –
das wird der
Weinreinbringer sein.

Die kaiserliche Botschaft
Ein Nonzenzgedicht

So hört mich an, o meine Knappen:
Ab jetzt sind alle Schimmel Rappen.
Und alle Rappen heißen Bären,
womit wir schon beim Thema wären.
Denn Bären ist ab heut verboten
bei Tag zu mähen und zu schroten,
sowie das Schroten und das Mähen
bei Nacht, weil sie dann eh nichts sehen.
Befehl ist auch, daß sie ab nun
nicht das, was ich befehle tun,
denn die Befehle gelten nur
von kurz vor zwölf bis tausend Uhr
und sollen zu nichts weiter führen,
als an den Schlaf der Welt zu rühren.
Doch sollte dieser Plan nicht klappen,
sind alle Bären wieder Rappen
und alle Rappen wieder Schimmel,
das gilt auf Erden wie im Himmel,
im Jenseits und in dieser Welt
und ganz speziell für Bielefeld.
So. Stellt das Radio etwas leiser,
ich will jetzt schlafen
                                    Euer Kaiser

270

Nach Paris

Der Wanderer
nimmt seinen Hut
und sagt zur Wandrerin:
Nun gut.

Ich hielt dich für
gestählt und zäh,
du bist es nicht
wie ich jetzt seh.

Wir wollten nach
Paris und zwar
zu Fuß, das war
von Anfang klar.

Doch du bliebst schon
in Peine stehn –
so wirst du nie
die Seine sehn.

Hier stehen wir
seit einem Jahr;
Marie jetzt heißt es
Au revoir!

Der Wandrer wendet
sich zum Gehn.
Die Wandrerin
läßt es geschehn.

Erst als er Richtung
Westen hinkt,
hat sie ihm zögernd
nachgewinkt.

Wer von den fünfen bist Du?

Wie lange kann man sich selber betrügen –
das ist die Frage.
Beim einen dauert es lediglich Stunden,
beim anderen Tage.
Der dritte bringt es auf mehrere Wochen,
der vierte auf Jahre.
Der fünfte glaubt, in der Wiegen zu liegen,
und liegt auf der Bahre.

Robert Gernhardt wurde am 13. Dezember 1937 in Tallinn, Estland in eine deutsch-baltische Familie geboren. 1945 fiel der Vater im Zweiten Weltkrieg, die Mutter floh mit drei Kindern von Posen aus in den Westen. Die Familie siedelte sich in Göttingen an, die Kinder kamen zeitweise in katholischen Heimen unter, wo Gernhardt Wilhelm Busch für sich entdeckte: als Kontrastprogramm für alles Bigotte. Fortan sollte er seiner Doppelbegabung folgen: Zeichnen und Schreiben. Schon als Gymnasiast verfasste er erste Reime, nach dem Abitur studierte er Germanistik und Malerei. Seit 1964 lebte er als freiberuflicher Maler, Zeichner, Karikaturist und Schriftsteller in Frankfurt am Main. Außerdem war er Redakteur der Satirezeitschrift „Pardon". Aus der Redaktion ging eine Schriftsteller- und Zeichner-Gruppe hervor, die sich, in Anlehnung an Adorno und Horkheimer, selbstironisch „Neue Frankfurter Schule" nannte und in der Gernhardt maßgeblich aktiv war. 1979 war er zudem Mitbegründer des Satiremagazins „Titanic" – und auch sonst machte er sich um den Humor verdient: Manchen Witz von „Otto" hat Gernhardt mitverfasst. Gernhardts Gedichte wirken, selbst bei ernsteren Themen, immer leicht und verspielt. Reim und Rhythmus waren seine Stilmittel, und seine Themen fand er praktisch überall. In vielen seiner Werke kombinierte er Reim und Zeichnung: Er war ein Meister des einfachen, präzisen Strichs. Gernhardt starb am 30. Juni 2006 in Frankfurt an einer Krebserkrankung.

Erzählung

Über dem Kragen der Nacken,
über dem Nacken das Haar,
über den Haaren ein seltsames Tier –
ein Kondor? Oder ein Aar?

Ein Habicht? Oder ein Sperber?
Ein Waldkauz? Oder ein Star?
Ach, ich hab völlig vergessen,
was für ein Vogel das war.

Ich weiß nur, darunter warn Haare,
und ein Nacken war unter dem Haar,
und unter dem Nacken ein Kragen,
und unter dem Kragen, da – Fahr

nicht so schnell, Erwin!
Wie soll man sich denn da
konzentrieren können!

Ein Sonntag

Der See ist blau, der Wald ist grün,
durch gelbe Felder Rehe ziehn.

Dann sind da Menschen vielgestalt
und buntgekleidet in dem Wald.

Und schaun hinüber zu dem See
und sagen: Läuft dort nicht ein Reh?

Und zeigen auf das gelbe Feld:
Das Braune sind doch Rehe, gelt?

Und wieder andre schaun ins Blau:
Guck, man sieht keine Wolke, schau!

Die Sonne steht am Himmelszelt.
Ein Glück, daß sie nicht runterfällt.

Der rätselhafte Geistergast

Der rätselhafte Geistergast
gastiert sich bei dir ein,
und was du bist und was du hast,
das ist nicht länger dein.

Der rätselhafte Geistergast
will mehr als nur Quartier,
sein kleiner Reisebeutel faßt
dein Herz und dein Klavier.

Der rätselhafte Geistergast,
der nimmt dir Kopf und Leib.
Er bleibt solange es ihm paßt
und geht, wenn du sagst: Bleib.

Das Ende einer Doppelbegabung – von ihr selbst erzählt

Lange Jahre hindurch
war ich Maler und
Schriftsteller.
Doch auf einmal
hatte ich keine
Lust mehr.
Das heißt: Zuerst
mochte ich kein
Bild mehr
zuende
malen.
Und kurz darauf
mochte ich
auch kein
Wort mehr
zuende
schrei

Welt, Raum und Zeit

In den Köpfen der betagten Katzen
spiegelt sich die Welt in starken Bildern:
Mäusetürme ragen steil ins Blaue,
Nierentische stehn in ihren Hallen,
Leberhaken ragen aus den Wänden,
all das wartet nur auf ihre Tatzen
in den Köpfen der betagten Katzen.

In den hochbetagten Katzenköpfen
gliedert sich der Raum in klare Zonen:
Fauladelphia, Ratzibor und Essen
sind die einz'gen Städte, die sie kennen,
doch Paris liegt für sie an der Sahne,
und die malt sich breit, nicht auszuschöpfen
in den hochbetagten Katzenköpfen.

In den Köpfen der betagten Katzen
fächert sich die Zeit in reine Takte:
Heißt der erste Tag der Woche Mordtag,
fällt der Sommeranfang in den Jauli,
schreiben wir schon bald das Jahr Zwei-mausend,
und die Stunden fliehn dahin wie Spatzen
in den Köpfen der betagten Katzen.

Der Tag, an dem das   verschwand

Am Tag, an dem das   verschwand,
da war die uft vo Kagen.
Den Dichtern, ach, verschug es gatt
ihr Singen und ihr Sagen.

Nun gut. Sie haben sich gefaßt.
Man sieht sie wieder schreiben.
Jedoch:
Soang das   nicht wiederkehrt,
muß aes Fickwerk beiben.

Fragen eines lesenden Bankdirektors

Der große Julius Cäsar eroberte Gallien –
was der alles um die Ohren hatte!
Lukullus bezwang die Thraker –
und dann hat er ja auch noch hervorragend gekocht!
Bischof Beutel baute den Kölner Dom –
das muß ein unheimlich dynamischer Geistlicher gewesen
                                        sein!

Jedes Jahr ein Sieg –
wo ist eigentlich mein Terminkalender?
Alle zehn Jahre ein großer Mann –
wo mein Terminkalender ist?!
So viele Fragen –
Ach da ist er ja! Wenn man nicht alles selber macht!

273

Ich liebte ein Mädchen

Insterburg & Co. war ein deutsches Komiker-Quartett um Ingo Insterburg und Karl Dall, das – in seiner Urbesetzung – von 1967 bis 1979 bestand. Die Band war mit ihren musikalischen Blödeleien überaus erfolgreich und hatte teilweise Kultstatus inne. Besonders bekannt bis heute und häufig persifliert und gecovert ist der Song „Ich liebte ein Mädchen".

Ich liebte ein Mädchen in Lichterfelde
Die lebte zu lange von meinem Gelde

Ich liebte ein Mädchen in Jungfernheide
Wir liebten uns täglich alle beide

Ich liebte ein Mädchen im Grunewald
Bei der war immer die Bude kalt

Ich liebte ein Mädchen in Wannsee
Die konnt kein nackten Mann sehn

Ich liebte ein Mädchen in Wedding
Die wollte immer nur Petting

Ich liebte ein Mädchen in Tempelhof
Die war sehr lieb, doch bisschen doof

Ich liebte ein Mädchen in Neu-Köln
Die wollte es niemals im Hell'n

Ich liebte ein Mädchen in Heiligensee
Da gab's zwischendurch Gebäck und Tee

Ich liebte ein Mädchen in Spandau
Von der war immer der Mann blau

Ich liebte ein Mädchen in Tegel
Die hatte Ohren wie Segel

Ich liebte ein Mädchen in Tiergarten
Da musste ich immer bis vier warten

Ich liebte ein Mädchen in Charlottenburg
Die liebte Ingo Insterburg

Doch dann wurde es mir in Berlin zu klein
Drum zog ich in ganz Deutschland ein

Ich liebte ein Mädchen in Plauen
Da bin ich bald abgehauen

Ich liebte ein Mädchen in Gießen
Auch die tat mich schnell verdrießen

Ich liebte ein Mädchen in Meißen
Die tat mir die Hose zerreißen

Ich liebte ein Mädchen im schönen Zerbst
Da hielt die Hose bis zum Herbst

Ich liebte ein Mädchen in Mainz
Die war gar keins

Ich liebte ein Mädchen in Kiel
Auch da war nicht viel

Ich liebte ein Mädchen auf Rügen
Wir liebten uns beim Fliegen

Ich liebte ein Mädchen in Papenburg
Die liebte Ingo Insterburg

Doch dann wurde es mir in Deutschland
zu klein
Drum zog ich in die Welt hinein

Ich liebte ein Mädchen am Südpol
Was selten da geschieht wohl

Ich liebte ein Mädchen in Österreich
Für die war ich der Größte gleich

Ich liebte ein Mädchen auf Elba
Die liebte lieber sich selber

Ich liebte ein Mädchen in Mexiko
Die hat ein' runden sexy Po

Ich liebte ein Mädchen in Indien
Wir taten im Reisfeld sünd'gen

Ich liebte ein Mädchen in Thailand
Allein auf einem Eiland

Ich liebte ein Mädchen auf den Molukken
Da fing's bei mir an zu jucken

Ich liebte ein Mädchen in Griechenland
Die die Liebe am schönsten beim Griechen
fand

Ich liebte ein Mädchen in Frankreich
Wir liebten uns auf 'ner Bank gleich

Ich liebte ein Mädchen in Schweden
Die konnte Französisch reden

Ich liebte ein Mädchen in Italien
Die liebte ich nur für Fressalien

Ich liebte ein Mädchen in den Niederlanden
Unsere Kleider wir niemals wiederfanden

Ich liebte ein Mädchen in Polen
Die hat mir die Unschuld gestohlen

Ich liebte ein Mädchen in der Sowjetunion
Die sagte immer „Njet, mein Sohn"

Ich liebte ein Mädchen in Ägypten
So lang bis die Pyramiden wippten

Ich liebte ein Mädchen in Luxemburg
Die liebte Ingo Insterburg

Doch dann wurde es mir auf der Welt
zu klein
Drum zog ich in den Himmel rein

Ich liebte ein Mädchen auf dem Mars
Ja das war's

(Text: Ingo Insterburg)

Fanny Müller

1941–2016

Dorfkino

Meine Familie war in der Filmfrage völlig uneins. Opa und ich liebten Filme, meine Eltern gingen ins Kino, weil sonst nichts los war, während Oma der Filmbranche ablehnend gegenüberstand. Sie äußerte sich dahingehend, dass die Leute nur auf dumme Gedanken kämen; beispielsweise sei Küssen auf dem Lande früher völlig unbekannt gewesen und eine brotlose Kunst, und jetzt stünden die Knechte und Mägde herum und knutschten sich ab statt zu arbeiten.

Oma fand Sexualität ein notwendiges Übel und hatte ein ausgeprägtes, wenn auch nicht gerade fortschrittliches Klassenbewusstsein.

Einmal im Monat, am Sonnabend Mittag, kam in einem graublauen Lieferwagen der Filmmann ins Dorf. Im kalten Saal der Gaststätte, nur ein bisschen erwärmt durch die rechts und links eingebauten Kuhställe, gab es nachmittags einen Kinderfilm und abends einen für Erwachsene, mit anschließendem Tanz. Was für Filme gezeigt wurden, war egal. Wenn es schon grönländische Underground-Filme gegeben hätte, wäre man dort auch hinmarschiert. Die Filme hießen meistens „Grün ist die Heide" oder „Die Dritte von rechts". Mein erster Film war „Das Dschungelbuch", in einer alten amerikanischen Fassung. Danach bekam

ich Alpträume wegen des Waldbrandes, und meine Eltern entschieden, dass ich das nächste Mal mit Opa hingehen sollte. Opa und ich weinten gemeinsam über das Schicksal von Bambis Mutter (obwohl Opa Ortsgruppenleiter gewesen war, oder auch weil, hatte er nahe am Wasser gebaut), und meistens hielt er mir die Augen zu, weil da auch ein Waldbrand drin vorkam. Draußen standen schon die Erwachsenen und warteten auf Sonja Ziemann und Rudolf Prack. Veronika, die Tochter des Schlachters – der Vater hieß Amandus und war auch für die Schulspeisung verantwortlich – trug ihr Ballkleid auf einem Bügel vor sich her, damit jeder, auch wenn er den anschließenden Ball nicht besuchte, neidisch werden konnte. Das Kleid war lang und hatte einen sehr weiten Rock. Es heiße „Nju Luck", sagten die Frauen, die alle nur ihre kurzen Kriegskleider hatten oder umgearbeitete Brautkleider. Sie sagten außerdem, dass Veronika ein sowohl leichtes als auch spätes Mädchen sei (sie war 28) und wahrscheinlich ein Techtelmechtel mit einem Verheirateten hätte.

Wenn ich heute in einem Kino sitze, wo es warm ist, wo die Lichter langsam ausgehen, wo die Leute ganz normal angezogen sind und wo mitten im Film keine Kühe anfangen zu brüllen, dann denke ich immer, dass irgendwas nicht ganz richtig ist.

276

Toast Hawaii

Erinnern Sie sich noch an die Fünfziger Jahre? Auch roaring fifties genannt? Als richtige Männer noch richtige Frauen zu schätzen wussten und richtige Frauen noch richtiges Essen? – Das waren Zeiten! – Buttercremetorten waren auf jedem festlichen Ereignis ein must. Kroketten wurden zu allen Mahlzeiten gereicht, außer zu Spaghetti. Mayonnaise – wie französisch das klang! – durfte praktisch über jedes Gericht gekippt werden und Remoulade noch obendrauf.

Ach Gott ja, alles was gleichzeitig satt und fett machte und auch so aussah und außerdem noch irgendwie an exotische Länder erinnerte, wurde reingeschaufelt, bis man platzte. Männer mit Bauch liebten Frauen mit Hüften. Und Frauen mit Hüften liebten den Geflügelsalat Florida, die Königin-Pastete und Russische Eier. Vor allem aber liebten sie den Toast Hawaii. Wohlgemerkt: Es ist von Vorspeisen die Rede; danach gab's dann erst das richtige Essen, dessen Ausmaße auch nicht von Überlegungen in Richtung Kalorienzählen oder ähnlichem Quatsch angekränkelt waren. Das ging auch gar nicht, weil die Kalorie noch nicht erfunden war und das Vitamin zu Recht ein Dasein am Rande des Küchentisches fristete.

Toast Hawaii! Wir wussten, dass es auf Hawaii kein Bier gibt, aber wir wussten auch, dass Hawaii die Heimat der Ananas ist. Wäre allerdings diese Insel tatsächlich die Heimat aller in Deutschland im Zuge des TH verzehrten Ananasscheiben gewesen, so hätte sie landauf landab, an Stränden und Lagunen, in Schluchten und Tälern, mit Ananasfrüchten bepflastert sein müssen. Und zwar dreimal übereinander.

In Wirklichkeit aber war die Ananas für den Toast Hawaii in Dosen zur Welt gekommen. Die Maraschinokirsche, welche den TH oben krönte, wuchs in kleinen Gläsern auf. Käsescheibletten: Ihre DNS erwachten in einem Rührbottich zum Leben. Toast besaß ein Haltbarkeitsdatum von sieben Monaten und der Schinken hatte nie eine Sau gesehen.

Das war auch völlig richtig so. Beim TH konnte man sicher sein, dass keine Verbindung zu unappetitlichen Tieren nachzuweisen und keine Zutat durch Menschenhand vergiftet oder beschmutzt war: Es handelte sich um astrein voll synthetische Fabrikware. Das war gesund und lecker! Das war modern! Schließlich trugen wir ja auch keine Bärenfelle mehr, sondern Nylonblusen und Trevirahosen.

Das Leben war schön!

Dann aber kam der backlash. Hirsepicker übernahmen das Kommando. Die Erfinder von Kamikaze und Harakiri reichten rohen Fisch. Nouvelle Cuisine trat auf den Plan – eine Richtung, bei der man nie genau weiß:

Die Satirikerin und Schriftstellerin **Fanny Müller** wurde am 17. Juli 1941 im niedersächsischen Helmste geboren. Eigentlich hieß sie Ingeborg Glock. Nach dem Abitur machte sie zunächst eine Lehre zur Hotelfachfrau, danach studierte sie Pädagogik und Soziologie und arbeitete elf Jahre lang als Lehrerin in einer Berufsschule, später gab sie Volkshochschulkurse für erwachsene Analphabeten. Zeitweise war sie politisch sehr aktiv und engagierte sich für die Grauen Panther und die „Grün-alternative Liste" in Hamburg. 1986 wurde sie sogar in die Hamburger Bürgerschaft gewählt, wo sie für Arbeit und Soziales zuständig war – doch dies blieb eine kurze Episode.

Unter dem Künstlernamen „Fanny Müller" begann sie nun, ihre „Geschichten von Frau K." zu schreiben und in der Hamburger „taz" zu veröffentlichen. „Frau K." – der Name war eine Anlehnung an den berühmten Herrn K(euner) Bertolt Brechts. Doch war ihre Figur weit amüsanter und greifbarer, nämlich eine geschiedene Witwe, die zusammen mit ihrem dümmlichen Dackel Trixie im Hamburger Schanzenviertel lebte. Später schrieb Fanny Müller eine Zeitlang wunderbar schnoddrige, satirische Texte für die Kolumne „Mit den Augen einer Frau" im Satiremagazin Titanic. Regelmäßig verfasste sie außerdem Glossen für so unterschiedliche Publikationen wie die jungle world, die taz, Brigitte, Weltwoche, Frankfurter Rundschau, den Stern und Spiegel special. Populär wurde sie für ihre Bücher, die ab 1994 auf den Markt kamen. Für ihre „witzig-bösartigen Glossen" wurde sie 2005 mit dem Ben-Witter-Preis ausgezeichnet. Fanny Müller starb am 17. Mai 2016.

Ist das jetzt schon das Futter oder nur die Tellerbemalung?

Und doch! Was gut und bewährt ist, kann nicht untergehen – der Toast Hawaii lebt! Im Untergrund! In Kneipen, die „Bei Ernst und Käthe" oder „Hella's Bierbar" heißen. In Pensionen namens „Waldesruh". In versteckten Cafes, wo alte Damen mit beigen Velourshüten spannende Geschichten darüber erzählen, was ihre Schwiegersöhne von Beruf sind. Und unsere so viel geschmähte junge Generation sorgt klammheimlich dafür, dass der TH seinen ihm gebührenden Platz wieder einnimmt – kaum verändert, aber größer und schöner denn je: als Pizza Hawaii.

Frische Mädchen, frische Brötchen

Endlich wieder nach La Palma! Auf dem Hinflug saß nebenan ein hüstelnder Herr, der 2,5 Stunden benötigte, um die Bild-Zeitung zu lesen, was ich ja offen gestanden auch gerne können würde, weil man auf die Weise nicht immer so viel zu lesen mitnehmen muss.

In meiner Jugendzeit gehörte es sich, dass junge Mädchen bis 4 Uhr nachmittags schlie-

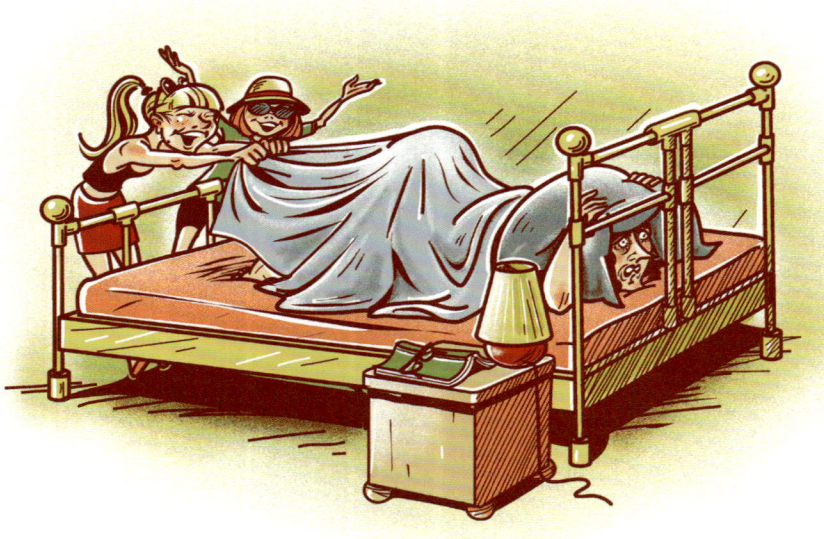

fen, wenn sie frei hatten. Nicht so die zweite Nichte und Paulina, ihre Freundin, die mich begleitet hatten. Um sieben Uhr morgens standen sie gestiefelt und gespornt an meinem Bett und schmetterten: „Jaja, in Spanien, da gibt es Mädchen, und die sind frischer als frische Brötchen …"

Komisch, ich dachte immer, dass ich mich an jeden bescheuerten Schlager der letzten hundert Jahre erinnere, aber an diesen nicht. „Dann zischt mal ab, um welche zu holen", ächzte ich. Aber sie ließen mich nicht in Ruhe, sondern schleppten mich in eine Bar, wo wir frühstücken mussten. Zum Glück war es keine Macho-Männer-Bar, wie sie nur in den etwas größeren Städtchen anzutreffen ist.

Von diesen ließen sie dann keine aus. Allerdings guckten sie nur kurz hinein, riefen munter: „Na – so allein??" und marschierten weiter, zur nächsten Bar. Ich bin ja auch sehr für die Emanzipation der Frau, aber nicht im Urlaub.

Mittags, am Strand, unterhielten sie sich über ihre Lehrer, die anscheinend immer nach kurzer Zeit „in die Klapse" kamen. Was mich übrigens überhaupt nicht wundert, denn in einer schönen gemütlichen psychiatrischen Anstalt hätte ich mich bestimmt auch besser erholt.

Anschließend schrieben sie haufenweise Karten an die daheim gebliebenen Freunde, aber von dem Erwerb von Briefmarken sahen sie ab: „Ja – was denn?! Da ham wir schon den Ärger mit dem Kartenschreiben …"

Eigentlich wollten wir auf La Palma das girlscamp nachstellen (also, ich nicht!), aber die Super 8-Kamera von Paulina funktionierte glücklicherweise nicht, die war von einem Freund geliehen, dem sie auch schon mal Karten geschrieben hatte. Da war die Nichte sauer, denn sie wollte die blonde Schlampe mit den teuren Badelatschen spielen.

Stattdessen spielten wir das Geld-Spiel. Das ist irgendwas mit Karten. Bube, Dame, König, As legt man auf den Tisch und packt dann Geld drauf. Als ich 2 Millionen Peseten Miese hatte, gab ich auf. Danach spielten wir das Frauennamenspiel: Flair und Ambiente, die begabten Töchter des Innenarchitekten Dr. C.; Aorta von Königsmarck, Freundin von August dem … und die schönen Zwillingsschwestern Antibiotika und Anabolika, geliebte Töchter des 2. Vorsitzenden des Olympischen Komitees …

So reihte sich ein schöner Tag an den anderen.

Auf dem Rückflug kam ich mit einem etwa 10jährigen Jungen ins Gespräch, der neben mir saß, den fragte ich, was Pokemons eigentlich seien. Dass es nichts zum Essen ist, wusste ich schon. Er war sehr erfreut und sagte mir als erstes alle Namen auf. Als er beim 80. angekommen war, sagte ich, dass das jetzt okay wäre, aber da mussten wir schon aussteigen und er sagte: „Danke für das Gespräch!" Immerhin! Solche Jugendlichen gibt es also auch noch.

Müllers Schnuffi oder R2D2

Neulich in der Reha in der Gedächtnisgruppe. Wieso ich da rein kam, weiß ich auch nicht. Mein Gedächtnis ist ausgezeichnet. Ich sage zwar immer: „Der Dings in der Dingsbumsvorabendserie …", aber alle meine Bekannten versichern, dass es ihnen genauso geht. Jedenfalls ist in der Gedächtnisgruppe neulich einer eingeschlafen, weil wir alle sehr intensiv an unsere PIN-Nummern gedacht haben, jedenfalls an die, die sie uns zum Auswendiglernen gegeben hatten. Das heißt, ich dachte daran, ob ich nachher mit der S-Bahn lieber zum Hauptbahnhof oder doch lieber bis zur Sternschanze … und meine Nachbarin dachte daran – ich habe sie nachher gefragt –, wie sie den ersten und den zweiten Stock in der Reha auseinander halten kann, weil sie nie weiß, ob sie sich jetzt in der ersten oder zweiten Etage befindet. Ich sagte ihr dann, dass der erste Stock PVC hat und der zweite Teppichboden. Ihr Problem ist, wie sie P mit dem ersten und T mit dem zweiten Stock zusammenbringen kann. Meinem Vorschlag, die Angelegenheit P1T2 zu nennen, hielt sie entgegen, dass sie ja ebenso gut auch P2T1

sagen könnte. Das ist wahr. Allerdings habe ich davon Abstand genommen, „R2D2" in die Debatte zu werfen. Das hätte sie völlig durcheinander gebracht.

Herr Dings, also wie heißt er mal noch … Herr P.!, ist allerdings ein Problem. Er ist immer guter Laune und quatscht und quatscht. Das liegt daran, dass er Bauunternehmer ist und ihm nie jemand mal die Wahrheit sagt. In der Reha ist man ja erst mal niemand, da hilft es, wenn man mal ein Wörtchen fallen lässt. Herr P.: „Neulich, als ich mit Bernhard Langer in Thailand zu einem Golfturnier war …" Ich sah Herrn P. mit glasigen Augen an, als würde ich nur Bahnhof verstehen. Langer! Mit dem würde ich ja noch nicht mal in der gleichen Stadt wohnen wollen. Dass Uwe Seeler hier wohnt, reicht mir schon. Danach gingen wir dann alle in die Computergruppe. Da sollte ich sagen, welche Figur nach einem Dreieck, einem Kreis und einem Viereck kommen musste. Gott ja, ein bisschen komplizierter war's schon, aber nicht viel. So was konnte ich aber noch nie und hatte gleich schlechte Karten. Anschließend zeigten sie mir eine (angebliche!) Zeitungsnotiz, in der stand, dass Schnuffi, der Hund von Familie Müller, krank wäre und der Tierarzt Dr. Meier ihm dreimal am Tag was zum Trinken gäbe und nach vier Tagen wäre er wieder gesund gewesen. Die Fragen: Wie hieß die Familie, wie der Hund, wie der Tierarzt, wie oft soll er was einnehmen und wann wurde er wieder gesund.

Ich bitte Sie! Solche Artikel lese ich nie! Müller konnte ich mir ja gerade noch merken, genauso wie ich mir gerade eben und eben Müller-Westernhagen merken kann, aber wie die blöde Katze jetzt wieder heißt …

Hinterher sagte ich, sehr erschöpft, zum Taxifahrer, ich möchte zu meiner Bekannten in die Dingsstraße. „Hamwer nich!", sagt er. Nachdem er einige Zeit auf seinem Steuerrad herumgetrommelt hatte, sagte ich, er solle mich zur Kellinghusenstraße fahren, die fiel mir irgendwie ein. Von da aus musste ich noch ziemlich lange laufen. Soll ja sehr gesund sein.

Chuck-Norris-Witze

Chuck-Norris-Witze (auf Englisch: Chuck Norris Facts, also Chuck-Norris-Fakten) waren ursprünglich ein Phänomen des Internets, wo sie das erste Mal im Jahr 2005 in Foren auftauchten. Die Witze beziehen sich auf den amerikanischen Action-Schauspieler und Kampfkünstler Chuck Norris, und sie verkehren die beinharte Männlichkeit, die er in seinen Rollen verkörpert, ins Absurde.

Chuck Norris trinkt aus der Wasserleitung. Auf ex.

Das Universum dehnt sich nicht aus;
es läuft vor Chuck Norris davon.

Chuck Norris hat bis Unendlich gezählt. Zweimal.

Chuck Norris hat als Kind Sandburgen gebaut.
Wir kennen sie heute als Pyramiden.

Wenn Chuck Norris beim Russisch Roulette verliert, will er eine Revanche.

Chuck Norris steht morgens nicht auf,
weil sich Chuck Norris niemals hinlegt.

Chuck Norris kann Drehtüren zuschlagen!

Chuck Norris rasiert sich nicht. Er schärft die Klinge an seinem Bart.

Chuck Norris benutzt Tabasco als Augentropfen!

Chuck Norris wurde gestern geblitzt – beim Einparken.

Gerhard Polt

*1942

Der Ordensträger

Arno Ameisgruber sitzt mit seinem Rassehund Harro von Riemerschmidt-Meiningen
im Biergarten.

Aa, schaugn S' her, des is ois. Karnevalsor-
den wider den tierischen Ernst. Hab ich bekommen, vorige Saison. Ich mein, freilich, im
Alltag selbst bringt er wenig, aber es macht
doch immer einiges her, wenn man einen
aufzuweisen hat, an Orden. Von Rechts
wegen hätt i ja scho lang an richtigen Orden verdient, weil, wenn der Schmitzberger
schon oan kriagt hat, na müaßad i eigentlich
scho a ganze Schubladn voll habn. Aber was
da heutzutag alles an Orden kriagt, da fragt
ma sich. Des san zum Teil Leut, die s' vor
vierzig Jahrn no vergast hätten, als Schädlin-
ge, heut kriagns an Orden, so schaugt's aus.
Aber dieser Schmitzberger, der hat sich sein
Orden ja förmlich dersessen. Um dem seine
Verdienste sans dann letzten Endes nimmer
drumrum kemma. Dreißig Dienstjahre, Sie
verstehen. Ohne an Orden waar eahna der
gar nimmer in Pension ganga. Übrigens,
ich hab den Orden von dem Schmitzberger,
den hab ich persönlich begutachtet, und
ich sag Ihnen ganz ehrlich, Legierung und
Qualität – miserabel. A Eiserns Kreuz, des
war wenigstens no aus Eisen, aber heutzutag – Leichtmetall, schlecht verchromt, grad
dass s' koan Plastik nehmen. Dazu kimmt,

de Räume mit Zentralheizung, de machan
de kaputt, und auch wenn's regnet, feuchte
Witterung, man kann ihn praktisch kaum
mehr anlegen. Der Schmitzberger hat den
seinen natürlich glei optimal konserviert
mit diesem Mumifizon oder so. Vorher hat
er ihn noch fotografieren lassen. Wenn er 'n
herzoagt, dann nur noch auf dem Foto. Der
Schmitzberger packt 'n glei gar nimmer aus.
In der Familie ham mir natürlich schon auch
welche daheim. Nahkampfspange, Eisernes
Kreuz, alles da, aber mit de Kriegsorden geht
im Moment natürlich sehr wenig. Mir ham
halt im Augenblick koan direkten Krieg quasi. Aber a harte Geschäftswelt hamma scho.
Also so was wie eine Nahkampfspange für
Gschäftsleut müaßad's eigentlich durchaus
auch geben. Aber dass s' mi heuer aa scho
wieder auslassen ham, des versteh i net, weil
i waar ja ursprünglich scho vor zwei Jahr
fällig gwesn – verdienstmäßig. Andererseits,
an jedem kann man 'n aa net geben, des
waar ja wie bei der Inflation. – Oamal bin i ja
scho knapp an der Lebensrettungsmedaille
vorbeiganga. Der Lebensmüde hupft nei,
November, wohlgemerkt, denk i mir, holst
ihn außi. Aber wia i mei Sakko auszogn
hab, war keine Seele weit und breit, wo auf
mei Brieftaschn hätt aufpassn können. I hab
über hundertvierzg Mark dabeighabt, gell.
Bin i in d' Wirtschaft nei und hab am Wirt
mei Sakko angeboten zum Aufpassen. Wie

i nachert kemma bin, war er scho dasuffn aa. Nix mehr z' macha. Des is unheimlich rasant ganga. – O mei, a Viech müaßad ma sei. – Da, mein Hund, der Harro von Riemerschmidt-Meiningen – ja, brav, Harro, ja wo is er denn? –, ein Rassehund durch vier Generationen. Des kann i beweisen, i hab an Ahnenpass dahoam. Unser Harro, der is heuer World-Champion wordn auf der internationalen Hundeschau. Mir samma scho Hundling, gell Harro? – Wenn i eahm net so gut gfüttert hätt, hätt er's nie erreicht. Er hat ja immer nur 's Beste kriagt, mir ham uns unsern Orden scho verdient, gell, Harro? Ja, brav! Ich mein, letztlich bin ich ja für den Orden von meim Hund zuständig. Ein World-Champion, da werd si der Schmitzberger mit seinem Bierdackl schwerdoa. Da, schaun S' her, den ham mir bekommen. Er hängt sich Harros Orden um.

Die Verantwortungsnehmer

HEHERR LEIM Herr Spitzer, was soll denn des? Mir wolln doch feiern, aber doch nicht mit Sekt – Schampagner … weil ….
HERR SITTICH Des war a Werbegeschenk!
HERR LEIM Ja, um Gottes willen! Holn S' an Schampagner! Aber oberste Kategorie!
Spitzer geht ab.
HERR LEIM ZUM PUBLIKUM Der Spitzer stammt aus kleinen Verhältnissen, und den genetischen Defekt schleppt er sein Leben lang mit sich herum. Schaun S', Staat, Länder, Gemeinden, der öffentliche Sektor, Radio, Fernsehn, aber auch Privatwirtschaft, wir erleben ein zunehmend desaströses Wirtschaften, ein ruinöses Gebaren auf Kosten der Steuer- und Gebührenzahler, die in Geiselhaft genommen keine Chance haben zu entkommen. Und wer ist dafür verantwortlich? Niemand, oder besser gesagt, keine Sau! Sehn S', und da haben wir 2008, es war die Stunde null, Sie erinnern sich! Lehman Brothers, da sind wir in die Bresche gesprungen und haben die Schilda Response GmbH & Co. KG ins Leben gerufen. Unser Target war und ist: Übernahme von Verantwortung, und zwar en gros! Ideell natürlich, denn zahlen tut immer der Geschädigte. Wir müssen streng unterscheiden zwischen Schadensverursacher und Verantwortungsnehmer. Wir von der Schilda Response GmbH & Co. KG übernehmen, gegen entsprechendes Honorar, jede moralische Verantwortung und füllen damit die Verantwortungslücke. Hier, unser Herr Sittich zum Beispiel hat die Verantwortung für den Fukushima-Unfall übernommen. Bravo, Herr Sittich! Die Firma Tepco war der Situation in Fukushima zwar nicht ganz gewachsen, hat aber nun von der Versicherungssumme der Münchner Rück zwei neue Atomkraftwerke in der Türkei bauen können. Sollte wieder etwas passieren, die Türkei ist ein erstklassiges Erdbebengebiet – unser Herr Sittich ist sofort wieder bereit, die gesamte Verantwortung zu übernehmen. Schuldige braucht man vor allem für die Presse, und die Idee des Prangers ist nach wie vor taufrisch.

Nehmen wir Politiker. Im Konzept des Politikers ist Verantwortung nicht vorgesehen. Sollte er einen groben Fehler gemacht haben, egal ob er zu deppert war oder nur aus Arglist, dann geht er in Pension und kassiert monatlich 5000 bis 10 000 €, als Vertrauensbeweis in die Demokratie. Unser Herr Sittich ist ein professioneller Watschenmann, gell, Herr Sittich!

HERR SITTICH Auf alle Fälle!

HERR LEIM Er ist als unser Verantwortungsnehmer quasi prädestiniert, weil er schon als Bub Prügel für Taten bezogen hat, die er gar nicht begangen hatte, stimmts Herr Sittich?

HERR SITTICH Eindeutig!

HERR LEIM So etwas qualifiziert natürlich. Den Skandal bei der Bayerischen Landesbank, da haben Sie doch auch den Kopf hingehalten, oder?

HERR SITTICH Sowieso, weil der Stoiber hat für Verantwortung überhaupt koa Zeit ghabt, und die andern aa ned.

HERR LEIM Nehmen wir bloß ein paar Fälle wie den Berliner Flughafen – ein Milliarden-Schwund, oder Stuttgart 21. Die Deutsche Bahn – ein Stakkato von einer Pleite in die andere. Der Dieselskandal – Zigtausende von Kraftfahrern müssen allein die Folgen von einem betrügerischen Deal ausbaden. Das Insektensterben – aber die Chemiegiganten werden entschädigt, damit noch wirkungsvollere Gifte auf den Markt kommen können! In weiten Flächen Deutschlands ist das Trinkwasser verseucht, weil die Großmästereien ihr Zeug bis nach Afrika exportieren müssen. In Altötting und Umgebung wird gerade untersucht, welche Arten von Krebs der Gebrauch von Weihwasser erzeugt. Hochkonjunktur für unseren Herrn Sittich, gell?

HERR SITTICH Ja, aber ich muss gestehen, ich steh dazu, weil einer muss ja schuld sein!

HERR LEIM Hier, da ist der Waschkorb! Nur Drohbriefe! *Nimmt sie nacheinander.* Sie Drecksau, Sie elendige … vergast ghörn S'… am Sack aufgehängt … man sieht, es gibt sie noch, die lebendige Empörungskultur, wo man meint, alles wär allen wurscht. Da sieht man, wie wichtig der Beruf des Responsabilisten heut ist. Selbst bei Bagatellschäden wie einer Amputation am falschen Bein – der Arzt ist Alkoholiker, kann nicht zur Verantwortung gezogen werden – der Schmähbrief geht an Herrn Sittich und man ist erleichtert.

HERR SITTICH Den Fall hat der Herr Spitzer übernommen, der übernimmt die kleinen Fische!

HERR LEIM Stimmt, der Spitzer hat auch übernommen, dass es einen Dobrindt gibt. *Lacht* Gigaliner!

HERR SITTICH Ha ha, ja der Gigaliner! Spitzer erscheint mit Schampagner.

HERR LEIM Da ist er ja, wenn man den Esel nennt …

HERR SPITZER Ich hab aber auch die Verantwortung übernommen, dass es einen Herrn Scheuer gibt!

HERR SITTICH Aber den Glyphosat-Schmidt, den hab i übernomma!

HERR LEIM Meine Herren. Schluss mit den Bagatellen! Wir haben heute Grund zum Feiern! Einen Großauftrag der Bundesregierung!

HERR SITTICH, HERR SPITZER Naaa?!

HERR LEIM Sie hat das Klimaziel von Paris nicht erreicht, wird es auch nie erreichen, die Pole und Gletscherschmelzen, Plastikkügelchen sind bereits in der Nahrungskette! Die Regierung übergibt umständehalber uns die Verantwortung!

HERR SITTICH Gern, ich wars.

HERR SPITZER Und ich bin schuld, dass der HSV absteigt!

HERR LEIM Prost mitanand, Urlaub ist gestrichen!

Dr. Kleinsorges Verdienste um den europäischen Scherz

Gerhard Polt wurde am 7. Mai 1942 in München geboren. Er verbrachte seine Kindheit zunächst im katholischen Wallfahrtsort Altötting. Nach dem Abitur studierte er Politikwissenschaft in München, danach absolvierte er in Göteborg ein Skandinavistik-Studium. Zurück in Bayern, arbeitete er vier Jahre lang als Übersetzer, Dolmetscher und Lehrer.

Seine Karriere als Kabarettist startete er im Hessischen Rundfunk mit dem Hörspiel „Als wenn man ein Dachs wär' in seinem Bau", das die Luxussanierung einer Münchner Straße zum Thema hat. Seinen ersten größeren Auftritt hatte Polt 1976 in der „Kleinen Freiheit" in München. Bereits in den 70er-Jahren arbeitete er mit dem Regisseur Hanns Christian Müller und der Schauspielerin Gisela Schneeberger zusammen, die bis heute seine Wegbegleiter sind. Der Durchbruch gelang Polt 1979 mit der zwölfteiligen Sketchserie „Fast wia im richtigen Leben", die im Bayerischen Fernsehen und ab 1980 im ARD ausgestrahlt wurde. In den 1980er-Jahren war Polt regelmäßig in Dieter Hildebrandts politischer Kabarett-Sendung „Scheibenwischer" zu sehen. Bei seinen Auftritten wurde und wird er oft durch die Bayrische Volksmusik-Band „Biermösl Blosn" begleitet. 1983 kam Polts erster Film, die bitterböse Faschings-Satire „Kehraus", in die Kinos. Noch populärer wurde die Filmsatire „Man spricht deutsh" von 1988. Weitere Filme folgten.

Polts Humor ist ruppig, bissig, auf den Punkt. Oft bleibt einem angesichts des „gespenstischen Realismus", wie er und Müller seine oft ins Unerträgliche gesteigerte Darstellung alltäglicher Charaktere nennen, das Lachen im Halse stecken. Für sein Schaffen erhielt Polt über 30 Ehrungen, unter anderem 2007 den „Großen Karl-Valentin-Preis" – und ganz sicher steht er in der Tradition dieses großen bayrischen Kabarettisten.

FRÄULEIN GRUBEL Herr Dr. Kleinsorge, Sie sind in der Scherzartikelbranche Europas einer der Größten. Wie sehen Sie die Entwicklung auf dem Humorsektor?

DR. KLEINSORGE Ja, Fräulein Grubel, die scherzartikelproduzierende Industrie war und ist stets bemüht, sich flexibel am Humorbedarf des Kunden zu orientieren, denn Spaß muss sein. Aber mit Niveau, und die Entwicklung der letzten Jahrzehnte hat uns bestätigt. Seit dem absoluten Absatztief seinerzeit im Karneval 1945 haben wir einen kontinuierlichen Aufwärtstrend zu verzeichnen, mengenmäßig, und ich würde sagen, auch in der Qualität.

FRÄULEIN GRUBEL Unter der Hand wird von Fachleuten gemunkelt, dass die japanische Scherzartikelindustrie den europäischen Markt entdeckt hat. Hat das irgendwelche Konsequenzen?

DR. KLEINSORGE Wir wollen einmal klarstellen, Fräulein Grubel, die Bundesrepublik Deutschland gehört zu den Ländern mit dem weitgefächertsten und solidesten Angebot an Scherzartikeln, und bei dem heutigen hohen Standard unserer Stimmungsmacher muss man sich ja geradezu wundern, wie es früher überhaupt möglich war, eine Stimmung zu erzeugen mit den damals verfügbaren, doch sehr primitiven und simplen Produkten. Betrachten Sie doch nur unsere Nachbarländer. Dänemark, karnevalistisch unbedeutend, in Italien ist die Scherzartikelversorgung durch Streiks ins Wanken geraten, der Italiener musste die letzten Jahre weitgehend ohne Accessoires feiern, und die desolate Versorgungslage in Comecon-Staaten ist berühmtberüchtigt. Lassen Sie mich also noch einmal betonen, dass die Scherzartikelindustrie ein Hochleistungsunternehmen ist, das sich ernsthaft um die närrischen Belange der Bürger bemüht. Sehen Sie, allein was wir in puncto Sicherheit geleistet haben: Ich erwähne nur unsere unbrennbaren Luftschlangen und Konfetti, vierfach imprägniert und desinfiziert. Der Konfetti zum Beispiel, als Bakterienträger, ist damit praktisch tot. Ein weiteres Ergebnis unserer Forschungsarbeit ist zum Beispiel ein Gummihammer, mit dem beliebig oft geschlagen werden kann, ohne dass Verletzungsrisiken für die Kombattanten bestehen. Das nämliche gilt für sämtliche Schaumgummiwaffen.

FRÄULEIN GRUBEL Ein erfreulicher Trend zum konfliktfreien Scherz also.

DR. KLEINSORGE Genau.

FRÄULEIN GRUBEL Herr Dr. Kleinsorge, welche Novitäten kommen im Scherzartikelsektor auf uns zu, haben wir in Zukunft auch noch was zu lachen?

DR. KLEINSORGE Selbstverständlich, Fräulein Grubel. Bahnbrechend für unsere Novitäten war der Aufschwung der chemischen Industrie. Neue Werkstoffe ermöglichen naturgetreue Nachbildungen. Spinnen, Käfer, Stuhlgang, Politikermasken, da können wir heute perfekt modellieren. Der Scherz wird dadurch heutzutage wieder realitätsbezogen.

FRÄULEIN GRUBEL Alles in allem also erfreuliche Meldungen. Aber gibt es nicht auch irgendwelche Probleme, mit denen Sie und Ihre Branche fertig werden müssen?

DR. KLEINSORGE Sehen Sie, die importierten Humorprodukte aus der dritten Welt haben bei uns langfristig keine Chance. Ich glaube, dass das Scherzgefühl der dritten Welt doch unterentwickelt ist und analog den europäischen Geschmack nicht wesentlich tangiert. Auch Dumpingpreise sind kein brauchbares Mittel, um das europäische Gefühl für stabilen und qualitätsbewussten Humor ernsthaft zu gefährden. Aber die große Gefahr für die Zukunft des witzigen Daseins liegt darin, dass immer weniger Menschen immer mehr Leute unterhalten wollen. Dem müssen wir aufs entschiedenste widersprechen. Frohsinn ist eine Lebensqualität, die nicht von einer Handvoll pseudowitzigen Desperados in Frage gestellt werden darf. Und wenn man dieser Entwicklung nicht energisch entgegensteuert, könnte es eines Tages passieren, dass der gesunde Scherzartikel zum Privileg einer humoristischen Elite oder für irgendwelche lustigen Avantgardisten stilisiert wird.

FRÄULEIN GRUBEL Vielen Dank für das Gespräch, Herr Dr. Kleinsorge, und in Ihrem Kampf für die Fröhlichkeit viel Erfolg.

DR. KLEINSORGE Danke schön, Fräulein Grubel. Darf ich Ihnen als Leiter der Scherzinnung unsere neueste Kreation überreichen? Es handelt sich um einen portablen Leibeswind, sehr einfach zu bedienen. Darf ich's Ihnen vorführen?

Man hört einen mehrfach wiederholten, monotonen Furz.

Franz Hohler

*1943

Der Liederhörer

Eines Tages hatten alle Festivals, Sängertreffen und Workshops ihre kreativitätsfördernde Wirkung getan, und es gab so viele Liedermacher, daß niemand mehr übrigblieb, um die Lieder zu hören. Jeder besaß eine Gitarre, jeder beherrschte die einfachsten Griffe, jeder verfügte über einige Reimwörter, aus denen er ein paar Strophen basteln konnte, und wenn er selbst keine zustande brachte, sang er die seines Nachbarn oder die seiner Vorbilder.

Das war die Zeit, als der lange Ulli Linnenbrink aus Kreuzberg plötzlich bekannt wurde, weil er eine ganz außergewöhnliche Fähigkeit hatte: Er konnte Lieder hören. Er hatte eine Art, dazusitzen und dem, der Lieder sang, mit übereinandergeschlagenen Beinen, mit leicht gefalteten Händen und verständnisvollem Gesichtsausdruck zuzuhören, die jeden Liedersänger zu Höchstleistungen antrieb. Hatte er sein Talent anfänglich nur in kleinem Kreise, vor Freunden und Kollegen und ab und zu in einer Kreuzberger Kneipe zur Geltung gebracht, wurde bald ein namhafter Liedersänger auf den begabten jungen Mann aufmerksam, und nun ließ sich sein Aufstieg nicht mehr verhindern. Bald trat er in großen Theatern auf, er setzte sich auf die Bühne, und der ganze Saal war voller Liedermacher, von denen ihm jeder ein Lied vorsingen durfte, zu dem Ulli dann nickte und manchmal auch applaudierte, was für den Betreffenden ein großer Erfolg war. In welcher Stadt auch immer die Plakate „Ulli Linnenbrink hört Lieder!" hingen, die Liedermacher rissen sich die Karten aus den Händen. Linnenbrinks erste Platte, auf der er nur leise atmete und gelegentlich etwas Beifall klatschte oder „Das war aber sehr schön" sagte, wurde ein Erfolg, der jede Liedermacher-Platte in den Schatten stellte.

Natürlich fand er viele Nachahmer, die auch zu ihm in Kurse kamen, aber seltsamerweise minderte das den Ruhm und den Erfolg Linnenbrinks keineswegs. Darauf angesprochen, pflegte Ulli nur mit dem Kopf zu nicken und zu sagen: „Tja, es ist schon so, Liedermachen ist keine Kunst, aber Liederhören kann nicht jeder."

Die Reinigung

In eine Wäscherei kam einmal ein Mann und brachte eine Hose, die einer gründlichen Reinigung bedurfte, denn sie war durch und durch schwarz vor Schmutz. Als er sie wieder abholen wollte, reichte ihm die Verkäuferin eine Plastiktasche und sagte, mehr sei von der Hose nicht übriggeblieben.

„Die ist ja leer!" sagte der Mann.

„Ja", sagte die Verkäuferin, „dafür ist dieser entsetzliche Dreck weg."

„Da haben Sie recht", sagte der Mann, nahm die Tasche, bezahlte die Rechnung und ging.

Der Wunsch

„Haben Sie noch einen Wunsch?" fragte der Kellner den Gast, als er den Teller und das Besteck abräumte. „Ja", sagte der Gast, „einen Cognac Napoleon, eine Villa am Zürichberg, einen Bentley und eine Frau, mit der man Pferde stehlen kann."

„Das ist ein bisschen viel auf einmal", sagte der Kellner, „aber wir werden sehen, was wir tun können." Und als er wenig später den Cognac servierte, wurde er von einem Notar begleitet, der eine Schenkungsurkunde für eine Villa an der Krönleinstraße mit einem Bentley in der Garage bei sich hatte. Der Gast bedankte sich und trank einen Schluck, da setzte sich eine Frau mit blitzenden Augen an seinen Tisch und stellte sich als bekannte Pferdediebin vor.

Bevor sie zusammen das Lokal verließen, schrieb der Gast in sein Notizbuch: „Essen mittelmäßig, Bedienung erstklassig."

Billiges Notizpapier

Ein Mann – solche Geschichten handeln meist von Männern, mit Vorliebe von alleinstehenden und älteren – ein Mann hatte die Gewohnheit, jedes Papier, das ihm in die Hand kam, daraufhin zu prüfen, ob es sich noch als Notizpapier gebrauchen ließe.

Dieser Mann war, entgegen der soeben geäußerten Vermutung, jünger, nämlich zwischen dreißig und vierzig, und er lebte auch nicht allein, sondern mit seiner Familie, das waren seine Frau und zwei schulpflichtige Mädchen. Er selbst arbeitete als Verwalter eines Bezirksspitals, tat aber daneben noch alles mögliche, spielte Klarinette in einer

Blasmusik, war in der Kirchenpflege als Quästor tätig, saß in der Vormundschaftsbehörde, war Mitglied des Alpenclubs, dessen örtliche Sektion er zeitweise präsidierte, leitete auch die kantonale Liga gegen Tuberkulose – er war also ein durch und durch brauchbarer Mann, der sich weder den Ansprüchen der Allgemeinheit noch denen seiner Familie verschloß, mit der er regelmäßig musizierte, Karten spielte und Wanderungen unternahm.

Er bekam bei all seinen Tätigkeiten ziemlich viel Post, und irgendeinmal hatte er damit begonnen, Blätter von hektographierten Mitteilungen aufzubewahren, um die Rückseite noch als Notizpapier zu brauchen. Bei der großen Zahl solcher Mitteilungen, die er erhielt, wuchs dieser Blätterhaufen rasch an, und er kam nun auf die Idee, die Blätter ihrem Falz nach zu schneiden, da er bemerkt hatte, daß der Bedarf an ganzen Blättern gar nicht so groß war, wohl aber derjenige an halben oder Viertelblättern, auf denen man zum Beispiel aufschreiben konnte, wohin man noch telefonieren mußte oder was man besorgen wollte.

Seine Frau hatte für ihre Einkaufsnotizen lange Zeit eine Art Kalenderchen mit herzförmigen rosaroten Blättern verwendet, ein Geschenk ihres Patenkindes, und eines Tages, als die Blätter schon zu einem fingerdicken Häufchen zusammengeschrumpft waren, fand sie statt des Kalenderherzens in der Küche ein kleines, offenes Kartonschächtelchen, in welches auf der Vorderseite eine Vertiefung eingeschnitten war, die das Herausgreifen der darin aufgeschichteten Notizblätter erleichterte, Notizblätter in Viertelsgröße, die ihr Mann alle mit dem Brieföffner geschnitten hatte. Der Mann selbst stand neben diesem Schächtelchen und schaute sie Anerkennung heischend an. „Damit du besser aufschreiben kannst, was du brauchst", sagte er und zeigte seiner Frau das oberste Blättchen, auf das er bereits das Wort „Pap.nastücher" geschrieben hatte. Das war etwas, das, wie er bemerkt hatte, im Haushalt gerade fehlte.

Man kann nicht sagen, daß die Frau besonders erfreut war über diese neue Einrichtung. Sie nahm das oberste Papierchen in die Hände und drehte es um, es war das untere rechte Viertel einer Einladung zur letztjährigen Generalversammlung des Alpenclubs, mit der vervielfältigten Unterschrift des Aktuars, eines Menschen, der ihr wegen seiner Vereinsmeierei zuwider war. Auch die Worte „Mit frohem Berggruß", welche über der Unterschrift standen, stießen sie eher ab. Sie sah aber sofort, daß ihrem Mann sehr viel an dieser neuen Einrichtung lag und daß er sie als echten Beitrag zum Haushaltsgeschehen auffaßte, und da er sich sonst sehr wenig um den Alltagsablauf kümmerte, ließ sie ihm die Freude und dachte, er gehe dann vielleicht auch einmal einkaufen.

Das war aber nicht der Fall. Es mehrten sich bloß die kleinen Eintragungen von der Hand des Mannes auf den selbstgeschnittenen Einkaufszetteln. Griff die Frau nach einem solchen Zettelchen, um sich aufzu-

schreiben, was sie auf dem Markt kaufen wollte, stand etwa zuoberst schon „Watte". Die Frau spürte nun einen deutlichen Widerwillen, unter dieses Wort einfach „Tomaten" oder „Zitronen" zu schreiben und nahm lieber einen zweiten Zettel, auf den sie ihre eigenen Notizen machte. Kam aber am Abend ihr Mann in die Küche, fragte er unweigerlich: „So, hast du die Watte?" Und wenn sie „ja" sagte, fragte er mit einem raschen Blick auf das Schächtelchen: „Hast du den Zettel nicht gebraucht?" – „Nein, ich habe einen neuen gemacht", sagte die Frau, und dann warf er den alten nicht etwa weg, sondern nahm den Bleistift, der stets daneben lag und strich das Wort „Watte" durch. So konnte man den Zettel noch einmal brauchen.

Die Familie aß in der Küche, es war eine Wohnküche, und der Sitzplatz des Vaters war vor dem Küchenschrank, der durch einen Sims sozusagen in zwei Etagen unterteilt war. Auf diesem Sims hatte früher das herzförmige Kalenderchen gelegen, und jetzt lag dort das Schächtelchen mit dem selbstgeschnittenen Notizpapier. Sobald nun der Vater während des Essens merkte, daß etwas auszugehen drohte oder gar schon fehlte, drehte er sich mit einem kleinen Ruck um und notierte es auf das oberste Zettelchen, „Aromat" oder „Senf" oder „Süßmost".

Die Frau ärgerte sich immer ein bißchen, wenn er sich während des Essens zum Schrank umdrehte, sie mißtraute auch schon dem Blick ihres Mannes, wenn er über den Tisch und die Getränkeecke glitt, denn schließlich war jede Notiz auch ein kleiner Vorwurf an die Haushaltführung. In einem perfekt geführten Haushalt fehlt nie etwas. Das alles hatte aber nicht etwa zur Folge, daß sie von nun an besser vorausplante, sondern zu ihrem eigenen Erstaunen ließ sie sogar absichtlich gewisse Dinge ausgehen.

Die beiden Mädchen, zehn und acht Jahre alt, freuten sich übrigens über diese Zettelchen. Sie mußten immer am Tisch bleiben, bis alle zu Ende gegessen hatten, und meistens waren sie früher fertig als die Eltern. Sie griffen dann nach einem solchen Zettelchen und zeichneten etwas Kleines darauf, das war erlaubt. Manchmal, wenn sie etwas genau erklärt haben wollten, zeichnete ihnen auch der Vater oder die Mutter etwas auf. Als es allerdings ein paarmal vorgekommen war, daß der Bleistift nicht mehr neben dem Notizblattschächtelchen lag, stach der Vater mit dem Brieföffner ein Loch in den Schachtelrand, klebte ein paar Verstärkungsringe darum und band den Bleistift, um den er kurz vor dem hinteren Ende eine Vertiefung gekerbt hatte, mit einem Zwirnfaden daran fest. Nun mußten die Mädchen, wenn sie etwas zeichnen wollten, ihre eigenen Blei- oder Farbstifte mitbringen, oder sie mußten sich hinter den Vater an den Schranksims drängen, was meistens Streit gab und für den Vater, der noch aß, auch ohne Streit unangenehm war, so daß die Mädchen nach einer Weile ganz aufhörten, die Blättchen zum Zeichnen zu benützen. Ein beliebtes Spiel war es aber, die Viertelsblätter wieder zu einem ganzen Blatt zusammenzusetzen. Dafür suchten sie sich vor allem die farbigen Reklameblätter heraus. Die Frau hatte nämlich angefangen, einseitig bedruckte Blätter aus Wurfsendungen zu vierteln und unter die andern Blätter zu mischen, damit das trostlose Weiß der hektographierten Blätter etwas durchbrochen wurde. Die Begeisterung ihres Mannes über diese Maßnahme milderte ihren Eifer wieder ein bißchen, und als ihr Mann selbst die Wurfsendungen nach einseitig bedruckten Blättern durchmusterte, ließ sie es wieder bleiben.

Öfters gab es natürlich auch Blätter, die ungefaltet ins Haus kamen, und die begann der Vater nun als Zeichenpapier für die Mädchen aufzubewahren. Die Mädchen zeichneten sehr gern und viel, und die Mutter hatte immer darauf geachtet, daß sie gutes Papier und gute Farbstifte hatten, weil sie es wichtig fand, daß sich die Kinder auf diese Weise ausdrücken und entfalten konnten. Meistens hatte sie in einem Warenhaus günstige Zeichenblöcke mit hundert Blatt gekauft, die etwas größer waren als das A4-Format.

Der Schweizer Schriftsteller, Liedermacher und Kabarettist **Franz Hohler** wurde am 1. März 1943 in Biel geboren. Nach der Matura 1963 studierte er Germanistik und Romanistik in Zürich, brach das Studium aber zwei Jahre später ab. 1965 trat er mit seinem ersten kabarettistischen Soloprogramm „pizzicato" auf, der Erfolg in Zürich und Berlin ermutigte ihn, weiterzumachen. Zwei Jahre später erschien seine erste Sammlung skurriler Erzählungen „Das verlorene Gähnen und andere nutzlose Geschichten".

Seine Auftritte begleitet er oft selbst auf dem Cello. Legendär ist sein fast schon prophetischer Sprechgesang „Der Weltuntergang" von 1973 – in dem er ökologische Probleme und die drohende Erderwärmung mit bitterem Humor zur Sprache brachte. Der Schweizer Schriftsteller Urs Widmer bezeichnete Hohler einmal als „einen realistischen Fantasten oder einen fantasiebegabten Realisten". Oft kippen seine feinen Alltagsbeobachtungen ins Skurrile, manchmal sogar Groteske, zugleich sind seine Texte, gleich ob geschrieben, gesungen oder gesprochen, häufig gesellschaftskritisch und entlarvend. Hohlers umfangreiches Werk umfasst etliche Kabarettprogramme, Lieder, Theaterstücke, Erzählungen, Romane und Gedichte. Auch als Kinderbuchautor ist er sehr erfolgreich. Hinzu kommen diverse Produktionen für das Fernsehen und den Rundfunk, Hörbücher und etliche Tonträger. Für seine Arbeit wurde Hohler mit zahlreichen Preisen ausgezeichnet, etwa mit dem Kasseler Literaturpreis für grotesken Humor und dem Deutschen Kleinkunstpreis.

Beim nächsten derartigen Kauf erhielt sie nun einen ungewöhnlich scharfen Verweis ihres Mannes. Eine überflüssige Ausgabe, sagte er, sei das, sie hätten nun gewiß genug Papier zum Zeichnen. Auch die Größe sei durchaus hinreichend, ein A4-Blatt genüge doch wohl zur Selbstverwirklichung des Kindes. Die Bemerkung der Frau, es sei nicht schön, wenn man von der Rückseite her irgendeinen Text durchschimmern sehe, mit unterstrichenen Stellen womöglich, veranlaßte ihn zur Entgegnung, das Zeichnen selbst erfolge ja auf einer Unterlage, wo nichts durchschimmere, und wenn die Zeichnung fertig sei, brauche man sie nicht noch gegen das Licht zu halten. Einzig als sie sagte, die Kinder hätten gern diese Blöcke, bei denen die Blätter zusammenhingen und nachher nicht lose herumflatterten, stutzte er und sagte, ja, das sei wahr, man habe so auch eine bessere Ordnung in den Zeichnungen. Ein paar Tage später zeigte er seiner Frau mit großer Freude, wie man aus Restpapier einen Block machen konnte, indem man die oberen Kanten bündig zusammenpreßte und mit Leim überstrich. Er schenkte jeder seiner Töchter einen selbstgeklebten Block mit Papieren in verschiedenen Farben und Stärken, mit zum Teil matten, zum Teil glänzenden Oberflächen, je nachdem, ob es Werbezettel für Schuhverkäufe oder Emissionsprospekte von Obligationen waren. Den Mädchen gefiel es aber nicht, daß man, wenn man ein Blatt umschlug, etwas Gedrucktes sah, denn wenn man eine neue Zeichnung machte, lag ja die Rückseite der alten Zeichnung daneben, und dieses Gedruckte, sagten sie, störe sie, sie konnten auch nicht mehr, wie sie das bei Zeichenblöcken häufig getan hatten, etwas zeichnen, das über zwei Seiten ging, zum Beispiel einen sehr langen Löwen oder ein Krokodil.

Doch der Vater blieb dabei, daß er kein Geld mehr für neue Zeichenblöcke zur Verfügung stelle, es sei auch eine Übung, wenn man lerne, sich in einen vorgegebenen Rahmen zu fügen. Zudem wies er darauf hin, daß Papier letztlich aus Bäumen gemacht werde und daß es schon deshalb immer wichtiger werde, Papier, das nochmals gebraucht werden könne, tatsächlich nochmals zu brauchen.

Diese Einsicht setzte er immer unerbittlicher in die Tat um. Drucksachen kamen gewöhnlich in einem Umschlag, der nicht zugeklebt war, sondern dessen Lasche man eingesteckt hatte, die gummierte Fläche zum Zukleben war also noch verwendbar. So begann er, wenn er einen Brief zu verschicken hatte, alte Drucksachencouverts zu benützen, indem er die an ihn gerichtete Anschrift mit einer Aufklebeadresse überdeckte, auf die er den neuen Empfänger schrieb. Es ging nicht lange, bis er auch den Kauf von Aufklebeadressen einstellte. Gab es nicht genug Briefumschläge, deren

Rückseite ganz leer war, bei denen man also lediglich, nachdem man sie unten ebenfalls aufgetrennt hatte, die Verstärkungen auf den beiden Seiten und den meist selbstklebenden Verschlußteil wegschneiden mußte, und schon hatte man die schönsten Papiervierecke, über die man nur noch mit einem Leimstift fahren mußte, damit man sie als Aufklebeadressen brauchen konnte? Auch für die länglichen Briefumschläge, die beim Zerschneiden viel schmalere Streifen ergaben, hatte er eine Verwendung. Diese benutzte er, um Zugverbindungen aus dem Fahrplan herauszuschreiben, wenn er mit seiner Familie auf einen Sonntagsausflug ging. Für diese schmalen Blätter hatte er sich auch einen Extrabehälter angefertigt, aus einer alten Badedas-Schachtel, die er direkt neben den Fahrplan legte. Gleich daneben übrigens hatte er eine Schachtel mit verschiedenen Formaten für Kleinnotizen aller Art in der Nähe des Schreibtisches. Gerade beim Zerschneiden von Briefcouverts gab es ja doch immer leicht voneinander abweichende Größen, und die legte er zur freien Verfügung in eine offene Schachtel. Das Öffnen der Post war bei ihm zu einem Vorgang geworden, der immer weniger mit dem Inhalt der Briefe zu tun hatte, sondern eher dem Zerlegen und Entgräten eines Fisches glich.

Die so gewonnenen Blätter gab er zwar her, aber er wollte immer wissen, zu welchem Zweck. Als er einmal die Mädchen dabei ertappte, wie sie Dutzende von Notizzetteln einfach mit sinnlosem Zeug vollkritzelten und jubelnd im Kinderzimmer herumwarfen, redete er ihnen lange ins Gewissen, um ihnen klarzumachen, daß man mit wiederverwertetem Papier ebenso sparsam umzugehen hatte wie mit neuem.

Auch an seinem Arbeitsplatz hatte er natürlich schon längst das System des billigen Notizpapiers eingeführt. Da dort der Anfall an einseitig bedrucktem Papier bedeutend größer war, waren die Vorräte schon bald auf ein Maß gestiegen, das eine weitere Aufstockung unnötig machte; inzwischen war ihm aber der Gedanke, Papier wegzuwerfen, unerträglich geworden, so daß er begann, Abfallpapier und Briefumschläge aus dem Spital mit nach Hause zu nehmen und dort weiter zu bearbeiten, eine Beschäftigung, für die er sich oft den ganzen Samstag Zeit nahm. Er setzte sich dann mit Brieföffner, Schere und Papierkorb an den Stubentisch und gab sich ganz der Tätigkeit des Auftrennens, Schneidens, Schnipselns und Sortierens hin; auf Störungen war er sehr empfindlich.

Zugleich mit dem Anwachsen der Notizpapiervorräte wuchs aber seine Fähigkeit, die Dinge im Kopf zu behalten, die er sich notierte. Wenn er also auf einen seiner verschieden großen Zettel schrieb

17h
Alfred tel.

und ihn neben das Telefon legte, dann stand ihm schon derart klar vor Augen, daß er Alfred anrufen wollte, daß er den Zettel ebensogut hätte wegwerfen können, und auch daß er das erst um 17 Uhr, zur Zeit des Niedertarifs machen würde, bedurfte bei seiner Sparsamkeit keiner schriftlichen Stütze. Er ahnte langsam, daß er in seinem Leben nie soviel Notizpapier brauchen konnte, wie er anhäufte, hörte aber deshalb mit dem Anhäufen nicht auf, sondern war doppelt froh um jede Gelegenheit, Notizpapier tatsächlich zu verwenden, was zum Beispiel beim Jassen mit der Familie möglich war. Daß für das Aufschreiben der Resultate eigentlich eine schöne Schiefertafel zur Verfügung stand mit einem Satz Kreiden in Kreidenhaltern, wollte er nicht wahrhaben, er ging sogar so weit, deren Gebrauch so lange zu verbieten, bis das Notizpapier aufgebraucht sei. Dafür gab es allerdings immer weniger Hoffnung, denn die einzige Person, die auf ein bißchen Notizpapier angewiesen war, war seine Frau beim Zusammenstellen ihrer Einkäufe.

Sie hatte ihrerseits die Gewohnheit entwickelt, jedes Papierchen, das sie beschreiben wollte, zuerst umzudrehen und den Text auf der Rückseite zu lesen oder das, was von diesem Text noch übrig war, also Mitteilungen wie

entsprechende
Sammelausweise   Fr.

(Sollten Sie sich für diese Die wir Sie, uns den mitfolgenden Sc zurückzusenden. Wir sind überz wertung beim Ausfüllen des Wer Dienste leistet. – Für weitere A zeit gerne zur Verfügung. Mi

<u>Beilage</u>
1 Talon

oder

TEN - OSTEREIERAUSSTELLUNG
für Schulen
n mit Stoffresten
                    (10-12 und 14-17 Uhr)

Zu diesen Texten dachte sie sich immer etwas. Sie versuchte sich etwa einen Moment lang entsprechende Sammelausweise vorzustellen, und durch die Zerrissenheit der Nachricht erschien ihr etwas wie das „Ausfüllen des Wer" als besonders nutzlose Beschäftigung. Wenn sie „Für weitere A zeit gerne zur Verfügung" las, sah sie im Hintergrund verschwommen ihren Mann am Bürotisch der Spitalverwaltung sitzen und steinern lächeln, während sie die Vorstellung von ganzen Schulklassen mit Stoffresten unvermutet zu Tränen rühren konnte.

Als sich nun aber Blätter darunter zu mischen begannen mit Inhalten wie

Schlüsselzahlen ....
Erster Arztbericht ....
Zahnformular ....
Art der Verletzungen
(max. 20 Schreibmasch.zeichen) ....
Angef. Prothesen ....

brachte sie es nicht mehr fertig, auf die Rückseite einfach „Corn Flakes" und „Geschnetzeltes" zu schreiben, als ob nichts wäre. Sie kaufte sich in einem Warenhaus für 80 Rappen einen neuen Notizblock, den sie sorgfältig in einem Außenfach ihrer Einkaufstasche verwahrte. Mit großer Erleichterung schrieb sie ihre Liste wieder auf frische, nur zu diesem Zweck hergestellte Zettelchen und zerknüllte dafür jedesmal ein Wiederverwertungspapier ihres Mannes.

Der Moment der Entdeckung war fürchterlich und unausweichlich. Der Mann hatte angefangen, überall nach möglichem Notizpapier zu spähen. Da er schon so weit war, daß er selbst Innenseiten von Schokoladeumschlägen sammelte und auch Reisschachteln und Suppenkartons zerschnitt (die Längsseiten waren hervorragend für Zugverbindungen geeignet, die man unverstärkt in die Rucksacktasche stecken konnte), durchsuchte er gelegentlich auch den Abfallkübel, und als er dort mehrere zusammengedrückte Notizpapiere fand, die sich beim Auseinanderfalten als leer erwiesen, kam in ihm ein Verdacht hoch. Er war davon überzeugt, daß seine Frau alles abstreiten würde und beschloß deshalb, sie bei der Tat zu überrumpeln. Als sie am nächsten Samstag zum Einkaufen ging, folgte er ihr in einigem Abstand, ging ebenfalls ins Einkaufszentrum, und während sie zuerst bei den Gemüseauslagen verweilte, stellte er sich hinter die Verkaufsgondel mit der Watte und den Papiernastüchlein. Als seine Frau mit dem Wägelchen auf diese Gondel zusteuerte, schnellte er hervor und nahm ihr, die einen Aufschrei hinunterwürgen mußte, den Notizzettel aus der Hand. „Es ist also wahr", sagte er, als er das frische Papier in den Fingern drehte und die völlig unbedruckte Rückseite sah, „du betrügst mich." Mit einem raschen Zugriff zerknüllte er das Papier und sagte leise und böse zu seiner Frau: „Wir sprechen zu Hause darüber."

Hier breche ich meine Erzählung ab und frage Sie: Ist eine Versöhnung noch möglich? Wird die Frau nach dem Einkauf nach Hause kommen und ihrem Mann sagen, daß er die Schonung der Bäume nicht zur Unterdrückung der Familie mißbrauchen dürfe? Wird der Mann einem solchen Gedanken zugänglich sein, oder wird er sich, wie die meisten Männer, für unschuldig halten? Wird ihm die Frau Ausdrücke an den Kopf werfen, die für ihn so ungeheuerlich sind, daß er nichts darauf zu entgegnen weiß?

Oder wird die Frau an diesem Samstag gar nicht nach Hause zurückkehren, sondern mit den Einkäufen zu ihrer Schwester gehen und am Montag die beiden Töchter nachholen? Wird es zur Scheidung kommen? Wird die Frau als erstes ihren Mädchen wieder große Zeichenblöcke kaufen?

Und wenn sie ihnen Zeichenblöcke kauft, frage ich Sie: Werden die Mädchen je wieder Löwen und Krokodile zeichnen, die über beide Seiten gehen?

Otto Waalkes

*1948

Wir können uns hier nicht mehr so oft treffen,
mein Mann hat Verdacht geschöpft..!

„Okay, sie haben es nicht anders gewollt, wir schicken
ihnen jetzt Wachtmeister Schneider hinein und der
wird sie da herausholen!"

Amelie Fried

*1958

Alles unter Kontrolle

Mein Mann behauptet, ich hätte einen Kontrollzwang. Also, ich finde, er übertreibt.

Natürlich macht es mich ärgerlich, wenn Menschen Dinge tun, bei denen ich mir an den Kopf greife. Und natürlich würde ich immer gerne verhindern, dass irgendwas schief geht. Leider musste ich begreifen, dass dieses Vorhaben sinnlos ist. Aus unerfindlichen Gründen wollen die Menschen ihre eigenen Erfahrungen machen, obwohl ich häufig schon vorher weiß, wie es ausgehen wird.

Das beginnt schon mit so einfachen Dingen wie dem Öffnen einer Tüte mit Weingummis. Seit ich denken kann, predige ich meinen Kindern, dass man die Tüte quer aufreißt. Seit sie Tüten öffnen können, reißen meine Kinder die Tüte längs auf. Mit dem Resultat, dass der Riss sich nach unten verlängert und die Weingummis auf den Boden fallen. Ist doch so was von logisch, wieso lernen die das bloß nicht?

In unseren Wäscheschrank passen drei Stapel Handtücher nebeneinander, aber nur, wenn die Handtücher nicht quadratisch, sondern rechteckig gefaltet sind. Ich weiß nicht, wie oft ich der ganzen Familie eine Sondervorführung im Handtuchfalten gegeben habe, jedenfalls nicht oft genug, denn alle falten weiter stur quadratisch, und vor

dem Einräumen falte ich um. Warum kriege ich das nicht rein in ihre Köpfe? Man stelle sich mal vor, wie viel Zeit ich damit schon verschwendet habe! Tage! Wochen!

Oder die Ehekrise unserer Freunde. Schon länger hatte ich den Eindruck, dass es einer Partnerschaft nicht gut tun kann, wenn einer ständig durch die Welt jettet und der andere nur zu Hause sitzt und wartet. Aber so was äußert man natürlich nicht ungefragt. Jetzt ist die Krise da, und ich frage mich, ob ich vielleicht doch schon früher was hätte sagen sollen. Nur: Hätte ich es getan, wären die zwei vermutlich nicht mehr unsere Freunde.

Manchmal weiß man ja schon bei der Hochzeit, dass eine Ehe scheitern wird, aber wehe, man würde es aussprechen. Die Leute sind ja so undankbar. Wollen die Wahrheit nicht hören. Die aufwändige Feier, die teure Hochzeitsreise, die enttäuschten Verwandten – all das, denkt man so bei sich, müsste doch nicht sein. Aber bitte, die Leute wollen eben in ihr Unglück rennen. Kann man auch nichts machen.

Menschen, die versuchen, immer alles richtig zu machen, haben es schwer. Noch schwerer haben es die, die versuchen, andere dazu zu bringen, alles richtig zu machen. Sie gelten als rechthaberisch und übergriffig, dabei wollen sie doch nur das Beste für ihre Mitmenschen. Aber diese undankbaren Geschöpfe wollen einfach nicht erklärt bekom-

Die deutsche Schriftstellerin und TV-Moderatorin **Amelie Fried** wurde 1958 in Ulm als Tochter des Verlegers Kurt Fried und der Buchhändlerin Inge Fried-Ruthardt geboren. Nach dem Abitur 1975 studierte sie zunächst in München Theaterwissenschaften, Publizistik, Kunstgeschichte und Italienisch. Danach absolvierte sie den Studiengang Dokumentarfilm und Fernsehpublizistik an der Hochschule für Fernsehen und Film in München.

Ab 1984 arbeitete sie als Fernsehmoderatorin bei Formaten wie „Stern-TV". Außerdem schrieb sie regelmäßig Kolumnen für die Frauenzeitschrift „FÜR SIE" und das politische Magazin „CICERO". 1995 erschien ihr erstes Buch „Die Störenfrieds. Geschichten von Leo und Paulina", dem mehr als zwanzig weitere Buchveröffentlichungen folgten. Ihre Romane „Traumfrau mit Nebenwirkungen", „Am Anfang war der Seitensprung", „Rosannas Tochter" und viele andere wurden Bestseller. Sechs ihrer Romane wurden inzwischen verfilmt. Hinzu kam der Sachbuch-Bestseller „Verliebt, verlobt, verrückt? – Warum alles gegen die Ehe spricht und noch mehr dafür", den sie gemeinsam mit ihrem Ehemann Peter Probst verfasst hat. Außerdem schrieb sie etliche erfolgreiche Bücher für Jugendliche und Kinder – zweimal wurde sie mit dem „Deutschen Jugendliteraturpreis" geehrt. Aktuell arbeitet sie zudem freiberuflich als systemischer Coach und Wirtschaftsmediatorin.

In ihren Romanen und Erzählungen widmet sich Fried bevorzugt Frauenthemen auf humorvolle und unterhaltsame Weise, ohne dabei jemals seicht oder oberflächlich zu sein.

men, wie man Weingummitüten öffnet und Ehekrisen verhindert. Sie wollen es selbst herausfinden.

Wie Kinder. Die müssen auch einmal selbst auf die Herdplatte fassen und sich die Finger verbrennen. Erst danach nutzen all die Warnungen, die von den Eltern ausgestoßen werden. Dabei würde man seinen Kindern den Schmerz so gerne ersparen! Ist doch klar, dass Sohnemann seine Schularbeit verhaut, wenn er das Buch unters Kopfkissen legt, statt mal reinzuschauen. Oder, dass Töchterlein sich bei minus 10 Grad mit einem bauchfreien Top eine satte Erkältung holt. Aber wehe, man sagt was. Schon heißt es, man hätte einen Kontrollzwang.

Wenn man es also schon bei Kindern nicht schafft, durch Ermahnungen schlechte Erfahrungen zu verhindern, wieso sollte es bei Erwachsenen funktionieren? Dabei hätte man doch so viele wertvolle Tipps und Ratschläge zu vergeben!

Bräuchte man aber selbst mal einen guten Rat, dann ist keiner da, der einem auch nur zuhört.

Sonst wäre ich vor ein paar Jahren sicher nicht auf den tollen Aktienspezialisten reingefallen, der meine Ersparnisse ins Unermessliche steigern wollte und dabei leider den Großteil vernichtet hat. So stehe ich nun ohne Ersparnisse da, aber mit der Erkenntnis, dass vermutlich mein eigener, gesunder Menschenverstand gereicht hätte, das Desaster zu verhindern. Wenn ich ihn nur benutzt hätte.

Nächstes Mal läufst du!

Längst wissen wir, dass Frauen nicht einparken können, weil die Männer ihnen eingeredet haben, acht Zentimeter (—) seien zwanzig Zentimeter (———).

Oder liegt es doch daran, dass Frauen immer Schuhe kaufen, statt das Einparken zu üben? Egal. Mag ja sein, dass Männer besser einparken, dafür fahren Frauen besser Auto. Leider hat sich das noch nicht bis zu den Einparkern herumgesprochen, dabei ist längst erwiesen, dass das Einzige, was die weiblichen Fahrkünste beeinträchtigt, unqualifizierte Äußerungen des Beifahrers sind.

Ein Mann als Beifahrer ist jedenfalls ein Sicherheitsrisiko, und sollte es sich um den eigenen Mann handeln, ist das Risiko, einen finalen Ehekrach zu kriegen, ungefähr fünfhundertmal höher als in jeder anderen Situation. Nicht genug, dass Männer lieber zwei Stunden herumirren, als einmal nach dem Weg zu fragen (das finden sie laut einschlägigen Umfragen „unmännlich"), nein, sie schicken auch uns Frauen ungeniert in die falsche Richtung, obwohl sie keine Ahnung haben, wo's langgeht. Wenn wir uns dann schließlich verirrt haben, halten sie uns einen Vortrag über den mangelnden weiblichen Orientierungssinn.

Neben einer, oder noch schlimmer, neben ihrer Frau im Auto zu sitzen und keinen Einfluss auf den Fahrvorgang nehmen zu können, scheint für einen Mann eine subtile Form der Folter zu sein, die er nur unter Aufbietung all seiner Selbstbeherrschung erträgt, also gar nicht.

Kaum drückt die Fahrerin mal ein bisschen aufs Gas, mutieren die Lenkrad-Machos auf dem Beifahrersitz zu blassen, hysterischen Würstchen. Mit den Nägeln krallen sie sich im Sitzpolster fest, stöhnen gequält auf und zeigen alle Anzeichen von Panik.

Mein Mann, zum Beispiel: Einerseits trinkt er gern das eine oder andere Bier, wenn wir ausgehen, andererseits bringt er uns auf der Heimfahrt immer wieder in Lebensgefahr. Nicht etwa, weil er betrunken am Steuer säße – nein, er sitzt neben mir und stößt kleine, spitze Schreie aus, die mich dermaßen erschrecken, dass ich fast das Lenkrad verreiße, worauf er „Pass doch auf!" schreit, was zu erneutem Zusammenzucken meinerseits führt und dazu, dass ich tatsächlich fast im Graben oder auf der Gegenfahrbahn lande. Wenn ich ihm erkläre, dass er entweder damit aufhören oder selbst fahren solle, entschuldigt er sich nicht etwa, sondern behauptet, ich würde wirklich ganz grauenhaft

fahren, was ich zum Anlass nehme, richtig beleidigt zu sein, worauf er kleinlaut einlenkt und sagt, vielleicht liege es auch daran, dass er kein besonders begabter Beifahrer sei.

So sieht's nämlich aus: Nicht die Frauen sind schlechte Fahrer, nein, die Männer sind schlechte Beifahrer. In typisch männlicher Selbstüberschätzung gehen sie davon aus, dass wir Frauen ein Auto schon deswegen nicht bewegen könnten, weil wir nicht genau wissen, warum es sich bewegt. Aber man muss kein Auto bauen können, um es zu fahren. Und für die paar Alleebäume und Autobahnschilder, auf die man so achten muss, reicht unser angeblich unterentwickeltes räumliches Sehvermögen gerade noch aus. Abgesehen davon ist längst erwiesen, dass wir Frauen in der Lage sind, mehrere Dinge gleichzeitig zu tun, also Auto zu fahren, mit dem Beifahrer zu reden und ihn dabei anzusehen, einen neuen Sender am Autoradio einzustellen und uns die Lippenkontur im Rückspiegel nachzuziehen. Nur weil Männer das nicht können, reagieren sie so hysterisch.

Statistisch gesehen ist es also für Frauen deutlich gefährlicher, mit einem männlichen Beifahrer unterwegs zu sein, als für Männer, sich von einer Frau chauffieren zu lassen. Deshalb: Klappe, Schätzchen, oder nächstes Mal läufst du!

Eckart von Hirschhausen

*1967

Balken am Kopf

Wen hätten Sie im Zugabteil lieber gegen-
übersitzen: zwei Leute, die sich unterhalten,
oder einen, der telefoniert? Sartre schrieb
den großen Satz „Die Hölle, das sind die
anderen" vor der Erfindung des Mobilfunks.
Was hätte er erst geschrieben über die „Ge-
schlossene Gesellschaft", hätte er einmal in
einem ICE-Großraumwagen mit schlechtem
Empfang gesessen?

Als Unbeteiligter hört man zwangsläufig
von allen Seiten „Nein, Schatz, ich versteh
dich grundsätzlich schon, nur gerade eben
warst du weg", „Hab nur noch einen Balken" bis zur gebrüllten kompletten Ignoranz
gegenüber Mitreisenden und der Über-
tragungstechnik: „Du musst lauter reden,
ich verstehe dich sonst nicht!" Die wenigen
Sekunden ungebrochener Funkverbindung
werden vor allem dafür genutzt zu erklären,
dass genau diese Verbindung wahrscheinlich gleich wieder weg sein wird. Und dass
man sich ja in einem Zug befindet, falls das
bei den letzten drei vergeblichen Gesprächs-
ansätzen noch nicht deutlich genug rüberge-
kommen sein sollte.

Sobald ich selber telefoniere, sorge ich
mich natürlich auch um den Empfang. Aber
sobald ich nicht telefoniere, bin ich schlecht
aufgelegt, wenn es andere tun. Dann wünsche ich mir nur noch ein großes Funkloch,
einen endlosen Tunnel, einen Korridor der
Stille. Man sieht den Splitter im Auge des
Gegenübers, aber nicht die Balken auf dem
eigenen Handy, zumindest nicht, wenn man
es am Ohr hat.

Wieso werden laute Telefonate in der
Öffentlichkeit als so lästig empfunden? Forscher der Cornell University haben es getes-
tet: Studenten machten Konzentrationsübun-
gen, während sie einem echten oder einem
halben Dialog zuhörten. Fehlte ein Teil des
Dialogs, machten sie mehr Fehler. Kurioser-
weise fesseln unvollständige Dialoge unsere
Aufmerksamkeit doppelt. Denn werden wir
Zeuge einer konventionellen Unterhaltung,
können wir „abschalten", wenn sie uns nicht
interessiert. Aber wir bleiben dran, wenn
wir nur die Hälfte mitbekommen, weil wir
automatisch versuchen, die andere und
vermeintlich bessere Hälfte zu erraten und
in unserem Kopf zu ergänzen. Ein halber
Dialog nervt daher so viel mehr als ein gan-

zer, weil wir automatisch „ganz Ohr" sind, statt nur mit „halbem Ohr" zuzuhören. Und gerade im Zug ist es schwer, auf Durchzug zu schalten! Aber auch beim Autofahren sind Handys aus diesem Grund selbst dann gefährlich, wenn sie nur vom Beifahrer benutzt werden. Die Ablenkung trifft den Wagenlenker doppelt, denn er spielt notgedrungen die andere Seite mit. Dieses Phänomen erinnert mich an den alten Lehrertrick, bei unruhiger Klasse nicht lauter, sondern leiser zu reden. In dem Moment, in dem die Schüler das Gefühl haben, etwas unerhört Wichtiges nicht zu hören, ist ihre Aufmerksamkeit wieder da.

In Graz wurde in öffentlichen Verkehrsmitteln die Benutzung von Mobiltelefonen verboten. Der Nachteil: Die wenigsten richtig wichtigen Wichtigtuer fahren Straßenbahn! Aber es ist doch schon mal ein Schritt in die richtige Richtung.

Nennen Sie mich nostalgisch, aber was ist denn aus den ganzen alten Telefonzellen geworden? Lagern die noch irgendwo?

Warum stellt man die nicht einfach wieder auf? Ohne Technik, nur die Häuschen. Jeder Mobiltelefonierer könnte sich dezent da hineinstellen, die Tür zumachen und bräuchte auch keine Angst zu haben, dass alle mithören. Dafür wird sogar derjenige belohnt, dem das Telefonat wirklich gilt, denn automatisch werden die Gespräche wieder konzentrierter und besser und enden nicht an den interessanten Stellen sowieso unbefriedigend mit „Ich kann hier gerade nicht so frei reden; erkläre ich dir später". Und in den Zügen gäbe es neben der Nasszelle auch eine Telefonzelle für die kommunikative Notdurft. Vielleicht findet sich auch noch einer dieser alten Aufkleber: Fasse dich kurz!

Hört nur, wie lieblich es schallt!

Wenn alle Jahre wieder der Gottessohn Owi lacht, der Verkehrsfunk meldet, dass ein Ros entsprungen ist, und Tannenbäume plötzlich Blätter haben, ist es gerade nicht stille Nacht, sondern die Nacht der Sänger bricht an wie das schöne Morgenlicht. Das ganze Jahr über darf man erst öffentlich singen, wenn man betrunken ist. Aber zur Weihnachtszeit ist es erlaubt, auch ohne mit Glühwein vorzuglühen, mit Liedern Gefühle zu zeigen, die sich seit Hunderten von Jahren nicht geändert haben. Weihnachten ist die Zeit, in der man mit Menschen das Fest der Liebe feiert, die man aus guten Gründen den Rest des Jahres gemieden hat. Aber genau dafür können gemeinsame Rituale Gold wert sein, weil sie die soziale Interaktion synchronisieren. Psychologen der Stanford University testeten, wie sich Menschen verhielten, nachdem sie zusammen gesungen hatten. Bei einem Kooperationsspiel konnte man Gelder für sich behalten und direkt profitieren oder für gemeinschaftliche Aufgaben einsetzen und davon langfristig profitieren. Wer vorher miteinander singt, handelt anschließend gemeinschaftlicher. Der Spruch „Da, wo man singt, da lass dich ruhig nieder, böse Menschen haben keine Lieder" stimmt, aber er verwechselt Ursache und Wirkung. Das Böse hat gegen die Soprane und Bässe keine Chance. Gemeinschaftliches Singen war in den Experimenten der mächtigste Faktor, um dem menschlichen Hang zum Egoismus etwas entgegenzusetzen. Das wissen offenbar auch die im katholischen Rheinland verbreiteten Sternsinger, die von Tür zu Tür laufen, um Spenden zu sammeln. Wobei ihre Gesangskunst einen bisweilen nicht nur gefangen nimmt, sondern sogar in Geiselhaft. Ein bisschen wie der Geiger, der auf der Straße einen Hut und ein Schild aufgestellt hat: „10 Minuten Pause – 5 Euro!" Musik lässt einen eben nie kalt.

Alles, was wirkt, hat Nebenwirkungen. Einer der Pioniere der Forschung über Gruppendynamik ist Scott Wiltermuth. Und er wollte wissen, ob nicht nur gemeinsames Singen, sondern noch stärker gemeinsame synchrone Bewegungen Menschen miteinander verbinden. Dazu ließ er seine Versuchspersonen mit Plastikbechern einen Rhythmus auf dem Tisch trommeln, entweder passend zur Musik oder zur Kontrolle in der anderen Gruppe völlig gegen den Takt. Wer miteinander getrommelt hatte, fühlte sich seiner Gruppe so stark verpflichtet, dass er auch Entscheidungen zustimmte, die für

Eckart von Hirschhausen wurde am 26. August 1967 in Berlin geboren. Bereits als Kind trat er als Zauberer auf. Nach dem Abitur studierte er Medizin und promovierte 1994 mit „magna cum laude". Zwei Jahre lang war er als Arzt in der Kinderneurologie tätig. Ab 1994 studierte er Wissenschaftsjournalismus und arbeitet seither auch als Wissenschaftsjournalist, schrieb etwa Texte für das Nachrichtenmagazin „Focus", „Gehirn und Geist" und viele andere.

Ab 1995 entwickelte er das „medizinische Kabarett", indem er Medizin und den Klinikalltag bühnenwirksam und humorvoll aufarbeitet – ein sehr erfolgreiches Format. Im Fernsehen machte er sich auch als Moderator einen Namen: Von 1998 bis 2003 moderierte er etwa die Sendung „service: gesundheit" im Hessischen Fernsehen, von 2004 bis 2006 übernahm er die Moderation von „W wie Wissen" in der ARD. Bereits 2001 debütierte er zudem auf der Bühne mit dem Kabarettprogramm „Filetspitzen", weitere Soloprogramme folgten. Zudem arbeitete er vermehrt als Autor, zahlreiche Bücher – und Hörbücher – wurden zu Bestsellern. Hier ist etwa das 2008 erschienene „Die Leber wächst mit ihren Aufgaben" zu nennen, in dem den Lesern humorvoll und gut verständlich medizinische Zusammenhänge erklärt werden. Seine Bücher gingen mehr als vier Millionen Mal über die Ladentheke. Inzwischen engagiert sich Hirschhausen mit seiner Stiftung „Gesunde Erde - Gesunde Menschen" vor allem im Klimaschutz und widmet sich der Aufklärung über den Klimawandel.

andere unangenehm waren. Wie weit gehen wir für unsere „Rhythmusgruppe"? Wiltermuth steigerte den Gruppenzwang: Er ließ weitere Kandidaten im Gleichschritt mit einem Anführer laufen, bevor sie im zweiten Teil des Experiments kleine Insekten in einen Trichter füllen mussten, angeblich um sie zu töten. (Anmerkung des Autors: Es kamen in Wirklichkeit weder für dieses Experiment noch für dieses Buch Tiere zu Schaden.) Wer sich mit dem Anführer synchronisiert hatte, selektierte über fünfzig Prozent mehr Krabbeltiere in den Trichter als die freien Geister, die in ihrem eigenen Takt gegangen waren.

Die Macht der Gleichschaltung von Beinen und Befehlen ist immer wieder erschreckend. Ich erinnerte mich, als ich diese Studie las, an meine Kindheit in den Siedlungen von Berlin- Zehlendorf, nahe den Kasernen der amerikanischen Streitkräfte. Manchmal, wenn ich zur Schule fuhr, mussten die armen Soldaten gerade ihren Morgenlauf mit Gepäck durch unsere Straßen machen. Sie sangen dazu immer laut und synchron: Einer gab eine Phrase vor, alle anderen stöhnten zurück. Nur als sie die S-Bahn-Brücke überquerten, lief jeder stumm in seinem eigenen Tempo, damit die Brücke nicht vor lauter Synchronizität in ihre Eigenfrequenz und damit außer Kontrolle geraten konnte. Und aus einer dynamischen Gruppe wurde in einem Moment ein Haufen erschöpfter und einsamer Männer mit viel zu viel Last auf ihren Schultern.

Gemeinsame Rhythmen haben eine ungeheure Macht über uns, im Guten wie im Bösen. Wenn wir uns bei einem Livekonzert zum Mitsingen hinreißen lassen, die Feuerzeuge an den ausgestreckten Armen sanft mitschwingen wie die Ähren eines Gerstenfeldes und wir uns mit der ganzen Welt verbunden fühlen. Wenn sich bei einer Anti-Gewalt-Demonstration die Friedfertigen in Rage skandieren, bis sie gewaltbereiter sind, als sie es je von sich geahnt hätten. Oder wenn heute im Fußballstadion gemeinsam gegrölt wird, ahnt man die Kräfte, mit denen wir uns damals zur Jagd verabredeten. Ich wüsste gerne, wie viele Männer zum Fußball nicht wegen des Spiels, sondern wegen der Gesänge gehen.

Synchrone Gesänge und Bewegungen können ganz zarte Saiten in uns zum Schwingen bringen. Beispielsweise die hypnotische Kraft der Taize-Gesänge. Oder wenn wir nur dem Meeresrauschen lauschen und davon „berauscht" werden. Oder wenn der Tai-Chi-Lehrer mit einer Gruppe von Jungen und Alten so sanft und synchron mit den Schatten boxt, dass jeder Schmetterling Zeit hat auszuweichen. Verdanken wir unsere eigene Existenz nicht auch einem Mindestmaß an koordinierter Bewegung?

Vielleicht ist ein guter Weg zwischen den Kräften der Verführung und des Frohlockens das Singen im Kanon. Vielklang ohne Gleichschritt, Taktgefühl ohne Anführer, denn der wird selbst nach vier Takten zum Verfolgten. Nach meiner Erfahrung gibt es kaum einen direkteren Weg zum Glück, als gemeinsam zu singen. Und das passiert inzwischen auch in vielen Gesundheitseinrichtungen dank der Initiative „Singende Krankenhäuser". Und das Schöne: Wenn alle mitmachen, wird gar nicht mehr unterschieden zwischen Ärzten, Pflegekräften und Patienten, für einen Moment ist Harmonie wichtiger als Hierarchie. Man kann ja auch schlecht bei einem Kanon sagen, welche Stimme wichtiger ist. Genug der Worte – probieren Sie es doch selbst aus: „Froh zu sein, bedarf es wenig, und wer froh ist, ist ein König." Wer fängt an?

Quellennachweis

Albers, Hans: Das letzte Hemd hat leider keine Taschen. Hans Stani (Text): Das letzte Hemd hat leider keine Taschen, © 1957 by Michael Jary Produktion, J. Michel GmbH & Co. KG, Frankfurt / Main

Erhardt, Heinz: Historisches / Das Steckenpferd / Die Katze / Der Berg / Bilanz / Der Kabeljau / Ente gut, alles gut / Gedanken an die Ostsee / Kolumbus / Birnen / Die Nase / Der Bach / Der Spatz / An die Bienen / Die Kuh. Aus: Heinz Erhardt: Der große Heinz Erhardt, © Lappan in der Carlsen Verlag GmbH, Hamburg 2009

Frankenfeld, Peter: Nach 45 Jahren / Irrtümer. Aus: Peter Frankenfeld: Meine schönsten Anekdoten und Witze, © 1984 by F.A. Herbig Verlagsbuchhandlung GmbH, München

Frankenfeld, Peter: Hokuspokus – Simsalabim / Sommernachtsball / Lampenfieber? / Quellendes. Aus: Peter Frankenfeld: Humor ist Trumpf, © 1983 by F.A. Herbig Verlagsbuchhandlung GmbH, München

Fried, Amelie: Alles unter Kontrolle / Nächstes Mal läufst du! Aus: Amelie Fried: Offene Geheimnisse und andere Enthüllungen, © 2005 Wilhelm Heyne Verlag, München, in der Penguin Random House Verlagsgruppe GmbH

Gernhardt, Robert: Fragen eines lesenden Bankdirektors / Deutung eines allegorischen Gedichts / Welt, Raum und Zeit / Nach Paris / Der rätselhafte Geistergast / Die kaiserliche Botschaft / Ein Sonntag / Das Ende einer Doppelbegabung – von ihr selbst erzählt / Wer von den fünfen bist Du / Erzählung / Der Tag, an dem das verschwand / Alltag. Aus: Robert Gernhardt: Wörtersee, © Robert Gernhardt 1981. S. Fischer Verlag, Frankfurt am Main 2007

Hirschhausen, Eckart von: Balken am Kopf / Hört nur, wie lieblich es schallt. Aus: Eckart von Hirschhausen: Wohin geht die Liebe, wenn sie mit dem Magen durch ist?, © 2012, Rowohlt Verlag GmbH, Hamburg

Hohler, Franz: Der Liederhörer / Die Reinigung / Der Wunsch. Aus: Franz Hohler: Die Karawane am Boden des Milchkrugs, Luchterhand, © 2003, Franz Hohler

Hohler, Franz: Billiges Notizpapier. Aus: Franz Hohler, die Rückeroberung. Luchterhand, © 2012, Franz Hohler

Hüsch, Hanns Dieter: Eine Rose aus Papier / Frieda und die Vorfahren / Frieda und der Wilde Westen. Aus: Hanns Dieter Hüsch: Ich möcht ein Clown sein, Copyright © 2002 tvd-Verlag Düsseldorf

Insterburg & Co.: Ich liebte ein Mädchen. Aus: Ingo Insterburg; Insterburg & Co. – Laßt uns unsern Apfelbaum und andere brandneue Ladenhüter. Label: Philipps

Jandl, Ernst: zweierlei handzeichen / lichtung / fünfter sein / das fanatische orchester / wie man freunde gewinnt / loch. Aus: Ernst Jandl: Werke, hrsg. von Klaus Siblewski, © 2016 Luchterhand Literaturverlag, München, in der Penguin Random House Verlagsgruppe GmbH

Kaléko, Mascha: Lenz / Die „Kleine Angina" / Damen unter sich / Mutter sein dagegen sehr. Aus: Mascha Kaléko: Verse für Zeitgenossen, © 2017 by dtv Verlagsgesellschaft München. Mit freundlicher Genehmigung von dtv Verlagsgesellschaft mbH & Co. KG

Kästner, Erich: Im Auto über Land / Hamlets Geist / Albumvers / Frühling auf Vorschuss / Atmosphärische Konflikte / Klassenzusammenkunft / Rezitation bei Regenwetter / Die Fabel von Schnabels Gabel / Modernes Märchen. Aus: Doktor Erich Kästners lyrische Hausapotheke, © Atrium Verlag, Zürich 1936 und Thomas Kästner

Bildnachweis

Illustrationen:
Jan Bazing, Stuttgart

Fotos:
IMAGO: S. 12, 61 imagebroker, S. 24, 126 piemags, S. 27, 39 H. Tschanz-Hofmann, S. 53, 112, 115, 133, 171 Heritage Images, S. 65 Horst Rudel, S. 78 agefotostock, S. 92 Heinz Gebhardt, S. 102 Rust, S. 151 Artokoloro, S. 209 TT, S. 227, 234, 247 United Archives, S. 256 Pius Koller, S. 271 Rau, S. 284 Sven Simon, S. 296 Future Image, S. 300 Panama Pictures

picture alliance: S. 106, 188 akg-images, S. 217 dpa | Röhnert

Impressum

Redaktion, Boxentexte, Grafik und Satz
Melanie Krötz, Elke Rothe
www.agentur-satzzeichen.de

Reader's Digest
Redaktion: Falko Spiller
Grafik und Prepress: Klaus Eitel
Bildredaktion: Sabine Schlumberger
Rechteklärung: Bärbel Mayer

Redaktionsdirektor: Michael Kallinger
Redaktionsleiterin Buch: Almuth Stiefvater
Art Director: Susanne Hauser

Produktion
Arvato Supply Chain Solutions SE: Thomas Kurz

Druck und Binden
Neografia, Martin

© 2023 Reader's Digest Deutschland, Schweiz, Österreich
Verlag Das Beste GmbH, Stuttgart, Appenzell, Wien

Printed in Slovakia
ISBN 978-3-95619-525-9

Besuchen Sie uns im Internet
www.readersdigest.de | www.readersdigest.at